博雅

税务会计

Tax Accounting

司 茹 吴保忠 编著

北京大学出版社
PEKING UNIVERSITY PRESS

图书在版编目(CIP)数据

税务会计/司茹,吴保忠编著.—北京:北京大学出版社,2012.6
ISBN 978-7-301-20583-9

Ⅰ.①税… Ⅱ.①司…②吴… Ⅲ.①税务会计—教材 Ⅳ.①F234

中国版本图书馆 CIP 数据核字(2012)第 083419 号

书　　名:税务会计
著作责任者:司　茹　吴保忠　编著
策 划 编 辑:叶　楠
责 任 编 辑:叶　楠　范亚南
标 准 书 号:ISBN 978-7-301-20583-9/F·3165
出 版 发 行:北京大学出版社
地　　址:北京市海淀区成府路 205 号　100871
网　　址:http://www.pup.cn
电　　话:邮购部 62752015　发行部 62750672　编辑部 62752926
出版部 62754962
电 子 信 箱:em@pup.cn　　QQ:552063295
新 浪 微 博:@北京大学出版社　@北京大学出版社经管图书
印　刷　者:北京京华虎彩印刷有限公司
经　销　者:新华书店
730 毫米×980 毫米　16 开本　19.75 印张　433 千字
2012 年 6 月第 1 版　2014 年 3 月第 3 次印刷
定　　价:39.00 元

前　言

税务会计是会计学的一个重要分支,其本质上是税收法律与财务会计准则既冲突又协调的一种会计机制。一方面,税务会计体现着税收的内在要求,在税务会计信息形成和披露方面充分体现着税收导向,税法的变化对税务会计具有重大的影响;另一方面,税务会计的账务处理体现着财务会计的基本要求,与财务会计一脉相承,财务会计的发展影响着税务会计的发展。

近年来我国的税法变化较大,2008 年实现了企业所得税法的统一;2009 年对增值税进行了转型改革,同时修订了《中华人民共和国消费税暂行条例》及《中华人民共和国营业税暂行条例》;2011 年对《中华人民共和国个人所得税法》进行了修订,11 月开始实施修订后的《中华人民共和国资源税暂行条例》;2012 年在上海市开展交通运输业和部分现代服务业营业税改征增值税试点工作,《中华人民共和国车船税法》开始实施,对税法的修订与完善还在不断地进行中。

反映最新的税收政策,体现最新税收政策对会计账务处理的要求,是本书写作中所坚持的重要理念和指导思想,对现有的税收政策进行甄别,剔除已经废止的文件,补充税法的最新规定,对税法进行准确的解读是本书的目标和追求。

实践性是本书所追求的另一个主要目标,本书对企业实际工作中应用最广泛的涉税业务进行了重点阐述,对实际工作中的疑难问题以"思考与提示"的栏目形式予以强调,在每个重点税种章节的后面附上了企业遇到的疑难问题,并予以解答,旨在培养学员学习税法的兴趣,提高学员用税法的政策解决实际问题的能力。

前沿性是本书所进行的有益探索,对近年变化较大的税种,附上了"改革探索"栏目,从改革背景、改革内容到改革思路进行了总结,对于开拓思路是一个较好的补充。

本书共 12 章,第 1 章、第 2 章是税务会计的基础理论,第 3 章至第 12 章则以税收实体法为主线,通过大量案例系统阐述我国现行各税种的最新政策及账务处理,既体现了理论与实务的结合,也为进一步研究税务会计奠定了基础。

本书从写作思路的确定、案例的选取、初稿的形成到修改及定稿都由司茹、吴保忠共同完成，其中第1章、第8章、第10章、第11章由吴保忠编著，第2章、第3章由奚卫华编著，第4章、第5章、第6章、第7章、第9章、第12章由司茹编著。本书在写作过程中得到了同事和朋友们的大力支持，在此表示衷心的感谢。鉴于作者的水平有限，书中疏漏恳请广大读者批评指正。

司　茹　吴保忠

2012年5月

目 录

第一章

绪　论

第一节　税务会计的产生和发展

税务与会计，历来存在着密切的联系。纳税是企业经济活动的一项重要内容，计算应纳税额，进行税款结算，以及反映和监督纳税业务的情况，是会计工作不可或缺的组成部分，而即时足额地征收税款，离不开企业会计信息，会计工作是税收工作的基础。

一、税务会计的概念

税务会计，又称纳税会计，是以国家的税收法律、法规和会计准则为依据，以货币计量为基本形式，运用会计学的基本理论和方法，对纳税人的税款形成、计算、申报、缴纳、清算的过程进行反映和监督的一门专业会计。

税务会计是从财务会计中分离出来的，是近代新兴的一门边缘性学科。税务会计既涉及会计中的税务问题，又涉及税务中的会计问题，还要涉及国家税收和税法，研究领域包括经济学、法学、会计学等。

税务会计是现代会计信息系统的重要组成部分之一。税务会计实质性工作并不是独立存在的，而是企业会计的一个领域，以财务会计信息为基础，提供企业经济活动中涉税方面信息的会计分支。

二、税务会计的产生和发展

税务会计是社会经济发展到一定阶段的产物。税务会计独立成为一门学科是市场经济发展的需要。随着社会的进步和经济的发展，各国的税法、税制越来越健全，越来越复杂。纳税人越来越认识到税务事项对经营决策、对会计以及财务的影响。随着各国税法税制的不断完善和健全、税收的国际化协调的加强，国际会计准则及各国会计准则的颁布、修订、执行、完善，财务会计处理方法与现行税法之间的不一致性呈现出扩大之势。税法与会计准则对涉税会计事项处理的差异，为税务会计的独立创造了必要性。税收制度的发展和会计准则的不断完善以及二者需要协调，为税务会计与财务会计的分离提供了动力。为了客观反映纳税人的涉税事项，依法纳税、合理纳税，独立于财务会计的税务会计便产生了，且发展成为现代会计学的一个分支，并在不断发展完善。纵观国外税务会计的产生和发展历程，大致经历了四个阶段。

1. 国家税收会计与财务会计独立并存阶段

税收会计的目标是提供税收业务信息，保证国家税收及时、足额上缴入库和公平税负，从而在一定程度上防止和减少偷税行为，有利于保护国家税款的安全完整，满足国家经济发展的需要。从国家税收和会计的演进发展史来看，相当长的一段时期国家税法的制定、修订，是没有考虑或很少考虑纳税人在会计上是如何计算、如何进行会计处理的。政府收税，主要依靠税收会计进行记录和反映，侧重于国家税收的实现，以征税为目的设计涉税事项的税务处理。企业是国家的主要纳税人，企业会计要为纳税人计税并缴税，要依据财务会计准则和会计学的基本原理框架对企业涉税事项进行会计处理，注册会计师受托进行审计。由于各自代表的利益主体不同，行使职能的角度也不同，各司其职，对同一涉税事项的处理，税收会计实施的是税务处理，财务会计实施的是会计处理，难免会发生某些冲突。对于这一时期，各国保持的时间段不尽相同。

2. 税收会计与财务会计相互影响互促发展阶段

为了解决国家税收会计与财务会计并存各自为政时期对于涉税事项的处理冲突，1916年美国税收法第一次规定，企业应税所得额的确定必须以会计记录为基础，从而使税务与会计密不可分，也扩大了执业会计师的业务范围。1918年美国联邦岁入法第一次以商业会计实践为基础，确立了纳税准则。税收对会计的影响是多方面的、显而易见的，并持续至今。主要表现在：财务会计要考虑税收因素，税收因素促进会计的重心由计算资产盘存转向计算影响所得税的收入；财务会计选择出来的各种会计方法要保证税法的承认，税收有助于提高和改善通常会计实务处理的时间的连贯性和方法的科学性。税务与会计走过了一段相互承认、相互借鉴、共同发展、会计所得与纳税所得彼此一致的发展时期。在此期间，由于税法借鉴会计的可行方法和合理的思想内核，促进了自身的发展。同时，由于税法的不断完善推动和规范了会计实务的处理，从而导致了对公认会计程序和概念的修正和发展。但两者目标毕竟不同，很难在所有事项上永远并行不悖、和谐一致。

3. 税收会计与财务会计适当分离各司其职阶段

税收会计与财务会计两者密切联系，但由于各自的目标、对象等差异，最终停止了两者相互仿效的初级做法，朝着完善各自的学科方向发展。税收会计行使国家职能，监督、稽查和复算纳税人的税务活动和涉税事项，财务会计按照会计准则、公认会计原则和方法等处理本单位的收入、成本、利润，并计算缴纳各项税金。这一时期，税收会计逐渐成为国家预算会计的一部分，成为财政管理的组成部分，专门组织国家税收，并发挥税收杠杆的宏观经济调控职能；财务会计逐渐成为企业内部管理职能的一部分。税收法律和制度、会计准则和公认的会计原则和方法各自不断发展完善，使得收入、收益、费用开支等标准不同，凸显了税收处理与会计处理的差异，会计与税法的协调问题出现，税务会计端倪渐显。

4. 税收会计、财务会计、税务会计分离并存阶段

随着各国税务与会计理论和实务持续发展，不断完善，财务会计已经有了一套较为成熟的理论结构框架（或称概念结构），税务会计也应建立并且也已初步建立起一套理论结构体系，只要会计准则与税法对会计事项的要求有差异，税务会计、财务会计就有其独立的必要性。与此同时，在纳税人主体内部，涉税事项的税务协调、依法纳税下的税收筹划越来越被重视，即企业涉税事项的会计处理逐步从企业财务会计中独立出来，并相对固定下来，由此，产生了税务会计。但各国法律、法规、会计准则的历史背景不同，也会形成不同的会计分支体系。最为广泛的是税收会计、税务会计、财务会计作为会计学的分支并存，三者既有联系又有区别。三者虽然同属会计领域，但三者之间在逻辑关系上呈交叉关系。

三、税务会计的特点

税务会计作为融税收制度与财务会计于一体的专业会计，具有以下特点：

1．法定性

法定性是指税务会计具有法律强制约束性。税务会计必须以税法为依据，税收法律、法规作为税务活动的准则制约着征纳双方，代表国家行使征税权力的税务机关必须依法征税，纳税人也必须严格依照税法履行纳税义务。这就要求税务会计应在税法的约束下提供信息。与财务会计相比，税务会计的方法、确认标准等没有选择性。随着国家税法的不断调整和完善，处理纳税业务的具体方法也会随之变化。税务会计不仅仅依据会计准则、会计制度进行相应业务的会计处理，而且在企业会计准则或企业会计制度与税法规定相互矛盾时，必须以现行税法为准，作相应调整、修改或补充。由此可见，税务会计受税收法律的严格约束。

2．对象的特定性

如前所述，税务会计是专门化的会计，不能构成覆盖纳税人全部经济活动的会计体系，税务会计的对象是纳税人经济活动中的涉税活动业务以及事项，税务会计的对象具有相对的特定性和独立性。

3．工作性质的特殊性

税务会计实属纳税人会计工作范围，与纳税人日常财务会计相比具有双重工作性质。其既要依据税法的规定依法纳税，又要考虑纳税人的权利合理纳税，表现出了税务会计的“国家属性”和“自然属性”。由此决定了税务会计的工作目的是兼顾维护国家利益和纳税人利益。而且当会计准则与现行税法相抵触时，税务会计应以税法为准绳计算纳税，最大限度地维护国家利益。

4．涉税业务会计处理的统一性

税务会计是融财务会计确认计量和税收法律法规于一体的会计。税法的统一性决定了税务会计对涉税事项会计处理的统一性，同一种税对不同的纳税人其规定都一样，都要按统一的法律标准严格执行，不分企业隶属关系，不分所有制形式，也不分企业性质。如增值税的缴纳，不论城镇和乡镇企业，不论军工、校办工业、商办工业、机关团体办的工业等都要按统一税法的规定和标准纳税。但在统一的前提下，也不排除特殊情况下的灵活性。这主要是指不同行业、不同所有制或不同地区的企业，可能享有不同的税收优惠政策。

四、税务会计的模式

由于各国法律、经济体制、会计职业队伍等等社会环境的不同，各国的税法对财务会计的影响程度也不同，进而形成了如下几种主要的税务会计模式：

1．英美税务会计模式

英美属于普通法系国家，其法律体系真正起作用的不是法律条文本身，成文法只是对普通法的补充，适用的法律是经过法院判例予以的解释。作为法律之一的税法也不例外,所以法律对经济的约束较笼统、灵活,而没有系统、完整地对企业的会计行为进行规范。因此英美的税务会计模式是典型的财税分离模式,允许与税务会计差异的存在,财务会计有充分的独立性,不受税法的约束。纳税人的税务事项由税务会计另行处理,无须通过对财务会计的纳税调整来实现。以股东投资人为导向,税法对纳税人的财务会计所反映的收入、成本、费用及收益的确定产生直接的影响,各个会计要素的确认、计量、记录等都遵循财务会计准则,期末将会计利润(亏损)依照税法的规定调整为纳税利润(亏损)。遵循此种税务会计模式的国家还有荷兰。

2. 法德税务会计模式

法德属于大陆法系国家,其法律体系的特点是强调成文法的作用,在结构上强调系统化、条理化、法典化和逻辑性。实行该法系的国家政府往往通过完备的法律对经济活动进行干预,法国的企业财务会计的规范化就受到了诸如公司法典、证券法典和税法典的影响,所以,法德的会计与法律的关系十分密切,企业的自主权受到了很大限制,财务会计的处理在很大程度上受到了税法的影响。法德的税务会计模式是典型的财税合一模式,不允许财务会计与税务会计差异的存在,财务会计被认为是面向税务的会计,税务当局是法定的会计信息使用者,税法对会计提出了明确的要求,会计准则与税法的要求一致,企业对会计事项的处理严格按照税法的规定进行。以税收为导向,税法对纳税人的财务会计所反映的收入、成本、费用和收益的确定产生直接的影响,会计准则与税法(还有商法、公司法等)一致,对会计事项的财务会计处理严格按照税法的规定进行。由于计算的会计收益与应税收益一致,无须税务会计调整计算。该模式强调财务会计报告必须符合税法的要求,税务会计当然也就无须从财务会计中分离出来。

3. 日本税务会计模式

日本的经济立法全面,近乎大陆法系。就会计规范而言,起重大作用的法规是商法、证券交易法、税法和会计准则。商法、证券交易法不仅是法律,而且是会计规范的具体条文,有关会计的确认与计量、会计账户以及会计报告的编制、格式、审计要求等都有规定。会计准则具有一定法律效力,原则性的内容较多,事实上是对商法、证券交易法及税法的补充。所以,日本的会计处理是一种法律规范,但由于税法与其具有同等法律效力,因此日本的税务会计不可避免地呈现出纳税调整的形式。日本的税务会计模式既不像英美那样财税分离,也不像法德那样是典型的财税合一,有其自身的特点,具体表现为依据税收法则对财务会计进行协调的会计,也就是说其税务会计是一种纳税调整会计方法体系。

第二节 税务会计的目标、原则与对象

一、税务会计的目标

税务会计的目标是向税务机关、投资人等税务会计信息使用者提供有助于税务决策的会计信息。其具体的工作目标体现在以下三个方面:

1. 维护国家利益,履行纳税义务

税务会计要以国家的现行税法为依据,在财务会计有关资料的基础上,正确进行与税款形成、计算、申报、缴纳有关的会计处理,为税务机关(包括国家授权的代征机关)及时提供真实的纳税信息。

2. 协调与财务会计的关系

税务会计既要以国家现行税法为准绳,又要按会计法规作调整分录,还要在财务报告中正确披露有关税务会计信息。它与财务会计是相互补充、相互服务、相互依存的关系。财务会计要完全符合会计准则、会计制度,要保持其稳定性、规范性;税务会计要保持其依法(税法)性。两者作为企业会计的重要组成部分,只有相互配合、相互协调,才能完成各自的具体目标,才能为企业共同的目标服务。

3. 实施纳税筹划,实现最优税负决策

财务会计要为投资人、债权人、经营者服务,税务会计同样也要为投资人、债权人、经营者服务。但税务会计涉及的是与企业纳税有关的特定领域。在这个领域,要服从、服务于企业会计的总目标,就是如何减轻企业税负。在其他各项收入、成本、费用不变的前提下,企业税负与企业盈利成反比。因此,如何选择税负较轻的纳税方案,在企业经营的各个环节如何事先进行税负的测算,并作出税负最轻的决策,事后如何进行税负分析等,应是税务会计的主要目标,也是纳税人权利的具体体现。

二、税务会计的任务

税务会计既要维护国家利益,认真履行纳税义务,又要在国家税法的允许范围内,追求企业纳税方面的经济利益。在兼顾二者的情况下,税务会计的任务主要如下:

第一,认真履行纳税义务,正确处理国家利益与企业利益的关系。

第二,按照国家现行税法所规定的税种、计税依据、纳税环节、税目、税率等,正确计算企业在纳税期内的应缴税款,并进行正确的会计处理。

第三,按照税务监缴机关的规定,及时、足额地缴纳各种税金,完成企业上缴任务,并进行相应的会计处理。

第四,正确编制、及时报送会计报表和纳税申报表,认真执行税务机关的审查意见。

第五,进行企业税务活动的财务分析,不断提高企业执行税法的自觉性,不断提高税务处理水平,不断增强企业的纳税能力。

第六,真实反映和监督企业对国家税收法令、制度的贯彻执行情况。同时,也应充分利用现行税法和有关法规、制度赋予企业的权力,从企业的生产经营范围、组织形式到固定资产的折旧方法,资产计价、估价和重估价方法,产品(商品)的定价方法,投资、筹资方式,以及某些经济行为等,都应该从纳税人的角度进行明智的财务决策,寻求纳税方面的企业利益,以充分发挥企业税务会计的作用。

三、税务会计的原则

税务会计的原则是指税务会计工作应坚持的基本法则或标准。由于税务会计与财务会计密切相关,又与税法有特定的联系,因此,税务会计的原则既要遵循一般财务会计的一般性原则,又要考虑税收公平税负、程序优先等原则的影响。根据税务会计的特点,结合财务会计原则与税收原则,体现在税务会计上的特定原则归纳如下:

1. 权责发生制与收付实现制相结合原则

收付实现制突出地反映了税务会计的重要原则。该原则是确保纳税人有能力支付应纳税款而使政府获取财政收入的基础。但是,由于收付实现制不符合会计准则的规定,一般不能用于财务报告目的,只适用于个人和不从事商品购销业务单位的纳税申报。税务会计对收入的确认,由于权责发生制在一定程度上被税收的支付能力原则所覆盖而包含着一定的收付实现制的方法,而在费用的扣除上,财务会计中采用稳健主义原则列入的某些预计费用,在税务会计中是不能够接受的,后者强调"该经济行为已经发生"的限制条件,从而起到保护政府税收收入的目的。因此,税务会计的工作法则表现出了特殊性,在收入和费用的确认上要坚持权责发生制与收付实现制相结合的原则。

2. 一致性原则

税务会计的一致性原则除了遵守一般财务会计各期可比的要求外,还遵循与财务会计方法相一致的原则。只有当某一事项按会计准则在财务报告日确认以后,才能确认该事项按税法规定计量的应课税款;依据会计准则在财务报告日尚未确认的事项可能影响到当日已确认的其他事项的最终应课税款,只有在根据会计准则确认导致征税效应的事项之后,才予以确认这些征税效应。

3. 配比原则

配比原则是财务会计的一般规范。在税务会计中,配比原则是支持所得税会计"所得税跨期摊配"的重要理论依据。在我国目前会计处理中,将所得税视为是一种费用的观点意味着,如果所得税符合确认与计量两个标准,则权责发生制会计对于费用的确认与计量就是适宜的。权责发生制会计和与之相联系的配比原则,意味着要根据该期间内为会计目的所报告的收入和费用来确定所得税费用,而不考虑为纳税目的所确认的收入和费用的时间性。也就是说,在同期报告中,所得税费用是与导致纳税义务的税前会计收益相配比,而不管税款支付的时间性。

但是,税务会计遵循的配比原则和权责发生制原则与通常的财务会计有所不同。税务会计与财务会计在收入和费用确认的时间上存在着差异,在确认收入的范围等方面也有所不同,如财务会计所确认的收入是以销售性收入为主;而税务会计确认的收入包括本企业商品产品用于非生产经营项目以及外来加工节约材料留用等非销售性收入。此外,企业的费用是本着足额补偿的意愿来确认和计量的;而税务会计则是根据公平合理保护税基的要求对企业有关的成本、费用和损失加以确认和计量的,有明确的计税认可范围和严格的计税标准。

4. 税法导向原则

税法导向原则是指对税务会计事项的处理,必须符合国家的税收法律、法规和条例。为保证税收收入的及时、稳定征收,国家制定了税法和相应的税收条例,纳税人必须无条件地履行纳税义务。税收法律、法规和条例是财务会计处理税务事项必须遵循的原则,是税务会计反映的纳税人生产经营活动合法性、应纳税额计算正确性等的准绳。

5. 确定性原则

确定性原则是指在所得税会计处理过程中，按所得税法的规定，在纳税收入和费用的实际实现上应具有确定性。这一原则具体体现在计税所得和扣除项目的确定上。如对于或有资产不确认所得；对于扣除项目以实际发生为依据，一般不承认预计费用和损失等。

6. 划分营业收益与资本收益的原则

营业收益是指企业通过其经常性的主要经营活动而获得的收入，通常表现为现金流入或其他资产的增加或负债的减少，其内容包括主营业务收入和其他业务收入两个部分。其税额的课征标准一般按正常税率计征。

资本收益是指在出售或交换税法规定的资本资产时所得的利益（如投资收益、出售或交换有价证券的利益等），一般包括纳税人除应收款、存货、经营中使用的地产和应折旧资产、某些政府债券，以及对文学和其他艺术作品的版权以外的资产。资本收益的课税标准具有许多不同于营业收益的特殊规定。

这两种收益具有不同的来源和担负着不同的纳税责任，在税务会计中要求严格地划分。为了正确地计算所得税负债和所得税费用，就应该有划分两种收益的原则和具体的划分标准。

四、税务会计的对象

税务会计的专业性（或称专门化会计）也决定了税务会计的对象具有特定性。税务会计的对象是指纳税人涉税经济活动的货币表现，包括纳税人的涉税业务活动和履行纳税义务业务活动，即纳税人的税务活动。它是应纳税款的形成、计算、缴纳、退补、罚款等活动的货币表现。税务会计的对象具体包括：

1. 收入

收入是指企业在日常活动中形成的与所有者投入资本无关的、会导致所有者权益增加的经济利益的总流入。收入包括主营业务收入和其他业务收入。它是由成品（商品）资金转化为货币资金，既包含用于补偿已消耗掉的各项成本费用，也包括实现的税金和利润。

会计上确认的收入与税法上的应税收入既有联系又有区别。如何确认与计量各项收入，不仅是计算增值税、消费税、营业税等流转税的依据，也是计算企业所得税的基础。

2. 费用

费用是指企业在日常活动中所发生的与所有者利润分配无关的、会导致所有者权益减少的经济利益的总流出。即企业在某一会计期间为了取得一定的收入而发生的资金耗费数额。费用是企业在生产经营过程中物化劳动和活劳动耗费的货币表现，而成本是对象化了的费用。成本与费用都是反映企业资金的垫支和耗费，是企业资金补偿的尺度。成本费用与其配比收入的差额，反映着企业经营活动的盈亏状况等。会计上确认的费用与税法上的应税费用既有联系又有区别。如何确认与计量企业经营过程中的各项成本与费用，直接关系到有关税款特别是企业所得税计算和缴纳的正确性。

3. 利润

利润(或亏损)是指企业在一定会计期间的经营成果。利润包括收入减去费用后的净额,直接计入当期损益的利得和损失等。企业利润总额形成的正确性,直接影响到企业所得税应纳税所得额的确定以及所得税的计算和缴纳。尤其是企业按会计准则的规定进行当期损益的确认,与按税法规定计算的应纳税所得额之间往往存在差异,包括永久性差异和暂时性差异等,需要在计算缴纳企业所得税时,按税法规定予以纳税调整。所以说,客观地提供企业经营成果信息,构成了税务会计的重要内容之一。

4. 税款计算与缴纳

负有纳税义务的企业既要严格按照税法规定正确计算应纳税款,按照法定程序编制纳税申请表,正确、及时地解缴税款入库,又要根据会计准则进行账务处理。企业税务会计的工作就是对这项具有双重性的、能以货币计量的涉税事项所表现出来的经济业务进行处理。因此,正确反映税款的计算、解缴过程及其结果,也构成税务会计的重要内容之一。

5. 税收减免优惠

税收减免是国家对某些纳税人或征税对象采取减少征税或免予征税的特殊规定,是国家税收优惠政策的具体体现。减税免税是税法的原则性和灵活性相结合的具体体现,具有鲜明的目的性和较强的针对性。它必须严格按照税法规定的管辖权限、减免范围和减免幅度进行计算和审批。企业对减免税款,应按国家规定进行会计处理和正确使用。由于税收减免而引起纳税人收回退还的税款等经济业务,应当通过税务会计进行反映、申报、收纳和登记。

第三节 税务会计与财务会计的联系与区别

税务会计是社会经济发展的产物,它是从财务会计中分离出来的。税务会计与财务会计同属于会计学科范畴,二者既有联系,又有区别。

一、税务会计与财务会计的联系

税务会计作为适应市场经济发展而兴起的一门会计学科,与企业财务会计有着十分密切的关系。二者相互补充,相互配合,共同提供纳税人生产经营活动方面的信息。

税务会计作为一项实质性工作并不是独立存在的,而是企业会计的一个特殊领域,是以财务会计为基础的。税务会计并不要求纳税人在财务会计的凭证、账簿、报表之外再设一套会计账表。税务会计资料来源于财务会计,它对财务会计处理中与现行税法不符合的会计事项,或出于税务筹划目的需要调整的事项,按税务会计方法计算、调整,并作调整分录,再融于财务会计账簿或报告之中。从企业会计机构的设置来看,也可以不专门设置税务会计机构或专职人员。

一方面,税法必须借助于会计技术才能得以实施和发展;另一方面,税法对会计也产生重要影响。税法使会计实务的处理更加规范化，它直接影响会计对某些会计方法的选择，同时也使会计人员的业务范围不断扩大。税务与会计相互联系、相互影响、相互制约、相互促进，决定了税务会计与财务会计之间密不可分的内在关系。

二、税务会计与财务会计的区别

1. 目标不同

财务会计的目标在于真实、完整地反映企业的财务状况、经营业绩、现金流量以及财务状况变动的全貌，并通过会计报表向投资者、债权人、企业管理者以及其他会计报表使用者提供有用的财务信息，以利于不同信息使用者进行合理、有效的决策，其目标是复杂的、多元的。税务会计则提供税款的形成、计算、缴纳等方面的信息，其目的一是要保证国家及时足额地取得税金，从而保证国家财政收入稳定地增长；二是要正确引导纳税人在不违反国家税法的前提下，经济地、合理地缴纳税金，以真正提高企业的经济效益。

2. 范围不同

财务会计的范围涵盖企业生产经营活动中能够用货币计量的各个方面，以全面反映企业的财务状况、经营成果和现金流量。对企业可以用货币计量的经济活动，无论是否涉及纳税事宜，均需通过财务会计进行处理，以满足不同会计信息使用者的需要，其范围具有广泛性。税务会计的范围仅限于企业生产经营活动中的涉税业务，以全面反映企业各项税款的应缴、已缴、欠缴等情况，而对纳税人与税收无关的业务不予反映，其范围具有特定性。

3. 依据不同

财务会计必须遵循会计准则和财务会计制度，规范企业的会计行为，处理经济业务；当对某些业务的处理出现税法的规定与会计准则的规定不一致时，可以不必考虑税法的规定，而只依据会计准则进行确认与计量，依据具有单一性。税务会计既要依据国家税收法律、法规，又要依据会计准则和企业会计制度，来规范企业的会计行为，严格按照税法规定处理经济业务；当会计准则、会计制度与国家税法对某些业务处理的规定不一致时，必须按税法的规定进行调整，以保证应纳税款的准确性，依据具有双重性。

4. 会计计量属性不同

税务会计坚持历史成本原则，不考虑货币时间价值以及币值的变动情况，它坚持按纳税人实际取得或购建时发生的实际成本进行计量，较客观、及时地反映税务资金的运动。而财务会计却可以有所不同，在对会计计量采用历史成本计价原则的同时，允许在市场价值波动的情况下，局部或全面地采用成本市价孰低法进行物价变动会计计量。在进行财务管理时，则可充分考虑货币的时间价值。

财务会计与税务会计的差异是客观存在的，不可能消失。我们应该辩证地理解和分析，应该遵循其各自的内在规律，在理论上不断发展完善。

第二章

纳税基础

第一节 税法的构成要素

税法的构成要素是指各种单行税法具有的共同的基本要素的总称。税法的构成要素一般包括总则、纳税义务人、征税对象、税目、税率、纳税环节、纳税期限、纳税地点、减税免税、罚则、附则等项目。

一、总则

主要包括立法依据、立法目的、适用原则等。

二、纳税义务人

纳税义务人又叫纳税主体，是税法规定的直接负有纳税义务的单位和个人。纳税义务人有两种基本形式：自然人和法人。

自然人是基于自然规律而出生的，有民事权利和义务的主体，包括本国公民，也包括外国人和无国籍人。法人是自然人的对称，根据《民法通则》第三十六条规定，法人是基于法律规定享有权利能力和行为能力，具有独立的财产和经费，依法独立承担民事责任的社会组织。我国的法人主要有四种：机关法人、事业法人、企业法人和社团法人。

税法中规定的纳税人有自然人和法人两种最基本的形式，按照不同的目的和标准，还可以对自然人和法人进行多种详细的分类，这些分类对国家制定区别对待的税收政策，发挥税收的经济调节作用，具有重要的意义。如自然人可划分为居民纳税人和非居民纳税人，个体经营者和其他个人等；法人可划分为居民企业和非居民企业，还可按企业的不同所有制性质来进行分类等。

与纳税人紧密联系的两个概念是代扣代缴义务人和代收代缴义务人。前者是指虽不承担纳税义务，但依照有关规定，在向纳税人支付收入、结算货款、收取费用时有义务代扣代缴其应纳税款的单位和个人。如出版社代扣作者稿酬所得的个人所得税等。代收代缴义务人是指虽不承担纳税义务，但依照有关规定，在向纳税人收取商品或劳务收入时，有义务代收代缴其应纳税款的单位和个人。如消费税条例规定，委托加工的应税消费品，由受托方在向委托方交货时代收代缴委托方应该缴纳的消费税。

三、征税对象

征税对象又叫课税对象、征税客体，指税法规定对什么征税，是征纳税双方权利义务共同指向的客体或标的物，是区别一种税与另一种税的重要标志。如消费税的征税对象是消费税条例所列举的应税消费品，房产税的征税对象是房屋等。征税对象是税法最基本的要素，因为它体现着征税的最基本界限，决定着某一种税的基本征税范围，同时，征税对象也决定了各个不同税种的名称。如消费税、土地增值税、个人所得税等，这些税种因征税对象不同、性质不同，税名也就不同。征税对象按其性质的不同，通常可划分为流转额、所得额、财产、资源、特定行为等五大类,通常也因此将税收分为相应的五大类,即流转税、所得税、财产税、资源税和特定行为税。

四、税目

税目是在税法中对征税对象分类规定的具体的征税项目,反映具体的征税范围,是对课税对象质的界定。设置税目的目的,首先是明确具体的征税范围,凡列入税目的即为应税项目;未列入税目的,则不属于应税项目。其次,划分税目也是贯彻国家税收调节政策的需要,国家可根据不同项目的利润水平以及国家经济政策等为依据制定高低不同的税率,以体现不同的税收政策。并非所有税种都需规定税目,有些税种不分课税对象的具体项目,一律按照课税对象的应税数额采用同一税率计征税款,因此一般无须设置税目,如企业所得税。有些税种具体课税对象比较复杂,需要规定税目,如消费税、营业税等,一般都规定有不同的税目。

五、税率

税率是对征税对象的征收比例或征收额度。税率是计算税额的尺度,也是衡量税负轻重与否的重要标志。我国现行的税率主要有:

1. 比例税率

比例税率即对同一征税对象,不分数额大小,规定相同的征收比例。我国的增值税、营业税、城市维护建设税、企业所得税等采用的是比例税率。

2. 超额累进税率

为解释超额累进税率,先解释相关的累进税率和全额累进税率。累进税率是指随着征税对象数量增大而随之提高的税率,即按征税对象数额的大小划分为若干等级,不同等级的课税数额分别适用不同的税率,课税数额越大,适用税率越高。全额累进税率是指把征税对象的数额划分为若干等级,对每个等级分别规定相应税率,当税基超过某个级距时,课税对象的全部数额都按提高后级距的相应税率征税(见表2-1)。

表2-1 某三级全额累进税率

级 数	全月应纳税所得额(元)	税率(%)
1	5 000以下	5
2	5 000—20 000(含)	10
3	20 000(含)以上	20

运用全额累进税率的关键是查找每一纳税人应税收入在税率表中所属的级次,找到了收入级次,与其对应的税率便是该纳税人所适用的税率,全部税基乘以适用税率即可计算出应缴税额。例如,某纳税人某月应纳税所得额为6 000元,按上表所列税率,适用第二级次,其应纳税额为6 000 ×10% =600元。

全额累进税率计算方法简便,但税收负担不合理,特别是在划分级距的临界点附近,税负呈跳跃式递增,甚至会出现税额增加超过课税对象数额增加的不合理现象,不利于鼓励纳税人增加收入。

超额累进税率是指把征税对象按数额的大小分成若干等级，每一等级规定一个税率，税率依次提高，但每一纳税人的征税对象则依所属等级同时适用几个税率分别计算，将计算结果相加后得出应纳税款。表2-2为一个三级超额累进税率表。

表2-2　某三级超额累进税率表

级　数	全月应纳税所得额(元)	税率(%)	速算扣除数
1	5 000以下	5	0
2	5 000—20 000(含)	10	250
3	20 000(含)以上	20	2 250

3. 定额税率

即按征税对象确定的计算单位，直接规定一个固定的税额。目前采用定额税率的有资源税、城镇土地使用税、车船税等。

4. 超率累进税率

即以征税对象数额的相对率划分若干级距，分别规定相应的差别税率，相对率每超过一个级距的，对超过的部分就按高一级的税率计算征税。目前采用这种税率的是土地增值税。

六、纳税环节

主要是指税法规定的征税对象在从生产到消费的流转过程中应当缴纳税款的环节。如流转税在生产和流通环节纳税、所得税在分配环节纳税等。

七、纳税期限

纳税期限是指税法规定的关于税款缴纳时间方面的限定。税法关于纳税期限的规定，有三个概念：一是纳税义务发生时间。纳税义务发生时间，是指应税行为发生的时间。如《中华人民共和国增值税暂行条例》(以下简称《增值税暂行条例》)规定，采取预收货款方式销售货物的，其纳税义务发生时间为货物发出的当天。二是纳税期限。纳税人每次发生纳税义务后，不可能马上去缴纳税款。税法规定了每种税的纳税期限。即每隔固定时间汇总一次纳税义务的时间。如《增值税暂行条例》规定，增值税的具体纳税期限分别为1日、3日、5日、10日、15日、1个月或者1个季度。纳税人的具体纳税期限，由主管税务机关根据纳税人应纳税额的大小分别核定；不能按照固定期限纳税的，可以按次纳税。三是缴库期限。即税法规定的纳税期满后，纳税人将应纳税款缴入国库的期限。如《增值税暂行条例》规定，纳税人以1个月或者1个季度为1个纳税期的，自期满之日起15日内申报纳税；以1日、3日、5日、10日或者15日为1个纳税期的，自期满之日起5日内预缴税款，于次月1日起15日内申报纳税并结清上月应纳税款。

八、纳税地点

主要是指根据各个税种纳税对象的纳税环节和有利于对税款的源泉控制而规定的纳税人(包括代征、代扣、代缴义务人)的具体纳税地点。

九、减税免税

主要是指对某些纳税人和征税对象采取减少征税或者免予征税的特殊规定。

十、罚则

主要是指对纳税人违反税法的行为采取的处罚措施。

十一、附则

附则一般都规定与该法紧密相关的内容,比如该法的解释权、生效时间等。

第二节 税收立法

税收立法是指有权机关依据一定的程序,遵循一定的原则,运用一定的技术,制定、公布、修改、补充和废止有关税收法律、法规、规章的活动。

一、税收立法机关

根据《中华人民共和国宪法》、《中华人民共和国全国人民代表大会组织法》、《中华人民共和国国务院组织法》以及《中华人民共和国地方各级人民代表大会和地方各级人民政府组织法》的规定,我国的立法体制是:全国人民代表大会及其常务委员会行使立法权,制定法律;国务院及所属各部委,有权根据宪法和法律制定行政法规和规章;地方人民代表大会及其常务委员会,在不与宪法、法律、行政法规抵触的前提下,有权制定地方性法规,但要报全国人大常委会和国务院备案;民族自治地方的人大有权依照当地民族政治、经济和文化的特点,制定自治条例和单行条例。

各有权机关根据国家立法体制规定,所制定的一系列税收法律、法规、规章和规范性文件,构成了我国的税收法律体系。需要说明的是,我们平时所说的税法,有广义和狭义之分。广义概念上的税法,包括所有调整税收关系的法律、法规、规章和规范性文件,是税法体系的总称;狭义概念上的税法,特指由全国人民代表大会及其常务委员会制定和颁布的税收法律。由于制定税收法律、法规和规章的机关不同,其法律级次不同,因此其法律效力也不同。

二、全国人民代表大会及其常务委员会制定的税收法律

《中华人民共和国宪法》第五十八条规定:“全国人民代表大会和全国人民代表大会常务委员会行使国家立法权。”上述规定确定了我国税收法律的立法权由全国人大及其常委会行使,其他任何机关都没有制定税收法律的权力。在国家税收中,凡是基本的、全局性的问题,例如,国家税收的性质,税收法律关系中征纳双方权利与义务的确定,税种的设置,税目、税率的确定等,都需要由全国人大及其常委会以税收法律的形式制定实

施，并且在全国范围内，无论对国内纳税人，还是涉外纳税人都普遍适用。在现行税法中，如《中华人民共和国企业所得税法》（以下简称《企业所得税法》）、《中华人民共和国个人所得税法》（以下简称《个人所得税法》）、《中华人民共和国税收征收管理法》（以下简称《税收征收管理法》）都是税收法律，2012 年车船税成为第一个由国务院制定的暂行条例上升为法律的税种。

三、全国人民代表大会及其常务委员会授权立法

授权立法是指全国人民代表大会及其常务委员会根据需要授权国务院制定某些具有法律效力的暂行规定或者条例；授权立法与制定行政法规不同。国务院经授权立法所制定的规定或条例等，具有国家法律的性质和地位，它的法律效力高于行政法规，在立法程序上还需报全国人大常委会备案。1984 年 9 月 1 日，全国人大常委会授权国务院改革工商税制和发布有关税收条例；1985 年，全国人大常委会授权国务院在经济体制改革和对外开放方面可以制定暂行的规定或者条例，都是授权国务院立法的依据。按照这两次授权立法，国务院从 1994 年 1 月 1 日起实施工商税制改革，制定实施了增值税、营业税、消费税、资源税、土地增值税、企业所得税等六个暂行条例。授权立法，在一定程度上解决了我国经济体制改革和对外开放工作急需法律保障的当务之急。税收暂行条例的制定和公布施行，也为全国人大及其常委会立法工作提供了有益的经验和条件，为将这些条例在条件成熟时上升为法律做好了准备。

四、国务院制定的税收行政法规

国务院作为最高国家权力机关的执行机关，是最高的国家行政机关，拥有广泛的行政立法权。行政法规作为一种法律形式，在中国法律形式中处于低于宪法、法律和高于地方法规、部门规章、地方规章的地位，也是在全国范围内普遍适用的。行政法规的立法目的在于保证宪法和法律的实施，行政法规不得与宪法、法律相抵触，否则无效。国务院发布的《中华人民共和国企业所得税法实施条例》、《中华人民共和国税收征收管理法实施细则》等，都是税收行政法规。

五、地方人民代表大会及其常务委员会制定的税收地方性法规

根据《中华人民共和国地方各级人民代表大会和地方各级人民政府组织法》的规定，省、自治区、直辖市的人民代表大会以及省、自治区的人民政府所在地的市和经国务院批准的较大的市的人民代表大会有制定地方性法规的权力。由于我国在税收立法上坚持"统一税法"的原则，因此地方权力机关制定税收地方法规不是无限制的，而是要严格按照税收法律的授权行事。目前，除了海南省、民族自治地区按照全国人大授权立法规定，在遵循宪法、法律和行政法规的原则基础上，可以制定有关税收的地方性法规外，其他省、市都无权自定税收地方性法规。

六、国务院税务主管部门制定的税收部门规章

《中华人民共和国宪法》第九十条规定："国务院各部、各委员会根据法律和国务院的

行政法规、决定、命令,在本部门的权限内,发布命令、指示和规章”。有权制定税收部门规章的税务主管机关是财政部、国家税务总局及海关总署。其制定规章的范围包括:对有关税收法律、法规的具体解释,税收征收管理的具体规定、办法等。税收部门规章在全国范围内具有普遍适用效力,但不得与税收法律、行政法规相抵触。例如,财政部颁发的《中华人民共和国增值税暂行条例实施细则》、国家税务总局颁发的《税务代理试行办法》等都属于税收部门规章。

七、地方政府制定的税收地方规章

《中华人民共和国地方各级人民代表大会和地方各级人民政府组织法》规定:“省、自治区、直辖市以及省、自治区的人民政府所在地的市和国务院批准的较大的市的人民政府,可以根据法律和国务院的行政法规,制定规章。”按照“统一税法”的原则,上述地方政府制定税收规章,都必须在税收法律、法规明确授权的前提下进行,并且不得与税收法律、行政法规相抵触。没有税收法律、法规的授权,地方政府是无权自定税收规章的,凡越权自定的税收规章没有法律效力。例如,国务院发布实施的城市维护建设税、车船税、房产税等地方性税种暂行条例,都规定省、自治区、直辖市人民政府可根据条例制定实施细则。

第三节　我国现行税法体系

一、税法体系概念

从法律角度来讲,一个国家在一定时期内、一定体制下以法定形式规定的各种税收法律、法规的总和,被称为税法体系。但从税收工作的角度来讲,所谓税法体系往往被称为税收制度。即一个国家的税收制度,是指在既定的管理体制下设置的税种以及与这些税种的征收、管理有关的,具有法律效力的各级成文法律、行政法规、部门规章等的总和。换句话说,税法体系就是通常所说的税收制度。

税收制度的内容主要有三个层次:一是不同的要素构成税种。构成税种的要素主要包括:纳税人、征税对象、税目、税率、纳税环节、纳税期限、减税免税等。二是不同的税种构成税收制度。构成税收制度的具体税种,国与国之间差异较大,但一般都包括所得税(直接税),如企业(法人)所得税、个人所得税,也包括流转税(间接税),如增值税、消费税、营业税,及其他一些税种,如财产税(房地产税、车船税)、关税、社会保障税等。三是规范税款征收程序的法律法规。如《税收征收管理法》等。

二、税法的分类

税法体系中各税法按立法目的、征税对象、权限划分、适用范围、职能作用的不同,可分为不同类型。

1. 按照税法的基本内容和效力划分

按照税法的基本内容和效力划分,可分为税收基本法和税收普通法。税收基本法也称税收通则,是税法体系的主体和核心,在税法体系中起着税收母法的作用。其基本内容包括税收制度的性质、税务管理机构、税收立法与管理权限、纳税人的基本权利与义务、征税机关的权利和义务、税种设置等。我国目前还没有制定统一的税收基本法,随着我国税收法制建设的发展和完善,将研究制定税收基本法。税收普通法是根据税收基本法的原则,对税收基本法规定的事项分别立法实施的法律,如个人所得税法、税收征收管理法等。

2. 按照税法的职能作用划分

按照税法的职能作用划分,可分为税收实体法和税收程序法。税收实体法主要是指确定税种立法,具体规定各税种的征收对象、征收范围、税目、税率、纳税地点等。例如,《企业所得税法》、《个人所得税法》就属于税收实体法。税收程序法是指税务管理方面的法律,主要包括税收管理法、纳税程序法、发票管理法、税务机关组织法、税务争议处理法等。《税收征收管理法》就属于税收程序法。

3. 按照税法的征收对象划分

按照税法的征收对象划分,可分为流转税法、所得税法、财产行为税法、资源税法和特定目的税法。

4. 按照主权国家行使税收管辖权划分

按照主权国家行使税收管辖权划分,可分为国内税法、国际税法、外国税法等。

国内税法一般是按照属人或属地原则,规定一个国家的内部税收制度。国际税法是指国家间形成的税收制度,主要包括双边或多边国家间的税收协定、条约和国际惯例等,一般而言,其效力高于国内税法。外国税法是指其他国家制定的税收制度。

以上对于税种的分类不具有法定性,但将各具体税种按一定方法分类,在税收理论研究和税制建设方面用途相当广泛,作用非常大。例如,流转税类税种也称间接税,是由于这些税种都是按照商品和劳务收入计算征收的,而这些税种虽然是由纳税人负责缴纳,但最终是由商品和劳务的购买者即消费者负担的,所以称为间接税;而所得税类税种的纳税人本身就是负税人,一般不存在税负转移或转嫁问题,所以称为直接税。

三、我国现行的税法体系

我国的现行税制就其实体法而言,是1949年新中国成立后经过几次较大的改革逐步演变而来的,按其性质和作用大致分为五类:

1. 流转税类

包括增值税、消费税、营业税和关税。主要在生产、流通或者服务业中发挥调节作用。

2. 资源税类

包括资源税、土地增值税和城镇土地使用税。主要是对因开发和利用自然资源差异而形成的级差收入发挥调节作用。

3. 所得税类

包括企业所得税、个人所得税。主要是在国民收入形成后,对生产经营者的利润和个人的纯收入发挥调节作用。

4. 特定目的税类

包括固定资产投资方向调节税(暂缓征收)、筵席税、城市维护建设税、车辆购置税、耕地占用税和烟叶税。主要是为了达到特定目的,对特定对象和特定行为发挥调节作用。

5. 财产和行为税类

包括房产税、车船税、印花税、契税。主要是对某些财产和行为发挥调节作用。

上述税种中的关税由海关负责征收管理,其他税种由税务机关负责征收管理。耕地占用税和契税,1996 年以前由财政机关的农税部门征收管理,1996 年财政部农税管理机构划归国家税务总局领导,部分省市机构相应划转,这些税种就改由税务部门负责征收,但部分省市仍由财政机关负责征收。这 19 个税收法律、法规组成了我国的税收实体法体系。

第四节 我国税收管理体制

税收管理体制是在各级国家机构之间划分税权的制度。税权的划分有纵向划分和横向划分的区别。纵向划分是指税权在中央与地方国家机构之间的划分;横向划分是指税权在同级立法、司法、行政等国家机构之间的划分。

我国的税收管理体制,是税收制度的重要组成部分,也是财政管理体制的重要内容。税收管理权限,包括税收立法权、税收法律法规的解释权、税种的开征或停征权、税目和税率的调整权、税收的加征和减免权等。如果按大类划分,可以简单地将税收管理权限划分为税收立法权和税收执法权两类。

一、税收立法权的划分

税收立法权是制定、修改、解释或废止税收法律、法规、规章和规范性文件的权力。具体地说,我国税收立法权划分的层次是这样的:

第一,全国性税种的立法权,即包括全部中央税、中央与地方共享税和在全国范围内征收的地方税税法的制定、公布和税种的开征、停征权,属于全国人大及其常委会。

第二,经全国人大及其常委会授权,全国性税种可先由国务院以“条例”或“暂行条例”的形式发布施行。经一段时期后,再行修订并通过立法程序,由全国人大及其常委会正式立法。

第三,经全国人大及其常委会授权,国务院有制定税法实施细则、增减税目和调整税率的权力。

第四,经全国人大及其常委会授权,国务院有税法的解释权;经国务院授权,国家税务主管部门(财政部和国家税务总局)有税收条例的解释权和制定税收条例实施细则的权力。

第五,省级人大及其常委会有根据本地区经济发展的具体情况和实际需要,在不违背国家统一税法,不影响中央的财政收入,不妨碍我国统一市场的前提下,开征全国性税种以外的地方税种的税收立法权。税法的公布,税种的开征、停征,由省级人大及其常委会统一规定,所立税法在公布实施前须报全国人大常委会备案。

第六,经省级人大及其常委会授权,省级人民政府有本地区地方税法的解释权和制定税法实施细则、调整税目和税率的权力,也可在上述规定的前提下,制定一些税收征收办法,还可以在全国性地方税条例规定的幅度内,确定本地区适用的税率或税额。上述权力除税法解释权外,在行使后和发布实施前须报国务院备案。

地区性地方税收的立法权应只限于省级立法机关或经省级立法机关授权同级政府,不能层层下放。所立税法可在全省(自治区、直辖市)范围内执行,也可只在部分地区执行。

关于我国现行税收立法权的划分问题,迄今为止,尚无一部法律对之加以完整规定,只是散见于若干财政和税收法律、法规中,尚有待于税收基本法作出统一规定。

二、税收执法权的划分

税收执法权和行政管理权是国家赋予税务机关的基本权力,是税务机关实施税收管理和系统内部行政管理的法律手段。其中,税收执法权是指税收机关依法征收税款,依法进行税收管理活动的权力。具体包括税款征收管理权、税务检查权、税务稽查权、税务行政复议裁决权及其他税收执法权。

(一)税款征收管理权

1. 税款征收

目前,我国的税收分别由财政、税务、海关等系统负责征收管理。

国家税务局系统负责征收和管理的项目有:增值税,消费税,车辆购置税,铁道部门、各银行总行、各保险总公司集中缴纳的营业税、所得税、城市维护建设税,中央企业缴纳的所得税,中央与地方所属企业、事业单位组成的联营企业、股份制企业缴纳的所得税,地方银行、非银行金融企业缴纳的所得税,海洋石油企业缴纳的所得税、资源税,部分企业缴纳的企业所得税,证券交易税(开征之前为对证券交易征收的印花税),个人所得税中对储蓄存款利息所得征收的部分,中央税的滞纳金、补税、罚款。

地方税务局系统负责征收和管理的项目有:营业税,城市维护建设税(不包括上述由国家税务局系统负责征收管理的部分),地方国有企业、集体企业、私营企业缴纳的所得税,个人所得税(不包括对银行储蓄存款利息所得征收的部分),资源税,城镇土地使用税,耕地占用税,土地增值税,房产税,车船税,印花税,契税,屠宰税,筵席税及其地方附加,地方税的滞纳金、补税、罚款。在大部分地区,地方附加、契税、耕地占用税,仍由地方财政部门征收和管理。

海关系统负责征收和管理的项目有关税、行李和邮递物品进口税,同时负责代征进出口环节的增值税和消费税。

2. 中央政府与地方政府税收收入的划分

根据国务院关于实行分税制财政管理体制的规定，我国的税收收入分为中央政府固定收入、地方政府固定收入和中央政府与地方政府共享收入。

中央政府固定收入包括消费税（含进口环节海关代征的部分）、车辆购置税、关税、海关代征的进口环节增值税等。

地方政府固定收入包括城镇土地使用税、耕地占用税、土地增值税、房产税、车船税、契税、筵席税。

中央政府与地方政府共享收入主要包括：（1）增值税（不含进口环节由海关代征的部分）。中央政府分享75%，地方政府分享25%。（2）营业税。铁道部、各银行总行、各保险总公司集中缴纳的部分归中央政府，其余部分归地方政府。（3）企业所得税。铁道部、各银行总行及海洋石油企业缴纳的部分归中央政府，其余部分中央与地方政府按60%与40%的比例分享。（4）个人所得税。除储蓄存款利息所得的个人所得税外，其余部分的分享比例与企业所得税相同。（5）资源税。海洋石油企业缴纳的部分归中央政府，其余部分归地方政府。（6）城市维护建设税。铁道部、各银行总行、各保险总公司集中缴纳的部分归中央政府，其余部分归地方政府。（7）印花税。证券交易印花税收入的94%归中央政府，其余6%和其他印花税收入归地方政府。

（二）税务检查权

税务检查是税务机关依据国家的税收法律、法规对纳税人等管理相对人履行法定义务的情况进行审查、监督的执法活动。有效的税务检查可以抑制不法纳税人的侥幸心理，提高税法的威慑力，减少税收违法犯罪行为，保证国家收入，维护税收公平与合法纳税人的合法利益。

（三）税务稽查权

税务稽查是税务机关依法对纳税人、扣缴义务人履行纳税义务、扣缴义务情况所进行的税务检查和处理工作的总称。税务稽查权是税收执法权的一个重要组成部分，也是整个国家行政监督体系中的一种特殊的监督权行使形式。

根据相关法律规定，税务稽查的基本任务是：依照国家税收法律、法规，查处税收违法行为，保障税收收入，维护税收秩序，促进依法纳税，保证税法的实施。税务稽查必须以事实为根据，以税收法律、法规、规章为准绳，依靠人民群众，加强与司法机关及其他有关部门的联系和配合。各级税务机关设立的税务稽查机构，按照各自的税收管辖范围行使税务稽查职能。

（四）税务行政复议裁决权

税务行政复议裁决权的行使是税收执法权的有机组成部分，该权力的实现对保障和监督税务机关依法行使税收执法权，防止和纠正违法或者不当的具体税务行政行为，保护纳税人和其他有关当事人的合法权益，发挥着积极作用。根据《中华人民共和国行政复议法》、《税收征收管理法》和其他有关规定，为了防止和纠正税务机关违法或者不当的具体行政行为，保护纳税人及其他当事人的合法权益，保障和监督税务机关依法行使职权，纳税人及其他当事人认为税务机关的具体行政行为侵犯其合法权益，可依法向税务行政复议机关申请行政复议;税务行政复议机关受理行政复议申请,作出行政复议决定。税务行政复议机关,是指依法受理行政复议申请,对具体行政行为进行审查并作出行政复议决定的税务机关。

(五) 其他税收执法权

在除上述税收执法权之外,根据法律规定,税务机关还享有其他相关税收执法权。其中主要的有税务行政处罚权等。

税务行政处罚权是指税务机关依法对纳税主体违反税法尚未构成犯罪,但应承担相应法律责任的行为实施制裁措施的权力。税务行政处罚是行政处罚的基本组成部分,税务行政处罚权的行使对于保证国家税收利益,督促纳税人依法纳税有重要作用。税务行政处罚权的法律依据是《中华人民共和国行政处罚法》和《税收征收管理法》等法律法规。根据《税收征收管理法》的相关规定,税务行政处罚的种类应当有警告(责令限期改正)、罚款、停止出口退税权、没收违法所得、收缴发票或者停止发售发票、提请吊销营业执照、通知出境管理机关阻止出境等。

第三章

增值税会计

第一节　增值税概述

为了进一步完善税制,2008年11月5日,国务院审议通过了修订后的《增值税暂行条例》;2008年12月15日,财政部、国家税务总局制定了《中华人民共和国增值税暂行条例实施细则》,以财政部、国家税务总局第50号令发布。

一、增值税的概念及类型

（一）增值税的概念

增值税是以商品(含应税劳务)在流转过程中产生的增值额作为计税依据而征收的一种流转税。增值额是指企业或者其他经营者从事生产经营或者提供劳务,在购入的商品或者取得劳务的价值基础上新增加的价值额。可以从以下四个方面理解:

(1) 从理论上讲,增值额是指生产经营者生产经营过程中新创造的价值额。增值额相当于商品价值C+V+M中的V+M部分。C即商品生产过程中所消耗的生产资料的转移价值;V即工资,是劳动者为自己创造的价值;M即剩余价值或盈利,是劳动者为社会创造的价值。增值额是劳动者新创造的价值,从内容上讲大体相当于净产值或国民收入。

(2) 就一个生产单位而言,增值额是指这个单位商品销售收入额或经营收入额扣除非增值项目(相当于物化劳动,如外购的原材料、燃料、动力、包装物、低值易耗品等)价值后的余额。

(3) 就一个商品的生产经营全过程来讲,不论其生产经营经过几个环节,其最后的销售总值,应等于该商品从生产到流通的各个环节的增值额之和。

(4) 从国民收入分配角度看,增值额V+M在我国相当于净产值,包括工资、利润、利息、租金和其他属于增值性的收入。

（二）增值税的类型

在实践中,各国实行的增值税都是以法定增值额为课税对象的。法定增值额和理论增值额往往不一致,其主要区别在于对购入固定资产的处理上。所以根据对购入固定资产已纳税款处理的不同,可以将增值税分为不同的类型。依据实行增值税的各个国家允许抵扣已纳税款的扣除项目范围的大小,增值税可以分为生产型增值税、收入型增值税、消费型增值税三种类型。

1. 生产型增值税

生产型增值税以纳税人的销售收入(或劳务收入)减去用于生产、经营的外购原材料、燃料、动力等物质资料价值后的余额作为法定的增值额,但对购入的固定资产及其折旧均不予扣除。既不允许扣除购入固定资产的价值,也不考虑生产经营过程中固定资产磨损的那部分转移价值(即折旧)。由于这个法定增值额等于工资、租金、利息、利润和折旧之和,其内容从整个社会来说相当于国民生产总值,所以称为生产型增值税。

2. 收入型增值税

收入型增值税除允许扣除外购物质资料的价值以外，对于购置用于生产、经营用的固定资产，允许将已提折旧的价值额予以扣除。即对于购入的固定资产，可以按照磨损程度相应地给予扣除。这个法定增值额，就整个社会来说相当于国民收入，所以称为收入型增值税。

3. 消费型增值税

消费型增值税允许将购置物质资料的价值和用于生产、经营的固定资产价值中所含的税款，在购置当期全部一次扣除。虽然固定资产在原生产经营单位作为商品于出售时都已征税，但当购置者作为固定资产购进使用时，其已纳税金在购置当期已经全部扣除。因此，就整个社会而言，这部分商品实际上没有征税，所以说这种类型增值税的课税对象不包括生产资料部分，仅限于当期生产销售的所有消费品，故称为消费型增值税。

二、征税范围及纳税义务人

（一）征税范围

根据《增值税暂行条例》的规定，在中华人民共和国境内（以下简称境内）销售货物或者提供加工、修理修配劳务以及进口货物的单位和个人，为增值税的纳税人。

销售货物是指有偿转让货物的所有权，货物是指有形动产，包括电力、热力、气体在内。加工是指受托加工货物，即委托方提供原料及主要材料，受托方按照委托方的要求制造货物并收取加工费的业务；修理修配是指受托对损伤和丧失功能的货物进行修复，使其恢复原状和功能的业务。提供加工、修理修配劳务（以下称应税劳务），是指有偿提供加工、修理修配劳务。单位或者个体工商户聘用的员工为本单位或者雇主提供加工、修理修配劳务，不包括在内。

（二）纳税义务人

增值税实行凭专用发票抵扣税款的制度，客观上要求纳税人具备健全的会计核算制度和能力。在实际经济生活中，我国增值税纳税人众多，会计核算水平差异较大，大量的小企业和个人还不具备用发票抵扣税款的条件，为了既简化计算和征收，也有利于减少税收征管漏洞，将增值税纳税人按会计核算水平和经营规模划分为一般纳税人和小规模纳税人两类纳税人，分别采取不同的增值税计税方法。

1. 小规模纳税人的认定标准

根据《增值税暂行条例》及《增值税暂行条例实施细则》的规定，小规模纳税人的认定标准是：

（1）从事货物生产或者提供应税劳务的纳税人，以及以从事货物生产或者提供应税劳务为主，并兼营货物批发或者零售的纳税人，年应征增值税销售额（以下简称应税销售额）在50万元以下（含本数，下同）的；“以从事货物生产或者提供应税劳务为主”，是指纳税人的年货物生产或者提供应税劳务的销售额占年应税销售额的比重在50%以上。

（2）对上述规定以外的纳税人，年应税销售额在80万元以下的。

（3）年应税销售额超过小规模纳税人标准的其他个人按小规模纳税人纳税。

(4) 非企业性单位、不经常发生应税行为的企业可选择按小规模纳税人纳税。

基层税务机关要加强对小规模生产企业财会人员的培训,帮助建立会计账簿,只要小规模企业有会计、有账册,能够正确计算进项税额、销项税额和应纳税额,并能按规定报送有关税务资料,年应税销售额不低于30万元的可以认定为增值税一般纳税人。

2. 一般纳税人的认定标准

一般纳税人是指年应税销售额(包括一个公历年度内的全部应税销售额)超过《增值税暂行条例实施细则》规定的小规模纳税人标准的企业和企业性单位(以下简称企业)。

下列纳税人不属于一般纳税人:年应税销售额未超过小规模纳税人标准的企业(以下简称小规模企业);个体工商户以外的其他个人;非企业性单位;不经常发生增值税应税行为的企业。

3. 特殊规定

一般纳税人总分支机构不在同一县(市)的,应分别向其机构所在地主管税务机关申请办理一般纳税人认定手续。纳税人是总分支机构并实行统一核算的,其总机构年应税销售额超过小规模企业标准,但分支机构是商业企业(现为非从事货物生产或者提供应税劳务)以外其他企业,年应税销售额未超过小规模企业标准的,其分支机构可申请办理一般纳税人认定手续。在办理认定手续时,须提供总机构所在地主管税务机关批准其总机构为一般纳税人的证明(总机构申请认定表的影印件)。

财政部和国家税务总局规定:凡年应税销售额在80万元以下的小规模商业企业、企业性单位,以及以从事货物批发或零售为主,并兼营货物生产或提供应税劳务的企业、企业性单位,无论财务核算是否健全,一律不得认定为增值税一般纳税人。

三、税率与征收率

(一) 税率

我国增值税采用比例税率,按照一定的比例征收。为了发挥增值税的中性作用,原则上应该对不同行业、不同企业实行单一税率,称为基本税率。实践中为照顾一些特殊行业或产品也增设了一档低税率,对出口产品实行零税率。由于增值税纳税人分成两类,对这两类不同的纳税人又采用不同的税率。

1. 基本税率

增值税一般纳税人销售或者进口货物,提供加工、修理修配劳务,除低税率适用范围和销售个别旧货适用低税率外,税率一律为17%,这就是通常所说的基本税率。

自2009年1月1日起,将部分金属矿、非金属矿采选产品的增值税税率由原来的13%的低税率恢复到17%,如铜矿砂及其精矿(非黄金价值部分)、镍矿砂及其精矿(非黄金价值部分)、纯氯化钠、未焙烧的黄铁矿、石英、云母粉、天然硫酸钡(重晶石)等。

2. 低税率

增值税一般纳税人销售或者进口下列货物,按低税率计征增值税,低税率为13%。

(1) 粮食、食用植物油、鲜奶;

(2) 自来水、暖气、冷气、热水、煤气、石油液化气、天然气、沼气、居民用煤炭制品;

(3) 图书、报纸、杂志;

(4) 饲料、化肥、农药、农机、农膜;

(5) 国务院及其有关部门规定的其他货物。

农产品,是指种植业、养殖业、林业、牧业、水产业生产的各种植物、动物的初级产品。具体征税范围暂继续按照《财政部、国家税务总局关于印发〈农业产品征税范围注释〉的通知》(财税字[1995]52号)及现行相关规定执行。

纳税人兼营不同税率的货物或者劳务的,应当分别核算不同税率的货物或者劳务的应税销售额。未分别核算销售额的,从高适用税率。

3. 零税率

纳税人出口货物,税率为零;但是,国务院另有规定的除外。

税率为零不能简单地等同于免税。出口货物免税仅指在出口环节不征收增值税;而零税率是指对出口货物除了在出口环节不征收增值税外,还要对该产品在出口前已经缴纳的增值税进行退税,使该出口产品在出口时完全不含增值税税款,从而以无税产品进入国际市场。

(二) 征收率

小规模纳税人实行按销售额与征收率计算应纳税额的简易办法。自2009年1月1日起,小规模纳税人增值税征收率为3%。

(三) 简易征收办法

下列按简易办法征收增值税的优惠政策继续执行,不得抵扣进项税额。

(1) 纳税人销售旧货,按照简易办法依照4%征收率减半征收增值税。

所称旧货,是指进入二次流通的具有部分使用价值的货物(含旧汽车、旧摩托车和旧游艇),但不包括自己使用过的物品。

(2) 一般纳税人销售自产的下列货物,可选择按照简易办法依照6%征收率计算缴纳增值税:县级及县级以下小型水力发电单位生产的电力;建筑用和生产建筑材料所用的砂、土、石料;以自己采掘的砂、土、石料或其他矿物连续生产的砖、瓦、石灰(不含黏土实心砖、瓦);用微生物、微生物代谢产物、动物毒素、人或动物的血液或组织制成的生物制品;自来水;商品混凝土(仅限于以水泥为原料生产的水泥混凝土)。

对属于一般纳税人的自来水公司销售自来水按简易办法依照6%征收率征收增值税,不得抵扣其购进自来水取得增值税扣税凭证上注明的增值税税款。

(3) 一般纳税人销售货物属于下列情形之一的,暂按简易办法依照4%征收率计算缴纳增值税:寄售商店代销寄售物品(包括居民个人寄售的物品在内);典当业销售死当物品;经国务院或国务院授权机关批准的免税商店零售的免税品。

一般纳税人选择简易办法计算缴纳增值税后,36个月内不得变更。

第二节　增值税纳税义务发生时间

纳税义务发生时间，是指纳税人发生应税行为应当承担纳税义务的起始时间。

一、一般规定

纳税人销售货物或者应税劳务，其纳税义务发生时间为收讫销售款项或者取得索取销售款项凭据的当天；先开具发票的，为开具发票的当天。

纳税人进口货物，其纳税义务发生时间为报关进口的当天。

增值税扣缴义务发生时间为纳税人增值税纳税义务发生的当天。

二、具体规定

纳税人收讫销售款项或者取得索取销售款项凭据的当天，按销售结算方式的不同，具体分为：

1. 直接收款方式

采取直接收款方式销售货物，不论货物是否发出，均为收到销售款或者取得索取销售款凭据的当天。

2. 托收承付和委托收款方式

采取托收承付和委托银行收款方式销售货物，为发出货物并办妥托收手续的当天。

3. 赊销和分期收款方式

采取赊销和分期收款方式销售货物，为书面合同约定的收款日期的当天；无书面合同的或者书面合同没有约定收款日期的，为货物发出的当天。

4. 预收货款方式

采取预收货款方式销售货物，为货物发出的当天，但生产销售生产工期超过12个月的大型机械设备、船舶、飞机等货物，为收到预收款或者书面合同约定的收款日期的当天。

5. 委托代销

委托其他纳税人代销货物，为收到代销单位的代销清单或者收到全部或者部分货款的当天；未收到代销清单及货款的，为发出代销货物满180天的当天。

6. 销售应税劳务

销售应税劳务，为提供劳务同时收讫销售款或者取得索取销售款凭据的当天。

三、纳税期限

根据《增值税暂行条例》的规定，增值税的纳税期限分别为1日、3日、5日、10日、15日、1个月或者1个季度。

纳税人的具体纳税期限，由主管税务机关根据纳税人应纳税额的大小分别核定；不能按照固定期限纳税的，可以按次纳税。以 1 个季度为纳税期限的规定仅适用于小规模纳税人。小规模纳税人的具体纳税期限，由主管税务机关根据其应纳税额的大小分别核定。

纳税人以 1 个月或者 1 个季度为 1 个纳税期的，自期满之日起 15 日内申报纳税；以 1 日、3 日、5 日、10 日或者 15 日为 1 个纳税期的，自期满之日起 5 日内预缴税款，于次月 1 日起 15 日内申报纳税并结清上月应纳税款。

纳税人进口货物，应当自海关填发进口增值税专用缴纳书之日起 15 日内缴纳税款。

四、纳税地点

（1）固定业户应当向其机构所在地的主管税务机关申报纳税。总机构和分支机构不在同一县（市）的，应当分别向各自所在地的主管税务机关申报纳税；经国务院财政、税务主管部门或者其授权的财政、税务机关批准，可以由总机构汇总向总机构所在地的主管税务机关申报纳税。

（2）固定业户到外县（市）销售货物或者应税劳务，应当向其机构所在地的主管税务机关申请开具外出经营活动税收管理证明，并向其机构所在地的主管税务机关申报纳税；未开具证明的，应当向销售地或者劳务发生地的主管税务机关申报纳税；未向销售地或者劳务发生地的主管税务机关申报纳税的，由其机构所在地的主管税务机关补征税款。

（3）非固定业户销售货物或者应税劳务，应当向销售地或者劳务发生地的主管税务机关申报纳税；未向销售地或者劳务发生地的主管税务机关申报纳税的，由其机构所在地或者居住地的主管税务机关补征税款。

（4）进口货物，应当向报关地海关申报纳税。

扣缴义务人应当向其机构所在地或者居住地的主管税务机关申报缴纳其扣缴的税款。

第三节　增值税一般纳税人销项税额及账务处理

一、一般纳税人账户设置

增值税是价外税，以不含增值税税额的价格为计税依据，同时，根据增值税专用发票注明税额实行税款抵扣制度，因此，货物、应税劳务的价款与税款采用分别核算反映的方法。

增值税一般纳税人设置“应交税费——应交增值税”、“应交税费——未交增值税”、“应交税费——增值税检查调整”三个二级账户。

在“应交税费——应交增值税”二级账下，根据核算需要分别设置“销项税额”、“进项税额”、“进项税额转出”、“出口抵减内销产品应纳税额”、“出口退税”、“已交税金”、

"转出未交增值税"、"转出多交增值税"等明细账。

二、一般销售方式下的销项税额及账务处理

增值税一般纳税人销售货物或者提供应税劳务的应纳税额，等于当期销项税额抵扣当期进项税额后的余额，而当期销项税额的确定关键在于确定当期销售额。

销售额是指纳税人销售货物或者提供应税劳务向购买方（承受应税劳务也视为购买方）收取的全部价款和价外费用。价外费用，包括价外向购买方收取的手续费、补贴、基金、集资费、返还利润、奖励费、违约金、滞纳金、延期付款利息、赔偿金、代收款项、代垫款项、包装费、包装物租金、储备费、优质费、运输装卸费以及其他各种性质的价外收费。但下列项目不包括在内：

（1）受托加工应征消费税的消费品所代收代缴的消费税。

（2）同时符合以下条件的代垫运输费用：承运部门的运输费用发票开具给购买方的；纳税人将该项发票转交给购买方的。

（3）同时符合以下条件代为收取的政府性基金或者行政事业性收费：由国务院或者财政部批准设立的政府性基金，由国务院或者省级人民政府及其财政、价格主管部门批准设立的行政事业性收费；收取时开具省级以上财政部门印制的财政票据；所收款项全额上缴财政。

（4）代收取的保险费。指销售货物的同时代办保险等而向购买方收取的保险费，以及向购买方收取的代购买方缴纳的车辆购置税、车辆牌照费。

思考与提示

【思考】甲企业销售一批货物给乙企业，收取货款 100 000 元，增值税 17 000 元，由于乙公司违约，收取违约金 5 000 元，违约金是否缴纳增值税？如何缴纳增值税？

【提示】凡随同销售货物或提供应税劳务向购买方收取的价外费用，无论其会计上如何核算，均应并入销售额计算应纳税额。对增值税一般纳税人（包括纳税人自己或代其他部门）向购买方收取的价外费用和逾期包装物押金，应视为含税收入，在征税时换算成不含税收入再并入销售额。

甲企业收取货款：

借：应收账款	117 000	
贷：主营业务收入		100 000
应交税费——应交增值税（销项税额）		17 000

甲企业收取违约金：

借：银行存款	5 000	
贷：营业外收入		4 273.50
应交税费——应交增值税（销项税额）		726.50

税法规定各种性质的价外收费都要并入销售额计算征税，目的是防止以各种名目的

收费减少销售额逃避纳税的现象。按会计准则规定，由于对价外收费一般都不在“主营业务收入”科目中核算，而在“其他应付款”、“其他业务收入”、“营业外收入”等科目中核算。这样，企业在实务中时常出现对价外收费虽在相应科目中作会计核算，但却未核算其销项税额；有的企业则既不按会计核算要求进行收入核算，又不按规定核算销项税额，而是将发生的价外收费直接冲减有关费用科目。这些做法都是逃避纳税的错误行为，是要受到税法处罚的。因此，纳税人对价外收费按税法规定并入销售额计税必须予以高度重视，严格核查各项价外收费，保证做到正确计税和进行会计核算。

三、特殊销售方式下的销项税额及账务处理

（一）折扣方式销售

折扣销售是指销售方在销售货物或者提供应税劳务时，因购货方购货数量较大等原因而给予购货方的价格优惠。折扣销售仅限于货物价格的折扣，不能用于实物折扣。企业发生折扣销售，按照折扣后的金额计算销售额。

思考与提示

【思考】甲企业销售夹克衫，单价500元，规定购买10件以上产品不含税单价480元，乙企业购买15件，甲企业如何开具发票？

【提示】纳税人采取折扣方式销售货物，如果销售额和折扣额在同一张发票上分别注明的，可按折扣后的销售额征收增值税。销售额和折扣额在同一张发票上分别注明，是指销售额和折扣额在同一张发票上的“金额”栏分别注明的，可按折扣后的销售额征收增值税。未在同一张发票“金额”栏注明折扣额，而仅在发票的“备注”栏注明折扣额的，折扣额不得从销售额中减除。

（二）销售折扣

销售折扣是指销货方在销售货物或应税劳务后，为了鼓励购货方及早偿还货款而协议许诺给予购货方的一种折扣优待。例如，10天内付款，货款折扣2%；20天内付款，货款折扣1%；30天内全价付款。销售折扣发生在销货之后，是一种融资性质的理财费用，因此，销售折扣不得从销售额中减除。

【例3-1】 家乐企业是家电生产企业，增值税一般纳税人，销售一批产品，价款200 000元，增值税34 000元，规定销售折扣条件为1/30，N/60。

发出货物：

借：应收账款	234 000	
贷：主营业务收入		200 000
应交税费——应交增值税（销项税额）		34 000

在30天内收到款项：

借：银行存款	232 000	
财务费用	2 000	

贷:应收账款　　234 000

在60天内收到款项:

借:银行存款　　234 000

贷:应收账款　　234 000

虽然法律没有规定折扣额的具体数额,但由于企业给予的折扣是一种融资性的理财费用,因此应控制在合理的范围内。

(三)销售折让

销售折让是指销售后由于货物的品种和质量引起销售额的减少。对于销售折让,以折让后的货款为销售额。

根据《增值税专用发票使用规定》,一般纳税人取得专用发票后,发生销货退回、开票有误等情形但不符合作废条件的,或者因销货部分退回及发生销售折让的,购买方应向主管税务机关填报《开具红字增值税专用发票申请单》。主管税务机关对一般纳税人填报的申请单进行审核后,出具《开具红字增值税专用发票通知单》,销售方凭购买方提供的通知单开具红字专用发票。

【例3-2】 家乐企业2011年2月销售产品300 000元,增值税51 000元,款项已经收到;2011年5月,由于产品质量问题,双方达成协议,折让货款30 000元。

家乐企业2011年2月实现销售:

借:银行存款　　351 000

贷:主营业务收入　　300 000

应交税费——应交增值税(销项税额)　　51 000

家乐企业开具红字发票后:

借:银行存款　　(35 100)

贷:主营业务收入　　(30 000)

应交税费——应交增值税(销项税额)　　(5 100)

(四)以旧换新方式销售

以旧换新是指纳税人在销售自己的货物时,有偿收回旧货物的行为。采取以旧换新方式销售货物的,应按新货物的同期销售价格确定销售额,不得扣减旧货物的收购价格。之所以这样规定,既是因为销售货物与收购货物是两个不同的业务活动,销售额与收购额不能相互抵减,也是为了严格增值税的计算征收,防止出现销售额不实、减少纳税的现象。考虑到金银首饰以旧换新业务的特殊情况,对金银首饰以旧换新业务,可以按销售方实际收取的不含增值税的全部价款征收增值税。

(五)包装物押金

纳税人为销售货物而出租出借包装物收取的押金,单独记账核算的,时间在1年以内又未过期的,不并入销售额征税,但对因逾期未收回包装物不再退还的押金,应按所包装货物的适用税率计算销项税额。

上述规定中,"逾期"是指按合同约定实际逾期或以1年为期限,对收取1年以上的押金,无论是否退还均并入销售额征税。当然,在将包装物押金并入销售额征税时,需要先将该押金换算为不含税价，再并入销售额征税。对于个别包装物周转使用期限较长的，报经税务机关确定后，可适当放宽逾期期限。

另外，包装物押金不应混同于包装物租金，包装物租金在销货时作为价外费用并入销售额计算销项税额。国家税务总局国税发[1995]192 号文件规定，从 1995 年 6 月 1 日起，对销售除啤酒、黄酒外的其他酒类产品而收取的包装物押金，无论是否返还以及会计上如何核算，均应并入当期销售额征税。对销售啤酒、黄酒所收取的押金，按上述一般押金的规定处理。

【例 3-3】 家乐企业销售产品时收取包装物押金 11 700 元，期限 6 个月，逾期没有收回包装物，没收押金，销售产品适用 17% 的增值税税率，包装物成本 8 000 元。

收取押金时：

借：银行存款　　11 700

　贷：其他应付款　　11 700

没收押金时：

借：其他应付款　　11 700

　贷：营业外收入　　10 000

　　　应交税费——应交增值税（销项税额）　　1 700

结转包装物成本：

借：销售费用　　8 000

　贷：库存商品——包装物　　8 000

（六）销售已使用固定资产

自 2009 年 1 月 1 日起，纳税人销售自己使用过的固定资产（以下简称已使用过的固定资产），应区分不同情形征收增值税：

第一种，销售自己使用过的 2009 年 1 月 1 日以后购进或者自制的固定资产，按照适用税率征收增值税。

第二种，一般纳税人销售自己使用过的属于《增值税暂行条例》第十条规定不得抵扣且未抵扣进项税额的固定资产，按简易办法依 4% 征收率减半征收增值税。

第三种，2008 年 12 月 31 日以前未纳入扩大增值税抵扣范围试点的纳税人，销售自己使用过的 2008 年 12 月 31 日以前购进或者自制的固定资产，按照 4% 征收率减半征收增值税。

第四种，2008 年 12 月 31 日以前已纳入扩大增值税抵扣范围试点的纳税人，销售自己使用过的在本地区扩大增值税抵扣范围试点以前购进或者自制的固定资产，按照 4% 征收率减半征收增值税；销售自己使用过的在本地区扩大增值税抵扣范围试点以后购进或者自制的固定资产，按照适用税率征收增值税。

第五种，对于纳税人发生固定资产视同销售行为，对已使用过的固定资产无法确定销售额的，以固定资产净值为销售额。“已使用过的固定资产”是指纳税人根据财务会计制度已经计提折旧的固定资产。

【例 3-4】 家乐企业 2011 年 3 月销售 2007 年购入已经使用过的机器设备一台，不属于增值税试点抵扣范围,设备原值80 000元,已提折旧25 000元,售价50 000元。

将固定资产转入清理:

借:累计折旧　　25 000

　固定资产清理　　55 000

　贷:固定资产　　80 000

销售收取货款:

借:银行存款　　50 000

　贷:固定资产清理　　49 038.46

　　应交税费——未交增值税　　961.54

借:营业外支出　　5 961.54

　贷:固定资产清理　　5 961.54

应纳增值税的计算 $=50\ 000 \div (1+4\%) \times 4\% \times 50\% = 961.54$ 元

思考与提示

【思考】甲企业2011年销售2009年8月购买的、自己已经使用过的小轿车一辆,如何缴纳增值税?

【提示】下列项目的进项税额不得从销项税额中抵扣:用于非增值税应税项目、免征增值税项目、集体福利或者个人消费的购进货物或者应税劳务;《增值税暂行条例实施细则》第二十五条规定:纳税人自用的应征消费税的摩托车、汽车、游艇,其进项税额不得从销项税额中抵扣。一般纳税人销售自己使用过的属于不得抵扣且未抵扣进项税额的固定资产,按简易办法依4%征收率减半征收增值税。

所以不能认为凡是销售2009年1月1日以后购买的固定资产都按照适用税率征收增值税,甲企业2011年销售2009年8月购买的、应征消费税的小轿车应按照4%征收率减半征收增值税。

(七)视同销售货物

1. 属于征税范围的八种视同销售货物行为

(1)将货物交付其他单位或者个人代销;

(2)销售代销货物;

(3)设有两个以上机构并实行统一核算的纳税人,将货物从一个机构移送至其他机构用于销售,但相关机构设在同一县(市)的除外;

(4)将自产或者委托加工的货物用于非增值税应税项目;

(5)将自产、委托加工的货物用于集体福利或者个人消费;

(6)将自产、委托加工或者购进的货物作为投资,提供给其他单位或者个体工商户;

(7)将自产、委托加工或者购进的货物分配给股东或者投资者;

(8)将自产、委托加工或者购进的货物无偿赠送其他单位或者个人。

所称非增值税应税项目,是指提供非增值税应税劳务、转让无形资产、销售不动产和不动产在建工程。

所称不动产是指不能移动或者移动后会引起性质、形状改变的财产,包括建筑物、构筑物和其他土地附着物。所称建筑物，是指供人们在其内生产、生活和进行其他活动的房屋或者场所，具体指《固定资产分类与代码》(GB/T14885 - 1994)中代码前两位为“02”的房屋；所称构筑物，是指人们不在其内生产、生活的人工建造物，具体指《固定资产分类与代码》(GB/T14885 - 1994)中代码前两位为“03”的构筑物；所称其他土地附着物，是指矿产资源及土地上生长的植物。以建筑物或者构筑物为载体的附属设备和配套设施，无论在会计处理上是否单独记账与核算，均应作为建筑物或者构筑物的组成部分，其进项税额不得在销项税额中抵扣。所称附属设备和配套设施，是指给排水、采暖、卫生、通风、照明、通讯、煤气、消防、中央空调、电梯、电气、智能化楼宇设备和配套设施。

纳税人新建、改建、扩建、修缮、装饰不动产，均属于不动产在建工程。

所称个人消费包括纳税人的交际应酬消费。

上述八种行为应该确定为视同销售货物行为，均要征收增值税。其确定的目的主要有三个：一是保证增值税税款抵扣制度的实施，不致因发生上述行为而造成各相关环节税款抵扣链条的中断，如第(1)种、第(2)种情况就属于这种原因。如果不将之视同销售就会出现销售代销货物方仅有销项税额而无进项税额，而将货物交付其他单位或者个人代销方仅有进项税额而无销项税额的情况，就会出现增值税抵扣链条不完整。二是避免因发生上述行为而造成货物销售税收负担不平衡的矛盾，防止以上述行为逃避纳税的现象。三是体现增值税计算的配比原则。即购进货物已经在购进环节实施了进项税额抵扣，这些购进货物应该产生相应的销售额，同时就应该产生相应的销项税额，否则就会产生不配比情况，如上述第(4)种—第(8)种情况就属于这种原因。

思考与提示

【思考】家乐企业将自己生产的10台加湿器分给职工，每台加湿器成本200元，售价350元，如何缴纳增值税？

【提示】纳税人销售货物或者提供应税劳务的价格明显偏低并无正当理由的，或者有视同销售货物行为而无销售额者，按下列顺序确定销售额：

(1) 按纳税人最近时期同类货物的平均销售价格确定；

(2) 按其他纳税人最近时期同类货物的平均销售价格确定；

(3) 按组成计税价格确定。组成计税价格的公式为：

$$组成计税价格 = 成本 \times (1 + 成本利润率)$$

属于应征消费税的货物，其组成计税价格中应加计消费税税额。

公式中的成本，销售自产货物的为实际生产成本，销售外购货物的为实际采购成本。公式中的成本利润率由国家税务总局确定。

家乐企业将自己生产的10台加湿器分给职工，应按照最近时期同类货物的平均销售价格每台350元作为增值税的计税依据。

2. 视同销售货物行为举例

(1) 委托代销

【例3-5】　家乐企业2011年2月委托兴旺公司代销一批小家电1 000件，小家电成本每件300元,公司的结算价格为不含税每件400元;2011年6月收到代销清单,小家电全部售出。兴旺公司是一般纳税人,按照每件不含税价格450元销售。

这是视同买断的委托代销方式,委托方按照协议收取货款,实际售价可由受托方自定,实际售价与协议价之间的差额归受托方所有,受托方不另外收取手续费。

① 委托方的账务处理

发出代销商品:

借:发出商品——委托代销商品	300 000	
贷:库存商品		300 000

收到代销清单,开具发票:

借:应收账款	468 000	
贷:主营业务收入		400 000
应交税费——应交增值税(销项税额)		68 000
借:主营业务成本	300 000	
贷:发出商品——委托代销商品		300 000

收到货款:

借:银行存款	468 000	
贷:应收账款		468 000

② 受托方的账务处理

收到代销商品:

借:库存商品——受托代销商品	400 000	
贷:应付账款——受托代销商品款		400 000

销售商品,开具发票:

借:银行存款	526 500	
贷:主营业务收入		450 000
应交税费——应交增值税(销项税额)		76 500
借:主营业务成本	400 000	
贷:库存商品——受托代销商品		400 000

提供代销清单,收到专用发票:

借:应交税费——应交增值税(进项税额)	68 000	
贷:应付账款		68 000

支付货款:

借:应付账款	468 000	
贷:银行存款		468 000

【例3-6】 家乐企业2011年2月委托兴旺公司代销一批小家电1 000件,小家电成本每件300元,公司的结算价格为不含税每件400元,并要求受托方按此价格销售,受托方按照代销商品不含税价格的5%计提手续费;2011年6月收到代销清单,小家电全部售出。兴旺公司是一般纳税人。

这是收取手续费的委托代销方式,受托方按照委托方规定的价格出售商品,收取的手续费属于应税劳务,应缴纳营业税。

① 委托方的账务处理

发出代销商品:

借:发出商品——委托代销商品 300 000

贷:库存商品 300 000

收到代销清单,开具发票:

借:应收账款 468 000

贷:主营业务收入 400 000

应交税费——应交增值税(销项税额) 68 000

借:主营业务成本 300 000

贷:发出商品——委托代销商品 300 000

收到货款:

借:银行存款 448 000

销售费用 20 000

贷:应收账款 468 000

② 受托方的账务处理

收到代销商品:

借:库存商品——受托代销商品 400 000

贷:应付账款——受托代销商品款 400 000

销售商品,开具发票:

借:银行存款 468 000

贷:主营业务收入 400 000

应交税费——应交增值税(销项税额) 68 000

借:主营业务成本 400 000

贷:库存商品——受托代销商品 400 000

提供代销清单,收到专用发票:

借:应交税费——应交增值税(进项税额) 68 000

贷:应付账款 68 000

支付货款,开具劳务发票:

借:应付账款 468 000

贷:银行存款 448 000

其他业务收入 20 000

受托企业收取的手续费收入按照5%缴纳营业税。

还有一种代销商品业务,受托方只负责联系客户,委托方直接将发票开给客户,而不是由受托方开具发票给客户,这种情况下,受托方不涉及增值税的账务处理,只对收取的手续费缴纳营业税。

(2) 总分公司货物移库

思考与提示

【思考】甲公司在北京，同时在天津设立一个办事处，但该办事处没有办理税务登记，既不能独立开发票，又不能收取货款。甲公司把货物发给办事处，在增值税上是否视同销售？

【提示】《增值税暂行条例实施细则》视同销售货物行为的总分机构之间所称的用于销售，是指受货机构发生以下情形之一的经营行为：

(1) 向购货方开具发票；

(2) 向购货方收取货款。

受货机构的货物移送行为有上述两项情形之一的，应当向所在地税务机关缴纳增值税；未发生上述两项情形的，则应由总机构统一缴纳增值税。

(3) 将自产或者委托加工的货物用于非增值税应税项目

【例3-7】 甲企业将自己生产的水泥用于厂房的建设，水泥成本200 000元，售价320 000元。

借：在建工程	254 400	
贷：库存商品		200 000
应交税费——应交增值税(销项税额)		54 400

将自产或者委托加工的货物用于非增值税应税项目属于增值税的视同销售行为，按纳税人最近时期同类货物的平均销售价格确定销项税额。但在《企业所得税法》上，由于货物的所有权没有转移，不视同销售。

(4) 将自产、委托加工的货物用于集体福利或者个人消费

【例3-8】 清风企业将自己生产的月饼在中秋节作为福利发放给职工，每人发放2盒，每盒成本40元，售价80元，其中工人50人，管理人员10人。

企业决定发放非货币性福利时：

借：生产成本	9 360	
管理费用	1 872	
贷：应付职工薪酬——非货币性福利		11 232
借：应付职工薪酬——非货币性福利	11 232	
贷：主营业务收入		9 600
应交税费——应交增值税(销项税额)		1 632
借：主营业务成本	4 800	
贷：库存商品		4 800

计入生产成本的金额 $=50\times80\times2\times(1+17\%)=9\ 360$ 元

计入管理费用的金额 $=10\times80\times2\times(1+17\%)=1\ 872$ 元

(5) 将自产、委托加工或者购进的货物作为投资，提供给其他单位或者个体工商户

【例 3-9】 家乐企业将自己生产的产品投资于喜洋洋公司，产品成本 500 000 元，售价 800 000 元，增值税税率 17%。

借：长期股权投资	936 000	
贷：主营业务收入		800 000
应交税费——应交增值税(销项税额)		136 000
借：主营业务成本	500 000	
贷：库存商品		500 000

(6) 将自产、委托加工或者购进的货物分配给股东或者投资者

【例 3-10】 甲企业将委托加工的产品作为应付利润分配给投资者，委托加工产品没有同类产品的销售价格，成本利润率 10%，委托加工成本 80 000 元。

委托加工产品的视同销售额 = 80 000 × (1 + 10%) = 88 000 元

借：应付利润	102 960	
贷：其他业务收入		88 000
应交税费——应交增值税(销项税额)		14 960

(7) 将自产、委托加工或者购进的货物无偿赠送其他单位或者个人

【例 3-11】 甲企业将自己生产的产品无偿赠送给敬老院，产品成本 50 000 元，售价 80 000 元。

借：营业外支出	63 600	
贷：库存商品		50 000
应交税费——应交增值税(销项税额)		13 600

思考与提示

【思考】从税收角度看，该笔业务在增值税和所得税上是否都视同销售收入？

【提示】从增值税角度看，该项行为属于视同销售行为，必须缴纳增值税；从所得税角度看，产品所有权发生转移，会计上没有做收入，所得税法视同销售收入，因此汇算清缴时，需要在会计利润的基础上进行纳税调整。具体调整办法在所得税会计中详细分析。

(八) 分期收款发出商品销售

《增值税暂行条例》和《企业所得税法》规定，分期收款方式销售货物，增值税纳税义务发生时间和企业所得税收入确认时间为书面合同约定的收款日期的当天。会计上如果按照《小企业会计准则》收入确认的时间也是书面合同约定的收款日期的当天。

【例 3-12】 家乐公司 2011 年销售产品 600 件，单价 1 000 元，单位成本 600 元，增值税税率 17%，合同规定付款期限 6 个月，分 3 次平均支付。

发出商品：

借：发出商品	360 000	

贷:库存商品　　360 000

在合同约定的收款日期,开发票,确认收入:

借:应收账款　　234 000

贷:主营业务收入　　200 000

应交税费——应交增值税(销项税额)　　34 000

借:主营业务成本　　120 000

贷:发出商品　　120 000

收取款项:

借:银行存款　　234 000

贷:应收账款　　234 000

会计上如果执行《企业会计准则》,确认收入的时间发生变化,则会计和《企业所得税法》对收入的确认产生差异,但这种差异不影响增值税的纳税义务发生时间。

四、混合销售行为

(一) 一般规定

根据《增值税暂行条例实施细则》的规定,一项销售行为如果既涉及货物又涉及非增值税应税劳务,为混合销售行为。除《增值税暂行条例实施细则》第六条的规定外,从事货物的生产、批发或者零售的企业、企业性单位和个体工商户的混合销售行为,视为销售货物,应当缴纳增值税;其他单位和个人的混合销售行为,视为销售非增值税应税劳务,不缴纳增值税。

需要解释的是,出现混合销售行为,涉及的货物和非增值税应税劳务只是针对一项销售行为而言的,也就是说,非增值税应税劳务是为了直接销售一批货物而提供的,二者之间是紧密相连的从属关系;它与一般既从事这个税的应税项目又从事另一个税的应税项目,二者之间没有直接从属关系的兼营行为是完全不同的。对实际经济活动中发生的混合销售行为与兼营行为,由于涉及不同的税务处理,因此要严格区分,不能混淆。

上述所称"非增值税应税劳务",是指属于应缴营业税的交通运输业、建筑业、金融保险业、邮电通信业、文化体育业、娱乐业、服务业税目征收范围的劳务。所称"从事货物的生产、批发或者零售的企业、企业性单位和个体工商户",包括以从事货物的生产、批发或者零售为主,并兼营非增值税应税劳务的单位和个体工商户在内。

例如,家乐企业向外地某商场批发800台小家电,为了保证及时供货,约定由该厂动用自己的卡车向商场运输,除收取货款外还收取运输费。家乐企业在这次销售活动中,就发生了销售货物和非增值税应税劳务(属于营业税规定的运输业务)的混合销售行为。家乐企业属于货物生产企业,其作出的混合销售行为,都视为销售货物,取得的货款和运输费一并作为货物销售额,按小家电适用的17%税率征收增值税,对取得的运输收入不再单独征收营业税。

根据《增值税暂行条例实施细则》的规定,混合销售行为如依照上述税务处理,属于应当征收增值税的,其销售额应是货物与非应税劳务的销售额的合计,该非应税劳务的销售额应视同含税销售额处理;且该混合销售行为涉及的非增值税应税劳务所用购进货物的进项税额，凡符合《增值税暂行条例》规定的，在计算该混合销售行为增值税时，准予从销项税额中抵扣。上述"凡符合《增值税暂行条例》规定的"，是指该混合销售行为涉及的非增值税应税劳务所用购进货物有增值税扣税凭证上注明的增值税税额。

（二）特殊规定

《增值税暂行条例实施细则》第六条规定，纳税人的下列混合销售行为，应当分别核算货物的销售额和非增值税应税劳务的营业额，并根据其销售货物的销售额计算缴纳增值税，非增值税应税劳务的营业额不缴纳增值税；未分别核算的，由主管税务机关核定其货物的销售额：

（1）销售自产货物并同时提供建筑业劳务的行为；

（2）财政部、国家税务总局规定的其他情形。

之所以对上述行为作出另行规定，是因为该行为很难体现"以从事货物的生产、批发、零售为主"的精神。在通常情况下，提供建筑业劳务行为的营业额可能会大于销售自产货物的销售额，所以该混合销售行为不宜采用统一征收增值税的办法。

五、兼营非增值税应税劳务

根据《增值税暂行条例实施细则》的规定，纳税人兼营非增值税应税项目的，应分别核算货物或者应税劳务的销售额和非增值税应税项目的营业额；未分别核算的，由主管税务机关核定货物或者应税劳务的销售额。

与混合销售行为相区别，兼营非应税劳务是指增值税纳税人在从事应税货物销售或提供应税劳务的同时，还从事非增值税应税劳务（即营业税规定的各项劳务），且从事的非增值税应税劳务与某一项销售货物或提供应税劳务并无直接的联系和从属关系。例如，某商贸公司一方面批发、零售货物，另一方面其运输车队又对外提供运输劳务。根据《增值税暂行条例实施细则》的规定，纳税人兼营非增值税应税劳务的，应分别核算货物或应税劳务和非增值税应税劳务的销售额，对货物和应税劳务的销售额按各自适用的税率征收增值税，对非增值税应税劳务的销售额（即营业额）按适用的税率征收营业税。如果不分别核算或者不能准确核算货物或应税劳务和非增值税应税劳务销售额的，由主管税务机关核定货物或者应税劳务的销售额。

第四节 增值税一般纳税人进项税额及账务处理

一、准予抵扣进项税额的一般规定

纳税人购进货物或者接受应税劳务支付或者负担的增值税税额，为进项税额。进项税额是与销项税额相对应的一个概念。在开具增值税专用发票的情况下，它们之间的对应关系是销售方收取的销项税额，即购买方支付的进项税额。对于任何一个一般纳税人而言，由于其在经营活动中，既会发生销售货物或提供应税劳务，又会发生购进货物或接受应税劳务,因此,每一个一般纳税人都会有收取的销项税额和支付的进项税额。增值税的核心就是用纳税人收取的销项税额抵扣其支付的进项税额,其余额为纳税人实际应缴纳的增值税税额。

根据《增值税暂行条例》的规定,准予从销项税额中抵扣的进项税额,限于下列增值税扣税凭证上注明的增值税税额和按规定的扣除率计算的进项税额。

(一)从销售方取得的增值税专用发票上注明的增值税税额

(二)从海关取得的海关进口增值税专用缴款书上注明的增值税税额

自2009年4月起,国家税务总局与海关部门共同推行海关专用缴款书"先比对、后抵扣"管理办法,由海关向税务机关传递专用缴款书电子信息,将"先抵扣、后比对"调整为"先比对、后抵扣"。增值税一般纳税人进口货物取得属于增值税扣税范围的海关专用缴款书,必须经稽核比对相符后方可申报抵扣税款,从根本上解决利用伪造海关专用缴款书骗抵税款问题。该管理办法已在部分地区试行,待条件成熟时在全国范围内实行。对纳税人丢失的海关进口增值税专用缴款书,纳税人应当凭海关出具的相关证明,向主管税务机关提出抵扣申请。主管税务机关受理申请后,应当进行审核,并将纳税人提供的海关进口增值税专用缴款书电子数据纳入稽核系统比对,稽核比对无误后,可予以抵扣进项税额。

【例3-13】 家乐企业2010年3月购买机器设备一台,取得增值税专用发票,价款400 000元,增值税68 000元,不需要安装,款项已经支付。

借:固定资产	400 000	
应交税费——应交增值税(进项税额)	68 000	
贷:银行存款		468 000

(三)购进农产品,按照农产品收购发票或者销售发票上注明的农产品买价和13%的扣除率计算的进项税额

进项税额计算公式为:

$$进项税额 = 买价 \times 扣除率$$

1. 农产品范围

所谓"农业产品",是指直接从事植物的种植、收割和动物的饲养、捕捞的单位和个人销售的自产而且免征增值税的农业产品。农业产品所包括的具体品目按照1995年6月财政部、国家税务总局印发的《农业产品征税范围注释》执行。

2. 农产品的买价

购买农业产品的买价,包括纳税人购进农产品在农产品收购发票或者销售发票上注明的价款和按规定缴纳的烟叶税。烟叶税纳税人按规定缴纳的烟叶税,准予并入烟叶产品的买价计算增值税的进项税额,并在计算缴纳增值税时予以抵扣。即购进烟叶准予抵扣的增值税进项税额,按照《中华人民共和国烟叶税暂行条例》及《财政部、国家税务总局印发〈关于烟叶税若干具体问题的规定〉的通知》(财税[2006]64号)规定的烟叶收购金额和烟叶税及法定扣除率计算。烟叶收购金额包括纳税人支付给烟叶销售者的烟叶收购价款和价外补贴,价外补贴统一暂按烟叶收购价款的10%计算。计算公式如下:

$$烟叶收购金额 = 烟叶收购价款 \times (1 + 10\%)$$

$$烟叶税应纳税额 = 烟叶收购金额 \times 税率(20\%)$$

准予抵扣的进项税额 =（烟叶收购金额 + 烟叶税应纳税额）× 扣除率

3. 从农民专业合作社购进农产品

增值税一般纳税人从农民专业合作社购进的免税农业产品，可按 13% 的扣除率计算抵扣增值税进项税额。

【例 3-14】 彩艺织布厂向农民收购棉花，农产品收购发票上注明价款 100 000 元，已经支付。

借：材料采购	87 000	
应交税费——应交增值税（进项税额）	13 000	
贷：银行存款		100 000

（四）运费

购进或者销售货物以及在生产经营过程中支付运输费用的，按照运输费用结算单据上注明的运输费用金额和 7% 的扣除率计算进项税额。

进项税额计算公式：

$$进项税额 = 运输费用金额 \times 扣除率$$

对这项规定需要解释的是：

1. 免税货物运费

购买或销售免税货物（购进免税农业产品除外）所发生的运输费用，不得计算进项税额抵扣。

2. 运费发票

准予作为抵扣凭证的运费结算单据（普通发票），是指国有铁路、民用航空、公路和水上运输单位开具的货票，以及从事货物运输的非国有运输单位开具的套印全国统一发票监制章的货票。

3. 运费范围

准予计算进项税额抵扣的货物运费金额，是指运输费用结算单据上注明的运输费用（包括铁路临管线及铁路专线运输费用）、建设基金，不包括装卸费、保险费等其他杂费。

4. 开票规定

从 2003 年 11 月 1 日起，提供货物运输劳务的纳税人必须经主管地方税务局认定方可开具货物运输业发票。凡未经地方税务局认定的纳税人开具的货物运输业发票不得作为记账凭证和增值税抵扣凭证。

5. 运费比对

从 2003 年 12 月 1 日起，国家税务局将对增值税一般纳税人申请抵扣的所有运输发票与营业税纳税人开具的货物运输业发票进行比对。凡比对不符的，一律不予抵扣。对比对异常情况进行核查，并对违反有关法律、法规开具或取得货物运输业发票的单位进行处罚。

6. 申报抵扣

纳税人取得的 2003 年 10 月 31 日以后开具的运输发票，应当自开票之日起 90 天内向主管国家税务局申报抵扣，超过90天的不得予以抵扣。增值税一般纳税人取得2010年1月1日以后开具公路内河货物运输业统一发票，应在开具之日起180日内到税务机关办理认证，并在认证通过的次月申报期内，向主管税务机关申报抵扣进项税额。

7. 运费名称

一般纳税人购进或销售货物通过铁路运输，并取得铁路部门开具的运输发票，如果铁路部门开具的铁路运输发票托运人或收货人名称与其不一致，但铁路运输发票托运人栏或备注栏注有该纳税人名称的（手写无效），该运输发票可以作为进项税额抵扣凭证，允许计算抵扣进项税额。

8. 特殊事项

一般纳税人在生产经营过程中所支付的运输费用，允许计算抵扣进项税额；一般纳税人取得的国际货物运输代理业发票和国际货物运输发票，不得计算抵扣进项税额。

一般纳税人取得的汇总开具的运输发票，凡附有运输企业开具并加盖财务专用章或发票专用章的运输清单，允许计算抵扣进项税额。一般纳税人取得的项目填写不齐全的运输发票（附有运输清单的汇总开具的运输发票除外）不得计算抵扣进项税额。自2007年1月1日起，增值税一般纳税人购进或销售货物，取得的作为增值税扣税凭证的货运发票，必须是通过货运发票税控系统开具的新版货运发票。

【例3-15】 家乐企业购买原材料100 000元，取得增值税专用发票，支付原材料运费5 000元，取得符合条件的货物运输发票，款项尚未支付。

借：材料采购	104 650	
应交税费——应交增值税（进项税额）	17 350	
贷：应付账款		122 000

企业购进货物并取得增值税专用发票后，在没有到税务机关认证通过前，专用发票上的"进项税额"还不能确定是否符合抵扣条件，为了与认证通过、可以抵扣的进项税额相区别，企业可以增设"待抵扣税金——增值税"科目，根据上例：

借：材料采购	104 650	
待抵扣税金——增值税	17 350	
贷：应付账款		122 000

认证通过后：

借：应交税费——应交增值税（进项税额）	17 350	
贷：待抵扣税金——增值税		17 350

二、不得从销项税额中抵扣的进项税额

纳税人购进货物或者应税劳务，取得的增值税扣税凭证不符合法律、行政法规或者国务院税务主管部门有关规定的，其进项税额不得从销项税额中抵扣。所称增值税扣税凭证，是指增值税专用发票、海关进口增值税专用缴款书、农产品收购发票和农产品销售发票以及运输费用结算单据。

（一）用于非增值税应税项目、免征增值税项目、集体福利或者个人消费的购进货物或者应税劳务

所称购进货物，不包括既用于增值税应税项目（不含免征增值税项目）也用于非增值税应税项目、免征增值税（以下简称免税）项目、集体福利或者个人消费的固定资产。

所称固定资产，是指使用期限超过12个月的机器、机械、运输工具以及其他与生产经营有关的设备、工具、器具等。

思考与提示

【思考】企业将自己生产的月饼发给职工与将购买的月饼发给职工在增值税处理上有什么不同？

【提示】企业将自己生产的月饼发给职工属于视同销售，按照企业销售同类产品的销售价格缴纳增值税。企业将购买的月饼发给职工，即使取得增值税专用发票也不允许抵扣，增值税计入购买商品的成本中，而不是视同销售。

【例3-16】 家乐企业2011年4月份购买铝合金门窗，取得增值税专用发票，价格200 000元，进项税额34 000元；8月份，企业基建需要从仓库领用铝合金门窗100 000元。

购买铝合金门窗：

借：原材料	200 000	
应交税费——应交增值税（进项税额）	34 000	
贷：银行存款		234 000

基建领用：

借：在建工程	117 000	
贷：原材料		100 000
应交税费——应交增值税（进项税额转出）		17 000

【例3-17】 家乐企业将从厂家购买的月饼发放给员工，每人2盒，每盒不含税价格100元，工人50人，管理人员10人。

决定发放非货币性福利：

借：生产成本	11 700	
管理费用	2 340	
贷：应付职工薪酬——非货币性福利		14 040

购买月饼：

借：库存商品	14 040	
贷：银行存款		14 040

发放月饼：

借：应付职工薪酬——非货币性福利	14 040	
贷：库存商品		14 040

【例3-18】 家乐企业购买一辆小轿车，价格200 000元，增值税34 000元，款项已经支付。

借:固定资产　　234 000

　贷:银行存款　　234 000

(二) 非正常损失的购进货物及相关的应税劳务

所称非正常损失,是指因管理不善造成被盗、丢失、霉烂变质的损失。

(三) 非正常损失的在产品、产成品所耗用的购进货物或者应税劳务

由于非正常损失的购进货物和非正常损失的在产品、产成品所耗用的购进货物或者应税劳务的进项税额,一般都在以前的纳税期进行了抵扣,发生非正常损失后,一般很难核实发生损失的货物的准确购入时间,其原始成本和进项税额就无法准确核定。因此,应按货物的实际成本计算不得抵扣的进项税额。对于损失的在产品、产成品中耗用外购货物或者劳务的实际成本,需要参照企业近期的成本资料进行计算。

【例3-19】 家乐企业2010年3月进行库存盘点时,盘亏原材料50 000元,原材料成本中含运费465元,增值税税率17%。

运输费用已经抵扣的进项税额 = (465 ÷ 0.93) × 7% = 35元

借:待处理财产损溢　　58 455.95

　贷:原材料　　50 000

　　应交税费——应交增值税(进项税额转出)　　8 455.95

处理结果为:仓库保管人员赔偿1 000元,其余由企业承担。

借:管理费用　　57 455.95

　其他应收款　　1 000

　贷:待处理财产损溢　　58 455.95

(四) 上述第(一)项至第(三)项规定的货物的运输费用和销售免税货物的运输费用

一般纳税人兼营免税项目或者非增值税应税劳务而无法划分不得抵扣的进项税额的,按下列公式计算不得抵扣的进项税额:

不得抵扣的进项税额 = 当月无法划分的全部进项税额 × 当月免税项目销售额、非增值税应税劳务营业额合计 ÷ 当月全部销售额、营业额合计

纳税人从海关取得的完税凭证上注明的增值税税额准予从销项税额中抵扣。因此,纳税人进口货物取得的合法海关完税凭证,是计算增值税进项税额的依据,其进口货物向境外实际支付的货款低于进口报关价格的差额部分以及从境外供应商取得的退还或返还的资金,不作进项税额转出处理。

第五节　增值税一般纳税人应纳税额计算及缴纳

一、一般纳税人应纳税额的计算

一般纳税人应纳税额的计算公式为:

当期应纳税额 = 当期销项税额 - 当期进项税额

　　　　　　 = 当期销售额 × 适用税率 - 当期进项税额

一般纳税人在计算出销项税额和进项税额后就可以得出实际应纳税额。为了正确计算增值税的应纳税额,在实际操作中还需要掌握以下几个重要规定:

（一）计算应纳税额的时间限定

为了保证计算应纳税额的合理、准确性,纳税人必须严格把握当期进项税额从当期销项税额中抵扣这个要点。“当期”是个重要的时间限定,具体是指税务机关依照税法规定对纳税人确定的纳税期限;只有在纳税期限内实际发生的销项税额、进项税额;才是法定的当期销项税额或当期进项税额。目前,有些纳税人为了达到逃避纳税的目的,把当期实现的销售额隐瞒不记账或滞后记账,以减少当期销项税额;或者把不是当期实际发生的进项税额(上期结转的进项税额除外)也充作当期进项税额,以加大进项税额,少纳税甚至不纳税,这是违反税法规定的行为。为了制止这种违法行为,税法首先对销售货物或应税劳务应计入当期销项税额以及抵扣的进项税额的时间作了限定。

1. 计算销项税额的时间限定

销项税额是增值税一般纳税人销售货物或提供应税劳务按照实现的销售额计算的金额。纳税人在什么时间计算销项税额,《增值税暂行条例》及《增值税暂行条例实施细则》都作了严格的规定。

2. 增值税扣税凭证抵扣期限的规定

增值税一般纳税人取得2010年1月1日以后开具的增值税专用发票、公路内河货物运输业统一发票和机动车销售统一发票,应在开具之日起180日内到税务机关办理认证,并在认证通过的次月申报期内,向主管税务机关申报抵扣进项税额。

实行海关进口增值税专用缴款书“先比对、后抵扣”管理办法的增值税一般纳税人取得2010年1月1日以后开具的海关缴款书,应在开具之日起180日内向主管税务机关报送《海关完税凭证抵扣清单》申请稽核比对。

未实行海关缴款书“先比对、后抵扣”管理办法的增值税一般纳税人取得2010年1月1日以后开具的海关缴款书,应在开具之日起180日后的第一个纳税申报期结束以前,向主管税务机关申报抵扣进项税额。

（二）计算应纳税额时进项税额不足抵扣的处理

由于增值税实行购进扣税法,有时企业当期购进的货物很多,在计算应纳税额时会出现当期销项税额小于当期进项税额不足抵扣的情况。根据税法规定,当期进项税额不足抵扣的部分可以结转下期继续抵扣。

（三）扣减发生期进项税额的规定

由于增值税实行以当期销项税额抵扣当期进项税额的“购进扣税法”,当期购进的货物或应税劳务如果事先并未确定将用于非生产经营项目,其进项税额会在当期销项税额中予以抵扣。但已抵扣进项税额的购进货物或应税劳务如果事后改变用途(即用于非增值税应税项目、用于免征增值税项目、用于集体福利或者个人消费、购进货物发生非正常损失、在产品或产成品发生非正常损失等),应当将该项购进货物或者应税劳务的进项税额从当期的进项税额中扣减;无法确定该项进项税额的,按当期实际成本计算应扣减的进项税额。

这里需要注意的是，所称“从当期发生的进项税额中扣减”，是指已抵扣进项税额的购进货物或应税劳务是在哪一个时期发生上述五种情况的，就从这个发生期内纳税人的进项税额中扣减，而无须追溯到这些购进货物或应税劳务抵扣进项税额的那个时期。另外，对无法准确确定该项进项税额的，“按当期实际成本计算应扣减的进项税额”是指其扣减进项税额的计算依据不是按该货物或应税劳务的原进价，而是将发生上述情况的当期该货物或应税劳务的“实际成本”按征税时该货物或应税劳务适用的税率计算应扣减的进项税额。

实际成本 = 进价 + 运费 + 保险费 + 其他有关费用

前述实际成本的计算公式，如果属于进口货物是完全适用的；如果是国内购进的货物，主要包括进价和运费两大部分。

（四）销货退回或折让涉及销项税额和进项税额的税务处理

一般纳税人销售货物或者应税劳务，开具增值税专用发票后，发生销售货物退回或者折让、开票有误等情形，应按国家税务总局的规定开具红字增值税专用发票。未按规定开具红字增值税专用发票的，增值税税额不得从销项税额中扣减。

纳税人在货物购销活动中，因货物质量、规格等原因常会发生销货退回或销售折让的情况。由于销货退回或折让不仅涉及销货价款或折让价款的退回，还涉及增值税的退回。增值税一般纳税人因销售货物退回或者折让而退还给购买方的增值税税额，应从发生销售货物退回或者折让当期的销项税额中扣减；因购进货物退回或者折让而收回的增值税税额，应从发生购进货物退回或者折让当期的进项税额中扣减。

目前，一些企业在发生进货退回或折让并收回价款和增值税税额时，没有相应减少当期进项税额，造成进项税额虚增、减少纳税的现象，这是税法所不能允许的。对于纳税人进货退回或折让而不扣减当期进项税额，造成不纳税或少纳税的，都将被认定为偷税行为，并按偷税予以处罚。

（五）向供货方取得返还收入的税务处理

自2004年7月1日起，对商业企业向供货方收取的与商品销售量、销售额挂钩（如以一定比例、金额、数量计算）的各种返还收入，均应按照平销返利行为的有关规定冲减当期增值税进项税金。应冲减进项税金的计算公式调整为：

当期应冲减进项税金 = 当期取得的返还资金 ÷（1 + 所购货物适用增值税税率）× 所购货物适用增值税税率

商业企业向供货方收取的各种返还收入，一律不得由商业企业开具增值税专用发票。

（六）一般纳税人注销时进项税额的处理

一般纳税人注销或取消辅导期一般纳税人资格，转为小规模纳税人时，其存货不作进项税额转出处理，其留抵税额也不予以退税。

【例3-20】 某生产企业为增值税一般纳税人，适用增值税税率17%，2011年5月份的有关生产经营业务如下：

（1）销售甲产品给某大商场，开具增值税专用发票，取得不含税销售额100万元；另外，开具普通发票，取得销售甲产品的送货运输费收入11.7万元。

(2) 销售乙产品，开具普通发票，取得含税销售额29.25万元。

(3) 将试制的一批应税新产品用于本企业基建工程，成本价为40万元，成本利润率为10%，该新产品无同类产品市场销售价格。

(4) 销售2010年1月份购进作为固定资产使用过的机器设备5辆，开具普通发票，每辆取得含税销售额1.17万元，该设备原值每辆0.9万元。

(5) 购进货物取得增值税专用发票，注明支付的货款60万元、进项税额10.2万元；另外，支付购货的运输费用6万元，取得运输公司开具的普通发票。

(6) 向农业生产者购进免税农产品一批，支付收购价30万元，支付给运输单位的运费5万元，取得相关的合法票据。本月下旬将购进的农产品的20%用于本企业职工福利。

以上相关票据均符合税法的规定。请计算该企业5月份应缴纳的增值税税额。

该企业5月份应缴纳的增值税税额计算过程如下所示：

(1) 销售甲产品的销项税额 $=100\times17\%+11.7\div(1+17\%)\times17\%=18.7$ 万元

(2) 销售乙产品的销项税额 $=29.25\div(1+17\%)\times17\%=4.25$ 万元

(3) 自用新产品的销项税额 $=40\times(1+10\%)\times17\%=7.48$ 万元

(4) 销售使用过的设备应纳税额 $=1.17\div(1+17\%)\times17\%\times5=0.85$ 万元

(5) 外购货物应抵扣的进项税额 $=10.2+6\times7\%=10.62$ 万元

(6) 外购免税农产品应抵扣的进项税额 $=(30\times13\%+5\times7\%)\times(1-20\%)=3.4$ 万元

该企业5月份应缴纳的增值税税额 $=18.7+4.25+7.48+0.85-10.62-3.4=17.26$ 万元

二、一般纳税人缴纳税款的账务处理

一般纳税人核算增值税时，应设“应交税费——应交增值税”、“应交税费——未交增值税”、“应交税费——增值税检查调整”三个二级明细账。

在“应交税费——应交增值税”二级明细账下，应设置多栏式明细科目，具体见表3-1。

表3-1　“应交税费——应交增值税”明细账

略	借方					贷方					余额
	合计	进项税额	已交税金	出口抵减内销产品应纳税额	转出未交增值税	合计	销项税额	出口退税	进项税额转出	转出多交增值税	

其中，“进项税额”、“销项税额”、“进项税额转出”等明细科目已经在前面的案例中进行了分析，“出口退税”将在出口退税会计中讲解。月度终了，企业应根据具体情况进

行账务结转。

（一）当期销项税额小于当期进项税额

当期销项税额小于当期进项税额不足抵扣时，不足抵扣部分可以结转下期继续抵扣，尚未结转完的进项税额仍然保留在“应交税费——应交增值税（进项税额）”的借方。

（二）当期销项税额大于当期进项税额

当期销项税额大于当期进项税额，将“应交税费——应交增值税”的余额转入“应交税费——未交增值税”二级账中。

（三）企业出现多缴增值税

如果企业由于预缴增值税而出现多缴增值税的情况，造成“应交税费——应交增值税”出现借方余额时，月度终了，应将多缴的增值税转入“应交税费——未交增值税”二级账中。

企业出现多缴增值税情况的账务处理如下：

（1）月度终了，企业将当月发生的应交增值税转入未交增值税中

借：应交税费——应交增值税（转出未交增值税）

　贷：应交税费——未交增值税

（2）企业当月缴纳本月预缴的增值税

借：应交税费——应交增值税（已交税金）

　贷：银行存款

（3）月度终了，企业将当月多缴的增值税转入未交增值税中

借：应交税费——未交增值税

　贷：应交税费——应交增值税（转出多交增值税）

（4）企业当月缴纳上月应缴未缴的增值税

借：应交税费——未交增值税

　贷：银行存款

因此，“应交税费——应交增值税”科目的月末借方余额反映尚未抵扣完的进项税额，贷方无余额；“应交税费——未交增值税”科目的期末借方余额反映多缴的增值税，贷方余额反映未缴的增值税。

（四）进项留抵税额抵减增值税欠税

为了加强增值税管理，及时追缴欠税，解决增值税一般纳税人既欠缴增值税，又有增值税留抵税额的情况，国税发[2004]112号文件将纳税人用进项留抵税额抵减增值税欠税进行了进一步的明确：对纳税人因销项税额小于进项税额而产生期末留抵税额的，应以期末留抵税额抵减增值税欠税。

如果增值税欠税大于期末留抵税额，按期末留抵税额用红字借记“应交税费——应交增值税（进项税额）”，贷记“应交税费——未交增值税”；如果增值税欠税小于期末留抵税额，按增值税欠税税额用红字借记“应交税费——应交增值税（进项税额）”，贷记“应交税费——未交增值税”。

（五）增值税检查调整

根据国家税务总局《增值税日常稽核办法》的规定：增值税一般纳税人在税务机关对

其增值税纳税情况进行检查后，涉及增值税涉税账务处理的，应设立"应交税费——增值税检查调整"专门账户。凡检查后应调减账面进项税额或调增销项税额、进项税额需要转出的时候，借记相关科目，贷记"应交税费——增值税检查调整"科目；凡检查后应调增账面进项税额或调减销项税额、调减需要转出的进项税额时，借记"应交税费——增值税检查调整"科目，贷记相关科目。全部调整事项入账后，结出本账户的余额，并对该余额进行处理；处理之后，本账户没有余额。

第六节　增值税小规模纳税人应纳税额的计算及账务处理

一、小规模纳税人应纳税额的计算

小规模纳税人销售货物或者应税劳务，实行按照销售额和征收率计算应纳税额的简易办法，并不得抵扣进项税额。其应纳税额计算公式为：

$$应纳税额 = 销售额 \times 征收率$$

这里需要解释两点：第一，小规模纳税人取得的销售额与一般纳税人取得的销售额所包含的内容是一致的，都是销售货物或提供应税劳务向购买方收取的全部价款和价外费用，但是不包括按3%的征收率收取的增值税税额。第二，小规模纳税人不得抵扣进项税额，这是因为：小规模纳税人会计核算不健全，不能准确核算销项税额和进项税额，不实行按销项税额抵扣进项税额求得应纳税额的税款抵扣制度，而实行简易计税办法；且《增值税暂行条例》规定的3%的征收率，是结合增值税17%和13%两档税率的货物或应税劳务的环节税收负担水平而设计的，其税收负担与一般纳税人基本一致，因此不能再抵扣进项税额。

小规模纳税人（除其他个人外）销售自己使用过的固定资产，减按2%征收率征收增值税。

小规模纳税人销售自己使用过的除固定资产以外的物品，应按3%的征收率征收增值税。小规模纳税人销售自己使用过的固定资产和旧货，按下列公式确定销售额和应纳税额：

$$销售额 = 含税销售额 \div (1 + 3\%)$$

$$应纳税额 = 销售额 \times 2\%$$

二、含税销售额的换算

由于小规模纳税人在销售货物或应税劳务时，一般只能开具普通发票，取得的销售收入均为含税销售额。而根据《增值税暂行条例》及《增值税暂行条例实施细则》的规定，小规模纳税人的销售额不包括其应纳税额。为了符合增值税作为价外税的要求，小规模纳税人在计算应纳税额时，必须将含税销售额换算为不含税的销售额后才能计算应纳税额。

当小规模纳税人销售货物或者应税劳务采用销售额和应纳税额合并定价方法的，按下列公式计算销售额：

销售额 = 含税销售额 ÷ (1 + 征收率)

【例3-21】 某商店为增值税小规模纳税人，2012年4月取得零售收入总额24.72万元。计算该商店4月应缴纳的增值税税额。

4月取得的不含税销售额 = 24.72 ÷ (1 + 3%) = 24万元

4月应缴纳增值税税额 = 24 × 3% = 0.72万元

小规模纳税人因销售货物退回或者折让退还给购买方的销售额，应从发生销售货物退回或者折让当期的销售额中扣减。

自2004年12月1日起，增值税小规模纳税人购置税控收款机，经主管税务机关审核批准后，可凭购进税控收款机取得的增值税专用发票，按照发票注明的增值税税额，抵免当期应纳增值税，或者按照购进税控收款机取得的普通发票上注明的价款，依照下列公式计算可抵免税额：

可抵免税额 = 价款 ÷ (1 + 17%) × 17%

当期应纳税额不足抵免的，未抵免部分可在下期继续抵免。

三、小规模纳税人的账务处理

小规模纳税人只需在“应交税费”账户下设置“应交增值税”二级账户，不需要再设其他明细账。该科目贷方核算企业应缴的增值税税额，借方核算企业实际上缴的增值税税额，贷方余额反映企业尚未上缴或欠缴的增值税税额，借方余额反映企业多缴的增值税税额。

【例3-22】 尚美企业是小规模纳税人，2012年3月采购原材料100 000元，增值税17 000元，销售一批产品价税合计206 000元。

借：原材料	117 000	
贷：银行存款		117 000
借：银行存款	206 000	
贷：主营业务收入		200 000
应交税费——应交增值税		6 000

第七节　进口货物应纳增值税的计算及账务处理

一、进口货物应纳增值税的计算

（一）进口的界定

根据《增值税暂行条例》的规定，申报进入中华人民共和国海关境内的货物，均应缴纳增值税。

确定一项货物是否属于进口货物，必须首先看其是否有报关进口手续。一般来说，境外产品要输入境内，都必须向我国海关申报进口，并办理有关报关手续。只要是报关进口的应税货物，不论其是国外产制还是我国已出口而转销国内的货物，是进口者自行采购还是国外捐赠的货物，是进口者自用还是作为贸易或其他用途等，均应按照规定缴纳进口环节的增值税。

国家在规定对进口货物征税的同时，对某些进口货物制定了减免税的特殊规定。

如属于“来料加工、进料加工”贸易方式进口国外的原材料、零部件等在国内加工后复出口的，对进口的料、件按规定给予免税或减税，但这些进口免、减税的料件若不能加工复出口，而是销往国内的，就要予以补税。对进口货物是否减免税由国务院统一规定，任何地方、部门都无权规定减免税项目。

（二）进口货物的纳税人

进口货物的收货人或办理报关手续的单位和个人，为进口货物增值税的纳税义务人。也就是说，进口货物增值税纳税人的范围较宽，包括国内一切从事进口业务的企业、事业单位、机关团体和个人。

对于企业、单位和个人委托代理进口应征增值税的货物，鉴于代理进口货物的海关完税凭证，有的开具给委托方，有的开具给受托方的特殊性，对代理进口货物以海关开具的完税凭证上的纳税人为增值税纳税人。在实际工作中，一般由进口代理者代缴进口环节增值税。纳税后，由代理者将已纳税款和进口货物价款费用等与委托方结算，由委托者承担已纳税款。

（三）进口货物的适用税率

进口货物与国内货物的增值税税率相同。

（四）应纳税额计算

纳税人进口货物，按照组成计税价格和《增值税暂行条例》规定的税率计算应纳税额。组成计税价格是指在没有实际销售价格时，按照税法规定计算出作为计税依据的价格。进口货物计算增值税组成计税价格和应纳税额计算公式：

$$组成计税价格 = 关税完税价格 + 关税 + 消费税$$

$$应纳税额 = 组成计税价格 \times 税率$$

纳税人在计算进口货物的增值税时应该注意以下问题：

第一，进口货物增值税的组成计税价格中包括已纳关税税额，如果进口货物属于消费税应税消费品，其组成计税价格中还要包括进口环节已纳消费税税额。

第二，在计算进口环节的应纳增值税税额时不得抵扣任何税额，即在计算进口环节的应纳增值税税额时，不得抵扣发生在我国境外的各种税金。

以上两点实际上是贯彻了出口货物的目的地原则或称消费地原则，即对出口货物原则上在实际消费地征收商品或货物税。对进口货物而言，出口这些货物的出口国在出口时并没有征出口关税和增值税、消费税，到我国口岸时货物的价格基本就是到岸价格，即所谓关税完税价格。如果此时不征关税和其他税收则与国内同等商品的税负差异就会很大。因此，在进口时首先要征进口关税。如果是应征消费税的商品则要征消费税。在这基础上才形成了增值税的计税依据即组成计税价格。这与国内同类商品的税基是一致的。

由于货物出口时出口国并没有征收过流转税,因此在进口时我们计算增值税时就不用进行进项税额抵扣。

第三,按照《中华人民共和国海关法》和《中华人民共和国进出口关税条例》的规定,一般贸易下进口货物的关税完税价格以海关审定的成交价格为基础的到岸价格作为完税价格。所谓成交价格,是指一般贸易项下进口货物的买方为购买该项货物向卖方实际支付或应当支付的价格;到岸价格,是由货价,加上货物运抵我国关境内输入地点起卸前的包装费、运费、保险费和其他劳务费等费用构成的一种价格。特殊贸易下进口的货物,由于进口时没有“成交价格”可作为依据,为此,《进出口关税条例》对这些进口货物制定了确定其完税价格的具体办法。

第四,纳税人进口货物取得的合法海关完税凭证,是计算增值税进项税额的唯一依据,其价格差额部分以及从境外供应商取得的退还或返还的资金,不作进项税额转出处理。

(五) 进口货物的税收管理

进口货物的增值税由海关代征。个人携带或者邮寄进境自用物品的增值税,连同关税一并计征。具体办法由国务院关税税则委员会会同有关部门制定。

进口货物,增值税纳税义务发生时间为报关进口的当天,纳税地点应当由进口人或其代理人向报关地海关申报纳税,纳税期限应当自海关填发海关进口增值税专用缴款书之日起15日内缴纳税款。

进口货物增值税的征收管理,依据《税收征收管理法》、《海关法》、《进出口关税条例》和《进出口税则》的有关规定执行。

二、账务处理

【例3-23】 某商场2011年5月进口货物一批。该批货物在国外的买价为40万元,该批货物运抵我国海关前发生的包装费、运输费、保险费等共计20万元。货物报关后,商场按规定缴纳了进口环节的增值税并取得了海关开具的完税凭证。假定该批进口货物在国内全部销售,取得不含税销售额100万元。

货物进口关税税率15%,增值税税率17%。请计算进口环节应缴纳增值税税额;计算国内销售环节的销项税额;计算国内销售环节应缴纳增值税税额。

关税的组成计税价格 = 40 + 20 = 60 万元

应缴纳进口关税 = 60 × 15% = 9 万元

进口环节应纳增值税的组成计税价格 = 60 + 9 = 69 万元

进口环节应缴纳增值税税额 = 69 × 17% = 11.73 万元

国内销售环节的销项税额 = 100 × 17% = 17 万元

国内销售环节应缴纳增值税税额 = 17 − 11.73 = 5.27 万元

商场2011年5月的账务处理:

缴纳进口环节的增值税:

借:应交税费——应交增值税(进项税额)　　117 300

　　贷:银行存款　　117 300

国内销售货物:

借：银行存款　　　　　　　　　　　　　　　　　　　　1 170 000
　贷：主营业务收入　　　　　　　　　　　　　　　　　　1 000 000
　　　应交税费——应交增值税（销项税额）　　　　　　　170 000

第八节　增值税的税收优惠及账务处理

一、税收优惠

（一）《增值税暂行条例》规定的免税项目

1. 农业生产者销售的自产农产品

农业，是指种植业、养殖业、林业、牧业、水产业。农业生产者，包括从事农业生产的单位和个人。农业生产者销售的自产农产品，是指直接从事植物的种植、收割和动物的饲养、捕捞的单位和个人销售的自产农产品，具体范围由财政部、国家税务总局确定；对上述单位和个人销售的外购农产品，以及单位和个人外购农产品生产、加工后销售的仍然属于规定范围的农业产品，不属于免税范围，应当按照规定的税率征收增值税。

2. 避孕药品和用具

3. 古旧图书

古旧图书，是指向社会收购的古书和旧书。

4. 直接用于科学研究、科学试验和教学的进口仪器、设备

5. 外国政府、国际组织无偿援助的进口物资和设备

6. 由残疾人组织直接进口供残疾人专用的物品

7. 销售的自己使用过的物品

（二）财政部、国家税务总局规定的其他征免税项目

1. 对资源综合利用、再生资源、鼓励节能减排等方面的主要规定

财税[2008]156 号《关于资源综合利用及其他产品增值税政策的通知》和财税[2008]167 号《关于再生资源的增值税政策的通知》中规定了鼓励资源综合利用、节能减排、促进环保等政策措施。主要有：对再生水、以废旧轮胎为全部生产原料生产的胶粉、翻新轮胎、污水处理劳务等免征增值税；对销售以工业废气为原料生产的高纯度二氧化碳产品、以垃圾为燃料生产的电力或者热力（包括利用垃圾发酵产生的沼气生产销售的电力或者热力）、以煤炭开采过程中伴生的舍弃物油母页岩为原料生产的页岩油等自产货物实行增值税即征即退的政策；对销售以退役军用发射药为原料生产的涂料硝化棉粉，以煤矸石、煤泥、石煤、油母页岩为燃料生产的电力和热力，利用风力生产的电力等自产货物实现的增值税实行即征即退 50% 的政策；对销售自产的综合利用生物柴油实行增值税先征后退政策；自 2009 年 1 月 1 日起至 2010 年 12 月 31 日，对纳税人销售的以三剩物、次小薪材、农作物秸秆、蔗渣等四类农林剩余物为原料自产的综合利用产品由税务机关实行增值税即征即退办法，具体退税比例 2009 年为 100%、2010 年为

80%;在2010年年底以前,对符合条件的增值税一般纳税人销售再生资源缴纳的增值税实行先征后退政策。

2. 对宣传文化事业实行增值税优惠的规定

财税[2006]153号《关于宣传文化增值税和营业税优惠政策的通知》中规定:从2006年1月1日起至2008年12月31日,对符合条件的出版物和印刷、制作业务等实行增值税先征后退或免税的优惠政策。财税[2009]147号《关于继续实行宣传文化增值税和营业税优惠政策的通知》中规定:

(1) 自2009年1月1日起至2010年12月31日,对下列出版物和印刷、制作业务实行增值税先征后退政策

对下列出版物在出版环节实行增值税100%先征后退的政策:中国共产党和各民主党派的各级组织的机关报纸和机关期刊,各级人大、政协、政府、工会、共青团、妇联、科协、老龄委的机关报纸和机关期刊,新华社的机关报纸和机关期刊,军事部门的机关报纸和机关期刊;专为少年儿童出版发行的报纸和期刊,中小学的学生课本;少数民族文字出版物;盲文图书和盲文期刊;经批准在内蒙古、广西、西藏、宁夏、新疆五个自治区内注册的出版单位出版的出版物;其他列名的图书、报纸和期刊。

对下列印刷、制作业务实行增值税100%先征后退的政策:对少数民族文字出版物的印刷或制作业务;列名的新疆维吾尔自治区印刷企业的印刷业务。

(2) 自2009年1月1日起至2010年12月31日,对下列新华书店实行增值税免税或先征后退政策

对全国县(含县级市、区、旗)及县以下新华书店和农村供销社在本地销售的出版物免征增值税;对新华书店组建的发行集团或原新华书店改制而成的连锁经营企业,其县及县以下网点在本地销售的出版物,免征增值税;县(含县级市、区、旗)及县以下新华书店包括地、县(含县级市、区、旗)两级合而为一的新华书店,不包括位于市(含直辖市、地级市)所辖的区中的新华书店。对新疆维吾尔自治区新华书店和乌鲁木齐市新华书店销售的出版物实行增值税100%先征后退的政策。

3. 自2008年6月1日起,对纳税人生产销售和批发、零售有机肥产品免征增值税

享受免税政策的有机肥产品,是指有机肥料、有机—无机复混肥料和生物有机肥。其产品执行标准为:有机肥料NY525－2002,有机—无机复混肥料GB18877－2002,生物有机肥NY884－2004。其他不符合上述标准的产品,不属于财税[2008]56号文件规定的有机肥产品,应按照现行规定征收增值税。

享受免税政策的纳税人应按照规定,单独核算有机肥产品的销售额;未单独核算销售额的,不得免税。纳税人销售免税的有机肥产品,应按规定开具普通发票,不得开具增值税专用发票。纳税人申请免征增值税,应向主管税务机关提供相关的资料;凡不能提供的,一律不得免税。

4. 对农民专业合作社的增值税政策

农民专业合作社,是指依照《中华人民共和国农民专业合作社法》规定设立和登记的农民专业合作社。

(1) 对农民专业合作社销售本社成员生产的农业产品,视同农业生产者销售自产农业产品免征增值税。

(2) 对农民专业合作社向本社成员销售的农膜、种子、种苗、化肥、农药、农机,免征增值税。

5. 免税店销售免税品的增值税政策

对纳税人在机场、港口、车站、陆路边境等出境口岸海关隔离区(以下简称海关隔离区)设立免税店销售免税品,以及在城市区域内设立市内免税店销售免税品,但购买者必须在海关隔离区提取后直接出境的征收增值税问题规定如下:

(1) 海关隔离区是海关和边防检查划定的专供出国人员出境的特殊区域,在此区域内设立免税店销售免税品和市内免税店销售但在海关隔离区内提取免税品,由海关实施特殊的进出口监管,在税收管理上属于国境以内关境以外。因此,对于海关隔离区内免税店销售免税品以及市内免税店销售但在海关隔离区内提取免税品的行为,不征收增值税。对于免税店销售其他不属于免税品的货物,应照章征收增值税。

上述所称免税品,具体是指免征关税、进口环节税的进口商品和实行退(免)税(增值税、消费税)进入免税店销售的国产商品。

(2) 纳税人兼营应征收增值税货物或劳务和免税品的,应分别核算应征收增值税货物或劳务和免税品的销售额。未分别核算或者不能准确核算销售额的,其免税品与应征收增值税货物或劳务一并征收增值税。

(3) 纳税人销售免税品一律开具出口发票,不得使用防伪税控专用器具开具增值税专用发票或普通发票。纳税人经营范围仅限于免税品销售业务的,一律不得使用增值税防伪税控专用器具。已发售的防伪税控专用器具及增值税专用发票、普通发票一律收缴。收缴的发票按现行有关发票作废规定处理。

6. 融资租赁

除经中国人民银行和对外经济贸易合作部(现为商务部)批准经营融资租赁业务的单位所从事的融资租赁业务外,其他单位从事的融资租赁业务,租赁的货物的所有权转让给承租方,征收增值税;租赁的货物的所有权未转让给承租方,不征收增值税。

7. 转让产权

转让企业全部产权涉及的应税货物的转让,不属于增值税的征税范围,不征收增值税。

8. 对从事热力、电力、燃气、自来水等公用事业的增值税纳税人收取的一次性费用

凡与货物的销售数量有直接关系的,征收增值税;凡与货物的销售数量无直接关系的,不征收增值税。

9. 代收费用

纳税人代有关行政管理部门收取的费用,凡同时符合以下条件的,不属于价外费用,不征收增值税。

(1) 经国务院、国务院有关部门或省级政府批准;

(2) 开具经财政部门批准使用的行政事业收费专用票据;

(3) 所收款项全额上缴财政或虽不上缴财政但由政府部门监管,专款专用。

纳税人销售货物的同时代办保险而向购买方收取的保险费,以及从事汽车销售的纳税人向购买方收取的代购买方缴纳的车辆购置税、牌照费,不作为价外费用征收增值税。

10. 收取服务费

纳税人销售软件产品并随同销售一并收取的软件安装费、维护费、培训费等收入,应按照增值税混合销售的有关规定征收增值税,并可享受软件产品增值税即征即退政策。

对软件产品交付使用后,按期或按次收取的维护费、技术服务费、培训费等不征收增值税。

纳税人受托开发软件产品,著作权属于受托方的征收增值税,著作权属于委托方或属于双方共同拥有的不征收增值税。

(三) 增值税起征点的规定

增值税起征点的规定实际也涉及征税范围的大小问题,即未达到起征点的不列入增值税的征税范围。增值税起征点的适用范围限于个人。增值税起征点的幅度规定如下:

(1) 销售货物的,为月销售额5 000—20 000元;

(2) 销售应税劳务的,为月销售额5 000—20 000元;

(3) 按次纳税的,为每次(日)销售额300—500元。

上述所称销售额,是指《增值税暂行条例实施细则》所称小规模纳税人的销售额,即小规模纳税人的销售额不包括其应纳税额。

省、自治区、直辖市财政厅(局)和国家税务局应在规定的幅度内,根据实际情况确定本地区适用的起征点,并报财政部、国家税务总局备案。

纳税人销售额未达到国务院财政、税务主管部门规定的增值税起征点的,免征增值税;达到起征点的,依照本条例规定全额计算缴纳增值税。

(四) 兼营免税、减税项目

纳税人兼营免税、减税项目的,应当分别核算免税、减税项目的销售额;未分别核算销售额的,不得免税、减税。

(五) 放弃免税

纳税人销售货物或者应税劳务适用免税规定的,可以放弃免税,依照《增值税暂行条例》的规定缴纳增值税。放弃免税后,36个月内不得再申请免税。

二、账务处理

对于免征的增值税,销售时不作增值税的账务处理。

【例3-24】 某企业销售自产的免税农产品100 000元,货款已经收到。

借:银行存款　　100 000

　贷:主营业务收入　　100 000

企业实际收到即征即退、先征后退、先征税后返还的增值税,借记“银行存款”科目,贷记“营业外收入”科目。

【例 3-25】　某软件开发企业 2011 年 3 月收到增值税返还收入 200 000 元。

借:银行存款　　200 000

　贷:营业外收入　　200 000

会计上计入营业外收入、并入企业利润,所得税法上如果征税,则二者之间没有差异;所得税法上如果不征税,则二者之间的差异需要进行纳税调整。

第九节　增值税专用发票的管理

为适应增值税专用发票管理需要,规范增值税专用发票使用,进一步加强增值税征收管理,国家税务总局对原《增值税专用发票使用规定》进行了修订,并自 2007 年 1 月 1 日起施行。

专用发票,是增值税一般纳税人(以下简称一般纳税人)销售货物或者提供应税劳务开具的发票,是购买方支付增值税税额并可按照增值税有关规定据以抵扣增值税进项税额的凭证。

一、专用发票的联次

专用发票由基本联次或者基本联次附加其他联次构成。基本联次为三联:发票联、抵扣联和记账联。发票联,作为购买方核算采购成本和增值税进项税额的记账凭证;抵扣联,作为购买方报送主管税务机关认证和留存备查的凭证;记账联,作为销售方核算销售收入和增值税销项税额的记账凭证。其他联次用途,由一般纳税人自行确定。

二、专用发票开具范围

一般纳税人销售货物或者提供应税劳务,应向购买方开具专用发票。

商业企业一般纳税人零售的烟、酒、食品、服装、鞋帽(不包括劳保专用部分)、化妆品等消费品不得开具专用发票。

增值税小规模纳税人(以下简称小规模纳税人)需要开具专用发票的,可向主管税务机关申请代开。

销售免税货物不得开具专用发票,法律、法规及国家税务总局另有规定的除外。

三、开具专用发票后发生退货或开票有误的处理

增值税一般纳税人开具增值税专用发票(以下简称专用发票)后,发生销售退回、销售折让以及开票有误等情况需要开具红字专用发票的,根据不同情况分别按以下办法处理:

第一种,因专用发票抵扣联、发票联均无法认证的,由购买方填报开具红字增值税专用发票申请单,并在申请单上填写具体原因以及相对应蓝字专用发票的信息,主管税务机关审核后出具开具红字增值税专用发票通知单。购买方不作进项税额转出处理。

第二种，购买方所购货物不属于增值税扣税项目范围、取得的专用发票未经认证的，由购买方填报申请单，并在申请单上填写具体原因以及相对应蓝字专用发票的信息，主管税务机关审核后出具通知单。购买方不作进项税额转出处理。

第三种，因开票有误购买方拒收专用发票的，销售方须在专用发票认证期限内向主管税务机关填报申请单，并在申请单上填写具体原因以及相对应蓝字专用发票的信息，同时提供由购买方出具的写明拒收理由、错误具体项目以及正确内容的书面材料，主管税务机关审核确认后出具通知单。销售方凭通知单开具红字专用发票。

第四种，因开票有误等原因尚未将专用发票交付购买方的，销售方须在开具有误专用发票的次月内向主管税务机关填报申请单，并在申请单上填写具体原因以及相对应蓝字专用发票的信息，同时提供由销售方出具的写明具体理由、错误具体项目以及正确内容的书面材料，主管税务机关审核确认后出具通知单。销售方凭通知单开具红字专用发票。

第五种，发生销货退回或销售折让的，除按照《国家税务总局关于修订〈增值税专用发票使用规定〉的通知》的规定进行处理外，销售方还应在开具红字专用发票后将该笔业务的相应记账凭证复印件报送主管税务机关备案。

税务机关为小规模纳税人代开专用发票需要开具红字专用发票的，比照一般纳税人开具红字专用发票的处理办法，通知单第二联交代开税务机关。

四、专用发票不得抵扣进项税额的规定

（一）有下列情形之一的，不得作为增值税进项税额的抵扣凭证

经认证，有下列情形之一的，不得作为增值税进项税额的抵扣凭证，税务机关退还原件，购买方可要求销售方重新开具专用发票。

1. 无法认证

无法认证，是指专用发票所列密文或者明文不能辨认，无法产生认证结果。

2. 纳税人识别号认证不符

纳税人识别号认证不符，是指专用发票所列购买方纳税人识别号有误。

3. 专用发票代码、号码认证不符

专用发票代码、号码认证不符，是指专用发票所列密文解译后与明文的代码或者号码不一致。

（二）有下列情形之一的，暂不得作为增值税进项税额的抵扣凭证

经认证，有下列情形之一的，暂不得作为增值税进项税额的抵扣凭证，税务机关扣留原件、查明原因、分别情况进行处理。

1. 重复认证

重复认证，是指已经认证相符的同一张专用发票再次认证。

2. 密文有误

密文有误，是指专用发票所列密文无法解译。

3. 认证不符

认证不符，是指纳税人识别号有误，或者专用发票所列密文解译后与明文不一致。

4. 列为失控专用发票

列为失控专用发票,是指认证时的专用发票已被登记为失控专用发票。

(三) 对丢失已开具专用发票的发票联和抵扣联的处理

1. 丢失前已经认证相符

一般纳税人丢失已开具专用发票的发票联和抵扣联,如果丢失前已认证相符的,购买方凭销售方提供的相应专用发票记账联复印件及销售方所在地主管税务机关出具的丢失增值税专用发票已报税证明单,经购买方主管税务机关审核同意后,可作为增值税进项税额的抵扣凭证。

2. 丢失前未认证

如果丢失前未认证的,购买方凭销售方提供的相应专用发票记账联复印件到主管税务机关进行认证,认证相符的凭该专用发票记账联复印件及销售方所在地主管税务机关出具的丢失增值税专用发票已报税证明单,经购买方主管税务机关审核同意后,可作为增值税进项税额的抵扣凭证。

3. 丢失已开具专用发票的抵扣联

一般纳税人丢失已开具专用发票的抵扣联,如果丢失前已认证相符的,可使用专用发票的发票联复印件留存备查;如果丢失前未认证的,可使用专用发票的发票联到主管税务机关认证,专用发票的发票联复印件留存备查。

4. 丢失已开具专用发票的发票联

一般纳税人可将专用发票抵扣联作为记账凭证,专用发票抵扣联复印件留存备查。

(四) 抵扣联无法认证

专用发票抵扣联无法认证的,可使用专用发票发票联到主管税务机关认证,专用发票发票联复印件留存备查。

五、关于对代开、虚开增值税专用发票的处理

代开发票是指为与自己没有发生直接购销关系的他人开具发票的行为。虚开发票是指在没有任何购销事实的前提下,为他人、为自己或让他人为自己或介绍他人开具发票的行为。代开、虚开发票的行为都是严重的违法行为。对代开、虚开专用发票的,一律按票面所列货物的适用税率全额征补税款,并按《税收征收管理法》的规定按偷税给予处罚。对纳税人取得代开、虚开的增值税专用发票,不得作为增值税合法抵扣凭证抵扣进项税额。代开、虚开发票构成犯罪的,按全国人大常委会发布的《关于惩治虚开、伪造和非法出售增值税专用发票犯罪的决定》处以刑罚。

六、关于纳税人善意取得虚开的增值税专用发票的处理

根据国税发[2000]187号《国家税务总局关于纳税人善意取得虚开的增值税专用发票处理问题的通知》及其他相关规定:

(一) 善意取得

纳税人善意取得虚开的增值税专用发票指购货方与销售方存在真实交易,且购货方不知取得的增值税专用发票是以非法手段获得的。

纳税人善意取得虚开的增值税专用发票,如能重新取得合法、有效的专用发票,准许

其抵扣进项税款;如不能重新取得合法、有效的专用发票,不准其抵扣进项税款或追缴其已抵扣的进项税款。

纳税人善意取得虚开的增值税专用发票被依法追缴已抵扣税款的,不属于《税收征收管理法》第三十二条“纳税人未按照规定期限缴纳税款”的情形,不适用该条“税务机关除责令限期缴纳外,从滞纳税款之日起,按日加收滞纳税款万分之五的滞纳金”的规定。

(二) 重新获得

购货方能够重新从销售方取得防伪税控系统开出的合法、有效专用发票的,或者取得手工开出的合法、有效专用发票且取得了销售方所在地税务机关已经或者正在依法对销售方虚开专用发票行为进行查处证明的,购货方所在地税务机关应依法准予其抵扣进项税款或者出口退税。

(三) 事先知道

如有证据表明购货方在进项税款得到抵扣或者获得出口退税前知道该专用发票是销售方以非法手段获得的,对购货方应按《国家税务总局关于纳税人取得虚开的增值税专用发票处理问题的通知》(国税发[1997]134 号)和《国家税务总局关于(国家税务总局关于纳税人取得虚开的增值税专用发票处理问题的通知)的补充通知》(国税发[2000]182 号)的规定处理。

(四) 按偷税或骗取出口退税处理

依据国税发[2000]182 号文件规定,有下列情形之一的,无论购货方(受票方)与销售方是否进行了实际的交易,增值税专用发票所注明的数量、金额与实际交易是否相符,购货方向税务机关申请抵扣进项税款或者出口退税的,对其均应按偷税或者骗取出口退税处理:

(1) 购货方取得的增值税专用发票所注明的销售方名称、印章与其进行实际交易的销售方不符的,即国税发[1997]134 号文件第二条规定的“购货方从销售方取得第三方开具的专用发票”的情况。

(2) 购货方取得的增值税专用发票为销售方所在省(自治区、直辖市和计划单列市)以外地区的,即国税发[1997]134 号文件第二条规定的“从销货地以外的地区获得专用发票”的情况。

(3) 其他有证据表明购货方明知取得的增值税专用发票系销售方以非法手段获得的,即国税发[1997]134 号文件第一条规定的“受票方利用他人虚开的专用发票,向税务机关申报抵扣税款进行偷税”的情况。

第十节 营业税改征增值税实施办法及相关政策

自 2012 年 1 月 1 日上海率先进行营业税改征增值税以来,“营改增”不断扩大改革的范围和改革地区,交通运输业(包括铁路运输)和七个现代服务业、邮政业已经完成“营改增”的试点工作。营改增的工作将持续进行下去,在“十二五”期间,我国将完成“营改增”工作,营业税将彻底退出历史舞台。学习“营改增”政策要结合《增值税暂行条例》和

《增值税暂行条例实施细则》进行,"营改增"劳务和销售商品、提供劳务缴纳增值税的基本原理、方法一致,本节仅对重点内容进行阐述。

一、纳税义务人

在中华人民共和国境内(以下称境内)提供交通运输业、邮政业和部分现代服务业服务(以下称应税服务)的单位和个人,为增值税纳税人。

纳税人分为一般纳税人和小规模纳税人。应税服务的年应征增值税销售额(以下称应税服务年销售额)超过财政部和国家税务总局规定标准的纳税人为一般纳税人,未超过规定标准的纳税人为小规模纳税人。应税服务年销售额超过规定标准的其他个人不属于一般纳税人。应税服务年销售额超过规定标准但不经常提供应税服务的单位和个体工商户可选择按照小规模纳税人纳税。

中华人民共和国境外(以下称境外)的单位或者个人在境内提供应税服务,在境内未设有经营机构的,以其代理人为增值税扣缴义务人;在境内没有代理人的,以接受方为增值税扣缴义务人。

二、征税范围

应税服务,是指陆路运输服务、水路运输服务、航空运输服务、管道运输服务、邮政普遍服务、邮政特殊服务、其他邮政服务、研发和技术服务、信息技术服务、文化创意服务、物流辅助服务、有形动产租赁服务、鉴证咨询服务、广播影视服务。

提供应税服务,是指有偿提供应税服务,但不包括非营业活动中提供的应税服务。

有偿,是指取得货币、货物或者其他经济利益。

非营业活动,是指下列情形:非企业性单位按照法律和行政法规的规定,为履行国家行政管理和公共服务职能收取政府性基金或者行政事业性收费的活动;单位或者个体工商户聘用的员工为本单位或者雇主提供应税服务;单位或者个体工商户为员工提供应税服务;财政部和国家税务总局规定的其他情形。

在境内提供应税服务,是指应税服务提供方或者接受方在境内。

下列情形不属于在境内提供应税服务:境外单位或者个人向境内单位或者个人提供完全在境外消费的应税服务;境外单位或者个人向境内单位或者个人出租完全在境外使用的有形动产;财政部和国家税务总局规定的其他情形。

单位和个体工商户的下列情形,视同提供应税服务:向其他单位或者个人无偿提供交通运输业、邮政业和部分现代服务业服务,但以公益活动为目的或者以社会公众为对象的除外。

三、税率和征收率

提供有形动产租赁服务,税率为17%。

提供交通运输业服务、邮政业服务,税率为11%。

提供现代服务业服务(有形动产租赁服务除外),税率为6%。

财政部和国家税务总局规定的应税服务,税率为0。

增值税征收率为3%。

四、应纳税额的计算

增值税的计税方法，包括一般计税方法和简易计税方法。

1. 一般计税方法

一般计税方法的应纳税额，是指当期销项税额抵扣当期进项税额后的余额。应纳税额计算公式：

应纳税额 = 当期销项税额 - 当期进项税额

当期销项税额小于当期进项税额不足抵扣时，其不足部分可以结转下期继续抵扣。

销项税额，是指纳税人提供应税服务按照销售额和增值税税率计算的增值税额。销项税额计算公式：

销项税额 = 销售额 × 税率

下列进项税额准予从销项税额中抵扣：从销售方或者提供方取得的增值税专用发票（含货物运输业增值税专用发票、税控机动车销售统一发票，下同）上注明的增值税额；从海关取得的海关进口增值税专用缴款书上注明的增值税额；购进农产品，除取得增值税专用发票或者海关进口增值税专用缴款书外，按照农产品收购发票或者销售发票上注明的农产品买价和13%的扣除率计算的进项税额；接受境外单位或者个人提供的应税服务，从税务机关或者境内代理人取得的解缴税款的中华人民共和国税收缴款凭证（以下称税收缴款凭证）上注明的增值税额。

思考与提示

【思考】对于"营改增"企业的一般纳税人，销项税额的计算与进项税额的抵扣和销售货物的基本规定是否一致？

【提示】对于"营改增"企业的一般纳税人，销项税额的计算与进项税额的抵扣和销售货物的基本规定是一致的。例如，对于价外费用的规定，销售折扣、现金折扣、销售折让的规定，可以抵扣进项税额范围的规定等都是一致的。

思考与提示

【思考】对于"营改增"的企业，核算销售额时有哪些特殊规定？

【提示】对于"营改增"的企业，核算销售额时要注意以下特殊规定：

一是要注意单独核算问题。试点纳税人兼有不同税率或者征收率的销售货物、提供加工修理修配劳务或者应税服务的，应当分别核算适用不同税率或者征收率的销售额，未分别核算销售额的，按照以下方法适用税率或者征收率：兼有不同税率的销售货物、提供加工修理修配劳务或者应税服务的，从高适用税率；兼有不同征收率的销售货物、提供加工修理修配劳务或者应税服务的，从高适用征收率；兼有不同税率和征收率的销售货物、提供加工修理修配劳务或者应税服务的，从高适用税率。

二是对于一些特殊行业的销售额有特殊规定。

经中国人民银行、银监会或者商务部批准从事融资租赁业务的试点纳税人，提供有形动产融资性售后回租服务，以收取的全部价款和价外费用，扣除向承租方收取的有形动产价款本金，以及对外支付的借款利息（包括外汇借款和人民币借款利息）、发行债券利息后的余额为销售额。试点纳税人提供融资性售后回租服务，向承租方收取的有形动产价款本金，不得开具增值税专用发票，可以开具普通发票。

经中国人民银行、银监会或者商务部批准从事融资租赁业务的纳税人，提供除融资性售后回租以外的有形动产融资租赁服务，以收取的全部价款和价外费用，扣除支付的借款利息（包括外汇借款和人民币借款利息）、发行债券利息、保险费、安装费和车辆购置税后的余额为销售额。

航空运输企业的销售额，不包括代收的机场建设费和代售其他航空运输企业客票而代收转付的价款。

自本地区试点实施之日起，试点纳税人中的一般纳税人提供的客运场站服务，以其取得的全部价款和价外费用，扣除支付给承运方运费后的余额为销售额，其从承运方取得的增值税专用发票注明的增值税，不得抵扣。

试点纳税人提供知识产权代理服务、货物运输代理服务和代理报关服务，以其取得的全部价款和价外费用，扣除向委托方收取并代为支付的政府性基金或者行政事业性收费后的余额为销售额。向委托方收取的政府性基金或者行政事业性收费，不得开具增值税专用发票。

试点纳税人中的一般纳税人提供国际货物运输代理服务，以其取得的全部价款和价外费用，扣除支付给国际运输企业的国际运输费用后的余额为销售额。

国际货物运输代理服务，是指接受货物收货人或其代理人、发货人或其代理人、运输工具所有人、运输工具承租人或运输工具经营人的委托，以委托人的名义或者以自己的名义，在不直接提供货物运输服务的情况下，直接为委托人办理货物的国际运输、从事国际运输的运输工具进出港口、联系安排引航、靠泊、装卸等货物和船舶代理相关业务手续的业务活动。

试点纳税人从全部价款和价外费用中扣除价款，应当取得符合法律、行政法规和国家税务总局规定的有效凭证。否则，不得扣除。

2. 简易计税方法

简易计税方法的应纳税额，是指按照销售额和增值税征收率计算的增值税额，不得抵扣进项税额。应纳税额计算公式：

$$应纳税额 = 销售额 \times 征收率$$

五、"营改增"的过渡政策

（一）下列项目免征增值税

1. 个人转让著作权。
2. 残疾人个人提供应税服务。
3. 航空公司提供飞机播洒农药服务。
4. 试点纳税人提供技术转让、技术开发和与之相关的技术咨询、技术服务。

试点纳税人申请免征增值税时，须持技术转让、开发的书面合同，到试点纳税人所在地省级科技主管部门进行认定，并持有关的书面合同和科技主管部门审核意见证明文件报主管国家税务局备查。

5. 符合条件的节能服务公司实施合同能源管理项目中提供的应税服务。

6. 自2014年1月1日至2018年12月31日，试点纳税人提供的离岸服务外包业务。

上述离岸服务外包业务，是指试点纳税人根据境外单位与其签订的委托合同，由本企业或其直接转包的企业为境外提供信息技术外包服务（ITO）、技术性业务流程外包服务（BPO）或技术性知识流程外包服务（KPO）。

（二）下列项目增值税即征即退

1. 对安置残疾人的单位，实行由税务机关按照单位实际安置残疾人的人数，限额即征即退增值税的办法。

上述政策仅适用于从事原营业税“服务业”税目（广告服务除外）范围内业务取得的收入占其增值税和营业税业务合计收入的比例达到50%的单位。

有关享受增值税优惠政策单位的条件、定义、管理要求等按照《财政部国家税务总局关于促进残疾人就业税收优惠政策的通知》（财税[2007]92号）中有关规定执行。

2. 2015年12月31日前，试点纳税人中的一般纳税人提供管道运输服务，对其增值税实际税负超过3%的部分实行增值税即征即退政策。

3. 经中国人民银行、银监会或者商务部批准从事融资租赁业务的试点纳税人中的一般纳税人，提供有形动产融资租赁服务，在2015年12月31日前，对其增值税实际税负超过3%的部分实行增值税即征即退政策。

本规定所称增值税实际税负，是指纳税人当期提供应税服务实际缴纳的增值税额占纳税人当期提供应税服务取得的全部价款和价外费用的比例。

六、应税服务适用增值税零税率和免税政策的规定

1. 增值税零税率范围

中华人民共和国境内（以下称境内）的单位和个人提供的国际运输服务、向境外单位提供的研发服务和设计服务，适用增值税零税率。

国际运输服务，是指：在境内载运旅客或者货物出境；在境外载运旅客或者货物入境；在境外载运旅客或者货物。

2. 增值税免税范围

境内的单位和个人提供的下列应税服务免征增值税，但财政部和国家税务总局规定适用增值税零税率的除外：(1)工程、矿产资源在境外的工程勘察勘探服务。(2)会议展览地点在境外的会议展览服务。(3)存储地点在境外的仓储服务。(4)标的物在境外使用的有形动产租赁服务。(5)出口货物提供的邮政业服务和收派服务。(6)在境外提供的广播影视节目（作品）的发行、播映服务。(7)符合一定条件但不符合零税率规定的国际运输服务。(8)向境外单位提供的下列应税服务：①技术转让服务、技术咨询服务、合同能源管理服务、软件服务、电路设计及测试服务、信息系统服务、业务流程管理服务、商标著作权转让服务、知识产权服务、物流辅助服务（仓储服务、收派服务除外）、认证服务、鉴证服务、咨询服务、广播影视节目（作品）制作服务、期租服务、程租服务、湿租服务。但不包括：

合同标的物在境内的合同能源管理服务，对境内货物或不动产的认证服务、鉴证服务和咨询服务。②广告投放地在境外的广告服务。

实践疑难解析

1. 公司接送员工上下班班车所用油费的进项税额是否允许抵扣？

【解答】企业购买的产品用于增值税非应税项目、免税项目、集体福利和个人消费的，进项税额不允许抵扣。班车属于用于集体福利部门的固定资产，所发生的费用即使取得增值税专用发票，也不允许抵扣。

2. 销售2009年1月1日之前购买的固定资产（不属于扩大增值税抵扣范围试点的一般纳税人）是否可以开具增值税专用发票？

【解答】2008年12月31日之前购买的固定资产在2009年1月1日以后销售的，只能开具普通发票，按照4%征收率减半征收增值税。

3. 企业产品更新换代较快，部分购买的专用材料失去了使用价值，予以报废，其进项税额是否需要转出？

【解答】由于管理不善造成存货丢失、被盗、霉烂变质，其进项税额需要转出。由于更新换代造成的存货报废，进项税额不作转出处理。

4. 我企业销售中央空调并负责安装，对于空调设备的销售是先交款后发货，对于安装则是安装验收完毕再收款，如何确定增值税纳税义务发生的时间？

【解答】对于该企业来说，销售空调并负责安装属于增值税混合销售行为，全部征收增值税，应该在货物发出时产生增值税纳税义务，而不是安装验收时。

5. 我公司是小规模增值税纳税义务人，如果当年销售额达到一般纳税人认定的标准，是否第二年一定要进行一般纳税人认定？如果企业不愿意进行一般纳税人认定，愿意继续以小规模纳税人资格进行增值税申报缴纳，税法上允许吗？

【解答】对符合一般纳税人条件而不申请办理一般纳税人认定手续的纳税人，应按销售额依照增值税税率计算应纳税额，不得抵扣进项税额，也不得使用专用发票。所以达到一般纳税人认定条件的，必须申请认定为增值税一般纳税人。

6. 我公司管理部门发生的水电费，取得了增值税专用发票，是否允许抵扣？

【解答】公司管理部门发生的水电费，不属于增值税不允许抵扣的范围，属于为应税项目服务的外购项目，可以抵扣进项税额。如果公司兼营免税项目或营业税项目，进项税额需要按照各自的收入比例进行分摊，转出用于增值税非应税项目、免税项目的进项税额。

7. 我公司去外地参展的样品，是否需要缴纳增值税？

【解答】如果样品参展以后进行了收回，不需要缴纳增值税；如果样品不再回收，而是销售或者赠送他人，需要缴纳增值税。

8. 我公司本月有100吨产品由于管理不善被水淋湿，我们已经按照低于成本价格进行了销售，进项税额没有转出，是否正确？

【解答】不正确，这是属于税法规定的非正常损失，在增值税上应通过“待处理财产损溢”科目，转出增值税进项税额；在所得税上应进行专项申报。

9. 我公司丢失小轿车一辆，收到了保险公司的赔款，是否需要缴纳增值税？

【解答】购入小轿车不允许抵扣进项税额，因此小轿车丢失不需要转出进项税额，收到保险公司赔款不属于增值税的征税范围，不征收增值税。

10. 我公司由于客户违约，按合同规定罚没客户的购货订金，是否需要缴纳增值税？

【解答】如果购销业务已经发生，向购货方收取的违约金属于价外费用，应缴纳增值税；如果购销业务最终没有发生，收取的违约金不征收增值税。

11. 我公司2013年9月份购买一辆小轿车用于生产经营，取得增值税专用发票，是否允许抵扣进项税额？

【解答】企业2013年8月1日后购买的用于生产经营的小轿车，进项税额允许抵扣。

改革探索

我国1994年税制改革，将增值税征税范围扩大到所有货物和加工修理修配劳务，对其他劳务、无形资产和不动产征收营业税。2009年1月1日，为了鼓励投资，促进技术进步，在地区试点的基础上，全面实施增值税转型改革，将机器设备纳入增值税抵扣范围。2012年1月1日，选择在上海市的交通运输业和部分现代服务业进行增值税改革试点工作。2013年8月1日，在全国推开第一步改革试点工作，试点完成了交通运输业（除铁路运输）和七个现代服务业的"营改增"工作。2014年1月1日，在全国推开铁路运输和邮政业的"营改增"工作。作为改革迈出的第一步，在上海市开展试点具有全国性示范意义。在密切跟踪上海市试点运行情况的基础上，我国逐步扩大试点范围，在"十二五"期间"营改增"有望逐步推广到全国范围。

根据规范税制、合理负担的原则，通过税率设置和优惠政策过渡等安排，改革试点行业总体税负不增加或略有下降。对现行征收增值税的行业而言，无论在上海还是其他地区，由于向试点纳税人购买应税服务的进项税额可以得到抵扣，税负也将相应下降。在总体下降的基础上，不排除个别改革行业由于税率上升，进项税额较少等原因造成增值税税负上升，这样的企业要注重自身的经营管理，注重对增值税的纳税筹划工作。随着改革的全面展开，我们不仅要关注改革行业的税收政策，包括改革范围、税率、应纳税额的计算以及过渡政策等，更要关注改革对企业税负的影响，对企业经营决策的影响，包括对企业采购政策、销售政策的影响，通过合理的纳税筹划，减轻企业的纳税负担，增加企业的利润。

第四章

消费税会计

第一节 消费税概述

为了进一步完善税制,2008年11月5日,国务院审议通过了修订后的《中华人民共和国消费税暂行条例》(以下简称《消费税暂行条例》);2008年12月15日,财政部、国家税务总局制定了《中华人民共和国消费税暂行条例实施细则》,以财政部、国家税务总局第51号令发布。

一、消费税的概念及特点

(一)消费税的概念

消费税是对消费品和特定消费行为按消费流转额征收的一种商品税。消费税分为一般消费税和特别消费税,前者主要是对所有消费品包括必需品和日用品普遍课税,后者主要是对特定消费品或特定消费行为如奢侈品等课税。消费税以消费品为课税对象,税收随价格转嫁给消费者负担;消费者是间接纳税人、实际负税人。消费税的征收具有较强的选择性,是国家贯彻消费政策、引导消费结构从而引导产业结构的重要手段,在保证国家财政收入、体现国家经济政策等方面具有重要意义。

(二)我国消费税的特点

1. 征收范围具有选择性

我国仅选择部分消费品征收消费税,而不是对所有消费品都征收消费税。我国消费税目前共设置14个税目,征收的具体品目采用正列举,征税界限清晰,征税范围是有限的。只有对消费税税目税率表上列举的应税消费品才征收消费税,没有列举的则不征收消费税。

2. 征税环节具有单一性

消费税的最终负担人是消费者,但是,为了加强源头控制,防止税款流失,消费税的纳税环节除个别消费品的纳税环节为零售环节外,主要确定在生产制造环节或进口环节。但无论在哪个环节征税,都实行单环节征收,如以零售环节为纳税环节的应税消费品,在零售环节以前的诸环节都不征收消费税。这样,既可以减少纳税人的数量,降低税款征收费用和税源流失的风险,又可以防止重复征税。

3. 平均税率水平比较高且税负差异大

消费税属于国家运用税收杠杆对某些消费品进行特殊调节的税种。为了有效体现国家政策,消费税的平均税率水平一般定得比较高,并且不同征税项目的税负差异较大,对需要限制或控制消费的消费品,通常税负较重。我国现行消费税是同增值税相互配合而设置的。即对某些需要特殊调节的消费品在征收增值税的同时,再征收一道消费税,从而形成了一种交叉调节的间接税体系。

4. 征收方法具有灵活性

消费税在征收方法上,既可以采用对消费品制定单位税额,依消费品的数量实行从量定额的征收方法，也可以采用对消费品制定比例税率，依消费品的价格实行从价定率的征收方法。目前，对烟和酒两类消费品，既采用从价征收又采用从量征收。

5. 税负具有转嫁性

消费税是对消费应税消费品的课税。为了简化征收管理工作，我国消费税直接以应税消费品的生产经营者为纳税人，于产制销售环节、进口环节或零售环节缴纳税款，并将其作为商品价格的一个组成部分向购买者收取，因此消费者为税负的最终负担者。

二、征税范围及纳税义务人

（一）征税范围

消费税的征税范围包括在中华人民共和国境内生产、委托加工、进口的应税消费品。

1. 生产应税消费品

生产应税消费品的销售是消费税征收的主要环节，因消费税具有单一环节征税的特点，在生产销售环节征税以后，货物在流通环节无论再转销多少次，都不用再缴纳消费税。

2. 委托加工应税消费品

委托加工应税消费品是指委托方提供原料和主要材料，受托方只收取加工费和代垫部分辅助材料加工的应税消费品。

3. 进口应税消费品

单位和个人进口货物属于消费税征税范围的，在进口环节也要缴纳消费税。为了减少征税成本，进口环节缴纳的消费税由海关代征。

4. 零售应税消费品

经国务院批准，自1995年1月1日起，金银首饰消费税由生产销售环节征收改为零售环节征收。改在零售环节征收消费税的金银首饰，仅限于金基、银基合金首饰以及金、银和金基、银基合金的镶嵌首饰。

（二）纳税义务人

在中华人民共和国境内生产、委托加工和进口《消费税暂行条例》规定的消费品的单位和个人，以及国务院确定的销售《消费税暂行条例》规定的消费品的其他单位和个人，为消费税的纳税人，应当依照《消费税暂行条例》缴纳消费税。

单位，是指企业、行政单位、事业单位、军事单位、社会团体及其他单位。个人，是指个体工商户及其他个人。在中华人民共和国境内，是指生产、委托加工和进口属于应当缴纳消费税的消费品的起运地或者所在地在境内。

三、税目与税率

（一）税目

按照《消费税暂行条例》的规定，确定征收消费税的只有烟、酒、化妆品等14个税目。

1. 烟

凡是以烟叶为原料加工生产的产品，不论使用何种辅料，均属于本税目的征收范围。包括卷烟（进口卷烟、白包卷烟、手工卷烟和未经国务院批准纳入计划的企业及个人生产的卷烟）、雪茄烟和烟丝。

2. 酒及酒精

酒类包括白酒、黄酒、啤酒、其他酒及酒精。对饮食业、商业、娱乐业举办的啤酒屋（啤酒坊）利用啤酒生产设备生产的啤酒，应当征收消费税。

3. 化妆品

本税目征收范围包括各类美容、修饰类化妆品、高档护肤类化妆品和成套化妆品。舞台、戏剧、影视演员化妆用的上妆油、卸装油、油彩不属于本税目的征收范围。

4. 贵重首饰及珠宝玉石

凡以金、银、白金、宝石、珍珠、钻石、翡翠、珊瑚、玛瑙等高贵稀有物质以及其他金属、人造宝石等制作的各种纯金银首饰及镶嵌首饰和经采掘、打磨、加工的各种珠宝玉石。

5. 鞭炮、焰火

本税目包括各种鞭炮、焰火。体育上用的发令纸、鞭炮药引线，不按本税目征收。

6. 成品油

本税目包括汽油、柴油、石脑油、溶剂油、航空煤油、润滑油、燃料油 7 个子目。

7. 汽车轮胎

本税目包括的汽车轮胎是指用于各种汽车、挂车、专用车和其他机动车上的内、外轮胎。自 2001 年 1 月 1 日起，子午线轮胎免征消费税，翻新轮胎停止征收消费税。自 2010 年 12 月 1 日起，农用拖拉机、收割机和手扶拖拉机专用轮胎不属于应征消费税的“汽车轮胎”范围，不征收消费税。

8. 摩托车

摩托车包括轻便摩托车和摩托车两种。对最大设计车速不超过 50 公里/小时，发动机汽缸总工作容量不超过 50 毫升的三轮摩托车不征收消费税。

9. 小汽车

本税目征收范围包括含驾驶员座位在内最多不超过 9 个座位（含）的，在设计和技术特性上用于载运乘客和货物的各类乘用车和含驾驶员座位在内的座位数在 10—23 座（含）的在设计和技术特性上用于载运乘客和货物的各类中轻型商用客车。

用排气量小于 1.5 升（含）的乘用车底盘（车架）改装、改制的车辆属于乘用车征收范围。用排气量大于 1.5 升的乘用车底盘（车架）或用中轻型商用客车底盘（车架）改装、改制的车辆属于中轻型商用客车征收范围。

含驾驶员人数（额定载客）为区间值的（如 8—10 人、17—26 人）小汽车，按其区间值下限人数确定征收范围。

电动汽车不属于本税目征收范围。车身长度大于 7 米（含），并且座位在 10—23 座（含）以下的商用客车，不属于中轻型商用客车征税范围，不征收消费税。沙滩车、雪地车、卡丁车、高尔夫车不属于消费税征收范围，不征收消费税。

10. 高尔夫球及球具

高尔夫球及球具是指从事高尔夫球运动所需的各种专用装备,包括高尔夫球,高尔夫球杆,高尔夫球包(袋),高尔夫球杆的杆头、杆身和握把等。

11. 高档手表

高档手表是指销售价格(不含增值税)每只在10 000元(含)以上的各类手表。

12. 游艇

本税目征收范围包括艇身长度大于8米(含)小于90米(含),内置发动机,可以在水上移动,一般为私人或团体购置,主要用于水上运动和休闲娱乐等非牟利活动的各类机动艇。

13. 木制一次性筷子

木制一次性筷子,又称卫生筷子,是指以木材为原料经过锯段、浸泡、旋切、刨切、烘干、筛选、打磨、倒角、包装等环节加工而成的各类一次性使用的筷子。

本税目征收范围包括各种规格的木制一次性筷子。未经打磨、倒角的木制一次性筷子属于本税目征税范围。

14. 实木地板

本税目征收范围包括各类规格的实木地板、实木指接地板、实木复合地板及用于装饰墙壁、天棚的侧端面为榫、槽的实木装饰板。未经涂饰的素板也属于本税目征税范围。

(二) 税率

消费税采用比例税率和定额税率两种形式,以适应不同应税消费品的实际情况。

消费税根据不同的税目或子目确定相应的税率或单位税额。例如,粮食白酒税率为20%,摩托车税率为3%等;黄酒、啤酒、汽油、柴油等分别按单位重量或单位体积确定单位税额。

消费税税目税率表如表4-1所示。

表4-1 消费税税目税率

税 目	税 率
一、烟	
1. 卷烟	
(1)甲类卷烟	56%加0.003元/支(生产环节)
(2)乙类卷烟	36%加0.003元/支(生产环节)
(3)批发环节	5%
2. 雪茄烟	36%
3. 烟丝	30%
二、酒及酒精	
1. 白酒	20%加0.5元/500克(或者500毫升)
2. 黄酒	240元/吨
3. 啤酒	

（续表）

税　　目	税　　率
(1)甲类啤酒	250元/吨
(2)乙类啤酒	220元/吨
4. 其他酒	10%
5. 酒精	5%
三、化妆品	30%
四、贵重首饰及珠宝玉石	
1. 金银首饰、铂金首饰和钻石及钻石饰品	5%
2. 其他贵重首饰和珠宝玉石	10%
五、鞭炮、焰火	15%
六、成品油	
1. 汽油	
(1)含铅汽油	1.40元/升
(2)无铅汽油	1.00元/升
2. 柴油	0.80元/升
3. 航空煤油	0.80元/升
4. 石脑油	1.00元/升
5. 溶剂油	1.00元/升
6. 润滑油	1.00元/升
7. 燃料油	0.80元/升
七、汽车轮胎	3%
八、摩托车	
1. 气缸容量(排气量,下同)在250毫升(含250毫升)以下的	3%
2. 气缸容量在250毫升以上的	10%
九、小汽车	
1. 乘用车	
(1)气缸容量(排气量,下同)在1.0升(含1.0升)以下的	1%
(2)气缸容量在1.0升以上至1.5升(含1.5升)的	3%
(3)气缸容量在1.5升以上至2.0升(含2.0升)的	5%
(4)气缸容量在2.0升以上至2.5升(含2.5升)的	9%
(5)气缸容量在2.5升以上至3.0升(含3.0升)的	12%
(6)气缸容量在3.0升以上至4.0升(含4.0升)的	25%
(7)气缸容量在4.0升以上的	40%
2. 中轻型商用客车	5%

（续表）

税　　目	税　　率
十、高尔夫球及球具	10%
十一、高档手表	20%
十二、游艇	10%
十三、木制一次性筷子	5%
十四、实木地板	5%

说明：自2009年5月1日起，经国务院批准，调整烟产品消费税政策如下：

(1) 甲类卷烟，即每标准条(200支，下同)调拨价格在70元(不含增值税)以上(含70元)的卷烟，生产环节(含进口)的税率调整为56%。

(2) 乙类卷烟，即每标准条调拨价格在70元(不含增值税)以下的卷烟，生产环节(含进口)的税率调整为36%。

(3) 卷烟的从量定额税率不变，即0.003元/支。

(4) 将雪茄烟生产环节(含进口)的税率调整为36%。

(5) 在卷烟批发环节加征一道从价税，在中华人民共和国境内从事卷烟批发业务的单位和个人，批发销售的所有牌号规格的卷烟，按其销售额(不含增值税)征收5%的消费税。纳税人应将卷烟销售额与其他商品销售额分开核算，未分开核算的，一并征收消费税。纳税人销售给纳税人以外的单位和个人的卷烟于销售时纳税。纳税人之间销售的卷烟不缴纳消费税。卷烟批发企业的机构所在地，总机构与分支机构不在同一地区的，由总机构申报纳税。卷烟消费税在生产和批发两个环节征收后，批发企业在计算纳税时不得扣除已含的生产环节的消费税税款。

第二节　消费税征收管理

一、纳税义务发生时间

纳税人采取赊销和分期收款结算方式的，其纳税义务发生的时间为销售合同规定的收款日期的当天。

纳税人采取预收货款结算方式的，其纳税义务发生的时间为发出应税消费品的当天。

纳税人采取托收承付和委托银行收款结算方式销售的应税消费品，其纳税义务发生的时间为发出应税消费品并办妥托收手续的当天。

纳税人采取其他结算方式的，其纳税义务发生的时间为收讫销售款或者取得索取销售款的凭据的当天。

纳税人自产自用的应税消费品，其纳税义务发生的时间为移送使用的当天。

纳税人委托加工的应税消费品，其纳税义务发生的时间为受托方向委托方交货的当天。

纳税人进口的应税消费品，其纳税义务发生的时间为报关进口的当天。

二、纳税期限

按照《消费税暂行条例》规定，消费税的纳税期限分别为 1 日、3 日、5 日、10 日、15 日、1 个月或者 1 个季度；纳税人的具体纳税期限，由主管税务机关根据纳税人应纳税额的大小分别核定；不能按照固定期限纳税的，可以按次纳税。

纳税人以 1 个月或 1 个季度为一期纳税的，自期满之日起 15 日内申报纳税；以 1 日、3 日、5 日、10 日或者 15 日为一期纳税的，自期满之日起 5 日内预缴税款，于次月 1 日起至 15 日内申报纳税并结清上月应纳税款。

纳税人进口应税消费品，应当自海关填发海关进口消费税专用缴款书之日起 15 日内缴纳税款。

三、纳税地点

纳税人销售的应税消费品，以及自产自用的应税消费品，除国务院财政、税务主管部门另有规定外，应当向纳税人机构所在地或者居住地的主管税务机关申报纳税。

委托加工的应税消费品，除受托方为个人外，由受托方向机构所在地或者居住地的主管税务机关解缴消费税税款。委托个人加工的应税消费品，由委托方向其机构所在地或者居住地主管税务机关申报纳税。

进口的应税消费品，应当向报关地海关申报纳税。

纳税人到外县(市)销售或者委托外县(市)代销自产应税消费品的，于应税消费品销售后，向机构所在地或者居住地主管税务机关申报纳税。

纳税人的总机构与分支机构不在同一县(市)的，应当分别向各自机构所在地的主管税务机关申报纳税；经财政部、国家税务总局或者其授权的财政、税务机关批准，可以由总机构汇总向总机构所在地的主管税务机关申报纳税。

进口的应税消费品，由进口人或者其代理人向报关地海关申报纳税。

第三节　消费税应纳税额的计算及账务处理

消费税实行从价定率、从量定额，或者从价定率和从量定额复合计税的办法计算应纳税额。为了反映企业消费税的计算及缴纳，企业设置“营业税金及附加”、“应交税费——应交消费税”账户。“营业税金及附加”核算因企业销售应税产品而负担的消费税金及其附加(城市维护建设税、教育费附加等)。“应交税费——应交消费税”贷方核算企业按规定应缴纳的消费税，借方核算企业实际缴纳的消费税或待扣的消费税；期末，贷方余额反映尚未缴纳的消费税，借方余额反映企业多缴纳的消费税。

一、从价定率

在从价定率计算方法下，应纳税额等于应税消费品的销售额乘以适用税率，因此，应纳税额的多少取决于应税消费品的销售额和适用税率两个因素。

（一）销售额的确定

1．一般规定

销售额为纳税人销售应税消费品向购买方收取的全部价款和价外费用。

实行从价定率办法计算应纳税额的应税消费品连同包装物销售的，无论包装物是否单独计价，也无论在会计上如何核算，均应并入应税消费品的销售额中征收消费税。如果包装物不作价随同产品销售，而是收取押金，此项押金则不应并入应税消费品的销售额中征收消费税。但对因逾期未收回的包装物不再退还的或者已收取的时间超过12个月的押金，应并入应税消费品的销售额，按照应税消费品的适用税率缴纳消费税。

如果包装物随同产品销售而不单独计价，其收入已经包括在销售产品的收入中，其应纳消费税与产品销售一并进行会计处理。如果包装物随同产品销售而单独计价，其收入计入"其他业务收入"，其应纳消费税计入"其他业务成本"。

【例4-1】 某酒厂销售白酒，包装物单独计价，收取包装费（不含增值税）10 000元。白酒的消费税税率20%。

借：银行存款	11 700	
贷：其他业务收入		10 000
应交税费——应交增值税（销项税额）		1 700
借：其他业务成本	2 000	
贷：应交税费——应交消费税		2 000

思考与提示

【思考】缴纳消费税的产品一定缴纳增值税吗？计算消费税和增值税的销售额是否一致？

【提示】消费税是在增值税普遍征收的基础上，选择其中的部分产品进行征收，所以一般情况下，缴纳消费税的产品一定缴纳增值税。计算消费税和增值税的销售额是一致的，所以增值税对于销售额的规定同样适用于消费税。但在特殊情况下，由于消费税视同销售的范围比增值税要广，会出现缴纳消费税但不缴纳增值税的情况。

2．含增值税销售额的换算

应税消费品的销售额，不包括应向购货方收取的增值税税款。如果纳税人应税消费品的销售额中未扣除增值税税款或者因不得开具增值税专用发票而发生价款和增值税税款合并收取的，在计算消费税时，应将含增值税的销售额换算为不含增值税税款的销售额。其换算公式为：

$$应税消费品的销售额 = 含增值税的销售额 \div (1 + 增值税税率或征收率)$$

3．特殊情况

纳税人通过自设非独立核算门市部销售的自产应税消费品，应当按照门市部对外销售额或者销售数量征收消费税。

纳税人用于换取生产资料和消费资料、投资入股和抵偿债务等方面的应税消费品，应当以纳税人同类应税消费品的最高销售价格作为计税依据计算消费税。

（二）应纳税额的计算

【例4-2】 某化妆品生产企业为增值税一般纳税人，2012年4月，向某商场销售化妆品，开具增值税专用发票，取得不含税销售额400 000元；向某超市销售化妆品，开具普通发票，取得销售额468 000元。化妆品适用消费税税率30%。计算该企业应缴纳的消费税。

化妆品的应税销售额 = 400 000 + 468 000 ÷ (1 + 17%) = 800 000

化妆品应缴纳的消费税 = 800 000 × 30% = 240 000元

账务处理：

借：银行存款	936 000	
贷：主营业务收入		800 000
应交税费——应交增值税(销项税额)		136 000
借：营业税金及附加	240 000	
贷：应交税费——应交消费税		240 000

缴纳消费税：

借：应交税费——应交消费税	240 000	
贷：银行存款		240 000

二、从量定额

在从量定额计算方法下，应纳税额等于应税消费品的销售数量乘以单位税额，应纳税额的多少取决于应税消费品的销售数量和单位税额两个因素。

（一）销售数量

销售数量是指纳税人生产、加工和进口应税消费品的数量。具体规定为：销售应税消费品的，为应税消费品的销售数量；自产自用应税消费品的，为应税消费品的移送使用数量；委托加工应税消费品的，为纳税人收回的应税消费品数量；进口应税消费品的，为海关核定的应税消费品进口征税数量。

（二）应纳税额的计算

【例4-3】 某啤酒厂2012年4月份销售甲类啤酒400吨，每吨出厂价格3 500元。计算该啤酒厂应纳消费税税额。

销售甲类啤酒，适用定额税率250元。

应纳税额 = 销售数量 × 定额税率 = 400 × 250 = 100 000元

三、从价从量复合计征

现行消费税的征税范围中，只有卷烟、白酒采用复合计征方法，应纳税额等于应税销售数量乘以定额税率再加上应税销售额乘以比例税率。其计算公式为：

应纳税额 = 应税销售数量 × 定额税率 + 应税销售额 × 比例税率

【例4-4】 某白酒生产企业为增值税一般纳税人，2012年3月份销售粮食白酒50吨，取得不含增值税的销售额160万元。计算该企业3月份应缴纳的消费税税额。

白酒适用比例税率20%加定额税率0.5元/500克。

应纳税额 = 50 × 2 000 × 0.5 + 1 600 000 × 20% = 370 000元

四、兼营不同税率应税消费品

思考与提示

【思考】某酒厂将一瓶白酒（500克）与一瓶红酒组成成套礼品进行销售，售价368元，白酒比例税率20%，其他酒比例税率10%，请问白酒和红酒的消费税如何计算？

【提示】《消费税暂行条例》规定：纳税人兼营不同税率的应当缴纳消费税的消费品（以下简称应税消费品），应当分别核算不同税率应税消费品的销售额、销售数量；未分别核算销售额、销售数量，或者将不同税率的应税消费品组成成套消费品销售的，从高适用税率。即将白酒与红酒组成成套礼品进行销售，应按白酒的20%比例税率缴纳消费税。

第四节　消费税视同销售应纳税额的计算及账务处理

一、视同销售的界定

思考与提示

【思考】企业把自己生产的小汽车用于销售部门，是否需要缴纳消费税？

【提示】《消费税暂行条例》规定：纳税人自产自用的应税消费品，用于连续生产应税消费品的，不纳税；用于其他方面的，于移送使用时纳税。

所谓自产自用，是指纳税人生产应税消费品后，不是用于直接对外销售，而是用于自己连续生产应税消费品或用于其他方面。

用于连续生产应税消费品，是指作为生产最终应税消费品的直接材料并构成最终产品实体的应税消费品。例如，卷烟厂利用生产出的烟丝（烟丝已是应税消费品）连续生产卷烟，这样，用于连续生产卷烟的烟丝就不需要缴纳消费税，只对生产的卷烟征收消费税。当然，生产出的烟丝如果是直接用于销售的，则烟丝还是需要缴纳消费税。税法规定对自产自用的应税消费品，用于连续生产应税消费品的不征税，体现了税不重征且计税简便的原则。

用于其他方面，是指纳税人用于生产非应税消费品、在建工程、管理部门、非生产机构、提供劳务，以及用于馈赠、赞助、集资、广告、样品、职工福利、奖励等方面。所谓

"用于生产非应税消费品",是指把自产的应税消费品用于生产消费税条例税目、税率表所列14类产品以外的产品。例如,原油加工厂用生产出的应税消费品汽油调和制成溶剂汽油,该溶剂汽油就属于非应税消费品。所谓"用于在建工程",是指把自产的应税消费品用于本单位的各项建设工程。例如,石化工厂把自己生产的柴油用于本厂基建工程的车辆、设备使用。所谓"用于管理部门、非生产机构",是指把自己生产的应税消费品用于与本单位有隶属关系的管理部门或非生产机构。例如,汽车制造厂把自己生产出的小汽车提供给上级主管部门使用。所谓"用于馈赠、赞助、集资、广告、样品、职工福利、奖励",是指把自己生产的应税消费品无偿赠送给他人或以资金的形式投资于外单位某些事业或作为商品广告、经销样品或以福利、奖励的形式发给职工。例如,摩托车厂把自己生产的摩托车赠送或赞助给摩托车拉力赛选手使用,兼作商品广告;酒厂把自己生产的滋补药酒以福利的形式发给职工等。总之,企业自产的应税消费品虽然没有用于销售,但只要是用于税法所规定的范围的都要视同销售,依法缴纳消费税。

思考与提示

【思考】增值税的视同销售与消费税的视同销售是否一致?

【提示】增值税只规定了八项视同销售行为,而消费税纳税人自产自用的应税消费品,除用于连续生产应税消费品外,凡用于其他方面的,于移送使用时纳税,消费税的视同销售范围比增值税要宽泛。

二、应纳税额的计算

纳税人自产自用的应税消费品,凡用于其他方面,应当纳税的,按照纳税人生产同类消费品的销售价格计算纳税。同类消费品的销售价格是指纳税人当月销售的同类消费品的销售价格,如果当月同类消费品各期销售价格高低不同,应按销售数量加权平均计算。但销售的应税消费品有下列情况之一的,不得列入加权平均计算:销售价格明显偏低又无正当理由的;无销售价格的。

如果当月无销售或者当月未完结,应按照同类消费品上月或者最近月份的销售价格计算纳税。没有同类消费品销售价格的,应按照组成计税价格计算纳税。组成计税价格的计算公式又分为两种:

第一种,实行从价定率办法计算纳税的组成计税价格计算公式:

$$组成计税价格 = (成本 + 利润) \div (1 - 比例税率)$$

$$应纳税额 = 组成计税价格 \times 比例税率$$

第二种,实行复合计税办法计算纳税的组成计税价格计算公式:

$$组成计税价格 = (成本 + 利润 + 自产自用数量 \times 定额税率) \div (1 - 比例税率)$$

$$应纳税额 = 组成计税价格 \times 比例税率 + 自产自用数量 \times 定额税率$$

“成本”是指应税消费品的产品生产成本。“利润”是指根据应税消费品的全国平均成本利润率计算的利润。应税消费品全国平均成本利润率由国家税务总局确定。

国家税务总局颁发的应税消费品全国平均成本利润率见表4-2。

表4-2 平均成本利润率 单位:%

货物名称	利润率	货物名称	利润率
1. 甲类卷烟	10	11. 贵重首饰及珠宝玉石	6
2. 乙类卷烟	5	12. 汽车轮胎	5
3. 雪茄烟	5	13. 摩托车	6
4. 烟丝	5	14. 高尔夫球及球具	10
5. 粮食白酒	10	15. 高档手表	20
6. 薯类白酒	5	16. 游艇	10
7. 其他酒	5	17. 木制一次性筷子	5
8. 酒精	5	18. 实木地板	5
9. 化妆品	5	19. 乘用车	8
10. 鞭炮、焰火	5	20. 中轻型商用客车	5

【例4-5】 某化妆品公司将一批自产的化妆品用作职工福利,化妆品的成本为10 000元。该化妆品无同类产品市场销售价格,但已知其成本利润率为5%,消费税税率为30%。计算该批化妆品应缴纳的消费税税额。

组成计税价格=成本×(1+成本利润率)÷(1-消费税税率)

=10 000×(1+5%)÷(1-30%)

=15 000元

应纳消费税=15 000×30%=4 500元

账务处理:

决定发放非货币性福利:

借:生产成本(或其他相关科目) 17 550

贷:应付职工薪酬——非货币性福利 17 550

实际发放:

借:应付职工薪酬——非货币性福利 17 550

贷:主营业务收入 15 000

应交税费——应交增值税(销项税额) 2 550

借:主营业务成本 10 000

贷:库存商品 10 000

计算应缴纳的消费税:

借:营业税金及附加 4 500

贷:应交税费——应交消费税 4 500

第五节 委托加工应税消费品应纳税额的计算及账务处理

一、委托加工的界定

委托加工的应税消费品是指由委托方提供原料和主要材料，受托方只收取加工费和代垫部分辅助材料加工的应税消费品。对于由受托方提供原材料生产的应税消费品，或者受托方先将原材料卖给委托方，然后再接受加工的应税消费品，以及由受托方以委托方名义购进原材料生产的应税消费品，不论纳税人在财务上是否作销售处理，都不得作为委托加工应税消费品，而应当按照销售自制应税消费品缴纳消费税。

思考与提示

【思考】税法上为什么对委托加工作了严格界定？

【提示】从增值税角度看，如果符合委托加工界定，则受托方是纳税义务人，取得的加工费收入需要缴纳增值税；如果不符合委托加工界定，则受托方属于销售产品，需要按照销售收入缴纳增值税。从消费税角度看，如果符合委托加工界定，则委托方是纳税义务人，由受托方代收代缴；如果不符合委托加工界定，则受托方属于销售产品，受托方是纳税义务人；如果没有同类产品的销售价格，则组成计税价格的公式不同，应缴纳的消费税也不同。

二、代收代缴税款的规定

对于确实属于委托方提供原料和主要材料，受托方只收取加工费和代垫部分辅助材料加工的应税消费品，税法规定，由受托方在向委托方交货时代收代缴消费税。对于受托方没有按规定代收代缴税款的，并不能因此免除委托方补缴税款的责任。而对受托方不再重复补税，但要按《税收征收管理法》的规定，对受托方处以应代收代缴税款50%以上3倍以下的罚款。

对委托方补征税款的计税依据是：如果在检查时，收回的应税消费品已经直接销售的，按销售额计税；收回的应税消费品尚未销售或不能直接销售的（如收回后用于连续生产等），按组成计税价格计税。

为了加强对受托方代收代缴税款的管理，1994年5月，国家税务总局在颁发的《关于消费税若干征税问题的通知》中对委托个体经营者加工应税消费品纳税问题作了调整，由原定一律由受托方代收代缴税款，改为纳税人委托个体经营者加工应税消费品，一律于委托方收回后在委托方所在地缴纳消费税。《消费税暂行条例实施细则》也规定，委托个人加工的应税消费品，由委托方收回后缴纳消费税。

委托加工的应税消费品，受托方在交货时已代收代缴消费税，委托方收回后直接销售的，不再征收消费税。

三、应纳税额的计算

委托加工的应税消费品，按照受托方的同类消费品的销售价格计算纳税。同类消费品的销售价格是指受托方（即代收代缴义务人）当月销售的同类消费品的销售价格，如果当月同类消费品各期销售价格高低不同，应按销售数量加权平均计算。但销售的应税消费品有下列情况之一的，不得列入加权平均计算：销售价格明显偏低又无正当理由的；无销售价格的。

如果当月无销售或者当月未完结，应按照同类消费品上月或最近月份的销售价格计算纳税。没有同类消费品销售价格的，应按照组成计税价格计算纳税。组成计税价格的计算公式又分为两种：

第一种，实行从价定率办法计算纳税的组成计税价格计算公式：

组成计税价格 =（材料成本 + 加工费）÷（1 – 比例税率）

第二种，实行复合计税办法计算纳税的组成计税价格计算公式：

组成计税价格 =（材料成本 + 加工费 + 委托加工数量 × 定额税率）÷（1 – 比例税率）

"材料成本"是指委托方所提供加工材料的实际成本。委托加工应税消费品的纳税人，必须在委托加工合同上如实注明（或以其他方式提供）材料成本，凡未提供材料成本的，受托方所在地主管税务机关有权核定其材料成本。

"加工费"是指受托方加工应税消费品向委托方所收取的全部费用（包括代垫辅助材料的实际成本，不包括增值税税金），这是税法对受托方的要求。受托方必须如实提供向委托方收取的全部费用，这样才能既保证组成计税价格及代收代缴消费税准确地计算出来，也使受托方按加工费得以正确计算其应缴纳的增值税。

【例4-6】 某鞭炮企业2012年4月受托为某单位加工一批鞭炮，委托单位提供的原材料金额为400 000元，收取委托单位不含增值税的加工费110 000元，无加工鞭炮的同类产品市场价格。鞭炮的适用税率15%，计算鞭炮企业应代收代缴的消费税。

组成计税价格 =（400 000 + 110 000）÷（1 – 15%）= 600 000元

应代收代缴的消费税 = 600 000 × 15% = 90 000元

（1）委托方的账务处理：

发出材料：

借：委托加工物资　　400 000

　贷：原材料　　400 000

支付加工费：

借：委托加工物资　　110 000

　　应交税费——应交增值税（进项税额）　　18 700

　贷：银行存款　　128 700

支付消费税：

借：委托加工物资　　90 000

　贷：银行存款　　90 000

收回委托加工物资：

借:原材料　　600 000
　贷:委托加工物资　　600 000

(2) 受托方的账务处理:

收取加工费:

借:银行存款　　128 700
　贷:主营业务收入(或其他业务收入)　　110 000
　　应交税费——应交增值税(销项税额)　　18 700

代收消费税:

借:银行存款　　90 000
　贷:应交税费——应交消费税　　90 000

上缴消费税:

借:应交税费——应交消费税　　90 000
　贷:银行存款　　90 000

第六节　进口应税消费品应纳税额的计算及账务处理

进口应税消费品,于报关进口时缴纳消费税;进口应税消费品的消费税由海关代征;进口应税消费品的收货人或办理报关手续的单位和个人,为进口应税消费品消费税的纳税义务人。

一、从价定率

纳税人进口应税消费品,按照组成计税价格和规定的税率计算应纳税额。

从价定率计征应纳税额的计算:

组成计税价格 = (关税完税价格 + 关税) ÷ (1 - 消费税比例税率)

应纳税额 = 组成计税价格 × 消费税比例税率

【例 4-7】 某商贸公司 2012 年 5 月从国外进口一批应税消费品,已知该批应税消费品的关税完税价格为 1 800 000 元,按规定应缴纳关税 360 000 元。假定进口的应税消费品的消费税税率为 10%。请计算该批消费品进口环节应缴纳的消费税税额。

组成计税价格 = (1 800 000 + 360 000) ÷ (1 - 10%) = 2 400 000 元

应缴纳消费税税额 = 2 400 000 × 10% = 240 000 元

进口应税消费品时,进口单位缴纳的消费税计入应税消费品的成本中,进口成本连同缴纳的消费税,借记"固定资产"、"材料采购"等科目,由于进口货物在海关交税与提货联系在一起,为简化核算,关税、消费税可以不通过"应交税费"科目核算,直接贷记"银行存款"科目。若特殊情况下,先提货、后交税时,可以通过"应交税费"科目核算。

二、从量定额

从量定额计征应纳税额的计算:

应纳税额 = 应税消费品数量 × 消费税定额税率

三、复合计征

从价定率和从量定额复合计税应纳税额的计算：

组成计税价格 =（关税完税价格 + 关税 + 进口数量 × 消费税定额税率）÷（1 − 消费税比例税率）

第七节 已纳消费税的扣除及账务处理

一、外购应税消费品已纳税款的扣除

（一）扣除范围

由于某些应税消费品是用外购已缴纳消费税的应税消费品连续生产出来的，在对这些连续生产出来的应税消费品计算征税时，税法规定应按当期生产领用数量计算准予扣除外购的应税消费品已纳的消费税税款。扣除范围包括：

（1）外购已税烟丝生产的卷烟；

（2）外购已税化妆品生产的化妆品；

（3）外购已税珠宝、玉石生产的贵重首饰及珠宝、玉石；

（4）外购已税鞭炮、焰火生产的鞭炮、焰火；

（5）外购已税汽车轮胎（内胎和外胎）生产的汽车轮胎；

（6）外购已税摩托车生产的摩托车（如用外购两轮摩托车改装三轮摩托车）；

（7）外购已税杆头、杆身和握把为原料生产的高尔夫球杆；

（8）外购已税木制一次性筷子为原料生产的木制一次性筷子；

（9）外购已税实木地板为原料生产的实木地板；

（10）外购已税石脑油为原料生产的应税消费品；

（11）外购已税润滑油为原料生产的润滑油。

（二）计算公式

当期准予扣除外购应税消费品已纳消费税税款的计算公式为：

当期准予扣除的外购应税消费品已纳税款 = 当期准予扣除的外购应税消费品买价 × 外购应税消费品适用税率

当期准予扣除的外购应税消费品买价 = 期初库存的外购应税消费品的买价 + 当期购进的应税消费品的买价 − 期末库存的外购应税消费品的买价

【例 4-8】 某卷烟生产企业，某月月初库存外购应税烟丝金额 300 000 元，当月又外购应税烟丝金额 500 000 元（不含增值税），月末库存烟丝金额 100 000 元，其余被当月生产卷烟领用。烟丝适用的消费税税率为 30%，请计算卷烟厂当月准许扣除的外购烟丝已缴纳的消费税税额。

当期准许扣除的外购烟丝买价 = 300 000 + 500 000 − 100 000 = 700 000 元

当月准许扣除的外购烟丝已缴纳的消费税税额 $=700\,000\times30\%=210\,000$ 元

外购已税消费品的买价是指购货发票上注明的销售额(不包括增值税税款)。

需要说明的是,纳税人用外购的已税珠宝、玉石生产的改在零售环节征收消费税的金银首饰(镶嵌首饰),在计税时一律不得扣除外购珠宝、玉石的已纳税款。

对自己不生产应税消费品,而只是购进后再销售应税消费品的工业企业,其销售的化妆品、鞭炮、焰火和珠宝、玉石,凡不能构成最终消费品直接进入消费品市场,而需进一步生产加工的,应当征收消费税,同时允许扣除上述外购应税消费品的已纳税款。

允许扣除已纳税款的应税消费品只限于从工业企业购进的应税消费品和进口环节已缴纳消费税的应税消费品,对从境内商业企业购进应税消费品的已纳税款一律不得扣除。

二、委托加工收回的应税消费品已纳税款的扣除

委托加工的应税消费品因为已由受托方代收代缴消费税,因此,委托方收回货物后用于连续生产应税消费品的,其已纳税款准予按照规定从连续生产的应税消费品应纳消费税税额中抵扣。

(一) 扣除范围

(1) 以委托加工收回的已税烟丝为原料生产的卷烟;

(2) 以委托加工收回的已税化妆品为原料生产的化妆品;

(3) 以委托加工收回的已税珠宝、玉石为原料生产的贵重首饰及珠宝、玉石;

(4) 以委托加工收回的已税鞭炮、焰火为原料生产的鞭炮、焰火;

(5) 以委托加工收回的已税汽车轮胎生产的汽车轮胎;

(6) 以委托加工收回的已税摩托车生产的摩托车;

(7) 以委托加工收回的已税杆头、杆身和握把为原料生产的高尔夫球杆;

(8) 以委托加工收回的已税木制一次性筷子为原料生产的木制一次性筷子;

(9) 以委托加工收回的已税实木地板为原料生产的实木地板;

(10) 以委托加工收回的已税石脑油为原料生产的应税消费品;

(11) 以委托加工收回的已税润滑油为原料生产的润滑油。

(二) 计算公式

当期准予扣除的委托加工应税消费品已纳税款的计算公式为:

当期准予扣除的委托加工应税消费品已纳税款=期初库存的委托加工应税消费品已纳税款+当期收回的委托加工应税消费品已纳税款-期末库存的委托加工应税消费品已纳税款

需要说明的是,纳税人用委托加工收回的已税珠宝、玉石生产的改在零售环节征收消费税的金银首饰,在计税时一律不得扣除委托加工收回的珠宝、玉石的已纳消费税税款。

外购、委托加工收回的应税消费品,连续生产应税消费品时,已经缴纳的消费税允许扣除。由于采用按照生产领用量进行扣除,所以要通过"待扣税金"账户进行过渡核算。

根据【例4-6】，如果该鞭炮企业以委托加工收回的鞭炮、焰火连续生产鞭炮、焰火，则支付消费税时，账务处理为：

借：待扣税金——待扣消费税　　90 000

　贷：银行存款　　90 000

收回委托加工物资：

借：原材料　　510 000

　贷：委托加工物资　　510 000

按照生产领用量抵扣消费税时（假设全部领用）：

借：应交税费——应交消费税　　90 000

　贷：待扣税金——待扣消费税　　90 000

实践疑难解析

1. 啤酒和黄酒的包装物过期押金，是否收取消费税？

【解答】对酒类包装物押金的规定只适用于实行从价定率办法征收消费税的白酒、其他酒和酒精，而不适用于实行从量定额办法征收消费税的啤酒和黄酒。

2. 消费税暂行条例规定，纳税人兼营不同税率的应当缴纳消费税的消费品，应当分别核算不同税率应税消费品的销售额、销售数量；未分别核算销售额、销售数量，或者将不同税率的应税消费品组成成套消费品销售的，从高适用税率。如果将成套产品中税率不同的产品分别核算收入，是否可以？

【解答】成套消费品是一个独立的产品，企业不可能分别核算其中不同税率消费品的销售收入，因为这种分别核算没有划分的依据，因此，税法要求从高适用税率以减少避税的动机。

3. 我公司是一家直销经营模式的化妆品生产企业，在直销经营模式下产品的生产与销售是实行“产销一体”的，对于直销经营模式下销售的消费税应税产品，在计征消费税时如何确定销售额？

【解答】按照《消费税暂行条例》及其实施细则的有关规定，纳税人生产销售的应税消费品是以销售额作为计税依据的。销售额是指纳税人销售应税消费品向购货方收取的全部价款和价外费用。如果纳税人应税消费品的计税价格无法确定或者计税价格明显偏低并无正当理由的，由主管税务机关核定计税价格。

4. 哪些应税消费品准予从应纳消费税税额中扣除已经缴纳的消费税税额？

【解答】外购已税烟丝生产的卷烟；外购已税化妆品生产的化妆品；外购已税珠宝、玉石生产的贵重首饰及珠宝、玉石；外购已税鞭炮、焰火生产的鞭炮、焰火；外购已税汽车轮胎（内胎和外胎）生产的汽车轮胎；外购已税摩托车生产的摩托车（如用外购两轮摩托车改装三轮摩托车）；外购已税杆头、杆身和握把为原料生产的高尔夫球杆；外购已税木制一次性筷子为原料生产的木制一次性筷子；外购已税实木地板为原料生产的实木地板；外购已税石脑油为原料生产的应税消费品；外购已税润滑油为原料生产的润滑油。

注意：只有规定的才允许扣除，外购或委托加工的已税酒及酒精、金银首饰、汽车、游艇、汽油、柴油、溶剂油、航空煤油等用于连续生产应税消费品的,不得抵扣已纳消费税税款。用外购或委托加工的已税汽车轮胎生产的汽车不得抵扣轮胎已纳消费税。

5. 我公司是一家白酒生产企业,最近开发了一种药酒,主要生产流程是以白酒为酒基,加入香料、药材等,泡制一段时间后上市销售,药酒的适用税率是多少?

【解答】自 2011 年 10 月 1 日起,根据国家税务总局[2011]53 号公告,以蒸馏酒或食用酒精为酒基,同时符合以下条件的配制酒,按消费税税目税率表"其他酒"10%适用税率征收消费税:

(1)具有国家相关部门批准的国食健字或卫食健字文号,酒精度低于 38 度(含)。

(2)以发酵酒为酒基,酒精度低于 20 度(含)的配制酒。

其他配制酒,按消费税税目税率表"白酒"适用税率征收消费税。

改革探索

自我国 1994 年开征消费税以来,2006 年又对其进行了一次重大的调整。此次政策调整主要突出了两个重点:一是突出了促进环境保护和节约资源的重点。扩大石油制品征税范围,对木制一次性筷子、实木地板征收消费税,以及对小汽车税率结构进行调整等都是具体措施。二是突出了合理引导消费和间接调节收入分配的重点。例如,对游艇、高尔夫球及球具、高档手表等高档消费品征收消费税以及停止对已具有大众消费特征的护肤护发品征收消费税等。资源节约、环境保护和收入再分配都是经济社会发展中需要重点解决的问题,这次调整虽然仅限于消费税本身,而且新增的应税品目和税率调整范围有一定的局限性,但是它体现了政府运用税收等手段解决当前经济社会问题的决心,对于构建节约型社会,促进环境保护和节约资源,更好地引导有关产品的生产和消费,以及强化和完善税收征管等多个方面,具有重要和深远的意义。

为进一步完善税制,积极应对国际金融危机对我国经济的影响,国务院 2009 年 1 月 1 日起全面实施增值税转型改革,在修订《增值税暂行条例》的同时,修订了《消费税暂行条例》,并于 2009 年 1 月 1 日起施行。新修订的《消费税暂行条例》在纳税主体的范围、委托个人加工业务的纳税申报、赊销收入的确认、价外费用范围、计税价格的核定范围、纳税地点等方面有一定的变化。

"十二五"期间,消费税仍将在征收范围、税率结构、可分配环节等方面进行合理的调整,充分发挥消费税在引导消费方向、促进资源优化配置、调整国家产业结构等方面的作用。

第五章

营业税会计

第一节　营业税概述

为了进一步完善税制,2008 年 11 月 5 日,国务院审议通过了修订后的《中华人民共和国营业税暂行条例》(以下简称《营业税暂行条例》);2008 年 12 月 15 日,财政部、国家税务总局制定了《中华人民共和国营业税暂行条例实施细则》,以财政部、国家税务总局第 52 号令发布。

一、营业税的概念及特点

(一) 营业税的概念

营业税是以在我国境内提供应税劳务、转让无形资产或销售不动产所取得的营业额为课税对象而征收的一种商品劳务税。

现行营业税征税范围为增值税征税范围之外的所有经营业务,因而税率设计的总体水平一般较低,由于各经营业务盈利水平高低不同,在实际税负设计中,往往采取按不同行业、不同经营业务设立税目、税率的方法,实行同一行业同税率、不同行业不同税率。

(二) 营业税的特点

1. 课征范围和课税环节

从世界各国来看,营业税的征收范围不如理论界定那样广泛。为避免营业税的一般课征性质带来的重复课税问题,一般选定一个环节课税,如生产销售环节、批发环节或是零售环节,同时对三个环节课征的情况相当少见。具体在哪个环节课征税款,世界各国的情况多有不同。从当前的国际趋势来看,在生产环节课征营业税的国家较多,在批发和零售环节课征营业税的国家较少。

2. 税率及计税方法

世界各国在征收营业税时往往采用从价计征的方法,实行比例税率。除税法特别规定对某些商品和劳务免征或是实行较高税率外,营业税一般不实行差别税率,而是同一行业所有的营业行为按相同的税率课税。

3. 税收优惠政策

从世界各国来看,税收优惠政策与人民生活密切相关,纳入营业税减免范围的,一般都是基本生活必需品和一些与社会福利相关的劳务等,如对一些有利于社会稳定、发展的福利单位和教育、卫生部门予以免税。

二、征税范围与纳税义务人

(一) 征税范围

营业税的征税范围是在中华人民共和国境内提供应税劳务、转让无形资产或者销售不动产。应税劳务是指属于交通运输业、建筑业、金融保险业、邮电通信业、文化体育业、娱乐业、服务业税目征收范围的劳务。加工和修理修配劳务属于增值税的征税范围,不属于营业税的应税劳务。单位或个体工商户聘用的员工为本单位或雇主提供的劳务，也不属于营业税的应税劳务。

提供应税劳务、转让无形资产或者销售不动产是指有偿提供应税劳务、有偿转让无形资产或者有偿销售不动产的行为。有偿是指取得货币、货物或者其他经济利益。

(二) 纳税义务人一般规定

在中华人民共和国境内提供应税劳务、转让无形资产或者销售不动产的单位和个人，为营业税的纳税义务人。

单位是指企业、行政单位、事业单位、军事单位、社会团体及其他单位。个人是指个体工商户以及其他有经营行为的个人。

在中华人民共和国境内是指税收行政管辖权的区域。具体情况为：提供或者接受应税劳务的单位或者个人在境内；所转让的无形资产（不含土地使用权）的接受单位或者个人在境内；所转让或者出租土地使用权的土地在境内；所销售或者出租的不动产在境内。

(三) 纳税义务人特殊规定

单位以承包、承租、挂靠方式经营的，承包人、承租人、挂靠人（统称承包人）发生应税行为，承包人以发包人、出租人、被挂靠人（统称发包人）名义对外经营并由发包人承担相关法律责任的，以发包人为纳税人，否则以承包人为纳税人。

建筑安装业务实行分包或转包的，以分包人或转包人为纳税义务人。

(四) 扣缴义务人

中华人民共和国境外的单位或者个人在境内提供应税劳务、转让无形资产或者销售不动产，在境内未设有经营机构的，以其境内代理人为扣缴义务人；在境内没有代理人的，以受让方或者购买方为扣缴义务人。

国务院财政、税务主管部门规定的其他扣缴义务人。

三、税目与税率

(一) 税目

营业税的税目按照行业、类别的不同分别设置，现行营业税共设置了八个税目。

1. 建筑业

建筑业是指建筑安装工程作业等，包括建筑、安装、修缮、装饰和其他工程作业等项内容。

(1) 建筑是指新建、改建、扩建各种建筑物、构筑物的工程作业，包括与建筑物相连的各种设备或支柱、操作平台的安装或装设的工程作业，以及各种窑炉和金属结构工程作业在内。但自建自用建筑物，其自建行为不属于建筑业税目的征税范围。出租或投资入股的自建建筑物，也不属于建筑业的征税范围。

(2) 安装是指生产设备、动力设备、起重设备、运输设备、传动设备、医疗实验设备及其他各种设备的装配、安置工程作业，包括与设备相连的工作台、梯子、栏杆的装设工程作业和被安装设备的绝缘、防腐、保温、油漆等工程作业。

(3) 修缮是指对建筑物、构筑物进行修补、加固、养护、改善，使之恢复原来的使用价值或延长其使用期限的工程作业。

(4) 装饰是指对建筑物、构筑物进行修饰,使之美观或具有特定用途的工程作业。

(5) 其他工程作业是指除建筑、安装、修缮、装饰工程作业以外的各种工程作业,如代办电信工程、水利工程、道路修建、疏浚、钻井(打井)、拆除建筑物、平整土地、搭脚手架、爆破等工程作业。

(6) 管道煤气集资费(初装费)业务。管道煤气集资费(初装费),是用于管道煤气工程建设和技术改造,在报装环节一次性向用户收取的费用。

2. 金融保险业

金融保险业是指经营金融、保险的业务。

(1) 金融业务是指经营货币资金融通活动的业务,包括贷款、融资租赁、金融商品转让、金融经纪业务和其他金融业务。

贷款,是指将资金有偿贷与他人使用(包括以贴现、押汇方式)的业务。以货币资金投资但收取固定利润或保底利润的行为,也属于这里所称的贷款业务。按资金来源不同,贷款分为外汇转贷业务和一般贷款业务两种。

融资租赁,也称金融租赁,是指经中国人民银行或商务部批准可从事融资租赁业务的单位所从事的具有融资性质和所有权转移特点的设备租赁业务。

金融商品转让,是指转让外汇、有价证券或非货物期货的所有权的行为,包括股票转让、债券转让、外汇转让、其他金融商品转让。

金融经纪业务和其他金融业务,是指受托代他人经营金融活动的中间业务,如委托业务、代理业务、咨询业务等。

(2) 保险业务是指将通过契约形式集中起来的资金,用以补偿被保险人的经济利益的活动。

对我国境内外资金融机构从事离岸银行业务,属于在我国境内提供应税劳务的,征收营业税。离岸银行业务是指银行吸收非居民的资金,服务于非居民的金融活动,包括外汇存款、外汇贷款、同业外汇拆借、国际结算、发行大额可转让存款证、外汇担保、咨询、鉴证业务以及国家外汇管理局批准的其他业务。

3. 通信业

通信业是指专门办理信息传递的业务。

电信业务是指通过各种电传设备传输电信号而传递信息的业务,包括电报、电传、电话、电话机安装、电信物品销售及其他电信业务。

4. 文化体育业

文化体育业是指经营文化、体育活动的业务,包括文化业和体育业。

文化业是指经营文化活动的业务,包括表演,播映,经营游览场所和各种展览、培训活动,举办文学、艺术、科技讲座、讲演、报告会,图书馆的图书和资料的借阅业务等。

体育业是指举办各种体育比赛和为体育比赛或体育活动提供场所的业务。

5. 娱乐业

娱乐业是指为娱乐活动提供场所和服务的业务,包括歌厅、舞厅、音乐茶座、台球厅、高尔夫球场、保龄球场、网吧、游艺场等娱乐场所,以及娱乐场所为顾客进行娱乐活动提供服务的业务。娱乐场所为顾客提供的饮食服务及其他各种服务也按照娱乐业征税。

6. 服务业

(1) 服务业是指利用设备、工具、场所、信息或技能为社会提供服务的业务,包括代理业、旅店业、饮食业、旅游业、租赁业和其他服务业。

(2) 自2002年1月1日起,福利彩票机构发行销售福利彩票取得的收入不征收营业税。对福利彩票机构以外的代销单位销售福利彩票取得的手续费收入应按规定征收营业税。"福利彩票机构"包括福利彩票销售管理机构和与福利彩票销售管理机构签有电脑福利彩票投注站代理销售协议书并直接接受其监督管理的电脑福利彩票投注站。

(3) 对社保基金投资管理人、社保基金托管人从事社保基金管理活动取得的收入,依照税法的规定征收营业税。

(4) 双方签订承包、租赁合同,将企业或企业部分资产出包、租赁,出包、出租者向承包、承租方收取的承包费、租赁费按"服务业"税目征收营业税。出包方收取的承包费凡同时符合以下三个条件的,属于企业内部分配行为,不征收营业税:承包方以出包方名义对外经营,由出包方承担相关的法律责任;承包方的经营收支全部纳入出包方的财务会计核算;出包方与承包方的利益分配是以出包方的利润为基础的。

(5) 单位和个人在旅游景点经营索道取得的收入按"服务业"税目"旅游业"项目征收营业税。

(6) 交通部门有偿转让高速公路收费权行为,属于营业税征收范围,应按"服务业"税目中的"租赁业"项目征收营业税。

(7) 单位和个人受托种植植物、饲养动物的行为,应按照"服务业"税目征收营业税,不征收增值税。上述单位和个人受托种植植物、饲养动物的行为,是指委托方向受托方提供其拥有的植物或动物,受托方提供种植或饲养服务并最终将植物或动物归还给委托方的行为。

7. 转让无形资产

转让无形资产是指转让无形资产的所有权或使用权的行为,包括转让土地使用权等。

自2003年1月1日起,以无形资产投资入股,参与接受投资方利润分配、共同承担投资风险的行为,不征收营业税。在投资后转让其股权的,也不征收营业税。

8. 销售不动产

销售不动产是指有偿转让不动产所有权的行为,包括销售建筑物或构筑物和销售其他土地附着物。在销售不动产时连同不动产所占土地的使用权一并转让的行为,比照销售不动产征收营业税。

自2003年1月1日起,以不动产投资入股,参与接受投资方利润分配、共同承担投资风险的行为,不征收营业税。在投资后转让其股权的,也不征收营业税。

单位或者个人将不动产或者土地使用权无偿赠送其他单位或者个人,视同发生应税行为按规定征收营业税;单位或者个人自己新建(以下简称自建)建筑物后销售,其所发生的自建行为,视同发生应税行为按规定征收营业税。

(二) 税率

营业税按照行业、类别的不同分别采用不同的比例税率,具体规定为:

(1) 建筑业、通信业、文化体育业,税率为3%。

(2) 服务业、转让无形资产、销售不动产,税率为5%。

(3) 金融保险业,税率为5%。

(4) 娱乐业执行5%—20%的幅度税率。

娱乐业具体适用的税率,由各省、自治区、直辖市人民政府根据当地的实际情况在税法规定的幅度内自行决定。

(5) 其他相关规定。

从2001年5月1日起,对夜总会、歌厅、舞厅、射击、狩猎、跑马、游戏、高尔夫球、游艺、电子游戏厅等娱乐行为一律按20%的税率征收营业税。

自2001年10月1日起,对农村信用社减按5%的税率征收营业税。

自2004年7月1日起,对保龄球、台球减按5%的税率征收营业税,税目仍属于“娱乐业”。

营业税税目税率表如表5-1所示。

表5-1 营业税税目税率

税 目	税 率
一、建筑业	3%
二、金融保险业	5%
三、通信业	3%
四、文化体育业	3%
五、娱乐业	5%—20%
六、服务业	5%
七、转让无形资产	5%
八、销售不动产	5%

第二节 营业税征收管理

一、纳税义务发生时间

营业税纳税义务发生时间为纳税人提供应税劳务、转让无形资产或者销售不动产并收讫营业收入款项或者取得索取营业收入款项凭据的当天。所称收讫营业收入款项,是指纳税人应税行为发生过程中或者完成后收取的款项。取得索取营业收入款项凭据的当天,为书面合同确定的付款日期的当天;未签订书面合同或者书面合同未确定付款日期的,为应税行为完成的当天。

纳税人转让土地使用权或者销售不动产,采取预收款方式的,其纳税义务发生时间为收到预收款的当天。

纳税人提供建筑业或者租赁业劳务,采取预收款方式的,其纳税义务发生时间为收到预收款的当天。

纳税人将不动产或者土地使用权无偿赠送其他单位或者个人的,其纳税义务发生时间为不动产所有权、土地使用权转移的当天。

纳税人发生自建行为的,其纳税义务发生时间为销售自建建筑物并收讫营业额或者取得索取营业额凭据的当天。

营业税扣缴义务发生时间为纳税人营业税纳税义务发生的当天。

二、纳税期限

营业税的纳税期限分别为 5 日、10 日、15 日、1 个月或者 1 个季度。纳税人的具体纳税期限,由主管税务机关根据纳税人应纳税额的大小分别核定;不能按照固定期限纳税的,可以按次纳税。

纳税人以 1 个月或者 1 个季度为一个纳税期的,自期满之日起 15 日内申报纳税;以 5 日、10 日或者 15 日为一个纳税期的,自期满之日起 5 日内预缴税款,于次月 1 日起 15 日内申报纳税并结清上月应纳税款。

扣缴义务人解缴税款的期限,依照上述规定执行。

三、纳税地点

纳税人提供应税劳务应当向其机构所在地或者居住地的主管税务机关申报纳税。但是,纳税人提供的建筑业劳务以及国务院财政、税务主管部门规定的其他应税劳务,应当向应税劳务发生地的主管税务机关申报纳税。

纳税人转让无形资产应当向其机构所在地或者居住地的主管税务机关申报纳税。但是,纳税人转让、出租土地使用权,应当向土地所在地的主管税务机关申报纳税。

纳税人销售、出租不动产应当向不动产所在地的主管税务机关申报纳税。

扣缴义务人应当向其机构所在地或者居住地的主管税务机关申报缴纳其扣缴的税款。纳税人应当向应税劳务发生地、土地或者不动产所在地的主管税务机关申报纳税。而自应当申报纳税之月起超过 6 个月没有申报纳税的,由其机构所在地或者居住地的主管税务机关补征税款。

第三节 营业税计税依据

一、计税依据的一般规定

营业税的计税依据是营业额,营业额为纳税人提供应税劳务、转让无形资产或者销售不动产向对方收取的全部价款和价外费用。

价外费用，包括收取的手续费、补贴、基金、集资费、返还利润、奖励费、违约金、滞纳金、延期付款利息、赔偿金、代收款项、代垫款项、罚息及其他各种性质的价外收费。但不包括同时符合以下条件代为收取的政府性基金或者行政事业性收费：由国务院或者财政部批准设立的政府性基金，由国务院或者省级人民政府及其财政、价格主管部门批准设立的行政事业性收费。收取时开具省级以上财政部门印制的财政票据；所收款项全额上缴财政。

二、计税依据的具体规定

思考与提示

【思考】甲企业将房子出租给乙企业，租金100万元；乙企业将房子出租给丙企业，租金120万元。甲、乙企业营业税的计税依据是多少？

【提示】营业税的计税依据是营业额，除非法律明确规定可以差额纳税的以外，营业额为纳税人提供应税劳务、转让无形资产或者销售不动产向对方收取的全部价款和价外费用。甲企业缴纳营业税的计税依据是100万元，乙企业缴纳营业税的计税依据是120万元。

（一）建筑业

（1）建筑业的总承包人将工程分包或者转包给他人，以工程的全部承包额减去付给分包人或者转包人的价款后的余额为营业额。

（2）纳税人提供建筑业劳务（不含装饰劳务）的，其营业额应当包括工程所用原材料、设备及其他物资和动力价款在内，但不包括建设方提供的设备的价款。从事安装工程作业，安装设备价值作为安装工程产值的，营业额包括设备的价款。

（3）自建行为和单位或个人将不动产无偿赠与他人，由主管税务机关按照相关规定核定营业额。

自建行为是指纳税人自己建造房屋的行为。纳税人自建自用的房屋不纳税；如纳税人将自建的房屋对外销售（包括个人自建自用住房销售），其自建行为应按建筑业缴纳营业税，再按销售不动产征收营业税。

（4）纳税人采用清包工形式提供的装饰劳务，按照其向客户实际收取的人工费、管理费和辅助材料费等收入（不含客户自行采购的材料价款和设备价款）确认计税营业额。

清包工形式提供的装饰劳务，是指工程所需的主要原材料和设备由客户自行采购，纳税人只向客户收取人工费、管理费及辅助材料费等费用的装饰劳务。

（二）金融保险业

（1）一般贷款业务的营业额为贷款利息收入，包括各种加息、罚息等。

（2）外汇转贷业务的营业额包括：各银行（不包括中国银行）总行统一从境外借入外汇资金，再通过所属分支机构贷给用户的，由所属分支机构按向用户所收取的贷款利息，减除支付给境外的借款利息后的余额为营业额计算纳税。

中国银行总行统一从境外借入外汇资金,再通过其所属分支机构贷给用户的,由所属分支机构按所收利息全额缴纳营业税,向境外支付的借款利息支出由总行从其营业额中统一减除。

(3) 经中国人民银行、外经贸部(现商务部)批准经营融资租赁业务的单位,以其向承租者收取的全部价款和价外费用(包括残值)减去出租方承担的出租货物的实际成本后的余额,用直线法折算出本期的营业额。计算方法为:

本期营业额 = (应收取的全部价款和价外费用 - 实际成本)
× (本期天数 ÷ 总天数)

实际成本 = 货物购入原价 + 关税 + 增值税 + 消费税 + 运杂费 + 安装费
+ 保险费 + 支付给境外的外汇借款利息支出和人民币借款利息

(4) 外汇、有价证券、期货等金融商品买卖业务,以卖出价减去买入价的余额为营业额。

营业额 = 卖出价 - 买入价

卖出价是指卖出原价,不得扣除卖出过程中支付的各种费用和税金。买入价是指购进原价,不包括购进过程中支付的各种费用和税金。但买入价应依照财务会计制度规定,以股票、债券的购入价减去股票、债券持有期间取得的股票、债券红利收入。

所称外汇、有价证券、期货等金融商品买卖业务,是指纳税人从事的外汇、有价证券、非货物期货和其他金融商品的买卖业务。货物期货不缴纳营业税。

买卖金融商品(包括股票、债券、外汇及其他金融商品,下同),可在同一会计年度末,将不同纳税期出现的正差和负差按同一会计年度汇总的方式计算并缴纳营业税。如果汇总计算应缴的营业税税额小于本年已缴纳的营业税税额,可以向税务机关申请办理退税,但不得将一个会计年度内汇总后仍为负差的部分结转下一会计年度。

(5) 金融经纪业务和其他金融业务(中间业务)营业额为手续费(佣金)类的全部收入。

金融企业从事受托收款业务,如代收电话费、水电煤气费、信息费、学杂费、寻呼费、社保统筹费、交通违章罚款、税款等,以全部收入减去支付给委托方价款后的余额为营业额。

(6) 保险业务的营业额。

① 初保业务。营业额为纳税人经营保险业务向对方收取的全部价款,即向被保险人收取的全部保险费。

② 储金业务。保险公司如采用收取储金方式取得经济利益的(即以被保险人所交保险资金的利息收入作为保费收入,保险期满后将保险资金本金返还被保险人),其"储金业务"的营业额,为纳税人在纳税期内的储金平均余额乘以人民银行公布的1年期存款的月利率。储金平均余额为纳税期期初储金余额与期末余额之和乘以50%。

③ 保险企业已征收过营业税的应收未收保费,凡在财务会计制度规定的核算期限内未收回的,允许从营业额中减除。在会计核算期限以后收回的已冲减的应收未收保费,再并入当期营业额中。

④ 保险企业开展无赔偿奖励业务的,以向投保人实际收取的保费为营业额。

⑤ 中华人民共和国境内的保险人将其承保的以境内标的物为保险标的的保险业务向境外再保险人办理分保的,以全部保费收入减去分保保费后的余额为营业额。境外再保险人应就其分保收入承担营业税纳税义务,并由境内保险人扣缴境外再保险人应缴纳的营业税税款。

(7) 金融企业贷款利息征收营业税的具体规定。自2003年1月1日起,对金融企业(包括国有、集体、股份制、合资、外资银行以及其他所有制形式的银行,城市信用社和农村信用社,信托投资公司和财务公司),按以下规定征收营业税:金融企业发放贷款(包括自营贷款和委托贷款,下同)后,凡在规定的应收未收利息核算期内发生的应收利息,均应按规定申报缴纳营业税;贷款应收利息自结息之日起,超过应收未收利息核算期限或贷款本金到期(含展期)超过90天后尚未收回的,按照实际收到的利息申报缴纳营业税。

金融企业从营业额中减除的应收未收利息的额度和年限以该金融企业确定的额度和年限确定,各级地方政府及其财政、税务机关不得规定金融企业应收未收利息从营业额中减除的年限和比例。

(8) 外币折合成人民币。金融保险业以外汇结算营业额的,应将外币折合成人民币后计算营业税。原则上,金融业按其收到的外汇的当天或当季季末中国人民银行公布的基准汇价折合营业额,保险业按其收到的外汇的当天或当月最后一天中国人民银行公布的基准汇价折合营业额,报经省级税务机关批准后,允许按照财务制度规定的其他基准汇价折合营业额。

(三) 通信业

电信部门以集中受理方式为集团客户提供跨省的出租电路业务,由受理地区的电信部门按取得的全部价款减除分割给参与提供跨省电信业务的电信部门的价款后的差额为营业额计征营业税;对参与提供跨省电信业务的电信部门,按各自取得的全部价款为营业额计征营业税。

集中受理是指电信部门应一些集团客户的要求,为该集团所属的众多客户提供跨地区的出租电信线路业务,以便该集团所属众多客户在全国范围内保持特定通信联络。

例如,中国移动通信集团公司通过手机短信公益特服号“8858”为中国儿童少年基金会接受捐款业务,以全部收入减去支付给中国儿童少年基金会的价款后的余额为营业额。

(四) 文化体育业

单位或个人进行演出,以全部票价收入或者包场收入减去付给提供演出场所的单位、演出公司或者经纪人的费用后的余额为营业额。

(五) 娱乐业

娱乐业的营业额为经营娱乐业收取的全部价款和价外费用,包括门票收费、台位费、点歌费,烟酒、饮料、茶水、鲜花、小吃等收费,以及其他各项收费。

(六) 服务业

(1) 代理业以纳税人从事代理业务向委托方实际收取的报酬为营业额。

(2) 电脑福利彩票投注点代销福利彩票取得的任何形式的手续费收入,应照章征收营业税。

(3) 对拍卖行向委托方收取的手续费应征收营业税。

(4) 旅游企业组织旅游团到中华人民共和国境外旅游,在境外改由其他旅游企业接团,以全程旅游费减去付给该接团企业的旅游费后的余额为营业额。

(5) 纳税人从事旅游业务的,以其取得的全部价款和价外费用扣除替旅游者支付给其他单位或者个人的住宿费、餐费、交通费、旅游景点门票费和支付给其他接团旅游企业的旅游费后的余额为营业额。

(6) 对单位和个人在旅游景区经营游船、观光电梯、观光电车、景区环保客运车所取得的收入应按"服务业——旅游业"征收营业税。单位和个人在旅游景区兼有不同税目应税行为并采取"一票制"收费方式的,应当分别核算不同税目的营业额;未分别核算或核算不清的,从高适用税率。

(7) 境内企业派出本单位的员工赴境外,为境外企业提供劳务服务,不属于在境内提供应税劳务。因此,对境内企业外派本单位员工赴境外从事劳务服务取得的各项收入,不征收营业税。

(8) 从事物业管理的单位,以与物业管理有关的全部收入减去代业主支付的水、电、燃气以及代承租者支付的水、电、燃气、房屋租金的价款后的余额为营业额。

(七) 销售不动产或受让土地使用权

(1) 单位和个人销售或转让其购置的不动产或受让的土地使用权的,以全部收入减去不动产或土地使用权的购置或受让原价后的余额为营业额。

(2) 单位和个人销售或转让抵债所得的不动产、土地使用权的,以全部收入减去抵债时该项不动产或土地使用权作价后的余额为营业额。

(3) 自2010年1月1日起,个人将购买不足5年的非普通住房对外销售的,全额征收营业税;个人将购买超过5年(含5年)的非普通住房或者不足5年的普通住房对外销售的,按照其销售收入减去购买房屋价款后的差额征收营业税;个人将购买超过5年(含5年)的普通住房对外销售的,免征营业税。

(八) 对营业额的调整

对于纳税人提供劳务、转让无形资产或销售不动产价格明显偏低而无正当理由的,或者视同发生应税行为而无营业额的,税务机关可按下列顺序确定其营业额:

(1) 按纳税人最近时期发生同类应税行为的平均价格核定;

(2) 按其他纳税人最近时期发生同类应税行为的平均价格核定。

按下列公式核定:

$$营业额 = 营业成本或者工程成本 \times (1 + 成本利润率) \div (1 - 营业税税率)$$

公式中的成本利润率,由省、自治区、直辖市税务局确定。

(九) 营业额的其他规定

(1) 纳税人的营业额计算缴纳营业税后因发生退款减除营业额的,应当退还已缴纳营业税税款或者从纳税人以后的应缴纳营业税税额中减除。

(2) 纳税人发生应税行为,如果将价款与折扣额在同一张发票上注明的,以折扣后的价款为营业额;如果将折扣额另开发票的,不论其在财务上如何处理,均不得从营业额中扣除。

(3) 单位和个人提供应税劳务、转让无形资产和销售不动产时,因受让方违约而从受让方取得的赔偿金收入,应并入营业额中征收营业税。

(4) 单位和个人因财务会计核算办法改变,将已缴纳过的营业税预收性质的价款逐期转为营业收入时,允许从营业额中减除。

(5) 劳务公司接受用工单位的委托,为其安排劳动力,凡用工单位将其应支付给劳动力的工资和为劳动力上缴的社会保险(包括养老保险、医疗保险、失业保险、工伤保险等)以及住房公积金统一交给劳务公司代为发放或办理的,以劳务公司从用工单位收取的全部价款减去代收转付给劳动力的工资和为劳动力办理社会保险及住房公积金后的余额为营业额。

(6) 通信线路工程和输送管道工程所使用的电缆、光缆和构成管道工程主体的防腐管段、管件(弯头、三通、冷弯管、绝缘接头)、清管器、收发球筒、机泵、加热炉、金属容器等物品均属于设备,其价值不包括在工程的计税营业额中。

其他建筑安装工程的计税营业额也不应包括设备价值,具体设备名单可由省级地方税务机关根据各自实际情况列举。

(7) 自2004年12月1日起,营业税纳税人购置税控收款机,经主管税务机关审核批准后,可凭购进税控收款机取得的增值税专用发票,按照发票上注明的增值税税额,抵免当期应纳营业税税额,或者按照购进税控收款机取得的普通发票上注明的价款,依下列公式计算可抵免税额:

$$可抵免税额 = 价款 \div (1 + 17\%) \times 17\%$$

当期应纳税额不足抵免的,未抵免部分可在下期继续抵免。

(8) 纳税人提供应税劳务向对方收取的全部价款和价外费用,按相关规定可以扣除部分金额后确定营业额的,其扣除的金额应提供下列相关的合法有效凭证:

① 支付给境内单位或者个人的款项,且该单位或者个人发生的行为属于营业税或者增值税征收范围的,以该单位或者个人开具的发票为合法有效凭证;

② 支付的行政事业性收费或者政府性基金,以开具的财政票据为合法有效凭证;

③ 支付给境外单位或者个人的款项,以该单位或者个人的签收单据为合法有效凭证,税务机关对签收单据有疑义的,可以要求其提供境外公证机构的确认证明;

④ 国家税务总局规定的其他合法有效凭证。

第四节 应纳税额的计算与特殊经营行为的税务处理

一、应纳税额的计算

营业税税款的计算比较简单。纳税人提供应税劳务、转让无形资产或者销售不动产,按照营业额和规定的适用税率计算应纳税额。计算公式为:

应纳税额 = 营业额 × 税率

【例 5-1】 某卡拉 OK 歌舞厅某月取得门票收入 80 万元，台位费收入 30 万元，相关的烟酒和饮料费收入 30 万元，鲜花和小吃收入 10 万元，适用的税率为 20%。请计算该歌舞厅应缴纳的营业税税额。

应纳税额 = 营业额 × 适用税率 = (80 + 30 + 30 + 10) × 20% = 30 万元

应纳税额以人民币为计算单位，如果纳税人以外汇结算营业额的，须按外汇市场价格折合成人民币计算。人民币的折合率可选择营业额发生的当天或者当月 1 日的人民币汇率中间价。纳税人应当在事先确定采用何种折合率，确定后 1 年内不得变更。

金融保险业以外汇结算营业额的，金融业按其收到外汇的当天或当季季末中国人民银行公布的基准汇价折合营业额；保险业按其收到外汇的当天或当月月末中国人民银行公布的基准汇价折合营业额，并计算营业税。无论纳税人选择何种折合率，确定后 1 年之内不得变动。

二、特殊经营行为的税务处理

（一）兼营不同税目的应税行为

税法规定，纳税人兼营不同税目应税行为的，应当分别核算不同税目的营业额、转让额、销售额，然后按各自的适用税率计算应纳税额；未分别核算的，将从高适用税率计算应纳税额。

（二）混合销售行为

一项销售行为如果既涉及应税劳务又涉及货物的，为混合销售行为。从事货物的生产、批发或零售的企业、企业性单位及个体经营者的混合销售行为，视为销售货物，不征收营业税；其他单位和个人的混合销售行为，视为提供应税劳务，应当征收营业税。

货物是指有形动产，包括电力、热力、气体在内，从事货物的生产、批发或零售的企业、企业性单位及个体经营者，包括以从事货物的生产、批发或零售为主，并兼营应税劳务的企业、企业性单位及个体工商户在内。

思考与提示

【思考】某照相馆提供照相服务收取费用 5 000 元，同时又销售镜框取得收入 500 元。该照相馆对取得的收入如何缴税？

【提示】这属于一项行为，既涉及提供劳务，又涉及销售货物，照相馆是以提供劳务为主的，所以对于 5 500 元的收入应缴纳营业税。

（三）兼营应税行为和货物或者非应税劳务

纳税人兼营应税行为和货物或者非应税劳务的，应当分别核算应税行为的营业额和货物或者非应税劳务的销售额，其应税行为的营业额缴纳营业税，货物或者非应税劳务的销售额不缴纳营业税；未分别核算的，由主管税务机关核定其应税行为的营业额。

纳税人兼营免税、减税项目的,应当单独核算免税、减税项目的营业额;未单独核算营业额的,不得免税、减税。

(四) 营业税与增值税征税范围的划分

纳税人的下列混合销售行为,应当分别核算应税劳务的营业额和货物的销售额,其应税劳务的营业额缴纳营业税,货物的销售额不缴纳营业税;未分别核算的,由主管税务机关核定其应税劳务的营业额。

1. 建筑业务征税问题

基本建设单位和从事建筑安装业务的企业附设的工厂、车间生产的水泥预制构件、其他构件或建筑材料,用于本单位或本企业的建筑工程的,应在移送使用时征收增值税。但对其在建筑现场制造的预制构件,凡直接用于本单位或本企业建筑工程的,征收营业税,不征收增值税。

2. 电信业务征税问题

电信单位自己销售电信物品,并为客户提供有关的电信劳务服务的,征收营业税;对单纯销售无线寻呼机、移动电话等不提供有关的电信劳务服务的,征收增值税。电信物品是指电信业务专用或通用的物品,如无线寻呼机、移动电话、电话机及其他电信器材等。

3. 其他与增值税的划分问题

燃气公司和生产、销售货物或提供增值税应税劳务的单位,在销售货物或提供增值税应税劳务时,代有关部门向购买方收取的集资费,包括管道煤气集资款(初装费)、手续费、代收款等,属于增值税价外收费,应征收增值税,不征收营业税。

随汽车销售提供的汽车按揭服务和代办服务业务,征收增值税;单独提供按揭、代办服务业务并不销售汽车的,征收营业税。

4. 销售自产货物并提供建筑业劳务的征税问题

纳税人提供建筑业劳务的同时销售自产货物的,应当分别核算应税劳务的营业额和货物的销售额,其应税劳务的营业额缴纳营业税,货物的销售额缴纳增值税;未分别核算的,由主管税务机关核定其应税劳务的营业额。

5. 商业企业向货物供应方收取的部分费用征收流转税问题

自 2004 年 7 月 1 日起,对商业企业向供货方收取的与商品销售量、销售额无必然联系,且商业企业向供货方提供一定劳务的收入(例如,进场费、广告促销费、上架费、展示费、管理费等),不属于平销返利,不冲减当期增值税进项税额,应按营业税的适用税目税率征收营业税。

第五节 税收优惠

一、起征点

对于经营营业税应税项目的个人,营业税规定了起征点。营业额达到或超过起征点即照章全额计算纳税,营业额低于起征点则免予征收营业税。税法规定的起征点如下:按期纳税的(除另有规定外)为月营业额 5 000—20 000 元;按次纳税的(除另有规定外)为每次(日)营业额 300—500 元。

各省、自治区、直辖市人民政府所属地方税务机关可以在规定的幅度内,根据当地实际情况确定本地区适用的起征点,并报财政部、国家税务总局备案。

二、税收优惠规定

（一）根据《营业税暂行条例》的规定,下列项目免征营业税

(1) 托儿所、幼儿园、养老院、残疾人福利机构提供的育养服务、婚姻介绍服务、殡葬服务。

(2) 残疾人员个人为社会提供的劳务。

(3) 学校和其他教育机构提供的教育劳务,学生勤工俭学提供的劳务。

(4) 农业机耕、排灌、病虫害防治、植保、农牧保险以及相关技术培训业务,家禽、牲畜、水生动物的配种和疾病防治。

(5) 纪念馆、博物馆、文化馆、美术馆、展览馆、书画院、图书馆、文物保护单位举办文化活动的门票收入,宗教场所举办文化、宗教活动的门票收入。

（二）根据国家的其他规定,下列项目减征或免征营业税

(1) 保险公司开展的 1 年期以上返还性人身保险业务的保费收入,免征营业税。

返还性人身保险业务是指保期 1 年以上(包括 1 年期),到期返还本利的普通人寿保险、养老金保险、健康保险。

对保险公司开办的普通人寿保险、养老金保险、健康保险的具体险种,凡经财政部、国家税务总局审核并列入免税名单的可免征营业税,未列入免税名单的一律征收营业税。

(2) 将土地使用权转让给农业生产者用于农业生产,免征营业税。

(3) 工会疗养院(所)可视为"其他医疗机构",免征营业税。

(4) 对从原高校后勤管理部门剥离出来而成立的进行独立核算并有法人资格的高校后勤经济实体(以下简称高校后勤实体),经营学生公寓和教师公寓及为高校教学提供后勤服务而获得的租金和服务性收入,免征营业税;但利用学生公寓或教师公寓等高校后勤服务设施向社会人员提供服务而获得的租金和其他各种服务性收入,应按现行规定计征营业税。

(5) 转让企业产权的行为不属于营业税征收范围,不应征收营业税。

(6) 为了切实做好下岗失业人员再就业有关营业税优惠政策的落实工作,自 2005 年 1 月 1 日起,按以下优惠政策执行:

财税[2002]208 号文件规定的对下岗失业人员从事个体经营活动免征营业税,是指其雇工 7 人(含 7 人)以下的个体经营行为。下岗失业人员从事经营活动雇工 8 人(含 8 人)以上,无论其领取的营业执照是否注明为个体工商户,均按照新办服务型企业有关营业税优惠政策执行。

财税[2002]208号文件中的服务型企业，是指从事现行营业税“服务业”税目规定的经营活动的企业。原有的企业合并、分立、改制、改组、扩建、搬迁、转产以及吸收新成员、改变隶属关系、改变企业名称和企业法人代表的，不能视为新办企业。

(7) 单位和个人提供的垃圾处置劳务不属于营业税应税劳务，对其处置垃圾取得的垃圾处置费，不征收营业税。

(8) 个人向他人无偿赠与不动产，包括继承、遗产处分及其他无偿赠与不动产等三种情况可以免征营业税。但在办理营业税免税申请手续时，纳税人应区分不同情况向税务机关提交相关证明材料。

(9) 按照现行营业税政策的有关规定，公司从事金融资产处置业务时，出售、转让股权，不征收营业税；出售、转让债权或将其持有的债权转为股权，不征收营业税。

第六节　营业税的账务处理

营业税是价内税，企业计提的营业税，根据营业税征收对象的不同，计入不同的科目。如果应税行为属于企业主营活动，对应的营业税计入“营业税金及附加”账户；如果应税行为属于处置固定资产，对应的营业税计入“固定资产清理”账户。

【例5-2】 某保龄球馆8月份取得门票收入10万元，销售饮料收入2万元。

应纳营业税 = (10 + 2) × 5% = 0.6 万元

借：营业税金及附加　　6 000

　贷：应交税费——应交营业税　　6 000

【例5-3】 某建筑公司承包一项工程，总承包收入1 000万元，其中支付给某工程队分包工程款500万元。

建筑公司收到总承包款时：

借：银行存款　　10 000 000

　贷：主营业务收入　　5 000 000

　　　应付账款　　5 000 000

总公司应纳营业税 = 5 000 000 × 3% = 150 000 元

借：营业税金及附加　　150 000

　贷：应交税费——应交营业税　　150 000

支付分包工程款：

借：应付账款　　5 000 000

　贷：银行存款　　5 000 000

【例5-4】 某旅游公司组团到境外旅游，收取旅游费用100 000元，出境后由国外旅游公司负责，支付境外旅游公司50 000元的费用。

旅游公司应纳营业税 = (100 000 - 50 000) × 5% = 2 500 元

借：营业税金及附加　　2 500

　　贷:应交税费——应交营业税　　2 500

【例 5-5】　某工业企业出售其购置的一栋旧办公楼,办公楼原价 200 万元,已经计提折旧 50 万元,支付清理费用 5 万元,出售取得收入 300 万元存入银行。

将办公楼转入清理状态:

借:固定资产清理　　1 500 000
　　累计折旧　　500 000
　　贷:固定资产　　2 000 000

支付清理费用:

借:固定资产清理　　50 000
　　贷:银行存款　　50 000

出售取得收入:

借:银行存款　　3 000 000
　　贷:固定资产清理　　3 000 000

计算应纳的营业税:

清理固定资产应纳营业税 = (3 000 000 - 2 000 000) ×5% =50 000 元

借:固定资产清理　　50 000
　　贷:应交税费——应交营业税　　50 000

结转清理损益:

借:固定资产清理　　1 400 000
　　贷:营业外收入　　1 400 000

思考与提示

【思考】企业享受减、免营业税的税收优惠和先征后退、先征后返的营业税在账务处理上有什么不同?

【提示】企业对法定直接减、免的营业税,不作账务处理;先征后退是税务机关负责退还,先征后返是财政机关负责返还。在先征后退、先征后返的情况下,企业先按要求计算缴纳的营业税,并进行相应的账务处理。在确认返、退营业税时,借记“银行存款”账户,贷记“营业外收入”账户。

实践疑难解析

1. 企业的存款利息收入是否缴纳营业税? 企业购买的有价证券取得的利息收入是否缴纳营业税?

【解答】存款利息收入是指单位或个人将资金以存款的形式存入金融机构所取得的利息收入,根据国税发[1993]149 号文件,存款利息收入不征收营业税。贷款是指将资金有偿贷与他人使用(包括以贴现、押汇方式)的业务,以货币资金投资但收取固定利润或保底利润的行为,也属于贷款业务。企业购买的国债、企业债券等有价证券属于贷款业务,应该征收营业税。

2. 我公司是建材零售商,在销售油漆时一并提供了油漆墙壁劳务,应如何缴税?

【解答】一项销售行为如果既涉及货物又涉及非应税劳务,为混合销售行为。从事货物的生产、批发或零售企业、企业性单位及个体经营者的混合销售行为,视为销售货物,应当征收增值税,因此该建材零售商发生的混合销售行为应缴纳增值税。

3. 我公司是汽车驾驶学校,县交警大队委托我单位培训下岗职工驾驶员,县财政局拨付专项资金作为培训费用,该笔收入是否缴纳营业税?

【解答】驾校培训的对象是下岗职工,从下岗职工处取得的培训费应当缴纳营业税;县财政局给予的政府补助,不属于营业税的征税范围,不缴纳营业税。

4. 我公司是房地产开发企业,请国外某机构设计建设、装潢图纸,此项设计费是否征收营业税?根据什么相关法律?

【解答】根据《营业税暂行条例》,在中华人民共和国境内提供本条例规定的劳务、转让无形资产或者销售不动产的单位和个人,为营业税的纳税人,应当依照本条例缴纳营业税。根据《营业税暂行条例实施细则》,所称在中华人民共和国境内提供条例规定的劳务是指提供或者接受条例规定劳务的单位或者个人在境内。《财政部、国家税务总局关于个人金融商品买卖等营业税若干免税政策的通知》(财税[2009]111号)第四条规定:"境外单位或者个人在境外向境内单位或者个人提供的完全发生在境外的《营业税暂行条例》规定的劳务,不属于条例所称在境内提供条例规定的劳务,不征收营业税。上述劳务的具体范围由财政部、国家税务总局规定。根据上述原则,对境外单位或者个人在境外向境内单位或者个人提供的文化体育业(除播映),娱乐业,服务业中的旅店业、饮食业、仓储业,以及其他服务业中的沐浴、理发、洗染、裱画、誊写、镌刻、复印、打包劳务,不征收营业税。"

因此,支付境外机构设计费,符合接受劳务的单位在境内的规定,应该缴纳营业税。

5. 我公司收取关联企业的借款利息已经视同"价外费用"计算了增值税,地税机关还要征收营业税,地税机关的做法对吗?

【解答】不论是金融机构还是其他单位,只要是发生将资金贷与他人使用的行为,均应视为发生贷款行为,按"金融保险业"税目征收营业税。贵公司如果是在向关联方销售商品或产品的同时,向关联方收取利息,则利息收入作为价外费用,缴纳增值税;如果没有业务往来,而只是一笔借款业务,则利息收入不征收增值税,而只征收营业税。

改革探索

营业税改征增值税涉及面较广,为保证改革顺利实施,在部分地区和部分行业开展试点十分必要。上海市服务业门类齐全,辐射作用明显,选择上海市先行试点,有利于为全面实施改革积累经验。

根据规范税制、合理负担的原则,通过税率设置和优惠政策过渡等安排,改革试点行业总体税负不增加或略有下降。对现行征收增值税的行业而言,无论在上海还是在其他地区,由于向试点纳税人购买应税服务的进项税额可以得到抵扣,税负也将相应下降。根据现行财政体制,增值税属于中央和地方共享税,营业税属于地方税。试点期间,维持现行财政体制的基本稳定,营业税改征增值税后的收入仍归属试点地区。

按照试点行业营业税实际税负测算,陆路运输、水路运输、航空运输等交通运输业转换的增值税税率水平基本在11%—15%之间,研发和技术服务、信息技术、文化创意、物流辅助、鉴证咨询服务等现代服务业基本在6%—10%之间。为使试点行业总体税负不增加,改革试点选择了11%和6%两档低税率,分别适用于交通运输业和部分现代服务业。在目前实行增值税的170多个国家和地区中,税率结构既有单一税率,也有多档税率。改革试点将我国增值税税率档次由目前的两档调整为四档,是一种必要的过渡性安排。今后将根据改革的需要,适时简并税率档次。

由于增值税和营业税的制度差异,加之本次改革试点仅在个别地区的部分行业实施,必然带来试点地区与非试点地区、试点行业与非试点行业、试点纳税人与非试点纳税人之间的税制衔接问题。为妥善处理好这些问题,试点文件从三个方面作出了安排:一是不同地区之间的税制衔接。纳税地点和适用税种,以纳税人机构所在地作为基本判定标准。试点纳税人在非试点地区从事经营活动就地缴纳营业税的,允许其在计算增值税时予以抵减。二是不同纳税人之间的税制衔接。对试点纳税人与非试点纳税人从事同类经营活动,在分别适用增值税和营业税的同时,就运输费用抵扣、差额征税等事项,分不同情形作出了规定。三是不同业务之间的税制衔接。对纳税人从事混业经营的,分别在适用税种、适用税率、起征点标准、计税方法、进项税额抵扣等方面,作出了细化处理规定。

为保持现行营业税优惠政策的连续性,试点文件明确,对现行部分营业税免税政策,在改征增值税后继续予以免征;对部分营业税减免税优惠,调整为即征即退政策;对税负增加较多的部分行业,给予适当的税收优惠。

第六章

关税会计

第一节 关税概述

关税是海关依法对进出境货物、物品征收的一种税。在通常情况下,一国关境与国境是一致的,但当某一国家在国境内设立了自由港、自由贸易区等,这些区域就进出口关税而言处在关境之外,这时,该国家的关境小于国境。当几个国家组成关税同盟、组成一个共同的关境、实施统一的关税法令和统一的对外税则时,这些国家的关境大于国境,如欧盟。

一、征税对象

关税的征税对象是准许进出境的货物和物品。货物是指贸易性商品;物品是指入境旅客随身携带的行李物品、个人邮递物品、各种运输工具上的服务人员携带进口的自用物品、馈赠物品以及其他方式进境的个人物品。

二、纳税义务人

进口货物的收货人、出口货物的发货人、进出境物品的所有人,是关税的纳税义务人。进出口货物的收、发货人是依法取得对外贸易经营权,并进口或者出口货物的法人或者其他社会团体。

三、进出口税则

进出口税则是一国政府根据国家关税政策和经济政策,通过一定的立法程序制定公布实施的进出口货物和物品应税的关税税率表。进出口税则以税率表为主体,通常还包括实施税则的法令、使用税则的有关说明和附录等。税率表作为税则主体,包括税则商品分类目录和税率栏两大部分。税则商品分类目录是把种类繁多的商品加以综合,按照其不同特点分门别类简化成数量有限的商品类目,分别编号按序排列(称为税则号列)并逐号列出该号中应列入的商品名称。税率栏是按商品分类目录逐项定出的税率栏目。

(一) 进口关税税率

在我国加入 WTO 之后,为履行我国在加入 WTO 关税减让谈判中承诺的有关义务,享有 WTO 成员应有的权利,自 2002 年 1 月 1 日起,我国进口税则设有最惠国税率、协定税率、特惠税率、普通税率、关税配额税率等税率。对进口货物在一定期限内可以实行暂定税率。最惠国税率适用于原产于与我国共同适用最惠国待遇条款的 WTO 成员方或地区的进口货物,或原产于与我国签订有相互给予最惠国待遇条款的双边贸易协定的国家或地区进口的货物,以及原产于我国境内的进口货物;协定税率适用于原产于我国参加的含有关税优惠条款的区域性贸易协定有关缔约方的进口货物;特惠税率适用于原产于与我国签订有特殊优惠关税协定的国家或地区的进口货物;普通税率适用于原产于上述国家或地区以外的其他国家或地区的进口货物。适用最惠国税率、协定税率、特惠税率的国家或者地区名单,由国务院关税税则委员会决定。对部分进口农产品和化肥产品实行关税配额,即一定数量内的上述进口商品适用税率较低的配额内税率,超出该数量的进口商品适用税率较高的配额外税率。

（二）税率计征办法

我国对进口商品基本上都实行从价税,即以进口货物的完税价格作为计税依据,以应征税额占货物完税价格的百分比作为税率。从1997年7月1日起,我国对部分产品实行从量税、复合税和滑准税。

从量税是以进口商品的重量、长度、容量、面积等计量单位为计税依据。目前我国对原油、部分鸡产品、啤酒、胶卷进口分别以重量、容量、面积计征从量税。

复合税是对某种进口商品同时使用从价和从量计征的一种计征关税的方法。目前我国对录像机、放像机、摄像机、数字照相机和摄录一体机实行复合税。

滑准税是一种关税税率随进口商品价格由高到低而由低到高设置计征关税的方法。它可以使进口商品价格越高,其进口关税税率越低;进口商品价格越低,其进口关税税率越高。目前我国对新闻纸实行滑准税。

（三）出口关税税率

我国出口税则为一栏税率,即出口税率。国家仅对少数资源性产品及易于竞相杀价、盲目进口、需要规范出口秩序的半制成品征收出口关税。

四、原产地标准

确定进境货物原产国的主要原因之一,是便于正确运用进口税则的各栏税率,对产自不同国家或地区的进口货物适用不同的关税税率。我国原产地规定基本上采用了“全部产地生产标准”、“实质性加工标准”两种国际上通用的原产地标准。

（一）全部产地生产标准

全部产地生产标准是指进口货物“完全在一个国家内生产或制造”,生产或制造国即为该货物的原产国。完全在一国生产或制造的进口货物包括:

（1）在该国领土或领海内开采的矿产品;

（2）在该国领土上收获或采集的植物产品;

（3）在该国领土上出生或由该国饲养的活动物及从其所得产品;

（4）在该国领土上狩猎或捕捞所得的产品;

（5）在该国的船只上卸下的海洋捕捞物,以及由该国船只在海上取得的其他产品;

（6）在该国加工船加工上述第(5)项所列物品所得的产品;

（7）在该国收集的只适用于作再加工制造的废碎料和废旧物品;

（8）在该国完全使用上述第(1)项—第(7)项所列产品加工成的制成品。

（二）实质性加工标准

实质性加工标准是适用于确定有两个或两个以上国家参与生产的产品的原产国的标准。其基本含义是:经过几个国家加工、制造的进口货物,以最后一个对货物进行经济上可以视为实质性加工的国家作为有关货物的原产国。

(三)其他

对机器、仪器、器材或车辆所用零件、部件、配件、备件及工具,如与主件同时进口且数量合理的,其原产地按主件的原产地确定,分别进口的则按各自的原产地确定。

第二节 关税征收管理

一、关税缴纳

进口货物自运输工具申报进境之日起14日内,出口货物在货物运抵海关监管区后装货的24小时以前,应由进出口货物的纳税义务人向货物进(出)境地海关申报,海关根据税则归类和完税价格计算应缴纳的关税和进口环节代征税,并填发税款缴款书。纳税义务人应当自海关填发税款缴款书之日起15日内,向指定银行缴纳税款。如关税缴纳期限的最后1日是周末或法定节假日,则关税缴纳期限顺延至周末或法定节假日过后的第1个工作日。

关税纳税义务人因不可抗力或者在国家税收政策调整的情形下,不能按期缴纳税款的,经海关总署批准,可以延期缴纳税款,但最长不得超过6个月。

二、关税的强制执行

纳税义务人未在关税缴纳期限内缴纳税款,即构成关税滞纳。为保证海关征收关税决定的有效执行和国家财政收入的及时入库,《中华人民共和国海关法》(以下简称《海关法》)赋予海关对滞纳关税的纳税义务人强制执行的权利。强制措施主要有两类:

一是征收关税滞纳金。滞纳金自关税缴纳期限届满滞纳之日起,至纳税义务人缴纳关税之日止,按滞纳税款万分之五的比例按日征收,周末或法定节假日不予扣除。具体计算公式为:

$$关税滞纳金金额=滞纳关税税额\times滞纳金征收比率\times滞纳天数$$

二是强制征收。如纳税义务人自海关填发缴款书之日起3个月仍未缴纳税款,经海关关长批准,海关可以采取强制扣缴、变价抵缴等强制措施。强制扣缴即海关从纳税义务人在开户银行或者其他金融机构的存款中直接扣缴税款。变价抵缴即海关将应税货物依法变卖,以变卖所得抵缴税款。

三、关税退还

按规定,有下列情形之一的,进出口货物的纳税义务人可以自缴纳税款之日起1年内,书面声明理由,连同原纳税收据向海关申请退税并加算银行同期活期存款利息,逾期不予受理:

(1)因海关误征,多纳税款的。

(2)海关核准免验进口的货物,在完税后,发现有短卸情形,经海关审查认可的。

(3) 已征出口关税的货物,因故未将其运出口,申报退关,经海关查验属实的。

对已征出口关税的出口货物和已征进口关税的进口货物,因货物品种或规格原因(非其他原因)原状复运进境或出境的,经海关查验属实的,也应退还已征关税。海关应当自受理退税申请之日起30日内,作出书面答复并通知退税申请人。本规定强调的是,"因货物品种或规格原因,原状复运进境或出境的"。如果属于其他原因且不能以原状复运进境或出境,不能退税。

四、关税补征和追征

《海关法》根据短征关税的原因,将海关征收原短征关税的行为分为补征和追征两种。因纳税人违反海关规定造成短征关税的,称为追征;非因纳税人违反海关规定造成短征关税的,称为补征。进出境货物和物品放行后,海关发现少征或者漏征税款,应当自缴纳税款或者货物、物品放行之日起1年内,向纳税义务人补征;因纳税义务人违反规定而造成的少征或者漏征的税款,自纳税义务人应缴纳税款之日起3年以内可以追征,并从缴纳税款之日起按日加收少征或者漏征税款万分之五的滞纳金。

五、关税纳税争议

在纳税义务人同海关发生纳税争议时,可以向海关申请复议,但同时应当在规定期限内按海关核定的税额缴纳关税,逾期则构成滞纳,海关有权按规定采取强制执行措施。

纳税争议的内容一般为进出境货物和物品的纳税义务人对海关在原产地认定,税则归类,税率或汇率适用,完税价格确定,关税减征、免征、追征、补征和退还等征税行为是否合法或适当,是否侵害了纳税义务人的合法权益,而对海关征收关税的行为表示异议。

第三节　关税完税价格

一、一般进口货物的完税价格

(一) 以成交价格为基础的完税价格

根据《海关法》规定,进口货物的完税价格包括货物的货价、货物运抵我国境内输入地点起卸前的运输及其相关费用、保险费。我国境内输入地为入境海关地,包括内陆河、江口岸,一般为第一口岸。货物的货价以成交价格为基础。进口货物的成交价格,是指买方为购买该货物,并按《中华人民共和国海关审定进出口货物完税价格办法》有关规定调整后的实付或应付价格。

(二) 对实付或应付价格进行调整的有关规定

实付或应付价格,是指买方为购买进口货物直接或间接支付的总额,即作为卖方销售进口货物的条件,由买方向卖方或为履行卖方义务向第三方已经支付或将要支付的全部款项。

1. 如下列费用或者价值未包括在进口货物的实付或者应付价格中,应当计入完税价格

(1) 由买方负担的除购货佣金以外的佣金和经纪费。"购货佣金"指买方为购买进口货物向自己的采购代理人支付的劳务费用。"经纪费"指买方为购买进口货物向代表买卖双方利益的经纪人支付的劳务费用。

(2) 由买方负担的与该货物视为一体的容器费用。

(3) 由买方负担的包装材料和包装劳务费用。

(4) 与该货物的生产和向中华人民共和国境内销售有关的,由买方以免费或者以低于成本的方式提供并可以按适当比例分摊的料件、工具、模具、消耗材料及类似货物的价款,以及在境外开发、设计等相关服务的费用。

(5) 与该货物有关并作为卖方向我国销售该货物的一项条件,应当由买方直接或间接支付的特许权使用费。但是在估定完税价格时,进口货物在境内的复制权费不得计入该货物的实付或应付价格之中。

(6) 卖方直接或间接从买方对该货物进口后转售、处置或使用所得中获得的收益。

2. 下列费用,如能与该货物实付或者应付价格区分,不得计入完税价格

(1) 厂房、机械、设备等货物进口后的基建、安装、装配、维修和技术服务的费用。

(2) 货物运抵境内输入地点之后的运输费用、保险费和其他相关费用。

(3) 进口关税及其他国内税收。

(三) 进口货物海关估价方法

进口货物的价格不符合成交价格条件或者成交价格不能确定的,海关应当依次以相同货物成交价格方法、类似货物成交价格方法、倒扣价格方法、计算价格方法及其他合理方法确定的价格为基础,估定完税价格。

二、出口货物的完税价格

(一) 以成交价格为基础的完税价格

出口货物的完税价格,由海关以该货物向境外销售的成交价格为基础审查确定,并应包括货物运至我国境内输出地点装载前的运输及其相关费用、保险费。但其中包含的出口关税税额,应当扣除。

出口货物的成交价格,是指该货物出口销售到我国境外时买方向卖方实付或应付的价格。出口货物的成交价格中含有支付给境外的佣金的,如果单独列明,应当扣除。

(二) 出口货物海关估价方法

出口货物的成交价格不能确定时,完税价格由海关依次使用下列方法估定:

(1) 同时或大约同时向同一国家或地区出口的相同货物的成交价格;

(2) 同时或大约同时向同一国家或地区出口的类似货物的成交价格;

(3) 根据境内生产相同或类似货物的成本、利润和一般费用,境内发生的运输及其相关费用、保险费计算所得的价格;

(4) 按照合理方法估定的价格。

三、进出口货物完税价格中的运输及相关费用、保险费的计算

(一) 以一般陆运、空运、海运方式进口的货物

在进口货物的运输及相关费用、保险费计算中,海运进口货物,计算至该货物运抵境内的卸货口岸;如果该货物的卸货口岸是内河(江)口岸,则应当计算至内河(江)口岸。陆运进口货物,计算至该货物运抵境内的第一口岸;如果运输及其相关费用、保险费支付至目的地口岸,则计算至目的地口岸。空运进口货物,计算至该货物运抵境内的第一口岸;如果该货物的目的地为境内的第一口岸外的其他口岸,则计算至目的地口岸。

陆运、空运和海运进口货物的运费和保险费,应当按照实际支付的费用计算。如果进口货物的运费无法确定或未实际发生,海关应当按照该货物进口同期运输行业公布的运费率(额)计算运费;按照"货价加运费"两者总额的3‰计算保险费。

(二) 以其他方式进口的货物

邮运的进口货物,应当以邮费作为运输及其相关费用、保险费;以境外边境口岸价格条件成交的铁路或公路运输进口货物,海关应当按照货价的1%计算运输及其相关费用、保险费;作为进口货物的自驾进口的运输工具,海关在审定完税价格时,可以不另行计入运费。

(三) 出口货物

出口货物的销售价格如果包括离境口岸至境外口岸之间的运费、保险费的,该运费、保险费应当扣除。

第四节　应纳税额的计算

一、从价税应纳税额的计算

关税税额=应税进(出)口货物数量×单位完税价格×税率

二、从量税应纳税额的计算

关税税额=应税进(出)口货物数量×单位货物税额

三、复合税应纳税额的计算

我国目前实行的复合税都是先计征从量税,再计征从价税:

关税税额=应税进(出)口货物数量×单位货物税额
+应税进(出)口货物数量×单位完税价格×税率

四、滑准税应纳税额的计算

关税税额=应税进(出)口货物数量×单位完税价格×滑准税税率

现行税则《进(出)口商品从量税、复合税、滑准税税目税率表》后注明了滑准税税率的计算公式,该公式是一个与应税进(出)口货物完税价格相关的取整函数。

【例6-1】 某商场于2011年10月进口一批化妆品。该批化妆品在国外的买价为240万元,货物运抵我国入关前发生的运输费、保险费和其他费用分别为20万、12万、8万元。货物报关后,按规定缴纳了进口环节的增值税和消费税并取得了海关开具的缴款书。从海关将化妆品运往商场所在地发生运输费5万元,取得承运部门开具的发票。该批化妆品当月在国内全部销售,取得不含税销售额1 040万元。假定化妆品进口关税税率20%,增值税税率17%、消费税税率30%。

计算该批化妆品进口环节应缴纳的关税、增值税、消费税和国内销售环节应缴纳的增值税。

该批化妆品关税的组成计税价格 = 240 + 20 + 12 + 8 = 280万元

应缴纳进口关税 = 280 × 20% = 56万元

进口环节应缴纳增值税、消费税的组成计税价格 = (280 + 56) ÷ (1 - 30%) = 480万元

进口环节应缴纳增值税 = 480 × 17% = 81.6万元

进口环节应缴纳消费税 = 480 × 30% = 144万元

国内销售环节应缴纳增值税 = 1 040 × 17% - 5 × 7% - 81.6 = 94.85万元

第五节 税收优惠

关税减免分为法定减免税、特定减免税和临时减免税。根据《海关法》规定,除法定减免税外的其他减免税均由国务院决定。

一、法定减免税

法定减免税是税法中明确列出的减税或免税。符合税法规定可予减免税的进出口货物,纳税义务人无须提出申请,海关可按规定直接予以减免税。海关对法定减免税货物一般不进行后续管理。

我国《海关法》和《中华人民共和国进出口关税条例》明确规定,下列货物、物品予以减免关税:

(1) 关税税额在人民币50元以下的一票货物,可免征关税。

(2) 无商业价值的广告品和货样,可免征关税。

(3) 外国政府、国际组织无偿赠送的物资,可免征关税。

(4) 进出境运输工具装载的途中必需的燃料、物料和饮食用品,可予免税。

(5) 经海关核准暂时进境或者暂时出境,并在6个月内复运出境或者复运进境的货样、展览品、施工机械、工程车辆、工程船舶、供安装设备时使用的仪器和工具、电视或者电影摄制器械、盛装货物的容器以及剧团服装道具,在货物收发货人向海关缴纳相当于税款的保证金或者提供担保后,可予暂时免税。

(6) 为境外厂商加工、装配成品和为制造外销产品而进口的原材料、辅料、零件、部件、配套件和包装物料，海关按照实际加工出口的成品数量免征进口关税；或者对进口料、件先征进口关税，再按照实际加工出口的成品数量予以退税。

(7) 因故退还的中国出口货物，经海关审查属实，可予免征进口关税，但已征收的出口关税不予退还。

(8) 因故退还的境外进口货物，经海关审查属实，可予免征出口关税，但已征收的进口关税不予退还。

(9) 进口货物如有以下情形，经海关查明属实，可酌情减免进口关税：

① 在境外运输途中或者在起卸时，遭受损坏或者损失的；

② 起卸后海关放行前，因不可抗力遭受损坏或者损失的；

③ 海关查验时已经破漏、损坏或者腐烂，经证明不是保管不慎造成的。

(10) 无代价抵偿货物，即进口货物在征税放行后，发现货物残损、短少或品质不良，而由国外承运人、发货人或保险公司免费补偿或更换的同类货物，可以免税。但有残损或质量问题的原进口货物如未退运国外，其进口的无代价抵偿货物应照章征税。

(11) 我国缔结或者参加的国际条约规定减征、免征关税的货物、物品，按照规定予以减免关税。

(12) 法律规定减征、免征的其他货物。

二、特定减免税

特定减免税也称政策性减免税。在法定减免税以外，国家按照国际通行规则和我国实际情况，制定发布的有关进出口货物减免关税的政策，称为特定或政策性减免税。特定减免税货物一般有地区、企业和用途的限制，海关需要进行后续管理，也需要进行减免税统计。

(一) 科教用品

国务院制定了《科学研究和教学用品免征进口税收暂行规定》，对享受优惠的科研机构和学校资格、类别以及可以免税的物品都作了明确规定。

(二) 残疾人专用品

国务院制定了《残疾人专用品免征进口税收暂行规定》，对可以免税的残疾人专用品和品名作了明确规定。

(三) 扶贫、慈善性捐赠物资

财政部、国家税务总局、海关总署发布了《扶贫、慈善性捐赠物资免征进口税收的暂行办法》，对可以免税的捐赠物资种类和品名作了明确规定。

(四) 加工贸易产品

1. 加工装配和补偿贸易

加工装配即来料加工、来样加工及来件装配。补偿贸易是指由境外客商提供或国内单位利用国外出口信贷进口生产技术或设备，由我方生产，以返销产品方式分期偿还对方技术、设备价款或贷款本息的交易方式。加工装配和补偿贸易因有利于较快地提高出口产品生产技术,改善我国产品质量和品种,扩大出口,增加我国外汇收入,国家给予一定的关税优惠:进境料件不予征税,准许在境内保税加工为成品后返销出口;进口外商的不作价设备和作价设备,分别比照外商投资项目和国内投资项目的免税规定执行;剩余料件或增产的产品,经批准转内销时,价值在进口料件总值2%以内,且总价值在3 000元以下的,可予免税。

2. 进料加工

经批准有权经营进出口业务的企业使用进料加工专项外汇进口料件,并在1年内加工或装配成品外销出口的业务,称为进料加工业务。对其关税优惠为:专为加工出口商品而进口的料件,海关按实际加工复出口的数量,免征进口税;加工的成品出口,免征出口税,但内销料件及成品照章征税;加工过程中产生的副产品、次品、边角料,海关根据其使用价值分析估价征税或者酌情减免税;剩余料件或增产的产品,经批准转内销时,价值在进口料件总值2%以内,且总价值在5 000元以下的,可予免税。

(五) 边境贸易进口物资

边境贸易有边民互市贸易和边境小额贸易两种形式。边民互市贸易指边境地区边民在边境线20里以内、经政府批准的开放点或指定的集市上进行的商品交换活动。边民通过互市贸易进口的商品,每人每日价值在3 000元以下的,免征进口关税和进口环节增值税。边境小额贸易指沿陆地边境线经国家批准对外开放的边境县(旗)、边境城市辖区内经批准有边境小额贸易经营权的企业,通过国家指定的陆地边境口岸,与毗邻国家边境地区的企业或其他贸易机构之间进行的贸易活动。边境小额贸易企业通过指定边境口岸进口原产于毗邻国家的商品,除烟、酒、化妆品以及国家规定必须照章征税的其他商品外,进口关税和进口环节增值税减半征收。

(六) 保税区进出口货物

保税区的主要关税优惠政策有:进口供保税区使用的机器、设备、基建物资、生产用车辆,为加工出口产品进口的原材料、零部件、元器件、包装物料,供储存的转口货物以及在保税区内加工运输出境的产品免征进口关税和进口环节税;保税区内企业进口专为生产加工出口产品所需的原材料、零部件、包装物料,以及转口货物予以保税;从保税区运往境外的货物,一般免征出口关税等。

(七) 出口加工区进出口货物

出口加工区的主要关税优惠政策有:对从境外进入区内生产性的基础设施建设项目所需的机器、设备和建设生产厂房,仓储设施所需的基建物资,区内企业生产所需的机器、设备、模具及其维修用零配件,区内企业和行政管理机构自用合理数量的办公用品,免征进口关税和进口环节税;对区内企业为加工出口产品所需的原材料、零部件、元器件、包装物料及消耗性材料,予以保税;对从加工区运往区外的货物,海关按照对进口货物的有关规定办理报关手续,并按照制成品征税;对从区外进入加工区的货物视同出口,可按规定办理出口退税。

(八) 进口设备

对符合《外商投资产业指导目录》鼓励类和限制乙类,并转让技术的外商投资项目,在投资总额内进口的自用设备，以及外国政府贷款和国际金融组织贷款项目进口的自用设备、加工贸易外商提供的不作价进口设备，除《外商投资项目不予免税的进口商品目录》所列商品外，免征进口关税和进口环节增值税；对符合《当前国家重点鼓励发展的产业、产品和技术目录》的国内投资项目，在投资总额内进口的自用设备，除《国内投资项目不予免税的进口商品目录》所列商品外，免征进口关税和进口环节增值税；对符合上述规定的项目，按照合同随设备进口的技术及配套件、备件，也免征进口关税和进口环节增值税。

（九）特定行业或用途的减免税政策

为鼓励、支持部分行业或特定产品的发展，国家制定了部分特定行业或用途的减免税政策，这类政策一般对可减免税的商品列有具体清单。

三、临时减免税

临时减免税是指以上法定和特定减免税以外的其他减免税，即由国务院根据《海关法》对某个单位、某类商品、某个项目或某批进出口货物的特殊情况，给予特别照顾，一案一批，专文下达的减免税。

第六节　关税的账务处理

企业进出口业务的会计处理需设置记录外汇业务的账户，并进行汇兑损益的计算和账务处理。进口商品时，国外进价成本一律以 CIF（成本加保险费及运费）价格为基础；出口商品销售收入的入账价值一律以 FOB（装运港船上交货）价格为标准。

企业自营进口商品将应支付的进口货物价款、进口关税、海外运费和保险费、国内运费计入进口货物成本。

【例 6-2】 某工业企业进口材料一批，关税完税价格为 150 万美元，约定货到付款以人民币结算，货到当日外汇牌价 1:6.5，关税税率 10%，增值税税率 17%，请计算企业应缴纳的关税及进口环节的增值税。

应缴纳关税 $=150\times6.5\times10\%=97.5$ 万元

应缴纳增值税 $=(150\times6.5+97.5)\times17\%=182.325$ 万元

企业支付货款及税金的账务处理：

借：材料采购　　10 725 000

　　应交税费——应交增值税（进项税额）　　1 823 250

　贷：银行存款　　12 548 250

企业自营出口商品缴纳的关税，借记“营业税金及附加”账户，贷记“应交税费”账户；出口商品时发生的国外费用，应冲减营业收入。

【例 6-3】 某企业自营出口商品一批，我国口岸 FOB 价折合人民币 264 万元，出口关税税率为 10%，请计算企业应缴纳的出口关税。

企业应纳的出口关税 $=264\div(1+10\%)\times10\%=24$ 万元

借:应收账款　　2 640 000

　贷:主营业务收入　　2 640 000

借:营业税金及附加　　240 000

　贷:应交税费——应交关税　　240 000

如果企业结算的价格不是FOB价格,应调整成FOB价格,支付的海外运费、保险费,应该冲减企业的营业收入。

【例6-4】　某企业出口一批产品,以CIF价格成交,价格350万元人民币,支付国外运费、保险费折合人民币10万元。关税税率为20%,请计算企业应缴纳的出口关税。

企业应纳的出口关税 = (350 − 10) ÷ (1 + 20%) × 20% = 56.666 7万元

确认销售收入:

借:应收账款　　3 500 000

　贷:主营业务收入　　3 500 000

支付运费、保险费:

借:主营业务收入　　100 000

　贷:银行存款　　100 000

缴纳关税:

借:营业税金及附加　　566 667

　贷:应交税费——应交关税　　566 667

代理进出口业务,因进出口商品缴纳的关税应由委托单位缴纳,受托代理进出口业务的单位只是代垫,然后与委托方结算。代垫关税时,借记"应收账款"账户,贷记"应交税费——应交关税"账户。

改革探索

按照加入世界贸易组织的降税承诺,我国2009年对关税进行了一次大的调整。关税调整遵循的基本原则是:以党的十七大和十七届三中全会精神为指导,坚持扩大内需和灵活审慎的宏观经济政策,发挥积极财政政策框架下的关税调控杠杆作用,促进经济平稳较快发展,促进对外贸易稳定增长和进出口商品结构的优化,推动经济发展方式转变和产业结构调整。

自2009年1月1日起,我国进一步降低了鲜草莓等5个税目商品的进口关税。由于涉及的降税商品范围和税率降幅较小,对关税总水平影响不大,2009年的关税总水平与2008年相同,仍为9.8%。其中,农产品平均税率仍为15.2%,工业品平均税率仍为8.9%。经过此次降税,除上述鲜草莓等5种商品还有1年的降税实施期外,我国已经基本履行完毕加入世贸组织的降税承诺,关税总水平由加入世贸组织时的15.3%降至9.8%。

为应对国际金融危机对我国经济和对外贸易的冲击,有效实施积极的财政政策,关税作为调节经济的重要杠杆,将进一步加强其在保持对外贸易稳定增长,优化进出口商品结构，促进经济发展方式转变和产业结构调整以及扩大内需等方面的调控作用。

一是支持农业和农村经济发展，促进农业增产和农民增收，对动物饲料、农药中间体等农业生产资料以及茶叶采摘机、土豆、甜菜收获机、青储饲料收获机和大型收割机等农用机械设备及零部件实施较低的进口暂定税率。根据国内市场供需变化情况，取消豆饼、猪肉、印楝油的进口暂定税率，恢复为最惠国税率。同时，为保障国内农业生产用肥的需要，继续对尿素、磷酸氢二铵等化肥出口征收季节性出口关税，继续对复合肥等部分化肥及其原料征收特别出口关税。

二是支持高新技术发展，鼓励企业自主创新，推动产业结构升级，振兴国内装备制造业。对取向性硅电钢宽板、离子交换膜、液晶显示板用偏振片等部分国内暂不能生产或技术性能指标不能满足需要的电子、化工、信息技术产品原料，气体激光发生器、空调用无级变速压缩机等有利于新技术引进及推广应用的关键设备及零部件实施较低的进口暂定税率。

三是促进节约能源资源、保护环境、鼓励利用再生资源、促进经济可持续发展。对硒、燃料油、电解铜、钽废碎料等能源资源类产品，甘油、石脑油等基础性原材料，风力发电设备关键件等有利于环境保护的设备及零部件继续实施较低的进口暂定税率；对煤炭、原油、金属矿砂等能源资源类产品以及木浆、焦炭、铁合金、钢坯、部分钢材等生产能耗高、对环境影响大的产品继续实施出口暂定税率。

四是缓解纺织、钢材、化肥等行业面临的经营困难。2009 年通过较低暂定税率的形式，适当降低部分国内需求较大的生产性原料的进口关税，并继续执行 2008 年 12 月 1 日起取消部分钢材出口关税、调整尿素等化肥出口季节性关税的政策，同时降低部分化肥及其原料的特别出口关税税率。

为进一步落实有关税收和产业政策，适应科学技术进步和加强进出口管理的需要，在符合世界海关组织《商品名称及编码协调制度》列目原则的前提下，对 2009 年进出口税则中的税目进行了适当增减，其中增列的税目包括木糖醇、起酥油和鞋类等出口量逐年增大、需加强进出口管理的产品，竹制品等支持农业和农村经济发展的产品，胞嘧啶等有利于发展公共卫生事业、保护人类健康的抗艾滋病病毒药品，以及焊锡、单晶硅棒等高新技术和有利于环境保护的产品税目。另外，也删除了个别产品的税目。经过调整，我国 2009 年进出口税则税目总数由 2008 年的 7758 个增至 7868 个。

第七章

出口货物退免税会计

第一节　增值税出口货物退免税概述

一、出口货物退免税基本政策

目前,我国的出口货物税收政策分为以下三种形式:

1. 出口免税并退税

出口免税是指对货物在出口销售环节不征收增值税、消费税,这是把货物出口环节与出口前的销售环节都同样视为一个征税环节。出口退税是指对货物在出口前实际承担的税收负担,按规定的退税率计算后予以退还。

2. 出口免税不退税

出口免税与上述第1项含义相同。出口不退税是指适用这个政策的出口货物因在前一道生产、销售环节或进口环节是免税的,因此,出口时该货物的价格中本身就不含税,也无须退税。

3. 出口不免税也不退税

出口不免税是指对国家限制或禁止出口的某些货物的出口环节视同内销环节,照常征税。出口不退税是指对这些货物出口不退还出口前其所负担的税款。适用这个政策的主要是税法列举限制或禁止出口的货物,如天然牛黄、麝香以及近年来国家限制出口的"两高一资"产品等。

二、出口货物退免税的适用范围

《出口货物退(免)税管理办法》规定,可以退(免)税的出口货物一般应具备以下四个条件:

1. 必须是属于增值税、消费税征税范围的货物

《增值税暂行条例》和《消费税暂行条例》对这两种税的具体征收范围及其划分,以及税目、税率(单位税额)均已明确。

2. 必须是报关离境的货物

所谓报关离境,即出口,就是货物输出海关,这是区别货物是否应退(免)税的主要标准之一。凡是报关不离境的货物,不论出口企业以外汇结算还是以人民币结算,也不论企业在财务上和其他管理上作何处理,均不能视为出口货物予以退(免)税。

3. 必须是在财务上作销售处理的货物

出口货物只有在财务上作销售处理后,才能办理退税。

4. 必须是出口收汇并已核销的货物

将出口退税与出口收汇核销挂钩可以有效地防止出口企业高报出口价格骗取退税,有助于提高出口收汇率,有助于强化出口收汇核销制度。

对出口的凡属于已征或应征增值税、消费税的货物,除国家明确规定不予退(免)

税的货物和出口企业从小规模纳税人购进并持普通发票的部分货物外，都属于出口货物退(免)税的货物范围，均应予以退还已征增值税和消费税或免征应征的增值税和消费税。具体规定如下：

1. 下列企业出口满足上述四个条件的货物，除另有规定外，给予免税并退税

(1) 生产企业自营出口或委托外贸企业代理出口的自产货物；

(2) 有出口经营权的外贸企业收购后直接出口或委托其他外贸企业代理出口的货物；

(3) 下列特定出口的货物：对外承包工程公司运出境外用于对外承包项目的货物；对外承接修理修配业务的企业用于对外修理修配的货物；外轮供应公司、远洋运输供应公司销售给外轮、远洋国轮而收取外汇的货物；企业在国内采购并运往境外作为在国外投资的货物等。

2. 下列企业出口的货物，除另有规定外，给予免税但不予退税

属于生产企业的小规模纳税人自营出口或委托外贸企业代理出口的自产货物；外贸企业从小规模纳税人处购进并持普通发票的货物出口，免税但不予退税，但对规定列举的12类出口货物考虑其占出口比重较大及其生产、采购的特殊因素，特准退税；外贸企业直接购进国家规定的免税货物(包括免税农产品)出口的。

3. 除经批准属于进料加工复出口贸易以外，下列出口货物不免税也不退税

国家计划外出口的原油(自1999年9月1日起国家计划内出口的原油恢复按13%的退税率退税)；援外出口货物(自1999年1月1日起，对一般物资援助项下出口货物，仍实行出口不退税政策；对利用中国政府的援外优惠贷款和合作项目基金方式下出口的货物，比照一般贸易出口，实行出口退税政策)；国家禁止出口的货物，包括天然牛黄、麝香、铜及铜基合金(出口电解铜自2001年1月1日起按17%的退税率退还增值税)等。

三、出口货物的退税率

根据《增值税暂行条例》规定，企业产品出口后，税务部门应按照出口商品的进项税额为企业办理退税，由于税收减免及国家经济政策等原因，商品的进项税额往往不等于实际负担的税额，如果按出口商品的进项税额退税，就会产生少征多退的问题，于是就产生了计算出口商品应退税款的比率，即出口退税率。

出口货物的退税率，是出口货物的实际退税额与退税计税依据的比例。现行出口货物的增值税退税率有17%、16%、15%、14%、13%、9%、5%等。

第二节 增值税出口货物应退税额的计算

出口货物只有在适用既免税又退税的政策时，才会涉及如何计算退税的问题。由于各类出口企业对出口货物的会计核算办法不同，有对出口货物单独核算的，有对出口和内销的货物统一核算的。为了与出口企业的会计核算办法相一致，我国《出口货物退

(免)税管理办法》规定了两种退税计算办法:第一种是"免、抵、退"办法,主要适用于自营和委托出口自产货物的生产企业;第二种是"先征后退"办法,目前主要用于收购货物出口的外(工)贸企业。

一、"免、抵、退"税的计算方法

按照《财政部、国家税务总局关于进一步推进出口货物实行免抵退税办法的通知》(财税[2002]7号)规定:自2002年1月1日起,生产企业自营或委托外贸企业代理出口自产货物,除另有规定外,增值税一律实行免、抵、退税管理办法。

生产企业,是指独立核算,经主管国税机关认定为一般增值税纳税人,并且具有实际生产能力的企业和企业集团。增值税小规模纳税人出口自产货物继续实行免征增值税办法。生产企业出口自产的属于应征消费税的产品,实行免征消费税办法。

实行免、抵、退税管理办法的"免"税,是指对生产企业出口的自产货物,在出口时免征本企业生产销售环节增值税;"抵"税,是指生产企业出口自产货物所耗用的原材料、零部件、燃料、动力等所含应予退还的进项税额,抵顶内销货物的应纳税额;"退"税是指生产企业出口的自产货物在当月内应抵顶的进项税额大于应纳税额时,对未抵顶完的部分予以退税。由于出口货物增值税实行零税率,除了出口环节免征增值税即没有销项税额外,还需要对为生产出口产品所购进的项目已经缴纳的税款即进项税额,退还给出口企业等纳税人。因此,出口退税并不是退还"销项税额",而是退还"进项税额"。如果一个企业完全是出口企业,商品没有内销,则完全采用"免"和"退"的方式,就不存在"抵"税的问题。采用"抵"税的方式其实是为了简化征管手续,即用本来要退还给纳税人的退税额抵顶内销货物应该按规定缴纳的增值税税款。

(一)具体计算公式

1. 当期应纳税额的计算

当期应纳税额 = 当期内销货物的销项税额 - (当期进项税额 - 当期免抵退税不得免征和抵扣税额) - 上期留抵税额

当期免抵退税不得免征和抵扣税额 = 出口货物离岸价 × 外汇人民币牌价 × (出口货物征税率 - 出口货物退税率) - 免抵退税不得免征和抵扣税额抵减额

出口货物离岸价(FOB)以出口发票计算的离岸价为准。出口发票不能如实反映实际离岸价的,企业必须按照实际离岸价向主管国税机关申报,同时主管国税机关有权依照《税收征收管理法》、《增值税暂行条例》等有关规定予以核定。

从上述计算公式看,出口退税在"销项税额"方面并非执行真正的零税率而是一种"超低税率"——征税率(17%、13%)与退税率(各货物不同)之差,即税法规定的出口退税"不得免征和抵扣税额"的计算比率。

当期免抵退税不得免征和抵扣税额的减项,即:

免抵退税不得免征和抵扣税额抵减额 = 免税购进原材料价格 × (出口货物征税率 - 出口货物退税率)

免税购进原材料包括从国内购进免税原材料和进料加工免税进口料件，其中进料加工免税进口料件的价格为组成计税价格。

进料加工免税进口料件的组成计税价格 = 货物到岸价 + 海关实征关税和消费税

“免抵退税不得免征和抵扣税额抵减额”与“免抵退税额抵减额”是有区别的。“免抵退税不得免征和抵扣税额抵减额”实质是不予抵免的金额，在实际账务处理中是不存在的，但是作为免抵退这种管理办法的计算思路，必须将这部分予以剔除。由于对免税购进原材料也相应计算了不得免征和抵扣的税额，所以单独计算“免抵退税不得免征和抵扣税额抵减额”作为对它的修正。

2. 免抵退税额的计算

免抵退税额 = 出口货物离岸价 × 外汇人民币牌价 × 出口货物退税率 - 免抵退税额抵减额

免抵退税额抵减额 = 免税购进原材料价格 × 出口货物退税率

这个公式中计算的“免抵退税额”，就是名义应退税额或者免抵退制度下的可抵顶进项税额。公式中最后一个减项“免抵退税额抵减额”的实质含义，是免税购进的原材料本身是不含进项税额的，所以在计算免抵退税额时就不应该退还这部分原本不存在的税额，因此要予以剔除。

3. 当期应退税额和免抵税额的计算

（1）如当期期末留抵税额≤当期免抵退税额，则：

当期应退税额 = 当期期末留抵税额

当期免抵税额 = 当期免抵退税额 - 当期应退税额

（2）如当期期末留抵税额 > 当期免抵退税额，则：

当期应退税额 = 当期免抵退税额

当期免抵税额 = 0

这里的“当期期末留抵税额”实际上是名义留抵额。因为，最终的实际期末留抵额 = 名义留抵额 - 当期实际退税额，而此处的名义留抵额 = - 当期应纳税额。

思考与提示

【思考】对企业实际进行退税的前提条件是什么？

【提示】要满足当期应纳税额小于零这个大前提。也只有明确了这一点，才能明白以免抵退税额与当期期末留抵额进行比较的作用，其实是在判断当期的名义退税额到底应该实际退税多少以及已经实际抵顶多少。因为经过引申，这里的对比实际上是在对比“当期名义退税额”与“当期应纳税额的绝对值”，名义留抵额在数额上等于当期应纳税额的绝对值，或者负数（因为当期应纳税额小于零）。

为什么要做这样的比较呢？其实这才是免抵退管理办法的精髓所在，因为所谓的免抵，就是通过比较才能确定是否抵顶以及抵顶多少数额。按照制度设计，名义的退税额即免抵退税额是与内销产品应纳税额有关的，内销产品的应纳税额也可以通过以下公式计算出来：

内销产品应纳税额 = 内销产品当期销项税额 - (当期进项税额
- 当期免抵退税额 - 当期免抵退税不得免征和抵扣税额)

为什么括号里面要减除出口产品应退税额呢？因为按照这种管理办法认定的出口货物所包含的进项税额，本应该另行退税的，因此要从当期进项税额中剔除。至于“当期免抵退税不得免征和抵扣税额”，其名称本身就已经明白地告诉我们，是既不能作为出口免征也不能作为内销抵扣的税额，虽然只是叫税额，但显然不是销项税额，而是进项税额，所以实质上就是指不能抵扣的进项税额，会计上要作进项税转出处理，所以这里就要从进项税额中剔除。

这样计算内销产品应纳税额的公式与前面计算的当期应纳税额的公式只差一个要素，就是当期免抵退税额。当期应纳税额公式中没有减去这个免抵退税额，就是要体现抵顶的过程。

（二）企业免、抵、退税计算实例

【例7-1】 某自营出口的生产企业为增值税一般纳税人，出口货物的征税率为17%，退税率为13%。2012年4月的有关经营业务为：购进原材料一批，取得的增值税专用发票注明的价款400万元，外购货物准予抵扣的进项税额68万元通过认证。上月月末留抵税款6万元，本月内销货物不含税销售额200万元，收款234万元存入银行，本月出口货物的销售额折合人民币400万元。试计算该企业当期的“免、抵、退”税额。

（1）当期免抵退税不得免征和抵扣税额 = 400 × (17% - 13%) = 16万元

（2）当期应纳税额 = 200 × 17% - (68 - 16) - 6 = 34 - 52 - 6 = -24万元

（3）出口货物“免、抵、退”税额 = 400 × 13% = 52万元

（4）按规定，如当期期末留抵税额 ≤ 当期免抵退税额时，当期应退税额 = 当期期末留抵税额，即该企业当期应退税额 = 24万元

（5）当期免抵税额 = 当期免抵退税额 - 当期应退税额 = 52 - 24 = 28万元

【例7-2】 某自营出口的生产企业为增值税一般纳税人，出口货物的征税率为17%，退税率为13%。2011年8月有关经营业务为：购原材料一批，取得的增值税专用发票注明的价款1 200万元，外购货物准予抵扣的进项税额204万元通过认证。上期期末留抵税款15万元。本月内销货物不含税销售额300万元，收款351万元存入银行。本月出口货物的销售额折合人民币600万元。试计算该企业当期的“免、抵、退”税额。

（1）当期免抵退税不得免征和抵扣税额 = 600 × (17% - 13%) = 24万元

（2）当期应纳税额 = 300 × 17% - (204 - 24) - 15 = 51 - 180 - 15 = -144万元

（3）出口货物“免、抵、退”税额 = 600 × 13% = 78万元

（4）按规定，如当期期末留抵税额 > 当期免抵退税额时，当期应退税额 = 当期免抵退税额，即该企业当期应退税额 = 78万元

（5）当期免抵税额 = 当期免抵退税额 - 当期应退税额 = 78 - 78 = 0

8月期末留抵结转下期继续抵扣税额为66万元。

【例7-3】 某自营出口的生产企业为增值税一般纳税人，出口货物的征税率为17%，退税率为13%。2011年8月有关经营业务为：购原材料一批，取得的增值税专用发票注明的价款200万元，外购货物准予抵扣进项税额34万元通过认证。当月进料加工免税进口料件的组成计税价格100万元。上期期末留抵税款6万元。本月内销货物不含税销售额100万元。收款117万元存入银行。本月出口货物销售额折合人民币200万元。试计算该企业当期的"免、抵、退"税额。

（1）免抵退税不得免征和抵扣税额抵减额＝免税进口料件的组成计税价格×（出口货物征税率－出口货物退税率）＝100×（17%－13%）＝4万元

（2）免抵退税不得免征和抵扣税额＝当期出口货物离岸价×外汇人民币牌价×（出口货物征税率－出口货物退税率）－免抵退税不得免征和抵扣税额抵减额＝200×（17%－13%）－4＝8－4＝4万元

（3）当期应纳税额＝100×17%－（34－4）－6＝17－30－6＝－19万元

（4）免抵退税额抵减额＝免税购进原材料×材料出口货物退税率＝100×13%＝13万元

（5）出口货物"免、抵、退"税额＝200×13%－13＝13万元

（6）按规定，如当期期末留抵税额＞当期免抵退税额时，当期应退税额＝当期免抵退税额，即当期该企业应退税额＝13万元

（7）当期免抵税额＝当期免抵退税额－当期应退税额，即当期该企业免抵税额＝13－13＝0

8月期末留抵结转下期继续抵扣税额＝19－13＝6万元。

二、"先征后退"的计算方法

（一）外贸企业"先征后退"的计算公式

1．外贸企业收购货物出口

外贸企业以及实行外贸企业财务制度的工贸企业收购货物出口，其出口销售环节的增值税免征；其收购货物的成本部分，因外贸企业在支付收购货款的同时也支付了生产经营该类商品的企业已纳的增值税税款，因此，在货物出口后按收购成本与退税率计算退税退还给外贸企业，征、退税之差计入企业成本。

外贸企业出口货物增值税的计算应依据购进出口货物增值税专用发票上所注明的进项金额和退税率计算。

应退税额＝外贸企业收购货物不含增值税购进金额×退税率

2．外贸企业收购小规模纳税人出口货物

凡从小规模纳税人购进税务机关代开的增值税专用发票的出口货物，按以下公式计算退税：

应退税额＝增值税专用发票注明的金额×3%

3．外贸企业委托生产企业加工出口货物的退税规定

外贸企业委托生产企业加工收回后报关出口的货物，按购进国内原辅材料的增值税

专用发票上注明的进项金额,依原辅材料的退税率计算原辅材料应退税额。支付的加工费,凭受托方开具货物的退税率,计算加工费的应退税额。

(二) 外贸企业申报出口退税期限

外贸企业在2008年1月1日后申报出口退税的,申报出口退税的截止期限调整为货物报关出口之日①起90天后第一个增值税纳税申报期截止之日。

外贸企业确有特殊原因在上述规定期限内无法申报出口退税的,按现行有关规定申请办理延期申报手续。外贸企业申请开具《代理出口货物证明》仍按现行有关规定执行。

(三) 外贸企业"先征后退"计算实例

【例7-4】 某进出口公司2012年3月出口美国服装一批,进货增值税专用发票注明计税金额100 000元,退税率13%,计算该公司应退税额。

应退税额 = 100 000 × 13% = 13 000元

第三节 增值税出口货物退免税管理

一、利用"口岸电子执法系统"的出口数据审核生产企业免、抵、退税的出口额

为加强生产企业出口货物"免、抵、退"税管理,促使生产企业准确及时申报"免、抵、退"税出口额,国税函[2003]95号文件规定,自2003年1月1日起,对生产企业申报免、抵、退税的出口额实行与"口岸电子执法系统"出口退税子系统中的出口数据进行核对的办法。具体规定为:

主管征税机关的退税部门或岗位对生产企业申报的"免、抵、退"税出口额,须在企业申报的当月,与"口岸电子执法系统"出口退税子系统的出口货物报关单(退税)证明联电子数据进行核对。

对生产企业申报的没有电子数据(有纸质报关单的除外)的"免、抵、退"税出口额和有电子数据但企业未在当月申报的出口额,应按企业申报的相对应的出口额或电子数据中的离岸价等计算销项税额,并在当月月底前通知生产企业。生产企业须按对应的实际出口额,在次月视同内销货物,按规定计算销项税额并缴纳增值税。如果属于消费税的应税货物,还应缴纳消费税。

二、出口企业未在规定期限内申报出口货物的处理

外贸企业自货物报关出口之日②起90日内未向主管税务机关退税部门申报出口退税的货物,除另有规定者和确有特殊原因,经地市以上税务机关批准者外,企业须向主管税务机关征税部门进行纳税申报并计提销项税额。上述货物属于应税消费品的,还须按消费税有关规定进行申报。

① 以出口货物报关单(出口退税专用)上注明的出口日期为准。

② 同上。

对以进料加工贸易方式出口的未在规定期限内申报出口退税的货物,出口企业须按照复出口货物的离岸价格与所耗用进口料件的差额计提销项税额或计算应纳税额。

对出口企业提出延期申报出口货物退(免)税的,主管税务机关退税部门除按国税发[2004]64号文件第三条规定和国税发[2004]113号文件第一条规定执行外,出口企业提出书面合理理由的,可经地市以上(含地市)税务机关核准后,在核准的期限内申报办理退(免)税。

三、新发生出口业务的退(免)税

对新发生出口业务的企业,除有特殊规定外,自发生首笔出口业务之日起12个月内发生的应退税额,不实行按月退税的办法,而是采取结转下期继续抵顶其内销货物应纳税额。

注册开业时间在一年以上的新发生出口业务的企业(小型出口企业除外),经地市税务机关核实确有生产能力并无偷税行为及走私、逃套汇等违法行为的,可实行统一的按月计算办理免、抵、退税的办法。

新成立的内外销销售额之和超过500万元(含)人民币,且外销销售额占其全部销售额的比例超过50%(含)的生产企业,如在自成立之日起12个月内不办理退税确有困难的,在从严掌握的基础上,经省、自治区、直辖市国家税务局批准,可实行统一的按月计算办理免、抵、退税的办法。

对财税[2002]7号文件第八条规定的退税审核期为12个月的小型出口企业在年度中间发生的应退税额,不实行按月退税的办法,而是采取结转下期继续抵顶其内销货物应纳税额,年底对未抵顶完的部分一次性办理退税的办法。小型出口企业的标准,由各省(自治区、直辖市)国家税务局根据企业上一个纳税年度的内外销销售额之和在200万元(含)人民币以上500万元(含)人民币以下的幅度内,按照本省(自治区、直辖市)的实际情况确定全省(自治区、直辖市)统一的标准。

四、外商投资企业及其他业务的退(免)税

生产企业出口实行简易办法征税的货物,免征增值税,出口的其他货物实行免、抵、退税办法。

小规模纳税人委托其他加工企业从事来料加工业务的,可按照现行有关规定向税务机关申请开具《来料加工免税证明》,加工企业可凭《来料加工免税证明》办理加工费的免税手续。

生产型企业集团公司(或总厂)代理成员企业(或分厂)出口货物后,企业集团(或总厂)可向主管税务机关申请开具《代理出口证明》,由成员企业(或分厂)实行免、抵、退税办法。

经有关部门批准具有对外经济合作经营权的对外承包工程公司,凡不是增值税一般纳税人的,购进与对外承包工程相关的出口货物时,供货生产企业可凭对外承包工程公司提供的对外经济合作经营权批准证书(复印件)等凭证向税务机关申请开具税收(出口

货物专用)缴款书。对外承包工程公司凭税收(出口货物专用)缴款书、普通发票或增值税专用发票以及其他规定的凭证,向主管税务机关申请办理与对外承包工程相关的出口货物退税。

保税区内生产企业从区外有进出口经营权的企业购进原材料、零部件等加工成产品出口的,可按保税区海关出具的出境备案清单以及其他规定的凭证,向税务机关申请办理免、抵、退税。保税区内进料加工企业从境外进口料件,可凭保税区海关签发的"海关保税区进境货物备案清单"办理《生产企业进料加工贸易免税证明》等单证。

对通过海关监管仓出口的货物,可凭海关签发的出口货物报关单(出口退税专用)及其他规定的凭证,按现行规定办理出口货物退(免)税。

财税[2002]7号文件第三条规定:"免税购进原材料包括从国内购进免税原材料和进料加工免税进口料件",其中国内购进免税原材料指《增值税暂行条例》、《增值税暂行条例实施细则》及其他有关规定中列名的且不能按规定计提进项税额的免税货物。

自2009年1月1日起,进口设备增值税免税政策和外商投资企业采购国产设备增值税退税政策停止执行。

五、出口货物退(免)税认定管理

对外贸易经营者按《中华人民共和国对外贸易法》和商务部《对外贸易经营者备案登记办法》的规定办理备案登记后,没有出口经营资格的生产企业委托出口自产货物(含视同自产产品,下同),应分别在备案登记、代理出口协议签订之日起30日内持有关资料,填写《出口货物退(免)税认定表》,到所在地税务机关办理出口货物退(免)税认定手续。特定退(免)税的企业和人员办理出口货物退(免)税认定手续按国家有关规定执行。

已办理出口货物退(免)税认定的出口商,其认定内容发生变化的,须自有关管理机关批准变更之日起30日内,持相关证件向税务机关申请办理出口货物退(免)税认定变更手续。

出口商发生解散、破产、撤销以及其他依法应终止出口货物退(免)税事项的,应持相关证件、资料向税务机关办理出口货物退(免)税注销认定。

对申请注销认定的出口商,税务机关应先结清其出口货物退(免)税款,再按规定办理注销手续。

六、出口货物退(免)税申报及受理

出口商应在规定期限内,收齐出口货物退(免)税所需的有关单证,使用国家税务总局认可的出口货物退(免)税电子申报系统生成电子申报数据,如实填写《出口货物退(免)税申报表》,向税务机关申报办理出口货物退(免)税手续。逾期申报的,除另有规定者外,税务机关不再受理该笔出口货物的退(免)税申报;该补税的,应按有关规定补征税款。

出口商申报出口货物退(免)税时,税务机关应及时予以接受并进行初审。经初步审核,出口商报送的申报资料、电子申报数据及纸质凭证齐全的,税务机关受理该笔出口货物退(免)税申报。出口商报送的申报资料或纸质凭证不齐全的,除另有规定者外,税务机关不予受理该笔出口货物的退(免)税申报,并要当即向出口商提出改正、补充资料、凭证的要求。税务机关受理出口商的出口货物退(免)税申报后,应为出口商出具回执,并对出口货物退(免)税申报情况进行登记。

出口商报送的出口货物退(免)税申报资料及纸质凭证齐全的,除另有规定者外,在规定申报期限结束前,税务机关不得以无相关电子信息或电子信息核对不符等原因,拒不受理出口商的出口货物退(免)税申报。

第四节　增值税出口货物退免税账务处理

一、生产企业免抵退税的账务处理

生产企业出口货物退免增值税的会计处理主要涉及出口货物销售收入、不得抵扣税额、出口货物免抵税额、应退税额的会计处理。

对于企业按照征退税率之差计算的不得抵扣税额,借记"主营业务成本",贷记"应交税费——应交增值税(进项税额转出)"账户。

货物出口后按规定计算的免抵税额,借记"应交税费——应交增值税(出口抵减内销产品应纳税额)",贷记"应交税费——应交增值税(出口退税)"账户。

计算企业实际应收到的出口退税时,借记"其他应收款",贷记"应交税费——应交增值税(出口退税)"账户。

根据【例 7-1】所作的账务处理:

企业购买原材料:

借:原材料　　4 000 000

　应交税费——应交增值税(进项税额)　　680 000

　贷:银行存款　　4 680 000

企业内销时:

借:银行存款　　2 340 000

　贷:主营业务收入　　2 000 000

　　应交税费——应交增值税(销项税额)　　340 000

企业出口货物时:

借:银行存款　　4 000 000

　贷:主营业务收入　　4 000 000

企业不得免征和抵扣税额:

借:主营业务成本　　160 000

　贷:应交税费——应交增值税(进项税额转出)　　160 000

申请出口免抵退税时:

借:其他应收款　　240 000
　应交税费——应交增值税(出口抵减内销产品应纳税额)　　280 000
　贷:应交税费——应交增值税(出口退税)　　520 000

根据【例 7-2】所作的账务处理:

企业不得免征和抵扣税额:

借:主营业务成本　　240 000
　贷:应交税费——应交增值税(进项税额转出)　　240 000

申请出口免抵退税时:

借:其他应收款　　780 000
　贷:应交税费——应交增值税(出口退税)　　780 000

【例 7-5】 【例 7-3】中的企业并不因为存在免税进口料件而改变账务处理的方法,其主要账务处理如下:

企业不得免征和抵扣税额:

借:主营业务成本　　40 000
　贷:应交税费——应交增值税(进项税额转出)　　40 000

申请出口免抵退税时:

借:其他应收款　　130 000
　贷:应交税费——应交增值税(出口退税)　　130 000

二、外贸企业先征后退的账务处理

外贸企业按照规定退税率计算应收出口退税款时,借记"其他应收款",贷记"应交税费——应交增值税(出口退税)"账户;按照出口货物购进时取得的增值税专用发票上的进项税额与国家规定的退税率之间的差额,借记"主营业务成本",贷记"应交税费——应交增值税(进项税额转出)"账户。

第五节　出口应税消费品退免税概述

纳税人出口应税消费品与已纳增值税出口货物一样,国家都是给予退(免)税优惠的。出口应税消费品同时涉及退(免)增值税和消费税,且退(免)消费税与出口货物退(免)增值税在退(免)税范围的限定、退(免)税办理程序、退(免)税审核及管理上都有许多一致的地方。

一、出口退税率的规定

计算出口应税消费品应退消费税的税率或单位税额,依据《消费税暂行条例》所附消费税税目税率(税额)表执行。这是退(免)消费税与退(免)增值税的一个重要区别。当出口的货物是应税消费品时,其退还增值税要按规定的退税率计算,其退还消费税则按该应税消费品所适用的消费税税率计算。企业应将不同消费税税率的出口应税消费品分开核算和申报，凡划分不清适用税率的，一律从低适用税率计算应退消费税税额。

二、出口应税消费品退免税政策

出口应税消费品退(免)消费税在政策上分为以下三种情况：

1. 出口免税并退税

适用这个政策的是：有出口经营权的外贸企业购进应税消费品直接出口，以及外贸企业受其他外贸企业委托代理出口应税消费品。这里需要重申的是，外贸企业只有受其他外贸企业委托，代理出口应税消费品才可办理退税，外贸企业受其他企业(主要是非生产性的商贸企业)委托，代理出口应税消费品是不予退(免)税的。这个政策限定与前述出口货物退(免)增值税的政策规定是一致的。

2. 出口免税但不退税

适用这个政策的是：有出口经营权的生产性企业自营出口或生产企业委托外贸企业代理出口自产的应税消费品，依据其实际出口数量免征消费税，不予办理退还消费税。免征消费税是指对生产性企业按其实际出口数量免征生产环节的消费税。不予办理退还消费税，是指因已免征生产环节的消费税，该应税消费品出口时，已不含有消费税，所以无须再办理退还消费税了。这项政策规定与前述生产性企业自营出口或委托代理出口自产货物退(免)增值税的规定是不一样的。其政策有区别的原因是：消费税仅在生产企业的生产环节征收，生产环节免税了，出口的应税消费品就不含有消费税了；而增值税却在货物销售的各个环节征收，生产企业出口货物时，已纳的增值税就需退还。

3. 出口不免税也不退税

适用这个政策的是：除生产企业、外贸企业外的其他企业，具体是指一般商贸企业，这类企业委托外贸企业代理出口应税消费品一律不予退(免)税。

第六节　出口货物消费税退税的计算及账务处理

一、出口应税消费品退税额的计算

外贸企业从生产企业购进货物直接出口或受其他外贸企业委托代理出口应税消费品的应退消费税税款，分两种情况处理：

1. 属于从价定率计征消费税的应税消费品

应依照外贸企业从工厂购进货物时征收消费税的价格计算应退消费税税款，其公式为：

$$应退消费税税款=出口货物的工厂销售额\times税率$$

上述公式中“出口货物的工厂销售额”不包含增值税，对含增值税的价格应换算为不含增值税的销售额。

2. 属于从量定额计征消费税的应税消费品

应以货物购进和报关出口的数量计算应退消费税税款，其公式为：

应退消费税税款 = 出口数量 × 单位税额

【例 7-6】 某外贸公司购入一批实木地板销往国外，增值税专用发票上注明价款 300 万元，地板厂已经计算缴纳消费税税款 15 万元，外贸公司按规定申报办理了消费税退税，退税款已经收到。

应退消费税税款 = 3 000 000 × 5% = 150 000 元

二、出口应税消费品退税额的账务处理

生产企业直接出口自产应税消费品时，因为免税，所以不计算应缴纳的消费税。生产企业将应税消费品销售给外贸企业，由外贸企业自营出口的，外贸企业申请退税时，借记“其他应收款”，贷记“主营业务成本”账户。

根据【例 7-6】，外贸公司申请退税时的财务处理如下：

借：其他应收款	150 000	
贷：主营业务成本		150 000

收到退税款时：

借：银行存款	150 000	
贷：其他应收款		150 000

三、出口应税消费品办理退免税后的管理

出口的应税消费品办理退税后，发生退关，或者国外退货进口时予以免税的，报关出口者必须及时向其所在地主管税务机关申报补缴已退的消费税税款。

纳税人直接出口的应税消费品办理免税后发生退关或国外退货，进口时已予以免税的，经所在地主管税务机关批准，可暂不办理补税，待其转为国内销售时，再向其主管税务机关申报补缴消费税。

第八章

企业所得税会计

第一节 企业所得税概述

一、企业所得税的概念

企业所得税是指对我国境内的企业和其他取得收入的组织的生产经营所得和其他所得征收的所得税。

二、企业所得税的特点

企业所得税的特点主要是:通常以纯所得为征税对象;以经过计算得出的应纳税所得额为计税依据;纳税人和实际负担人通常是一致的,因而可以直接调节纳税人的收入。

企业所得税的计税依据是应纳税所得,它以利润为主要依据,但不是直接意义上的会计利润,更不是收入总额。因此所得税计税依据的计算涉及纳税人的成本、费用的各个方面,使得其计算较为复杂。而且企业所得税在征收过程中,为了发挥所得税对经济的调控作用,也会根据调控目的和需要,在税制中采取各种税收激励或限制措施,因而使得所得税的计算更为复杂。

三、纳税义务人

企业所得税的纳税义务人是指在中华人民共和国境内的企业和其他取得收入的组织。《中华人民共和国企业所得税法》(以下简称《企业所得税法》)第一条规定,除个人独资企业、合伙企业不适用企业所得税法外,凡在我国境内,企业和其他取得收入的组织(以下统称企业)为企业所得税的纳税人,依照本法规定缴纳企业所得税。

企业所得税的纳税人分为居民企业和非居民企业。

1. 居民企业

居民企业是指依法在中国境内成立,或者依照外国(地区)法律成立但实际管理机构在中国境内的企业。这里的企业包括国有企业、集体企业、私营企业、联营企业、股份制企业、外商投资企业、外国企业,以及有生产、经营所得和其他所得的其他组织。其中,有生产、经营所得和其他所得的其他组织,是指经国家有关部门批准,依法注册、登记的事业单位、社会团体等组织。由于我国的一些社会团体组织、事业单位在完成国家事业计划的过程中,开展多种经营和有偿服务活动,取得除财政部门各项拨款、财政部和国家价格主管部门批准的各项规费收入以外的经营收入,具有经营的特点,应当视同企业纳入征税范围。其中,实际管理机构是指对企业的生产经营、人员、账务、财产等实施实质性全面管理和控制的机构。

2. 非居民企业

非居民企业是指依照外国(地区)法律成立且实际管理机构不在中国境内,但在中国境内设立机构、场所的，或者在中国境内未设立机构、场所，但有来源于中国境内所得的企业。

上述所称机构、场所是指在中国境内从事生产经营活动的机构、场所，包括：

(1) 管理机构、营业机构、办事机构。

(2) 工厂、农场、开采自然资源的场所。

(3) 提供劳务的场所。

(4) 从事建筑、安装、装配、修理、勘探等工程作业的场所。

(5) 其他从事生产经营活动的机构、场所。

非居民企业委托营业代理人在中国境内从事生产经营活动的，包括委托单位或者个人经常代其签订合同，或者储存、交付货物等，该营业代理人视为非居民企业在中国境内设立的机构、场所。

四、征税对象

企业所得税的征税对象是指企业的生产经营所得、其他所得和清算所得。

1. 居民企业的征税对象

居民企业应就来源于中国境内、境外的所得作为征税对象。所得，包括销售货物所得、提供劳务所得、转让财产所得、股息红利等权益性投资所得，以及利息所得、租金所得、特许权使用费所得、接受捐赠所得和其他所得。

2. 非居民企业的征税对象

非居民企业在中国境内设立机构、场所的，应当就其所设机构、场所取得的来源于中国境内的所得，以及发生在中国境外但与其所设机构、场所有实际联系的所得，缴纳企业所得税。非居民企业在中国境内未设立机构、场所的，或者虽设立机构、场所但取得的所得与其所设机构、场所没有实际联系的，应当就其来源于中国境内的所得缴纳企业所得税。

上述所称实际联系，是指非居民企业在中国境内设立的机构、场所拥有的据以取得所得的股权、债权以及拥有、管理、控制据以取得所得的财产。

3. 所得来源的确定

(1) 销售货物所得，按照交易活动发生地确定。

(2) 提供劳务所得，按照劳务发生地确定。

(3) 转让财产所得。不动产转让所得按照不动产所在地确定。动产转让所得按照转让动产的企业或者机构、场所所在地确定。权益性投资资产转让所得按照被投资企业所在地确定。

(4) 股息、红利等权益性投资所得，按照分配所得的企业所在地确定。

(5) 利息所得、租金所得、特许权使用费所得，按照负担、支付所得的企业或者机构、场所所在地确定，或者按照负担、支付所得的个人的住所地确定。

(6) 其他所得，由国务院财政、税务主管部门确定。

五、税率

企业所得税基本税率为25%。它适用于居民企业和在中国境内设有机构、场所且所得与机构、场所有关联的非居民企业。

企业所得税低税率为20%。它适用于在中国境内未设立机构、场所，或者虽设立机构、场所但取得的所得与其所设机构、场所没有实际联系的非居民企业。但实际征税时适用10%的税率（由于税收优惠的存在）。

第二节　应纳税所得额的计算

思考与提示

【思考】企业会计上的利润总额与应纳税所得额是什么关系？

【提示】企业应纳税所得额要按照税法的要求进行计算，但在实际工作中，企业按照会计上的利润总额进行预缴，在年度终了五个月内，在会计利润总额的基础上，寻找会计利润总额与应纳税所得额的差异，将利润总额调整成税法要求的应纳税所得额，对预缴的所得税进行多退少补。

应纳税所得额是企业所得税的计税依据，按照《企业所得税法》的规定，应纳税所得额为企业每一个纳税年度的收入总额，减除不征税收入、免税收入、各项扣除，以及允许弥补的以前年度亏损后的余额。基本公式为：

应纳税所得额 = 收入总额 - 不征税收入 - 免税收入 - 各项扣除 - 以前年度亏损

企业应纳税所得额的计算以权责发生制为原则，属于当期的收入和费用，不论款项是否收付，均作为当期的收入和费用；不属于当期的收入和费用，即使款项已经在当期收付，均不作为当期的收入和费用。应纳税所得额的正确计算直接关系到国家财政收入和企业的税收负担，并且同成本、费用核算关系密切。因此，《企业所得税法》对应纳税所得额的计算作了明确规定，主要内容包括收入总额、扣除范围和标准、资产的税务处理、亏损弥补等。

一、收入总额

企业的收入总额包括以货币形式和非货币形式从各种来源取得的收入，具体有销售货物收入，提供劳务收入，转让财产收入，股息、红利等权益性投资收益，以及利息收入、租金收入、特许权使用费收入、接受捐赠收入、其他收入。

企业取得收入的货币形式，包括现金、存款、应收账款、应收票据、准备持有至到期的债券投资以及债务的豁免等；纳税人以非货币形式取得的收入，包括固定资产、生物资产、无形资产、股权投资、存货、不准备持有至到期的债券投资、劳务以及有关权益等，这

些非货币资产应当按照公允价值确定收入额,公允价值是指按照市场价格确定的价值。收入的具体构成为:

（一）一般收入的确认

（1）销售货物收入。是指企业销售商品、产品、原材料、包装物、低值易耗品以及其他存货取得的收入。

（2）劳务收入。是指企业从事建筑安装、修理修配、交通运输、仓储租赁、金融保险、邮电通信、咨询经纪、文化体育、科学研究、技术服务、教育培训、餐饮住宿、中介代理、卫生保健、社区服务、旅游、娱乐、加工以及其他劳务服务活动取得的收入。

（3）财产转让收入。是指企业转让固定资产、生物资产、无形资产、股权、债权等财产取得的收入。

（4）股息、红利等权益性投资收益。是指企业因权益性投资从被投资方取得的收入。股息、红利等权益性投资收益,除国务院财政、税务主管部门另有规定外,按照被投资方作出利润分配决定的日期确认收入的实现。

（5）利息收入。是指企业将资金提供他人使用但不构成权益性投资,或者因他人占用企业资金取得的收入,包括存款利息、贷款利息、债券利息、欠款利息等收入。利息收入,按照合同约定的债务人应付利息的日期确认收入的实现。

（6）租金收入。是指企业提供固定资产、包装物或者其他有形财产使用权取得的收入。租金收入,按照合同约定的承租人应付租金的日期确认收入的实现。

（7）特许权使用费收入。是指企业提供专利权、非专利技术、商标权、著作权以及其他特许权的使用权而取得的收入。特许权使用费收入,按照合同约定的特许权使用人应付特许权使用费的日期确认收入的实现。

（8）接受捐赠收入。是指企业接受的来自其他企业、组织或者个人无偿给予的货币性资产、非货币性资产。接受捐赠收入,按照实际收到的捐赠资产的日期确认收入的实现。

（9）其他收入。是指企业取得的除以上收入外的其他收入,包括企业资产溢余收入、逾期未退包装物押金收入、确实无法偿付的应付款项、已作坏账损失处理后又收回的应收款项、债务重组收入、补贴收入、违约金收入、汇兑收益等。

（二）特殊收入的确认

（1）以分期收款方式销售货物的,按照合同约定的收款日期确认收入的实现。

（2）企业受托加工制造大型机械设备、船舶、飞机,以及从事建筑、安装、装配工程业务或者提供其他劳务等,持续时间超过12个月的,按照纳税年度内完工进度或者完成的工作量确认收入的实现。

（3）采取产品分成方式取得收入的,按照企业分得产品的日期确认收入的实现,其收入额按照产品的公允价值确定。

（4）企业发生非货币性资产交换,以及将货物、财产、劳务用于捐赠、偿债、赞助、集资、广告、样品、职工福利或者利润分配等用途的,应当视同销售货物、转让财产或者提供劳务,但国务院财政、税务主管部门另有规定的除外。

（三）视同销售收入的确认

思考与提示

【思考】会计上是否有视同销售的概念？税法判断视同销售的基本依据是什么？

【提示】会计上没有视同销售的概念，符合确认销售收入的条件，确认销售收入，不符合则不确认销售收入。在所得税法上，判断视同销售的基本依据是看所有权是否在法人之间发生转移，发生转移在所得税法上就实现了销售。

企业发生下列情形的处置资产，除将资产转移至境外以外，由于资产所有权属在形式和实质上均不发生改变，可作为内部处置资产，不视同销售确认收入，相关资产的计税基础延续计算。

（1）将资产用于生产、制造、加工另一产品。

（2）改变资产形状、结构或性能。

（3）改变资产用途（如自建商品房转为自用或经营）。

（4）将资产在总机构及其分支机构之间转移。

（5）上述两种或两种以上情形的混合。

（6）其他不改变资产所有权属的用途。

企业将资产移送他人的下列情形，因资产所有权属已发生改变而不属于内部处置资产，应按规定视同销售确定收入。

（1）用于市场推广或销售。

（2）用于交际应酬。

（3）用于职工奖励或福利。

（4）用于股息分配。

（5）用于对外捐赠。

（6）其他改变资产所有权属的用途。

企业发生视同销售收入行为时，属于企业自制的资产，应按企业同类资产同期对外销售价格确定销售收入；属于外购的资产，可按购入时的价格确定销售收入。

（四）相关收入实现的确认

除《企业所得税法》及其实施条例前述收入的规定外，企业销售收入的确认，必须遵循权责发生制原则和实质重于形式原则。

1. 企业销售商品同时满足下列条件的，应确认收入的实现

（1）商品销售合同已经签订，企业已将与商品所有权相关的主要风险和报酬转移给购货方。

（2）企业对已售出的商品既没有保留通常与所有权相联系的继续管理权，也没有实施有效控制。

（3）收入的金额能够可靠地计量。

（4）已发生或将发生的销售方的成本能够可靠地核算。

2. 符合上述收入确认条件,采取下列商品销售方式的,应按以下规定确认收入实现时间

(1) 销售商品采用托收承付方式的,在办妥托收手续时确认收入。

(2) 销售商品采取预收款方式的,在发出商品时确认收入。

(3) 销售商品需要安装和检验的,在购买方接受商品以及安装和检验完毕时确认收入。如果安装程序比较简单,可在发出商品时确认收入。

(4) 销售商品采用支付手续费方式委托代销的,在收到代销清单时确认收入。

3. 采用售后回购方式销售商品

销售的商品按售价确认收入,回购的商品作为购进商品处理。有证据表明不符合销售收入确认条件的,如以销售商品方式进行融资,收到的款项应确认为负债;回购价格大于原售价的,差额应在回购期间确认为利息费用。

4. 销售商品以旧换新

销售商品应当按照销售商品收入确认条件确认收入,回收的商品作为购进商品处理。

5. 折扣的处理

企业为促进商品销售而在商品价格上给予的价格扣除属于商业折扣。商品销售涉及商业折扣的,应当按照扣除商业折扣后的金额确定销售商品收入金额。

债权人为鼓励债务人在规定的期限内付款而向债务人提供的债务扣除属于现金折扣,销售商品涉及现金折扣的,应当按扣除现金折扣前的金额确定销售商品收入金额,现金折扣在实际发生时作为财务费用扣除。

企业因售出商品的质量不合格等原因而在售价上给予的减让,属于销售折让;企业因售出商品质量、品种不符合要求等原因而发生的退货,属于销售退回。企业已经确认销售收入的售出商品发生销售折让和销售退回,应当在发生当期冲减当期销售商品收入。

6. 劳务收入的确认

企业在各个纳税期末,提供劳务交易的结果能够可靠估计的,应采用完工进度(完工百分比)法确认提供劳务收入。

(1) 提供劳务交易的结果能够可靠估计,是指同时满足下列条件:

① 收入的金额能够可靠地计量;

② 交易的完工进度能够可靠地确定;

③ 交易中已发生和将发生的成本能够可靠地核算。

(2) 企业提供劳务完工进度的确定,可选用下列方法:

① 已完工作的测量。

② 已提供劳务占劳务总量的比例。

③ 发生成本占总成本的比例。

(3) 企业应按照从接受劳务方已收或应收的合同或协议价款确定劳务收入总额,根据纳税期末提供劳务收入总额乘以完工进度扣除以前纳税年度累计已确认提供劳务收

入后的金额,确认为当期劳务收入;同时,按照提供劳务估计总成本乘以完工进度扣除以前纳税期间累计已确认劳务成本后的金额,结转为当期劳务成本。

(4) 下列提供劳务满足收入确认条件的,应按规定确认收入:

① 安装费。应根据安装完工进度确认收入。安装工作是商品销售附带条件的,安装费在确认商品销售实现时确认收入。

② 宣传媒介费。应在相关的广告或商业行为出现于公众面前时确认收入。广告的制作费,应根据制作广告的完工进度确认收入。

③ 软件费。为特定客户开发软件的收费,应根据开发的完工进度确认收入。

④ 服务费。包含在商品售价内可区分的服务费,在提供服务的期间分期确认收入。

⑤ 艺术表演、招待宴会和其他特殊活动的收费。应在相关活动发生时确认收入。收费涉及几项活动的,预收的款项应合理分配给每项活动,分别确认收入。

⑥ 会员费。申请入会或加入会员,只允许取得会籍,所有其他服务或商品都要另行收费的,在取得该会员费时确认收入。申请入会或加入会员后,会员在会员期内不再付费就可得到各种服务或商品,或者以低于非会员的价格销售商品或提供服务的,该会员费应在整个受益期内分期确认收入。

⑦ 特许权费。属于提供设备和其他有形资产的特许权费,在交付资产或转移资产所有权时确认收入;属于提供初始及后续服务的特许权费,在提供服务时确认收入。

⑧ 劳务费。长期为客户提供重复的劳务收取的劳务费,在相关劳务活动发生时确认收入。

7. 买一赠一销售收入的确认

企业以买一赠一等方式组合销售本企业商品的,不属于捐赠,应将总的销售金额按各项商品的公允价值的比例来分摊确认各项的销售收入。

二、不征税收入和免税收入

思考与提示

【思考】不征税收入和免税收入的区别是什么?

【提示】不征税收入不属于所得税的征税范围;免税收入属于所得税的征税范围,但由于税收优惠的存在,不征收企业所得税。不征税收入用于支出所形成的费用,不得在计算应纳税所得额时扣除;免税收入用于支出所形成的费用,允许在计算应纳税所得额时扣除。

(一) 不征税收入

1. 财政拨款

是指各级人民政府对纳入预算管理的事业单位、社会团体等组织拨付的财政资金,但国务院和国务院财政、税务主管部门另有规定的除外。

2. 依法收取并纳入财政管理的行政事业性收费、政府性基金

是指依照法律法规等有关规定，按照国务院规定程序批准，在实施社会公共管理，以及在向公民、法人或者其他组织提供特定公共服务过程中，向特定对象收取并纳入财政管理的费用。

3. 国务院规定的其他不征税收入

是指企业取得的由国务院财政、税务主管部门规定专项用途并经国务院批准的财政性资金。财政性资金，是指企业取得的来源于政府及其有关部门的财政补助、补贴、贷款贴息，以及其他各类财政专项资金，包括直接减免的增值税和即征即退、先征后退、先征后返的各种税收，但不包括企业按规定取得的出口退税款。

（二）免税收入

1. 国债利息收入

为鼓励企业积极购买国债，支援国家建设项目，税法规定，企业因购买国债所得的利息收入，免征企业所得税。

2. 符合条件的居民企业之间的股息、红利等权益性收益

是指居民企业直接投资于其他居民企业取得的股息、红利等投资收益。

3. 非居民企业的股息、红利所得

是指在中国境内设立机构、场所的非居民企业从居民企业取得与该机构、场所有实际联系的股息、红利等权益性投资收益。该收益不包括连续持有居民企业公开发行并上市流通的股票不足12个月取得的投资收益。

4. 符合条件的非营利组织的收入

三、扣除原则和范围

（一）税前扣除项目的原则

企业申报的扣除项目和金额要真实、合法。真实是指能提供证明有关支出确属已经实际发生；合法是指符合国家税法的规定，若其他法规规定与税收法规规定不一致，应以税收法规规定为标准。除税收法规另有规定外，税前扣除一般应遵循以下原则：

1. 权责发生制原则

是指企业费用应在发生的所属期扣除，而不是在实际支付时确认扣除。

2. 配比原则

是指企业发生的费用应当与收入配比扣除。除特殊规定外，企业发生的费用不得提前或滞后申报扣除。

3. 相关性原则

是指企业可扣除的费用从性质和根源上必须与取得应税收入直接相关。

4. 确定性原则

是指企业可扣除的费用不论何时支付，其金额必须是确定的。

5. 合理性原则

是指符合生产经营活动常规，应当计入当期损益或者有关资产成本的必要和正常的支出。

（二）扣除项目的范围

《企业所得税法》规定，企业实际发生的与取得收入有关的、合理的支出，包括成本、费用、税金、损失及其他支出，准予在计算应纳税所得额时扣除。

1. 成本

是指企业在生产经营活动中发生的销售成本、销货成本、业务支出，以及其他耗费，即企业销售商品（产品、材料、下脚料、废料、废旧物资等）、提供劳务、转让固定资产、无形资产（包括技术转让）的成本。

2. 费用

是指企业每一个纳税年度为生产、经营商品和提供劳务等所发生的销售（经营）费用、管理费用和财务费用。已计入成本的有关费用除外。

3. 税金

是指企业发生的除企业所得税和允许抵扣的增值税以外的企业缴纳的各项税金及其附加。准许扣除的税金有两种方式：一是在发生当期扣除；二是在发生当期计入相关资产的成本，在以后各期分摊扣除。

4. 损失

是指企业在生产经营活动中发生的固定资产和存货的盘亏、毁损、报废损失，转让财产损失，呆账损失，坏账损失，自然灾害等不可抗力因素造成的损失以及其他损失。

（三）扣除项目的具体标准

在计算应纳税所得额时，下列项目按照实际发生额或规定的标准扣除：

1. 工资、薪金支出

企业发生的合理的工资、薪金支出准予据实扣除。工资、薪金支出是企业每一纳税年度支付给本企业任职或与其有雇佣关系的员工的所有现金或非现金形式的劳动报酬，包括基本工资、奖金、津贴、补贴、年终加薪、加班工资，以及与任职或者是受雇有关的其他支出。

“合理的工资、薪金”，是指企业按照股东大会、董事会、薪酬委员会或相关管理机构制定的工资薪金制度规定实际发放给员工的工资、薪金。税务机关在对工资、薪金进行合理性确认时，可遵循以下原则：

（1）企业制定了较为规范的员工工资、薪金制度。

（2）企业所制定的工资、薪金制度符合行业及地区水平。

（3）企业在一定时期所发放的工资、薪金是相对固定的，工资、薪金的调整是有序进行的。

（4）企业对实际发放的工资、薪金，已依法履行了代扣代缴个人所得税义务。

（5）有关工资、薪金的安排，不以减少或逃避税款为目的。

2. 职工福利费、工会经费、职工教育经费

企业发生的职工福利费、工会经费、职工教育经费按标准扣除，未超过标准的按实际数扣除，超过标准的只能按标准扣除。

（1）企业发生的职工福利费支出，不超过工资、薪金总额14%的部分准予扣除。

企业职工福利费，包括以下内容：尚未实行分离办社会职能的企业，其内设福利部门

所发生的设备、设施和人员费用，包括职工食堂、职工浴室、理发室、医务所、托儿所、疗养院等集体福利部门的设备、设施及维修保养费用和福利部门工作人员的工资、薪金、社会保险费、住房公积金、劳务费等。为职工卫生保健、生活、住房、交通等所发放的各项补贴和非货币性福利，包括企业向职工发放的因公外地就医费用、未实行医疗统筹企业职工医疗费用、职工供养直系亲属医疗补贴、供暖费补贴、职工防暑降温费、职工困难补贴、救济费、职工食堂经费补贴、职工交通补贴等。按照其他规定发生的其他职工福利费，包括丧葬补助费、抚恤费、安家费、探亲假路费等。

（2）企业拨缴的工会经费，不超过工资、薪金总额2%的部分准予扣除。

（3）除国务院财政、税务主管部门另有规定外，企业发生的职工教育经费支出，不超过工资、薪金总额2.5%的部分准予扣除，超过部分准予结转以后纳税年度扣除。

上述计算职工福利费、工会经费、职工教育经费的"工资、薪金总额"，是指企业按照税法规定实际发放的工资、薪金总和。

3. 社会保险费

（1）企业依照国务院有关主管部门或者省级人民政府规定的范围和标准为职工缴纳的"五险一金"，即基本养老保险费、基本医疗保险费、失业保险费、工伤保险费、生育保险费等基本社会保险费和住房公积金，准予扣除。

（2）企业为投资者或者职工支付的补充养老保险费、补充医疗保险费，在国务院财政、税务主管部门规定的范围和标准内，准予扣除。企业依照国家有关规定为特殊工种职工支付的人身安全保险费和符合国务院财政、税务主管部门规定可以扣除的商业保险费准予扣除。

（3）企业参加财产保险，按照规定缴纳的保险费，准予扣除。企业为投资者或者职工支付的商业保险费，不得扣除。

4. 利息费用

企业在生产、经营活动中发生的利息费用，按下列规定扣除：非金融企业向金融企业借款的利息支出、金融企业的各项存款利息支出和同业拆借利息支出、企业经批准发行债券的利息支出可据实扣除。非金融企业向非金融企业借款的利息支出，不超过按照金融企业同期同类贷款利率计算的数额的部分可据实扣除，超过部分不许扣除。

5. 借款费用

企业在生产经营活动中发生的合理的不需要资本化的借款费用，准予扣除。企业为购置、建造固定资产、无形资产和经过12个月以上的建造才能达到预定可销售状态的存货发生的借款，在有关资产购置、建造期间发生的合理的借款费用，应予以资本化，作为资本性支出计入有关资产的成本；有关资产交付使用后发生的借款利息，可在发生当期扣除。

6. 业务招待费

企业发生的与其生产、经营业务有关的业务招待费支出，按照发生额的60%扣除，但最高不得超过当年销售（营业）收入的5‰。

思考与提示

【思考】当年销售收入包括哪些？业务招待费为什么是企业必须进行纳税调整的项目？

【提示】收入包括主营业务收入、其他业务收入和视同销售收入。企业发生业务招待费，会计上根据发生的金额计入“管理费用——业务招待费”，但税法上最多能按照发生额扣除60%，而且不能超过收入的5‰，会计上的金额与税法的扣除标准必然存在差异，因此从会计利润调整成应纳税所得额，必须进行纳税调增处理。

7. 广告费和业务宣传费

企业发生的符合条件的广告费和业务宣传费支出，除国务院财政、税务主管部门另有规定外，不超过当年销售（营业）收入15%的部分，准予扣除；超过部分，准予结转以后纳税年度扣除。

8. 租赁费

企业根据生产经营需要租入固定资产支付的租赁费，按照以下方法扣除：以经营租赁方式租入固定资产发生的租赁费支出，按照租赁期限均匀扣除。经营性租赁是指所有权不转移的租赁。以融资租赁方式租入固定资产发生的租赁费支出，按照规定构成融资租入固定资产价值的部分应当提取折旧费用，分期扣除。融资租赁是指在实质上转移与一项资产所有权有关的全部风险和报酬的一种租赁。

9. 公益性捐赠支出

公益性捐赠，是指企业通过公益性社会团体或者县级以上人民政府及其部门，用于《中华人民共和国公益事业捐赠法》规定的公益事业的捐赠。

企业发生的公益性捐赠支出，不超过年度利润总额12%的部分，准予扣除。年度利润总额，是指企业依照国家统一会计制度的规定计算的年度会计利润。

10. 总机构分摊的费用

非居民企业在中国境内设立的机构、场所，就其中国境外总机构发生的与该机构、场所生产经营有关的费用，能够提供总机构出具的费用汇集范围、定额、分配依据和方法等证明文件，并合理分摊的，准予扣除。

11. 资产损失

企业当期发生的固定资产和流动资产盘亏、毁损净损失，由其提供清查盘存资料，经向主管税务机关申报后，准予扣除；企业因存货盘亏、毁损、报废等原因不得从销项税金中抵扣的进项税金，应视同企业财产损失，准予与存货损失一起在所得税前按规定扣除。

四、不得扣除的项目

在计算应纳税所得额时，下列支出不得扣除：

（1）向投资者支付的股息、红利等权益性投资收益款项。

（2）企业所得税税款。

(3) 税收滞纳金。是指纳税人违反税收法规,被税务机关处以的滞纳金。

(4) 罚金、罚款和被没收财物的损失。是指纳税人违反国家有关法律、法规规定,被有关部门处以的罚款,以及被司法机关处以的罚金和被没收财物。

(5) 超过规定标准的捐赠支出。

(6) 赞助支出。是指企业发生的与生产经营活动无关的各种非广告性质支出。

(7) 未经核定的准备金支出。是指不符合国务院财政、税务主管部门规定的各项资产减值准备、风险准备等准备金支出。

(8) 企业之间支付的管理费、企业内营业机构之间支付的租金和特许权使用费,以及非银行企业内营业机构之间支付的利息,不得扣除。

(9) 与取得收入无关的其他支出。

五、亏损弥补

亏损是指企业依照《企业所得税法》及其暂行条例的规定,将每一纳税年度的收入总额减除不征税收入、免税收入和各项扣除后小于零的数额。税法规定,企业某一纳税年度发生的亏损可以用下一年度的所得弥补;下一年度的所得不足以弥补的,可以逐年延续弥补,但最长不得超过 5 年。而且,企业在汇总计算缴纳企业所得税时,其境外营业机构的亏损不得抵减境内营业机构的盈利。

第三节 资产的税务处理

资产是由于资本投资而形成的财产,对于资本性支出以及无形资产受让、开办、开发费用,不允许作为成本、费用从纳税人的收入总额中作一次性扣除,只能采取分次计提折旧或分次摊销的方式予以扣除。即纳税人经营活动中使用的固定资产的折旧费用、无形资产和长期待摊费用的摊销费用可以扣除。税法规定,纳入税务处理范围的资产形式主要有固定资产、生物资产、无形资产、长期待摊费用、投资资产、存货等,均以历史成本为计税基础。历史成本是指企业取得该项资产时实际发生的支出。企业持有各项资产期间资产增值或者减值,除国务院财政、税务主管部门规定可以确认损益外,不得调整该资产的计税基础。

一、固定资产的税务处理

固定资产是指企业为生产产品、提供劳务、出租或者经营管理而持有的、使用期限超过 12 个月的非货币性资产,包括房屋、建筑物、机器、机械、运输工具,以及其他与生产经营活动有关的设备、器具、工具等。

(一) 固定资产计税基础

(1) 外购的固定资产,以购买价款和支付的相关税费以及直接归属于使该资产达到预定用途发生的其他支出为计税基础。

(2) 自行建造的固定资产,以竣工结算前发生的支出为计税基础。

(3) 融资租入的固定资产,以租赁合同约定的付款总额和承租人在签订租赁合同过程中发生的相关费用为计税基础;租赁合同未约定付款总额的,以该资产的公允价值和承租人在签订租赁合同过程中发生的相关费用为计税基础。

(4) 盘盈的固定资产,以同类固定资产的重置完全价值为计税基础。

(5) 通过捐赠、投资、非货币性资产交换、债务重组等方式取得的固定资产,以该资产的公允价值和支付的相关税费为计税基础。

(6) 改建的固定资产,除已足额提取折旧的固定资产和租入的固定资产以外的其他固定资产,以改建过程中发生的改建支出增加计税基础。

(二) 固定资产折旧的范围

在计算应纳税所得额时,企业按照规定计算的固定资产折旧,准予扣除。下列固定资产不得计算折旧扣除:

(1) 房屋、建筑物以外未投入使用的固定资产;

(2) 以经营租赁方式租入的固定资产;

(3) 以融资租赁方式租出的固定资产;

(4) 已提足折旧继续使用的固定资产;

(5) 与经营活动无关的固定资产;

(6) 单独估价作为固定资产入账的土地;

(7) 其他不得计提折旧扣除的固定资产。

(三) 固定资产折旧的计提方法

企业应当自固定资产投入使用月份的次月起计提折旧;停止使用的固定资产,应当从停止使用月份的次月起停止计提折旧。

企业应当根据固定资产的性质和使用情况,合理确定固定资产的预计净残值。固定资产的预计净残值一经确定,不得变更。

固定资产按照直线法计算的折旧,准予扣除。

(四) 固定资产折旧的计提年限

除国务院财政、税务主管部门另有规定外,固定资产计算折旧的最低年限如下:

(1) 房屋、建筑物,为 20 年;

(2) 飞机、火车、轮船、机器、机械和其他生产设备,为 10 年;

(3) 与生产经营活动有关的器具、工具、家具等,为 5 年;

(4) 飞机、火车、轮船以外的运输工具,为 4 年;

(5) 电子设备,为 3 年。

从事开采石油、天然气等矿产资源的企业,在开始商业性生产前发生的费用和有关固定资产的折耗、折旧方法,由国务院财政、税务主管部门另行规定。

思考与提示

【思考】某企业购买了一辆小轿车，会计上计提折旧的年限为6年，在计算所得税时，是否需要进行调整？

【提示】税法上规定的折旧年限是最低折旧年限，由于会计上计提折旧的年限超过了税法规定的最低折旧年限，所以不需要进行调整，但会计上计提折旧的年限应该具有合理性。

二、生物资产的税务处理

生物资产是指有生命的动物和植物。生物资产分为消耗性生物资产、生产性生物资产和公益性生物资产。消耗性生物资产，是指为出售而持有的，或在将来收获为农产品的生物资产，包括生长中的农田作物、蔬菜、用材林以及存栏待售的牲畜等。生产性生物资产，是指为产出农产品、提供劳务或出租等目的而持有的生物资产，包括经济林、薪炭林、产畜和役畜等。公益性生物资产，是指以防护、环境保护为主要目的的生物资产，包括防风固沙林、水土保持林和水源涵养林等。

（一）生物资产的计税基础

外购的生产性生物资产，以购买价款和支付的相关税费为计税基础。通过捐赠、投资、非货币性资产交换、债务重组等方式取得的生产性生物资产，以该资产的公允价值和支付的相关税费为计税基础。

（二）生物资产折旧的计提方法和计提年限

生产性生物资产按照直线法计算的折旧，准予扣除。企业应当自生产性生物资产投入使用月份的次月起计算折旧；停止使用的生产性生物资产应当自停止使用月份的次月起停止计算折旧。

企业应当根据生产性生物资产的性质和使用情况，合理确定生产性生物资产的预计净残值。生产性生物资产的预计净残值一经确定，不得变更。

生产性生物资产计算折旧的最低年限如下：

（1）林木类生产性生物资产，为10年；

（2）畜类生产性生物资产，为3年。

三、无形资产的税务处理

无形资产是指企业长期使用但没有实物形态的资产，包括专利权、商标权、著作权、土地使用权、非专利技术、商誉等。

（一）无形资产的计税基础

1．外购的无形资产

外购的无形资产，以购买价款和支付的相关税费，以及直接归属于使该资产达到预定用途发生的其他支出为计税基础。

2. 自行开发的无形资产

自行开发的无形资产,以开发过程中该资产符合资本化条件后至达到预定用途前发生的支出为计税基础。

3. 其他方式取得的无形资产

通过捐赠、投资、非货币性资产交换、债务重组等方式取得的无形资产,以该资产的公允价值和支付的相关税费为计税基础。

(二) 无形资产摊销的范围

在计算应纳税所得额时,企业按照规定计算的无形资产摊销费用,准予扣除。

下列无形资产不得计算摊销费用扣除:自行开发的支出已在计算应纳税所得额时扣除的无形资产;自创商誉;与经营活动无关的无形资产;其他不得计算摊销费用扣除的无形资产。

(三) 无形资产的摊销方法及年限

无形资产的摊销采取直线法。无形资产的摊销年限不得低于10年。作为投资或者受让的无形资产,有关法律规定或者合同约定了使用年限的,可以按照规定或者约定的使用年限分期摊销。外购商誉的支出,在企业整体转让或者清算时准予扣除。

四、长期待摊费用的税务处理

长期待摊费用,是指企业发生的应当在一个年度以上或几个年度进行摊销的费用。在计算应纳税所得额时,企业发生的下列支出作为长期待摊费用,按照规定摊销的,准予扣除:

(1) 已足额提取折旧的固定资产的改建支出;

(2) 租入固定资产的改建支出;

(3) 固定资产的大修理支出;

(4) 其他应当作为长期待摊费用的支出。

企业的固定资产修理支出可在发生当期直接扣除。企业的固定资产改良支出,如果有关固定资产尚未提足折旧,可增加固定资产价值;如果有关固定资产已提足折旧,可作为长期待摊费用,在规定的期间内平均摊销。

固定资产的改建支出,是指改变房屋或者建筑物结构、延长使用年限等发生的支出。已足额提取折旧的固定资产的改建支出,按照固定资产预计尚可使用年限分期摊销;租入固定资产的改建支出,按照合同约定的剩余租赁期限分期摊销;改建的固定资产延长使用年限的,除已足额提取折旧的固定资产、租入固定资产的改建支出外,其他的固定资产发生改建支出,应当适当延长折旧年限。

大修理支出,按照固定资产尚可使用年限分期摊销。《企业所得税法》所指固定资产的大修理支出,是指同时符合下列条件的支出:修理支出达到取得固定资产时的计税基础50%以上;修理后固定资产的使用年限延长2年以上。

其他应当作为长期待摊费用的支出,自支出发生月份的次月起,分期摊销,摊销年限不得低于3年。

思考与提示

【思考】税法中有一些“其他”的规定,是否可以由企业自行添加?

【提示】税法中的“其他”规定是税法中的兜底性条款,不能由企业自行添加,应由税法的相关规定予以明确。

五、存货的税务处理

存货,是指企业持有以备出售的产品或者商品、处在生产过程中的在产品、在生产或者提供劳务过程中耗用的材料和物料等。

(一) 存货的计税基础

通过支付现金方式取得的存货,以购买价款和支付的相关税费为成本;通过支付现金以外的方式取得的存货,以该存货的公允价值和支付的相关税费为成本;生产性生物资产收获的农产品,以产出或者采收过程中发生的材料费、人工费和分摊的间接费用等必要支出为成本。

(二) 存货的成本计算方法

企业使用或者销售的存货的成本计算方法,可以在先进先出法、加权平均法、个别计价法中选用一种。计价方法一经选用,不得随意变更。

企业转让以上资产,在计算企业应纳税所得额时,资产的净值允许扣除。其中,资产的净值是指有关资产、财产的计税基础减除已经按照规定扣除的折旧、折耗、摊销、准备金等后的余额。

除国务院财政、税务主管部门另有规定外,企业在重组过程中,应当在交易发生时确认有关资产的转让所得或者损失,相关资产应当按照交易价格重新确定计税基础。

六、投资资产的税务处理

投资资产,是指企业对外进行权益性投资和债权性投资而形成的资产。

1. 投资资产的成本

通过支付现金方式取得的投资资产,以购买价款为成本;通过支付现金以外的方式取得的投资资产,以该资产的公允价值和支付的相关税费为成本。

2. 投资资产成本的扣除方法

企业在对外投资期间,投资资产的成本在计算应纳税所得额时不得扣除;企业在转让或者处置投资资产时,投资资产的成本准予扣除。

第四节 资产损失税前扣除的所得税处理

一、资产损失的定义

资产损失,是指企业在生产经营活动中实际发生的、与取得应税收入有关的资产损失,包括现金损失,存款损失,坏账损失,贷款损失,股权投资损失,固定资产和存货的盘亏、毁损、报废、被盗损失,自然灾害等不可抗力因素造成的损失以及其他损失。

二、资产损失扣除政策

(一) 货币资金

企业清查出的现金短缺减除责任人赔偿后的余额,作为现金损失在计算应纳税所得额时扣除。

企业将货币性资金存入法定具有吸收存款职能的机构,因该机构依法破产、清算,或者政府责令停业、关闭等原因,确实不能收回的部分,作为存款损失在计算应纳税所得额时扣除。

(二) 应收款项

企业除贷款类债权外的应收、预付账款符合下列条件之一的,减除可收回金额后确认无法收回的应收、预付款项,可以作为坏账损失在计算应纳税所得额时扣除:

(1) 债务人依法宣告破产、关闭、解散、被撤销,或者被依法注销、吊销营业执照,其清算财产不足清偿的;

(2) 债务人死亡,或者依法被宣告失踪、死亡,其财产或者遗产不足清偿的;

(3) 债务人逾期 3 年以上未清偿,且有确凿证据证明已无力清偿债务的;

(4) 与债务人达成债务重组协议或法院批准破产重整计划后,无法追偿的;

(5) 因自然灾害、战争等不可抗力导致无法收回的;

(6) 国务院财政、税务主管部门规定的其他条件。

(三) 股权投资损失

企业的股权投资符合下列条件之一的,减除可收回金额后确认的无法收回的股权投资,可以作为股权投资损失在计算应纳税所得额时扣除:

(1) 被投资方依法宣告破产、关闭、解散、被撤销,或者被依法注销、吊销营业执照的;

(2) 被投资方财务状况严重恶化,累计发生巨额亏损,已连续停止经营 3 年以上,且无重新恢复经营改组计划的;

(3) 对被投资方不具有控制权,投资期限届满或者投资期限已超过 10 年,且被投资单位因连续 3 年经营亏损导致资不抵债的;

(4) 被投资方财务状况严重恶化,累计发生巨额亏损,已完成清算或清算期超过 3 年以上的;

(5) 国务院财政、税务主管部门规定的其他条件。

(四) 固定资产或存货损失

对企业盘亏的固定资产或存货,以该固定资产的账面净值或存货的成本减除责任人赔偿后的余额,作为固定资产或存货盘亏损失在计算应纳税所得额时扣除。

对企业毁损、报废的固定资产或存货,以该固定资产的账面净值或存货的成本减除残值、保险赔款和责任人赔偿后的余额,作为固定资产或存货毁损、报废损失在计算应纳税所得额时扣除。

对企业被盗的固定资产或存货，以该固定资产的账面净值或存货的成本减除保险赔款和责任人赔偿后的余额，作为固定资产或存货被盗损失在计算应纳税所得额时扣除。

企业因存货盘亏、毁损、报废、被盗等原因不得从增值税销项税额中抵扣的进项税额，可以与存货损失一起在计算应纳税所得额时扣除。

企业在计算应纳税所得额时已经扣除的资产损失，在以后纳税年度全部或者部分收回时，其收回部分应当作为收入计入收回当期的应纳税所得额。

企业境内、境外营业机构发生的资产损失应分开核算，对境外营业机构由于发生资产损失而产生的亏损，不得在计算境内应纳税所得额时扣除。

企业对其扣除的各项资产损失，应当提供能够证明资产损失确属已实际发生的合法证据，包括具有法律效力的外部证据、具有法定资质的中介机构的经济鉴定证明、具有法定资质的专业机构的技术鉴定证明等。

【例 8-1】 某食品加工厂 2010 年由于管理不善毁损一批向农民收购并已入库的白面，账面成本 4 536 元（含运费 186 元），该企业的损失得到税务机关的审核和确认，计算企业可以在所得税前扣除的财产损失。

企业由于管理不善造成的存货毁损，增值税进项税额需要转出，作为损失在所得税前扣除。

需要转出的运费的进项税额 = (186 ÷ 93%) × 7% = 14 元

需要转出的白面的进项税额 = (4 536 − 186) ÷ 87% × 13% = 650 元

存货成本 = 4 536 元

所得税前扣除的总损失 = 14 + 650 + 4 536 = 5 200 元

三、资产损失所得税前扣除管理办法

（一）企业资产损失分类

企业资产损失分为实际资产损失和法定资产损失。实际资产损失是指企业在实际处置、转让上述资产过程中发生的合理损失。法定资产损失是指企业虽未实际处置、转让上述资产，但符合法律规定条件计算确认的损失。

（二）企业资产损失扣除时间

企业实际资产损失，应当在其实际发生且会计上已作损失处理的年度申报扣除；法定资产损失，应当在企业向主管税务机关提供证据资料证明该项资产已符合法定资产损失确认条件，且会计上已作损失处理的年度申报扣除。

企业以前年度发生的资产损失未能在当年税前扣除的，可以向税务机关说明并进行专项申报扣除。其中，属于实际资产损失，准予追补至该项损失发生年度扣除，其追补确认期限一般不得超过五年，但因计划经济体制转轨过程中遗留的资产损失、企业重组上市过程中因权属不清出现争议而未能及时扣除的资产损失、因承担国家政策性任务而形成的资产损失以及政策定性不明确而形成资产损失等特殊原因形成的资产损失，其追补确认期限经国家税务总局批准后可适当延长。属于法定资产损失，应在申报年度扣除。

企业因以前年度实际资产损失未在税前扣除而多缴的企业所得税税款，可在追补确认年度企业所得税应纳税款中予以抵扣，不足抵扣的，向以后年度递延抵扣。

企业实际资产损失发生年度扣除追补确认的损失后出现亏损的，应先调整资产损失发生年度的亏损额，再按弥补亏损的原则计算以后年度多缴的企业所得税税款，并按前款办法进行税务处理。

（三）申报管理

企业在进行企业所得税年度汇算清缴申报时，可将资产损失申报材料和纳税资料作为企业所得税年度纳税申报表的附件一并向税务机关报送。

企业资产损失按其申报内容和要求的不同，分为清单申报和专项申报两种申报形式。其中，属于清单申报的资产损失，企业可按会计核算科目进行归类、汇总，然后将汇总清单报送税务机关，有关会计核算资料和纳税资料留存备查；属于专项申报的资产损失，企业应逐项（或逐笔）报送申请报告，同时附送会计核算资料及其他相关的纳税资料。

1. 清单申报

下列资产损失，应以清单申报的方式向税务机关申报扣除：企业在正常经营管理活动中，按照公允价格销售、转让、变卖非货币资产的损失；企业各项存货发生的正常损耗；企业固定资产达到或超过使用年限而正常报废清理的损失；企业生产性生物资产达到或超过使用年限而正常死亡发生的资产损失；企业按照市场公平交易原则，通过各种交易场所、市场等买卖债券、股票、期货、基金以及金融衍生产品等发生的损失。

2. 专项申报

除明确列明需要清单申报的资产损失外，应以专项申报的方式向税务机关申报扣除。企业无法准确判别是否属于清单申报扣除的资产损失，可以采取专项申报的形式申报扣除。企业应当建立健全资产损失内部核销管理制度，及时收集、整理、编制、审核、申报、保存资产损失税前扣除证据材料，方便税务机关检查。

3. 相关证据

企业资产损失相关的证据包括具有法律效力的外部证据和特定事项的企业内部证据。

（1）具有法律效力的外部证据。是指司法机关、行政机关、专业技术鉴定部门等依法出具的与本企业资产损失相关的具有法律效力的书面文件，主要包括：

① 司法机关的判决或者裁定；

② 公安机关的立案结案证明、回复；

③ 工商部门出具的注销、吊销及停业证明；

④ 企业的破产清算公告或清偿文件；

⑤ 行政机关的公文；

⑥ 专业技术部门的鉴定报告；

⑦ 具有法定资质的中介机构的经济鉴定证明；

⑧ 仲裁机构的仲裁文书；

⑨ 保险公司对投保资产出具的出险调查单、理赔计算单等保险单据；

⑩ 符合法律规定的其他证据。

(2)特定事项的企业内部证据。是指会计核算制度健全、内部控制制度完善的企业，对各项资产发生毁损、报废、盘亏、死亡、变质等出具的内部证明或承担责任的声明，主要包括：

① 有关会计核算资料和原始凭证；

② 资产盘点表；

③ 相关经济行为的业务合同；

④ 企业内部技术鉴定部门的鉴定文件或资料；

⑤ 企业内部核批文件及有关情况说明；

⑥ 对责任人由于经营管理责任造成损失的责任认定及赔偿情况说明；

⑦ 法定代表人、企业负责人和企业财务负责人对特定事项真实性承担法律责任的声明。

第五节 税收优惠

企业所得税的税收优惠方式包括免税、减税、加计扣除、加速折旧、减计收入、税额抵免等。

一、免征与减征优惠

企业的下列所得，可以免征、减征企业所得税。企业如果从事国家限制和禁止发展的项目，不得享受企业所得税优惠。

(一) 从事农、林、牧、渔业项目的所得

1. 企业从事下列项目的所得，免征企业所得税

(1) 蔬菜、谷物、薯类、油料、豆类、棉花、麻类、糖料、水果、坚果的种植；

(2) 农作物新品种的选育；

(3) 中药材的种植；

(4) 林木的培育和种植；

(5) 牲畜、家禽的饲养；

(6) 林产品的采集；

(7) 灌溉、农产品初加工、兽医、农技推广、农机作业和维修等农、林、牧、渔服务业项目；

(8) 远洋捕捞。

2. 企业从事下列项目的所得，减半征收企业所得税

(1) 花卉、茶以及其他饮料作物和香料作物的种植；

(2) 海水养殖、内陆养殖。

(二) 从事国家重点扶持的公共基础设施项目投资经营的所得

《企业所得税法》所称国家重点扶持的公共基础设施项目，是指《公共基础设施项目

企业所得税优惠目录》规定的港口码头、机场、铁路、公路、电力、水利等项目。

企业从事国家重点扶持的公共基础设施项目的投资经营的所得，自项目取得第一笔生产经营收入所属纳税年度起，第1年至第3年免征企业所得税，第4年至第6年减半征收企业所得税。

企业承包经营、承包建设和内部自建自用上述规定的项目，不得享受上述规定的企业所得税优惠。

（三）从事符合条件的环境保护、节能节水项目的所得

企业从事符合条件的环境保护、节能节水项目的所得，自项目取得第一笔生产经营收入所属纳税年度起，第1年至第3年免征企业所得税，第4年至第6年减半征收企业所得税。

符合条件的环境保护、节能节水项目，包括公共污水处理、公共垃圾处理、沼气综合开发利用、节能减排技术改造、海水淡化等。项目的具体条件和范围由国务院财政、税务主管部门同国务院有关部门制定，报国务院批准后公布施行。

但是以上规定享受减免税优惠的项目，在减免税期限内转让的，受让方自受让之日起，可以在剩余期限内享受规定的减免税优惠；减免税期限届满后转让的，受让方不得就该项目重复享受减免税优惠。

（四）符合条件的技术转让所得

《企业所得税法》所称符合条件的技术转让所得免征、减征企业所得税，是指一个纳税年度内，居民企业转让技术所有权所得不超过500万元的部分，免征企业所得税；超过500万元的部分，减半征收企业所得税。

二、高新技术企业优惠

国家需要重点扶持的高新技术企业减按15%的所得税税率征收企业所得税。国家需要重点扶持的高新技术企业，是指拥有核心自主知识产权，并同时符合下列条件的企业：

（1）核心自主知识产权。是指中国境内（不含港、澳、台地区）注册的企业，近3年内通过自主研发、受让、受赠、并购等方式，或通过5年以上的独占许可方式，对其主要产品（服务）的核心技术拥有自主知识产权。

（2）产品（服务）属于《国家重点支持的高新技术领域》规定的范围。

（3）研究开发费用占销售收入的比例不低于规定比例。

（4）高新技术产品（服务）收入占企业总收入的比例不低于规定比例。

（5）科技人员占企业职工总数的比例不低于规定比例。

（6）高新技术企业认定管理办法规定的其他条件。

三、小型微利企业优惠

小型微利企业，是指企业的全部生产经营活动产生的所得均负有我国企业所得税纳

税义务的企业。仅就来源于我国所得负有纳税义务的非居民企业,不适用上述规定。

小型微利企业减按20%的所得税税率征收企业所得税。小型微利企业的条件如下:

1. 工业企业

年度应纳税所得额不超过30万元,从业人数不超过100人,资产总额不超过3 000万元。

2. 其他企业

年度应纳税所得额不超过30万元,从业人数不超过80人,资产总额不超过1 000万元。

上述"从业人数"按企业全年平均从业人数计算,"资产总额"按企业年初和年末的资产总额平均计算。

四、加计扣除优惠

加计扣除优惠包括以下两项内容:

1. 研究开发费

研究开发费,是指企业为开发新技术、新产品、新工艺发生的研究开发费用,未形成无形资产计入当期损益的,在按照规定据实扣除的基础上,按照研究开发费用的50%加计扣除;形成无形资产的,按照无形资产成本的150%进行摊销。

思考与提示

【思考】企业在研究开发过程中发生业务招待费,业务招待费是不是可以加计扣除?

【提示】并不是企业所有的研究开发费用都可以加计扣除,可以加计扣除的费用具有明确的范围。

企业从事《国家重点支持的高新技术领域》和国家发展和改革委员会等部门公布的《当前优先发展的高技术产业化重点领域指南》规定项目的研究开发活动,其在一个纳税年度中实际发生的下列费用支出,允许在计算应纳税所得额时按照规定实行加计扣除:

(1) 新产品设计费、新工艺规程制定费以及与研发活动直接相关的技术图书资料费、资料翻译费;

(2) 从事研发活动直接消耗的材料、燃料和动力费用;

(3) 在职直接从事研发活动人员的工资、薪金、奖金、津贴、补贴;

(4) 专门用于研发活动的仪器、设备的折旧费或租赁费;

(5) 专门用于研发活动的软件、专利权、非专利技术等无形资产的摊销费用;

(6) 专门用于中间试验和产品试制的模具、工艺装备开发及制造费;

(7) 勘探开发技术的现场试验费;

(8) 研发成果的论证、评审、验收费用。

2. 企业安置残疾人员所支付的工资

企业安置残疾人员所支付工资费用的加计扣除，是指企业安置残疾人员的，在按照支付给残疾职工工资据实扣除的基础上，按照支付给残疾职工工资的100%加计扣除。残疾人员的范围适用《中华人民共和国残疾人保障法》的有关规定。企业安置国家鼓励安置的其他就业人员所支付的工资的加计扣除办法，由国务院另行规定。

五、加速折旧优惠

企业的固定资产由于技术进步等原因，确需加速折旧的，可以采取缩短折旧年限或者加速折旧的方法。可采用以上折旧方法的固定资产，是指由于技术进步、产品更新换代较快的固定资产，以及常年处于强震动、高腐蚀状态的固定资产。

采取缩短折旧年限方法的，最低折旧年限不得低于规定折旧年限的60%；采取加速折旧方法的，可以采取双倍余额递减法或者年数总和法。

六、减计收入优惠

减计收入优惠，是指企业综合利用资源，生产符合国家产业政策规定的产品所取得的收入，可以在计算应纳税所得额时减计收入。

综合利用资源，是指企业以《资源综合利用企业所得税优惠目录》规定的资源作为主要原材料，生产国家非限制和禁止并符合国家和行业相关标准的产品取得的收入，减按90%计入收入总额。

上述所称原材料占生产产品材料的比例不得低于《资源综合利用企业所得税优惠目录》规定的标准。

七、税额抵免优惠

税额抵免，是指企业购置并实际使用《环境保护专用设备企业所得税优惠目录》、《节能节水专用设备企业所得税优惠目录》和《安全生产专用设备企业所得税优惠目录》规定的环境保护、节能节水、安全生产等专用设备的，该专用设备的投资额的10%可以从企业当年的应纳税额中抵免；当年不足抵免的，可以在以后5个纳税年度结转抵免。

享受前款规定的企业所得税优惠的企业，应当实际购置并自身实际投入使用前款规定的专用设备；企业购置上述专用设备在5年内转让、出租的，应当停止享受企业所得税优惠，并补缴已经抵免的企业所得税税款。

企业所得税优惠目录，由国务院财政、税务主管部门同国务院有关部门制定，报国务院批准后公布施行。

企业同时从事适用不同企业所得税待遇的项目的，其优惠项目应当单独计算所得，并合理分摊企业的期间费用；没有单独计算的，不得享受企业所得税优惠。

自2008年1月1日起，停止执行企业购买国产设备投资抵免企业所得税的政策。

八、民族自治地方的优惠

民族自治地方的自治机关对本民族自治地方的企业应缴纳的企业所得税中属于地方分享的部分,可以决定减征或者免征。自治州、自治县决定减征或者免征的,须报省、自治区、直辖市人民政府批准。

《企业所得税法》所称民族自治地方,是指依照《中华人民共和国民族区域自治法》的规定,实行民族区域自治的自治区、自治州、自治县。

对民族自治地方内国家限制和禁止行业的企业,不得减征或者免征企业所得税。

九、非居民企业优惠

非居民企业减按10%的所得税税率征收企业所得税。这里的非居民企业,是指在中国境内未设立机构、场所的,或者虽设立机构、场所但取得的所得与其所设机构、场所没有实际联系的企业。

该类非居民企业取得下列所得免征企业所得税:外国政府向中国政府提供贷款取得的利息所得;国际金融组织向中国政府和居民企业提供优惠贷款取得的利息所得;经国务院批准的其他所得。

第六节 应纳税额的计算

一、居民企业应纳税额的计算

居民企业应纳税额的基本计算公式为:

居民企业应纳税额 = 应纳税所得额 × 适用税率 - 减免税额 - 抵免税额

根据计算公式可以看出,居民企业应纳税额的多少,取决于应纳税所得额和适用税率两个因素。在实际过程中,应纳税所得额的计算一般有两种方法:

1. 直接计算法

在直接计算法下,居民企业每一纳税年度的收入总额减除不征税收入、免税收入、各项扣除以及允许弥补的以前年度亏损后的余额为应纳税所得额。计算公式与前述相同,即为:

应纳税所得额 = 收入总额 - 不征税收入 - 免税收入 - 各项扣除金额 - 弥补亏损

2. 间接计算法

在间接计算法下,在会计利润总额的基础上加或减按照税法规定调整的项目金额后,即为应纳税所得额。计算公式为:

应纳税所得额 = 会计利润总额 ± 纳税调整项目金额

税收调整项目金额包括两方面的内容:一是企业的财务会计处理和税收规定不一致的应予以调整的金额;二是企业按税法规定准予扣除的税收金额。

思考与提示

【思考】企业在实际工作中，较多的采用哪一种做法？

【提示】由于企业按季度(或按月)以会计上的利润总额预缴企业所得税，在年度终了的五个月内将会计利润调整成应纳税所得额，所以企业更多采用的是间接计算法。

【例8-2】 假定某化工企业为居民企业，2011年经营业务如下：

(1) 取得产品销售收入4 000万元。

(2) 发生产品销售成本2 600万元。

(3) 发生销售费用770万元(其中，广告费700万元)；管理费用480万元(其中，业务招待费40万元)；财务费用60万元(其中，超过金融机构同期同类贷款利息20万元)。

(4) 营业税金及附加40万元。

(5) 营业外收入80万元，营业外支出50万元(含通过公益性社会团体向贫困山区捐款30万元，支付税收滞纳金6万元)。

(6) 计入成本、费用中的实发工资总额200万元、拨缴职工工会经费5万元、支出职工福利费31万元、发生职工教育经费7万元。

要求计算该企业2011年度实际应纳的企业所得税。

(1) 会计利润总额 $=4\,000+80-2\,600-770-480-60-40-50=80$ 万元

(2) 广告费和业务宣传费调增所得额 $=700-4\,000\times15\%=100$ 万元

(3) 业务招待费允许扣除金额 $=20$ 万元(由于 $40\times60\%>4\,000\times5‰$)

业务招待费调增所得额 $=20$ 万元

(4) 捐赠支出应调增所得额 $=30-80\times12\%=20.4$ 万元

(5) 工会经费应调增所得额 $=5-200\times2\%=1$ 万元

(6) 职工福利费应调增所得额 $=31-200\times14\%=3$ 万元

(7) 职工教育经费应调增所得额 $=7-200\times2.5\%=2$ 万元

(8) 应纳税所得额 $=80+100+20+20$(利息调整) $+20.4+6$(税收滞纳金) $+1+3+2=252.4$ 万元

(9) 2011年应缴企业所得税 $=252.4\times25\%=63.1$ 万元

【例8-3】 某工业企业为居民企业，假定2011年经营业务如下：产品销售收入6 000万元，产品销售成本4 000万元；其他业务收入1 000万元，其他业务成本660万元；取得购买国债的利息收入40万元；营业税金及附加300万元；发生的管理费用760万元，其中，新技术的研究开发费用80万元、业务招待费用70万元；发生财务费用200万元；取得直接投资其他居民企业的权益性收益50万元，取得营业外收入100万元，发生营业外支出250万元(含公益性捐赠38万元)；2010年有税法认定的亏损300万元。

要求计算该企业2011年应纳的企业所得税。

(1) 利润总额 $=6\,000+1\,000+40+50+100-4\,000-660-300-760-200-250$

$=1\,020$ 万元

(2) 国债利息收入免征企业所得税,应调减应纳税所得额 40 万元

(3) 技术开发费调减所得额 = 80 × 50% = 40 万元

(4) 按实际发生业务招待费的 60% 计算 = 70 × 60% = 42 万元

按销售(营业)收入的 5‰计算 = 7 000 × 5‰ = 35 万元

按照规定税前扣除限额应为 35 万元,实际应调增应纳税所得额 35 万元。

(5) 取得直接投资其他居民企业的权益性收益属于免税收入,应调减应纳税所得额 50 万元。

(6) 捐赠扣除标准 = 1 020 × 12% = 122.4 万元

实际捐赠额 38 万元小于扣除标准,可按实捐数扣除,不作纳税调整。

(7) 应纳税所得额 = 1 020 - 40 - 40 + 35 - 50 - 300 = 625 万元

(8) 该企业 2011 年应缴纳企业所得税 = 625 × 25% = 156.25 万元

二、境外所得抵扣税额的计算

企业取得的下列所得已在境外缴纳的所得税税额,可以从其当期应纳税额中抵免,抵免限额为该项所得依照本法规定计算的应纳税额;超过抵免限额的部分,可以在以后五个年度内,用每年度抵免限额抵免当年应抵税额后的余额进行抵补:居民企业来源于中国境外的应税所得;非居民企业在中国境内设立机构、场所,取得发生在中国境外但与该机构、场所有实际联系的应税所得。

居民企业从其直接或者间接控制的外国企业分得的来源于中国境外的股息、红利等权益性投资收益,外国企业在境外实际缴纳的所得税税额中属于该项所得负担的部分,可以作为该居民企业的可抵免境外所得税税额,在《企业所得税法》规定的抵免限额内抵免。

上述所称直接控制,是指居民企业直接持有外国企业 20% 以上股份。上述所称间接控制,是指居民企业以间接持股方式持有外国企业 20% 以上股份,具体认定办法由国务院财政、税务主管部门另行制定。

已在境外缴纳的所得税税额,是指企业来源于中国境外的所得依照中国境外税收法律以及相关规定应当缴纳并已经实际缴纳的企业所得税性质的税款。企业依照《企业所得税法》的规定抵免企业所得税税额时,应当提供中国境外税务机关出具的税款所属年度的有关纳税凭证。

抵免限额,是指企业来源于中国境外的所得,依照《企业所得税法》和实施条例的规定计算的应纳税额。除国务院财政、税务主管部门另有规定外,该抵免限额应当分国(地区)不分项计算,计算公式为:

抵免限额 = 中国境内、境外所得依照《企业所得税法》和实施条例规定计算的应纳税总额 × 来源于某国(地区)的应纳税所得额 ÷ 中国境内、境外应纳税所得总额

前述五个年度,是指从企业取得的来源于中国境外的所得,已经在中国境外缴纳的企业所得税性质的税额超过抵免限额的当年的次年起连续五个纳税年度。

【例 8-4】 某企业 2011 年度境内应纳税所得额为 1 000 万元，适用 25% 的企业所得税税率。另外，该企业分别在 A、B 两国设有分支机构（我国与 A、B 两国已经缔结避免双重征税协定），在 A 国分支机构的应纳税所得额为 500 万元，A 国企业所得税税率为 20%；在 B 国的分支机构的应纳税所得额为 400 万元，B 国企业所得税税率为 30%。假设该企业在 A、B 两国所得按我国税法计算的应纳税所得额和按 A、B 两国税法计算的应纳税所得额一致，两个分支机构在 A、B 两国分别缴纳了 100 万元和 120 万元的企业所得税。

要求计算该企业汇总时在我国应缴纳的企业所得税税额。

（1）该企业按我国税法计算的境内、境外所得的应纳税额

应纳税额 =（1 000 + 500 + 400）× 25% = 475 万元

（2）A、B 两国的扣除限额

A 国扣除限额 = 475 ×［500 ÷（1 000 + 500 + 400）］= 125 万元

B 国扣除限额 = 475 ×［400 ÷（1 000 + 500 + 400）］= 100 万元

在 A 国缴纳的所得税为 100 万元，低于扣除限额 125 万元，可全额扣除。在 B 国缴纳的所得税为 120 万元，高于扣除限额 100 万元，其超过扣除限额的部分 20 万元当年不能扣除。

（3）汇总时在我国应缴纳的企业所得税 = 475 − 100 − 100 = 275 万元

上述计算过程是根据定义来计算抵免限额的，即根据企业来自国内外的应纳税所得总额，按照我国企业所得税税率计算出应纳税总额，然后按照来自某一国的应纳税所得额占来自境内外应纳税所得总额的比例来计算可抵扣的限额。从计算结果来看，还可以用来自于某外国的应纳税所得额直接乘以我国《企业所得税法》规定的税率来计算来自于该国的应纳税所得额可抵扣的限额。这样，本题的计算过程是：

（1）该企业按我国税法计算的境内、境外所得的应纳税额

应纳税额 =（1 000 + 500 + 400）× 25% = 475 万元

（2）A、B 两国的扣除限额

A 国扣除限额 = 500 × 25% = 125 万元

B 国扣除限额 = 400 × 25% = 100 万元

在 A 国缴纳的所得税为 100 万元，低于扣除限额 125 万元，可全额扣除。在 B 国缴纳的所得税为 120 万元，高于扣除限额 100 万元，其超过扣除限额的部分 20 万元当年不能扣除。

（3）汇总时在我国应缴纳的企业所得税 = 475 − 100 − 100 = 275 万元

三、居民企业核定征收应纳税额的计算

（一）核定征收企业所得税的范围

本办法适用于居民企业纳税人。纳税人具有下列情形之一的，核定征收企业所得税：

（1）依照法律、行政法规的规定可以不设置账簿的；

(2) 依照法律、行政法规的规定应当设置但未设置账簿的;

(3) 擅自销毁账簿或者拒不提供纳税资料的;

(4) 虽设置账簿,但账目混乱或者成本资料、收入凭证、费用凭证残缺不全,难以查账的;

(5) 发生纳税义务,未按照规定的期限办理纳税申报,经税务机关责令限期申报,逾期仍不申报的;

(6) 申报的计税依据明显偏低,又无正当理由的。

(二) 核定征收的办法

税务机关应根据纳税人的具体情况,对核定征收企业所得税的纳税人,核定应税所得率或者核定应纳所得税税额。

(1) 具有下列情形之一的,核定其应税所得率:能正确核算(查实)收入总额,但不能正确核算(查实)成本费用总额的;能正确核算(查实)成本费用总额,但不能正确核算(查实)收入总额的;通过合理方法,能计算和推定纳税人收入总额或成本费用总额的。

纳税人不属于以上情形的,核定其应纳所得税税额。

(2) 税务机关采用下列方法核定征收企业所得税:参照当地同类行业或者类似行业中经营规模和收入水平相近的纳税人的税负水平核定;按照应税收入额或成本费用支出额定率核定;按照耗用的原材料、燃料、动力等推算或测算核定;按照其他合理方法核定。

采用前款所列一种方法不足以正确核定应纳税所得额或应纳税额的,可以同时采用两种以上的方法核定。采用两种以上方法测算的应纳税额不一致时,可按测算的应纳税额从高核定。

采用应税所得率方式核定征收企业所得税的,应纳所得税税额计算公式如下:

应纳所得税税额 = 应纳税所得额 × 适用税率

应纳税所得额 = 应税收入额 × 应税所得率

= 成本(费用)支出额 ÷ (1 - 应税所得率) × 应税所得率

实行应税所得率方式核定征收企业所得税的纳税人,经营多业的,无论其经营项目是否单独核算,均由税务机关根据其主营项目确定适用的应税所得率。主营项目应为纳税人所有经营项目中,收入总额或者成本(费用)支出额或者耗用原材料、燃料、动力数量所占比重最大的项目。

应税所得率按表 8-1 规定的幅度标准确定。

表 8-1 应税所得率幅度标准

行业	应税所得率(%)
农、林、牧、渔业	3—10
制造业	5—15
批发和零售贸易业	4—15
交通运输业	7—15

（续表）

行业	应税所得率(%)
建筑业	8—20
饮食业	8—25
娱乐业	15—30
其他行业	10—30

纳税人的生产经营范围、主营业务发生重大变化，或者应纳税所得额或应纳税额增减变化达到20%的，应及时向税务机关申报调整已确定的应纳税额或应税所得率。

第七节　非居民企业所得税的管理

一、非居民企业应纳税额的计算

对于在中国境内未设立机构、场所的，或者虽设立机构、场所但取得的所得与其所设机构、场所没有实际联系的非居民企业的所得，按照下列方法计算应纳税所得额：

股息、红利等权益性投资收益和利息、租金、特许权使用费所得，以收入全额为应纳税所得额；转让财产所得，以收入全额减除财产净值后的余额为应纳税所得额；其他所得，参照前两项规定的方法计算应纳税所得额；财产净值是指财产的计税基础减除已经按照规定扣除的折旧、折耗、摊销、准备金等后的余额。

扣缴企业所得税应纳税额＝应纳税所得额×实际征收率

二、扣缴义务人

对非居民企业在中国境内未设机构、场所的，或者虽设立机构、场所但取得的所得与其所设机构、场所没有实际联系的所得应缴纳的所得税实行源泉扣缴，以支付人为扣缴义务人。税款由扣缴义务人在每次支付或者到期应支付时，从支付或者到期应支付的款项中扣缴。

支付人，是指依照有关法律规定或者合同约定对非居民企业直接负有支付相关款项义务的单位或者个人；支付，包括现金支付、汇拨支付、转账支付和权益兑价支付等货币支付和非货币支付；到期应支付的款项，是指支付人按照权责发生制原则应当计入相关成本、费用的应付款项。

对非居民企业在中国境内取得工程作业和劳务所得应缴纳的所得税，税务机关可以指定工程价款或者劳务费的支付人为扣缴义务人。

三、扣缴方法

应当扣缴的所得税，扣缴义务人未依法扣缴或者无法履行扣缴义务的，由企业在所得发生地缴纳。企业未依法缴纳的，税务机关可以从该企业在中国境内其他收入项目的支付人应付的款项中，追缴该企业的应纳税款。

所称该企业在中国境内其他收入，是指该企业在中国境内取得的其他各种来源的收入。税务机关在追缴该企业应纳税款时，应当将追缴理由、追缴数额、缴纳期限和缴纳方式等告知该企业。

扣缴义务人每次代扣的税款，应当自代扣之日起 7 日内缴入国库，并向所在地的税务机关报送扣缴企业所得税报告表。

第八节　征收管理

一、纳税地点

1. 居民企业

除税收法律、行政法规另有规定外，居民企业以企业登记注册地为纳税地点；但登记注册地在境外的，以实际管理机构所在地为纳税地点。企业注册登记地，是指企业依照国家有关规定登记注册的住所地。居民企业在中国境内设立不具有法人资格的营业机构的，应当汇总计算并缴纳企业所得税。企业汇总计算并缴纳企业所得税时，应当统一核算应纳税所得额，具体办法由国务院财政、税务主管部门另行制定。

2. 非居民企业

非居民企业在中国境内设立机构、场所的，应当就其所设机构、场所取得的来源于中国境内的所得，以及发生在中国境外但与其所设机构、场所有实际联系的所得，以机构、场所所在地为纳税地点。非居民企业在中国境内设立两个或者两个以上机构、场所的，经税务机关审核批准，可以选择由其主要机构、场所汇总缴纳企业所得税。非居民企业经批准汇总缴纳企业所得税后，需要增设、合并、迁移、关闭机构、场所或者停止机构、场所业务的，应当事先由负责汇总申报缴纳企业所得税的主要机构、场所向其所在地税务机关报告；需要变更汇总缴纳企业所得税的主要机构、场所的，依照前款规定办理。

非居民企业在中国境内未设立机构、场所的，或者虽设立机构、场所但取得的所得与其所设机构、场所没有实际联系的所得，以扣缴义务人所在地为纳税地点。

除国务院另有规定外，企业之间不得合并缴纳企业所得税。

二、纳税期限

企业所得税按年计征，分月或者分季预缴，年终汇算清缴，多退少补。

企业所得税的纳税年度，自公历每年 1 月 1 日起至 12 月 31 日止。企业在一个纳税年度的中间开业，或者由于合并、关闭等原因终止经营活动，使该纳税年度的实际经营期不足 12 个月的，应当以其实际经营期为一个纳税年度。企业清算时，应当以清算期间作为一个纳税年度。

自年度终了之日起5个月内,企业应向税务机关报送年度企业所得税纳税申报表,并汇算清缴,结清应缴应退税款。

企业在年度中间终止经营活动的,应当自实际经营终止之日起60日内,向税务机关办理当期企业所得税汇算清缴。

三、纳税申报

按月或按季预缴的,应当自月份或者季度终了之日起15日内,向税务机关报送预缴企业所得税纳税申报表,预缴税款。

企业在报送企业所得税纳税申报表时,应当按照规定附送财务会计报告和其他有关资料。

企业应当在办理注销登记前,就其清算所得向税务机关申报并依法缴纳企业所得税。

依照《企业所得税法》缴纳的企业所得税,以人民币计算。所得以人民币以外的货币计算的,应当折合成人民币计算并缴纳税款。

企业在纳税年度内无论盈利或者亏损,都应当依照《企业所得税法》第五十四条规定的期限,向税务机关报送预缴企业所得税纳税申报表、年度企业所得税纳税申报表、财务会计报告和税务机关规定应当报送的其他有关资料。

四、跨地区经营汇总纳税企业所得税征收管理

1. 征收管理办法

企业实行"统一计算、分级管理、就地预缴、汇总清算、财政调库"的企业所得税征收管理办法。

统一计算,是指企业总机构统一计算包括企业所属各个不具有法人资格的营业机构、场所在内的全部应纳税所得额、应纳税额。分级管理,是指总机构、分支机构所在地的主管税务机关都有对当地机构进行企业所得税管理的责任,总机构和分支机构应分别接受机构所在地主管税务机关的管理。就地预缴,是指总机构、分支机构应按本办法的规定,分月或分季分别向所在地主管税务机关申报预缴企业所得税。汇总清算,是指在年度终了后,总机构负责进行企业所得税的年度汇算清缴。统一计算企业的年度应纳所得税税额,抵减总机构、分支机构当年已就地分期预缴的企业所得税款后,多退少补税款。财政调库,是指财政部定期将缴入中央国库的跨地区总分机构企业所得税待分配收入,按照核定的系数调整至地方金库。

2. 税款预缴和汇算清缴

企业应根据当期实际利润额,按照规定的预缴分摊方法计算总机构和分支机构的企业所得税预缴额,分别由总机构和分支机构分月或者分季就地预缴。

总机构在年度终了后5个月内,应依照法律、法规和其他有关规定进行汇总纳税企业的所得税年度汇算清缴。各分支机构不进行企业所得税汇算清缴。

第九节 所得税会计基础

企业会计准则和税法是基于不同的目的、遵循不同的原则分别制定的，二者在资产负债的计量标准、收入费用的确认原则等诸多方面存在一定的差异，导致企业在一定期间按企业会计准则的要求确认的会计利润往往不等于按税法规定计算的应纳税所得额。所得税会计就是研究如何处理会计利润与应纳税所得额之间差异的会计理论与方法。《企业会计准则第 18 号——所得税》规定，我国企业所得税会计采用资产负债表债务法。

一、计税基础

在采用资产负债表债务法时，要求企业的资产和负债应根据会计准则和税法的不同要求分别进行计价，因此形成会计计价基础与税法计价基础两种计价基础。会计计价基础即资产或负债的账面价值；税法的计价基础即计税基础，是企业在资产负债表日，根据税法的规定，为计算应交所得税所确认的资产或负债的价值。

（一）资产的计税基础

资产的计税基础，是指企业收回资产账面价值过程中，计算应纳税所得额时按照税法规定可以自应税经济利益中抵扣的金额，即某一项资产在未来期间计税时按照税法规定可以税前扣除的金额。

资产在初始确认时，其计税基础一般为取得成本，即企业为取得某项资产支付的成本在未来期间准予税前扣除。在资产持续持有的过程中，其计税基础是指资产的取得成本减去以前期间按照税法规定已经税前扣除的金额后的余额。该余额代表的是按照税法规定，就涉及的资产在未来期间计税时仍然可以税前扣除的金额。如固定资产、无形资产等长期资产在某一资产负债表日的计税基础，是指其成本扣除按照税法规定已在以前期间税前扣除的累计折旧额或累计摊销额后的金额。

（二）负债的计税基础

负债的计税基础，是指负债的账面价值减去未来期间计算应纳税所得额时按照税法规定可予抵扣的金额。用公式表示即：

负债的计税基础 = 账面价值 - 未来期间按照税法规定可予税前扣除的金额

负债的确认与偿还一般不会影响企业的损益，也不会影响其应纳税所得额，未来期间计算应纳税所得额时按照税法规定可予抵扣的金额为零，计税基础即为账面价值。如企业的短期借款、应付账款等。但是，在某些情况下，负债的确认可能会影响企业的损益，进而影响不同期间的应纳税所得额，使得其计税基础与账面价值之间产生差额，如按照会计规定确认的某些预计负债。

二、会计利润与应纳税所得额之间的差异

会计利润与应纳税所得额是两个既有联系又有区别的概念。会计利润，是指企业根

据会计准则的要求,采用一定的会计程序与方法确定的所得税前利润总额,其目的是向财务报告使用者提供关于企业财务状况、经营成果等方面的信息,为其决策提供相关、可靠的依据。应纳税所得额,是指企业按照所得税法的要求,以一定期间的应税收入扣减税法准予扣除的项目后计算的应税所得,其目的是为企业进行纳税申报和国家税收机关核定企业应纳的所得税提供依据。出于会计利润和应纳税所得额的确定依据和目的不同,因此,二者之间往往存在一定的差异,这种差异按其性质可以分为永久性差异和暂时性差异两种类型。

(一) 永久性差异

永久性差异是指某一会计期间,由于会计准则和税法在计算收益、费用和损失时的口径不同所产生的税前会计利润与应纳税所得额之间的差异。例如,企业购买国债的利息收入,在会计上作为投资收益,计入当期利润,但根据税法的规定,不属于应税收入,不交所得税。再如,企业支付的违法经营罚款、税收滞纳金等,在会计上作为营业外支出,计入利润,但根据税法的规定,不允许在所得税前扣除。永久性差异的特点是在本期发生,不会在以后期间转回。

(二) 暂时性差异

暂时性差异是指资产、负债的账面价值与其计税基础不同产生的差额。由于资产、负债的账面价值与其计税基础不同,产生了在未来收回资产或清偿负债的期间内,应纳税所得额增加或减少并导致未来期间应交所得税增加或减少的情况。

根据暂时性差异对未来期间应纳税所得额的影响,可以分为应纳税暂时性差异和可抵扣暂时性差异。除因资产、负债的账面价值与其计税基础不同产生的暂时性差异以外,按照税法规定可以结转以后年度的未弥补亏损和税款抵减,也视同可抵扣暂时性差异处理。

1. 应纳税暂时性差异

应纳税暂时性差异,是指在确定未来收回资产或清偿负债期间的应纳税所得额时,将导致产生应税金额的暂时性差异。该差异在未来期间转回时,会增加转回期间的应纳税所得额,即在未来期间不考虑该事项影响的应纳税所得额的基础上,由于该暂时性差异的转回,会进一步增加转回期间的应纳税所得额和应交所得税金额。在应纳税暂时性差异产生当期,应当确认相关的递延所得税负债。

应纳税暂时性差异通常产生于以下情况:

(1) 资产的账面价值大于其计税基础。一项资产的账面价值代表的是企业在持续使用或最终出售该项资产时将取得的经济利益的总额,而其计税基础代表的是一项资产在未来期间可予税前扣除的金额。资产的账面价值大于其计税基础,该项资产未来期间产生的经济利益不能全部税前抵扣,两者之间的差额需要交税,产生应纳税暂时性差异。例如,一项资产账面价值为200万元,计税基础如果为150万元,两者之间的差额会造成未来期间应纳税所得额和应交所得税的增加。在应纳税暂时性差异产生当期,符合确认条件的情况下,应确认相关的递延所得税负债。

(2) 负债的账面价值小于其计税基础。一项负债的账面价值代表的是企业预计在未来期间清偿该项负债时的经济利益流出,而其计税基础代表的是账面价值在扣除税法规定未来期间允许税前扣除的金额之后的差额。因负债的账面价值与其计税基础不同产生的暂时性差异,本质上是税法规定就该项负债在未来期间可以税前扣除的金额(即与该项负债相关的费用支出在未来期间可予税前扣除的金额)。负债的账面价值小于其计税基础,则意味着就该项负债在未来期间可以税前抵扣的金额为负数,即应在未来期间应纳税所得额的基础上调增,增加未来期间的应纳税所得额和应交所得税金额,产生应纳税暂时性差异,应确认相关的递延所得税负债。

2. 可抵扣暂时性差异

可抵扣暂时性差异,是指在确定未来收回资产或清偿负债期间的应纳税所得额时,将导致产生可抵扣金额的暂时性差异。该差异在未来期间转回时会减少转回期间的应纳税所得额,减少未来期间的应交所得税。在可抵扣暂时性差异产生当期,符合确认条件的情况下,应当确认相关的递延所得税资产。

可抵扣暂时性差异一般产生于以下情况:

(1) 资产的账面价值小于其计税基础。从经济含义来看,某些资产在未来期间产生的经济利益少,但按照税法规定允许税前扣除的金额多,则就其账面价值与计税基础之间的差额,企业在未来期间可以减少应纳税所得额并减少应交所得税,符合确认条件时,应当确认相关的递延所得税资产。例如,一项资产的账面价值为200万元,计税基础为260万元,则企业在未来期间就该项资产可以在其自身取得经济利益的基础上多扣除60万元。从整体上来看,未来期间应纳税所得额会减少,应交所得税也会减少,形成可抵扣暂时性差异,符合确认条件时,应确认相关的递延所得税资产。

(2) 负债的账面价值大于其计税基础。负债产生的暂时性差异实质上是税法规定就该项负债可以在未来期间税前扣除的金额。即:

负债产生的暂时性差异 = 账面价值 - 计税基础
= 账面价值 -(账面价值
- 未来期间计税时按照税法规定可予税前扣除的金额)
= 未来期间计税时按照税法规定可予税前扣除的金额

一项负债的账面价值大于其计税基础,意味着未来期间按照税法规定与该项负债相关的全部或部分支出可以自未来应税经济利益中扣除,减少未来期间的应纳税所得额和应交所得税。例如,企业对将发生的产品保修费用在销售当期确认预计负债200万元,但如果税法规定有关费用支出只有在实际发生时才能够税前扣除,则其计税基础为0。企业确认预计负债的当期相关费用不允许税前扣除,但在以后期间有关费用实际发生时允许税前扣除,使得未来期间的应纳税所得额和应交所得税减少,产生可抵扣暂时性差异,符合有关确认条件时,应确认相关的递延所得税资产。

3. 特殊项目产生的暂时性差异

(1) 未作为资产、负债确认的项目产生的暂时性差异。某些交易或事项发生以后,因为不符合资产、负债的确认条件而未体现为资产负债表中的资产或负债,但按照税法规定能够确定其计税基础的,其账面价值与计税基础之间的差异也构成暂时性差异。如企业发生的符合条件的广告费和业务宣传费支出,除另有规定外,不超过销售收入15%的部分准予扣除;超过部分准予向以后纳税年度结转扣除。

该类费用在发生时按照会计准则规定计入当期损益,不形成资产负债表中的资产。但按照税法规定可以确定其计税基础,两者之间的差异也形成暂时性差异。

【例8-5】 A公司2011年发生了2 000万元广告费支出,发生时已作为销售费用计入当期损益。税法规定,该类支出不超过当年销售收入15%的部分允许当期税前扣除,超过部分允许向以后纳税年度结转税前扣除。A公司2011年实现销售收入10 000万元。

该广告费支出因按照会计准则规定在发生时已计入当期损益,不体现为资产负债表中的资产,如果将其视为资产,其账面价值为0。

因按照税法规定,该类支出税前列支有一定标准限制,根据当期A公司销售收入15%计算,当期可予税前扣除1 500万元(10 000×15%),当期未予税前扣除的500万元可以向以后纳税年度结转扣除,其计税基础为500万元。

该项资产的账面价值0与其计税基础500万元之间产生了500万元的暂时性差异,该暂时性差异在未来期间可减少企业的应纳税所得额,为可抵扣暂时性差异,符合确认条件时,应确认相关的递延所得税资产。

(2)可抵扣亏损及税款抵减产生的暂时性差异。对于按照税法规定可以结转以后年度的未弥补亏损及税款抵减,虽不是因资产、负债的账面价值与计税基础不同产生的,但本质上可抵扣亏损及税款抵减与可抵扣暂时性差异具有同样的作用,均能减少未来期间的应纳税所得额和应交所得税,视同可抵扣暂时性差异,在符合确认条件的情况下,应确认与其相关的递延所得税资产。

【例8-6】 甲公司于2011年因政策性原因发生经营亏损4 000万元,按照税法规定,该亏损可用于抵减以后5个年度的应纳税所得额。该公司预计其于未来5年期间能够产生足够的应纳税所得额弥补该经营亏损。

该经营亏损虽不是因比较资产、负债的账面价值与其计税基础产生的,但从其性质上来看可以减少未来期间的应纳税所得额和应交所得税,视同可抵扣暂时性差异。在企业预计未来期间能够产生足够的应纳税所得额弥补该可抵扣亏损时,应确认相关的递延所得税资产。

三、所得税的会计处理方法

(一)应付税款法

应付税款法,是指本期税前会计利润与应纳税所得额之间的差异造成的影响纳税的金额直接计入当期损益,而不递延到以后各期的会计处理方法。在应付税款法下,不需要确认税前会计利润与应纳税所得额之间的差异造成的影响纳税的金额,因此当期计入损益的所得税费用等于当期按应纳税所得额计算的应交所得税。

（二）纳税影响会计法

纳税影响会计法，是指将本期税前会计利润总额与应纳税所得额之间的时间性差异造成的纳税影响额递延分配到以后期间的会计方法。实际上，纳税影响会计法是对税前利润（利润总额）与应纳税所得额（计税利润）之间的时间性差异逐渐确认和依法转销（过程中的积累和转回）的会计方法。采用纳税影响会计法的实际作用是使公司的财务会计记录与财务报表的目标相一致，即坚持按照财务会计的基本概念（资产与负债）和固有程序（权责发生制）进行有关会计确认和计量，避免财务信息使用者对财务信息的误解。纳税影响会计法可以分为递延法和债务法两大类。

1. 递延法

递延法是把本期由于时间性差异而产生的影响纳税的金额，保留到这一差异发生相反变化的以后期间予以转销。当税率变更或开征新税时，不需要调整由于税率的变更或新税的征收对"递延税款"余额的影响。发生在本期的时间性差异影响纳税的金额，用现行税率计算，以前各期发生的而在本期转销的各项时间性差异影响纳税的金额，按照原发生时的税率计算转销。

2. 债务法

债务法是以当前或时间性差异转回时的税率为根据，确认、摊销递延税款的方法。在这种方法之下，对时间性差异造成的纳税影响在资产负债表中确认并列报为一项资产和负债，具体金额则是按产生这些资产或负债的时间性差异转回时的预计税率计算的。由于未来税率变动难以预料，因而其最初的确认被认为是预计性的，如果未来税率或税法发生变动时则应按未来税率进行调整。这种方法的特点在于：第一，时间性差异对所得税的影响金额在资产负债表上表现为将来应付税款的债务或代表预付未来税款的资产。第二，本期发生或转销的时间性差异对所得税的影响金额及递延税款的余额均用现行税率计算、调整。与递延法相比，债务法更强调资产负债表数字的真实性，因此更具有科学性。债务法又分为以下两种：

(1) 利润表债务法。利润表债务法是从收入和费用的会计确认标准与税法确认标准的差异出发，将税前会计利润与应税所得之间的差异划分为永久性差异与时间性差异。时间性差异是指由于税法与会计在确认收益、费用或损失的时间不同而产生的税前会计收益与应税收益的差异，反映的是当期差异。时间性差异强调差异的形成以及差异的转回对本期所得税费用的调整。

(2) 资产负债表债务法。资产负债表债务法要求企业从资产负债表出发，通过比较资产负债表上列示的资产、负债，按照会计准则规定确定的账面价值与按照税法规定确定的计税基础，对于两者之间的差异分别按应纳税暂时性差异与可抵扣暂时性差异，确认相关的递延所得税负债与递延所得税资产，并在此基础上确定每一会计期间利润表中的所得税费用。

资产负债表债务法在所得税的会计处理方面贯彻了资产、负债的界定。从资产负债角度考虑，资产的账面价值代表的是某项资产在持续持有及最终处置的一定期间内为企业带来未来经济利益的总额，而其计税基础代表的是该期间内按照税法规定就该项资产可以税前扣除的总额。资产的账面价值小于其计税基础的,表明该项资产于未来期间产生的经济利益流入低于按照税法规定允许税前扣除的金额,产生可抵减未来期间应纳税所得额的因素,减少未来期间以应交所得税的方式流出企业的经济利益,应确认为递延所得税资产。反之,一项资产的账面价值大于其计税基础的,两者之间的差额会增加企业于未来期间应纳税所得额及应交所得税,对企业形成经济利益流出的义务,应确认为递延所得税负债。

四、所得税会计方法的比较

(一)应付税款法和纳税影响会计法比较

应付税款法和纳税影响会计法对永久性差异的处理是一致的,如果本期发生的永久性差异已从会计利润中扣除,但不能从应纳税所得额中扣除,永久性差异对所得税的影响金额构成本期的所得税费用;如果本期发生的永久性差异未从会计利润中扣除,但可以从应纳税所得额中扣除,永久性差异对所得税的影响金额可抵减本期的所得税费用。

应付税款法和纳税影响会计法的主要区别是:应付税款法不确认暂时性差异对所得税的影响金额,直接以本期应交所得税作为本期的所得税费用;而纳税影响会计法确认暂时性差异对所得税的影响金额,在资产负债表中单独作为递延所得税项目列示,同时,在利润表中增加或减少本期的所得税费用。

(二)递延法和债务法比较

递延法和债务法,是在企业缴纳所得税时,按照税收规定对税前会计利润进行调整时常用的方法。对企业来说,无论采用递延法还是债务法,都是因为时间性差异而产生会计所得的提前实现和挪后实现,结果本应该是一致的,但是在实际工作中却存在一定的差异。

1. 账务处理不同

在税率变动或新税开征时,采用递延法时不对“递延税款”科目进行调整;而采用债务法时则要相应地对“递延税款”科目进行调整,以使余额反映出预付未来税款资产或将来应付税款债务的真实价值。

2. 报表反映不同

在税率变动或新税开征时,势必影响企业财务报表反映的信息,这种影响在递延法下反映在损益表中,在债务法下反映在资产负债表中。前已述及在递延法下,递延税款余额不因税率变动或新税开征而调整,因此,企业的资产负债表无法真实地反映出这一事项对企业财务状况的影响。在债务法下,由于税率变动或新税开征时的情况已在递延税款余额上作了相应调整,因此资产负债表得以反映这一事项对财务状况的影响。

3. 反映的所得税费用不同

在递延法下,某一会计期间的所得税费用包括两部分,即当期应付所得税款和递延至以后时期或自以前时期逆转来的时间性差异的纳税影响。而在债务法下,某一会计期间的所得税费用则包括三部分:一是当期应付所得税税款;二是按照本期发生或转销的时间性差异预计应付的或预付的税款余额;三是为了反映税率变动或开征新税时,需对资产负债表中的递延税款余额进行的调整数。

在实际工作中，使用债务法往往比递延法更科学、更合理。理由有两个：一是从理论上看，企业采用递延法时，递延的税款余额不具有实际意义，不对税率变动或新税开征作调整；而采用债务法时，则将递延的税款余额看做是一种特殊的资产或负债，并随税率变动或新税的开征作相应的调整，因而理论依据比递延法更准确、更符合权责发生制原则。二是在实际操作上，从税率变动或新税开征时的报表来看，递延法采用损益表，债务法采用资产负债表。损益表是反映企业当年度损益的报表，其组成科目都是“虚账户”，资料仅限于一个营业周期内，且不能反映企业整体财务状况；资产负债表是反映企业整体财务状况的报表，其组成科目为“实账户”，各项目数据具有累计性，更符合企业持续经营的会计假设。因此，税率变动或新税开征时在资产负债表中反映要比在损益表中反映更科学。

（三）利润表债务法和资产负债表债务法比较

利润表债务法和资产负债表债务法都认为所得税的性质是一项费用而非收益分配，两者都认为所得税是企业为最终获得净利润而发生的支出，符合费用的定义和性质，因此，应作为一项费用看待。利润表债务法和资产负债表债务法都确认暂时性差异对所得税的影响，并递延和分配到以后各期。显然，它们都符合持续经营假设和配比原则。两种方法的会计处理结果一般也是相同的。

利润表债务法和资产负债表债务法作为债务法下的两种不同分析方法，最主要的区别在于进行所得税会计处理时，利润表债务法注重时间性差异，资产负债表债务法注重暂时性差异。时间性差异强调差异的形成以及差异的转回，是应税利润与会计利润间的差额，它在一个期间内形成，可在随后一个或几个期间内转回。暂时性差异是指一项资产或负债的税基和在其资产负债表中的账面金额之间的差额，它更强调差异的内容；而一项资产或负债的税基则是指在计税时应归属该项资产或负债的金额。因而从暂时性差异的内涵来看，它比时间性差异的范围更为广泛。它不仅包括所有的时间性差异，而且包括不是时间性差异的暂时性差异。

利润表债务法侧重利润表，认为利润表是受托责任报表，因此，用“收入/费用”观定义收益，强调收益是收入与费用的配比，从而注重的是收入与费用在会计与税法中确认的差异；而资产负债表债务法依据“资产/负债”观定义收益，从而提供了“全面收益”的概念，强调资产负债表是最可能提供决策相关的财务报表。与其对比，利润表债务法确认和计量所得税资产和负债的标准则不易把握。而且，采用资产负债表债务法还可以使企业在财务会计报表中对财务状况和未来现金流量作出恰当的评价和预测。

利润表债务法以利润表中的收入和费用为着眼点，逐一确认收入和费用项目在会计和税法上的时间性差异，并将这种时间性差异对未来所得税的影响看作对本期所得税费用的调整；而资产负债表债务法则以资产负债表中的资产和负债项目为着眼点，逐一确认资产和负债项目的账面价值与其税基之间的暂时性差异。与利润表债务法不同，资产负债表债务法下的暂时性差异所反映的是累计的差额，而非当期的差额。因此，只能将期末暂时性差异与期初暂时性差异的应纳税影响额视为对本期所得税费用的调整。

利润表债务法首先将时间性差异分为在未来期间的应纳税时间性差异和可抵减时间性差异,再将应纳税时间性差异乘以适用税率得出递延所得税负债,将可抵扣时间性差异乘以适用税率得出递延所得税资产。由于时间性差异反映的是收入和费用在本期发生的差额,所以,此时确认的递延所得税资产和负债应是本期的发生额。而在资产负债表债务法下,尽管也将暂时性差异分为应纳税暂时性差异和可抵扣暂时性差异,并由此确认递延所得税资产和负债,但由于暂时性差异是累计的差额,因而递延所得税资产和递延所得税负债反映的是资产和负债的账面价值。

资产负债表观作为资产负债表债务法的理论根基,使得暂时性差异对企业所得税的影响在资产负债表中确认为“递延所得税资产”或“递延所得税负债”。暂时性差异是资产和负债的账面价值与其计税基础之间的差额,其对纳税的影响所反映的“递延所得税资产”或“递延所得税负债”作为企业资产和负债账面价值的重要构成,充分揭示了资产负债表日的资产或负债在未来期间因暂时性差异导致现金流入或流出企业的情况,有助于信息使用者根据财务报告对企业财务状况和未来现金流量作出恰当的评价和预测。

资产负债表债务法以资产负债表中的资产和负债各项目的账面价值为基础,逐一比较资产和负债各项目的账面价值与其计税基础之间所产生的暂时性差异,并将该差异对所得税的影响确认为“递延所得税资产”或“递延所得税负债”。这一方法不仅克服了权责发生制的要求与配比原则在确认收入和费用时适用标准不统一的缺陷,而且改变了我国过去将“递延所得税资产”或“递延所得税负债”合称为“递延税款”的模糊状态,从而提高了所得税费用的准确性和一致性。

第十节　所得税的会计处理——资产负债表债务法

一、资产负债表债务法的基本程序

采用资产负债表债务法,企业一般应于每一资产负债表日进行所得税的处理。企业合并等特殊交易或事项发生时,在确认因交易或事项取得的资产、负债时即应确认相关的所得税影响。企业进行所得税的会计处理一般应遵循以下程序:

(1)按照相关会计准则规定确定资产负债表中除递延所得税资产和递延所得税负债以外的其他资产和负债项目的账面价值。资产、负债的账面价值,是指企业按照相关会计准则的规定进行确认计量后在资产负债表中列示的金额。对于计提了减值准备的各项资产,是指其账面余额减去已计提的减值准备后的金额。例如,企业持有的应收账款账面余额为1 000万元,企业对该应收账款计提了50万元的坏账准备,其账面价值为950万元。

(2)按照会计准则中对于资产和负债计税基础的确定方法,以适用的税收法规为基础,确定资产负债表中有关资产、负债项目的计税基础。应予说明的是,资产、负债的计税基础,是会计上的定义,但其确定应当遵循税法的规定进行。

(3) 比较资产、负债的账面价值与其计税基础,对于两者之间存在差异的,分析其性质,除会计准则中规定的特殊情况外,分别按应纳税暂时性差异与可抵扣暂时性差异,确定资产负债表日递延所得税负债和递延所得税资产的应有金额,并与期初递延所得税资产和递延所得税负债的余额相比,确定当期应予进一步确认的递延所得税资产和递延所得税负债金额或应予转销的金额,作为递延所得税。

(4) 就企业当期发生的交易或事项,按照适用的税法规定计算确定当期应纳税所得额,将应纳税所得额与适用的所得税税率计算的结果确认为当期应交所得税,作为当期所得税。

(5) 确定利润表中的所得税费用。利润表中的所得税费用包括当期所得税(当期应交所得税)和递延所得税两个组成部分,企业在计算确定了当期所得税和递延所得税后,两者之和(或之差)就是利润表中的所得税费用。

二、常见资产计税基础与账面价值的差异分析

(一) 固定资产

以各种方式取得的固定资产,初始确认时按照会计准则规定确定的入账价值基本上是被税法认可的,即取得时其账面价值一般等于计税基础。

固定资产在持有期间进行后续计量时,由于会计准则与税法就折旧方法、折旧年限以及固定资产减值准备的提取等处理的不同,可能造成固定资产的账面价值与计税基础的差异。

1. 折旧方法、折旧年限的差异

会计准则规定,企业应当根据与固定资产有关的经济利益的预期实现方式合理地选择折旧方法,如可以按照年限平均法计提折旧,也可以按照双倍余额递减法、年数总和法等计提折旧。税法中除某些按照规定可以加速折旧的情况外,基本上可以税前扣除的是按照年限平均法计提的折旧;另外,税法还就每一类固定资产的折旧年限作出规定。而会计处理时,按照会计准则规定,折旧年限是由企业根据固定资产的性质和使用情况合理确定的。例如,企业进行会计处理时确定的折旧年限与税法规定不同,也会产生固定资产持有期间账面价值与计税基础的差异。

2. 计提固定资产减值准备产生的差异

持有固定资产的期间内,在对固定资产计提减值准备以后,因税法规定企业计提的资产减值准备在发生实质性损失前不允许税前扣除,也会造成固定资产的账面价值与计税基础的差异。

【例8-7】 甲企业于2010年12月20日取得的某项环保用固定资产,原价为3 000万元,使用年限为10年,会计上采用年限平均法计提折旧,净残值为零。税法规定,该类(由于技术进步产品更新换代快的)固定资产采用加速折旧法计提的折旧可予税前扣除,该企业在计税时采用双倍余额递减法计提折旧,净残值为零。2011年12月31日,企业估计该项固定资产的可收回金额为2 200万元。

2011年12月31日,该项固定资产的账面价值 $=3\ 000-300\times2=2\ 400$ 万元,该账面

余额大于其可收回金额 2 200 万元，两者之间的差额应计提 200 万元的固定资产减值准备。

2011 年 12 月 31 日，该项固定资产的账面价值 = 3 000 - 300 × 2 - 200 = 2 200 万元

其计税基础 = 3 000 - 3 000 × 20% - 2 400 × 20% = 1 920 万元

该项固定资产的账面价值 2200 万元与其计税基础 1 920 万元之间的 280 万元差额，将于未来期间计入企业的应纳税所得额。

【例 8-8】 乙企业于 2010 年年末以 1 500 万元购入一项生产用固定资产，按照该项固定资产的预计使用情况，乙企业估计其使用寿命为 5 年。计税时，按照适用税法规定，其最低折旧年限为 10 年，于是该企业计税时按照 10 年计算确定可税前扣除的折旧额。假定会计与税务处理上均按年限平均法计提折旧，净残值均为零。2011 年该项固定资产按照 12 个月计提折旧。本例中假定固定资产未发生减值。

该项固定资产在 2011 年 12 月 31 日的账面价值 = 1 500 - 1 500 ÷ 5 = 1 200 万元

该项固定资产在 2011 年 12 月 31 日的计税基础 = 1 500 - 1 500 ÷ 10 = 1 350 万元

该项固定资产的账面价值 1 200 万元与其计税基础 1 350 万元之间产生的 150 万元差额，在未来期间会减少企业的应纳税所得额。

（二）无形资产

除内部研究开发形成的无形资产以外，其他方式取得的无形资产，初始确认时按照会计准则规定确定的入账价值与按照税法规定确定的计税成本之间一般不存在差异。无形资产的差异主要产生于内部研究开发形成的无形资产和是否需要摊销及无形资产减值准备提取上。

1. 内部研究开发形成的无形资产

其成本为开发阶段符合资本化条件后至达到预定用途前发生的支出，除此之外，研究开发过程中发生的其他支出应予费用化计入损益。税法规定，自行开发的无形资产，以开发过程中该资产符合资本化条件后至达到预定用途前发生的支出为计税基础。另外，对于研究开发费用的加计扣除，税法中规定企业为开发新技术、新产品、新工艺发生的研究开发费用，未形成无形资产计入当期损益的，在按照规定据实扣除的基础上，按照研究开发费用的 50% 加计扣除；形成无形资产的，按照无形资产成本的 150% 摊销。

对于内部研究开发形成的无形资产，一般情况下初始确认时按照会计准则规定确定的成本与计税基础应当是相同的。对于享受税收优惠的研究开发支出，在形成无形资产时，按照会计准则规定确定的成本为研究开发过程中符合资本化条件后至达到预定用途前发生的支出，而税法规定按照无形资产成本的 150% 摊销，则其计税基础应在会计上入账价值的基础上加计 50%，因而产生账面价值与计税基础在初始确认时的差异，但如该无形资产的确认不是产生于合并交易、同时在确认时既不影响会计利润也不影响应纳税所得额，则按照所得税会计准则的规定，不确认有关暂时性差异的所得税影响。

【例 8-9】 红星公司当期为开发新技术发生研究开发支出计 1 000 万元，其中研究阶段的支出为 200 万元，开发阶段符合资本化条件前发生的支出为 200 万元，符合资本化

条件后至达到预定用途前发生的支出为600万元。税法规定,该公司为开发新技术、新产品、新工艺发生的研究开发费用,未形成无形资产计入当期损益的,按照研究开发费用的50%加计扣除;形成无形资产的,按照无形资产成本的150%摊销。假定开发形成的无形资产在当期期末已达到预定用途(尚未开始摊销)。

红星公司当期发生的研究开发支出中,按照会计准则规定应予费用化的金额为400万元,形成无形资产的成本为600万元,即期末所形成无形资产的账面价值为600万元。

红星公司当期发生的1 000万元研究开发支出,按照税法规定可在当期税前扣除的金额为600万元。所形成的无形资产在未来期间可予税前扣除的金额为900万元,其计税基础为900万元,形成暂时性差异300万元。

2. 是否需要摊销及无形资产减值准备的提取

无形资产在后续计量时,会计与税收的差异主要产生于是否需要摊销及无形资产减值准备的提取。

会计准则规定,应根据无形资产的使用寿命情况,区分为使用寿命有限的无形资产与使用寿命不确定的无形资产。对于使用寿命不确定的无形资产,不要求摊销,但持有期间每年应进行减值测试。税法规定,企业取得的无形资产成本(外购商誉除外),应在一定期限内摊销。对于使用寿命不确定的无形资产,会计处理时不予摊销,但计税时按照税法规定确定的摊销额允许税前扣除,造成该类无形资产账面价值与计税基础的差异。

在对无形资产计提减值准备的情况下,因税法规定计提的无形资产减值准备在转变为实质性损失前不允许税前扣除,即无形资产的计税基础不会随减值准备的提取发生变化,从而造成无形资产的账面价值与计税基础的差异。

【例8-10】 乙企业于2011年1月1日取得的某项无形资产,取得成本为1 500万元,取得该项无形资产后,根据各方面情况判断,乙企业无法合理预计其使用期限,将其作为使用寿命不确定的无形资产。2011年12月31日,对该项无形资产进行减值测试表明其未发生减值。企业在计税时,对该项无形资产按照10年的期限摊销,摊销金额允许税前扣除。

会计上将该项无形资产作为使用寿命不确定的无形资产,因未发生减值,其在2011年12月31日的账面价值为取得成本的1 500万元。

该项无形资产在2011年12月31日的计税基础为1 350万元(=成本1 500万元-按照税法规定可予税前扣除的摊销额150万元)。

该项无形资产的账面价值1 500万元与其计税基础1 350万元之间的差额150万元将计入未来期间的应纳税所得额。

(三)以公允价值计量且其变动计入当期损益的金融资产

按照会计准则的规定,以公允价值计量且其变动计入当期损益的金融资产于某一会计期末的账面价值为公允价值。税法规定,企业以公允价值计量的金融资产、金融负债等,持有期间公允价值的变动不计入应纳税所得额,在实际处置或结算时,处置取得的价款扣除其历史成本后的差额应计入处置或结算期间的应纳税所得额。按照该规定,以公允价值计量的金融资产在持有期间市价的波动在计税时不予考虑,有关金融资产在某一会计期末的计税基础为其取得成本,从而造成在公允价值变动的情况下,对以公允价值计量的金融资产账面价值与计税基础之间的差异。

企业持有的可供出售金融资产计税基础的确定,与以公允价值计量且其变动计入当期损益的金融资产类似,可比照处理。

【例 8-11】 2011 年 11 月 20 日,甲公司自公开市场取得一项权益性投资,支付价款 1 000 万元,作为交易性金融资产确认。2011 年 12 月 31 日,该投资的市价为 1 100 万元。

该项交易性金融资产的期末市价为 1 100 万元,按照会计准则规定在 2011 年资产负债表日的账面价值为 1 100 万元。

因税法规定交易性金融资产在持有期间的公允价值变动不计入应纳税所得额,其在 2011 年资产负债表日的计税基础应维持原取得成本不变,为 1 000 万元。

该交易性金融资产的账面价值 1 100 万元与其计税基础 1 000 万元之间产生了 100 万元的暂时性差异,该暂时性差异在未来期间转回时会增加未来期间的应纳税所得额。

【例 8-12】 2011 年 11 月 12 日,甲公司自公开的市场上取得一项基金投资,确认为可供出售金融资产。该投资的成本为 1 000 万元。2011 年 12 月 31 日,其市价为 1 085 万元。

按照会计准则规定,该项金融资产在会计期末应以公允价值计量,其账面价值应为期末公允价值 1 085 万元。

因税法规定资产在持有期间公允价值变动不计入应纳税所得额,则该项可供出售金融资产的期末计税基础应维持其原取得成本不变,为 1 000 万元。

该金融资产在 2011 年资产负债表日的账面价值 1 085 万元与其计税基础 1 000 万元之间产生的 85 万元暂时性差异,将会增加未来该资产处置期间的应纳税所得额。

(四) 其他资产

因会计准则规定与税法规定不同,企业持有的其他资产,也可能造成其账面价值与计税基础之间存在差异。

1. 投资性房地产

企业持有的投资性房地产进行后续计量时,会计准则规定可以采用两种模式:一种是成本模式,采用该种模式计量的投资性房地产,其账面价值与计税基础的确定与固定资产、无形资产相同;另一种是在符合规定条件的情况下,可以采用公允价值模式对投资性房地产进行后续计量。对于采用公允价值模式进行后续计量的投资性房地产,其计税基础的确定类似于以公允价值计量且其变动计入当期损益的金融资产。

【例 8-13】 A 公司于 2011 年 1 月 1 日将其某自用房屋用于对外出租,该房屋的成本为 750 万元,预计使用年限为 20 年。该房屋转为投资性房地产之前,已使用 4 年,企业按照年限平均法计提折旧,预计净残值为零。转为投资性房地产后,能够持续可靠取得该投资性房地产的公允价值,A 公司采用公允价值模式对该投资性房地产进行后续计量。假定税法规定的折旧方法、折旧年限及净残值与会计规定相同。同时,税法规定资产在持有期间公允价值的变动不计入应纳税所得额,待处置时一并计算确定应计入应纳税所得额的金额。该项投资性房地产在2011年12月31日的公允价值为900万元。

该投资性房地产在2011年12月31日的账面价值为其公允价值900万元,其计税基础为取得成本扣除按照税法规定允许税前扣除的折旧额后的金额,即其计税基础 $=750-750\div20\times5=562.5$ 万元。

该项投资性房地产的账面价值900万元与其计税基础562.5万元之间产生了337.5万元的暂时性差异,会增加企业在未来期间的应纳税所得额。

2. 其他计提了资产减值准备的各项资产

有关资产计提了减值准备后,其账面价值会随之下降,而税法规定资产在发生实质性损失之前,不允许税前扣除,即其计税基础不会因减值准备的提取而变化,造成在计提资产减值准备以后,资产的账面价值与计税基础之间的差异。

【例8-14】 A公司2011年购入原材料成本为5 000万元,因部分生产线停工,当年未领用任何原材料,2011年资产负债表日估计该原材料的可变现净值为4 000万元。假定该原材料在2011年的期初余额为零。

该项原材料因期末可变现净值低于成本,应计提的存货跌价准备 $=5\,000-4\,000=1\,000$ 万元。计提该存货跌价准备后,该项原材料的账面价值为4 000万元。

该项原材料的计税基础不会因存货跌价准备的提取而发生变化,其计税基础为5 000万元不变。

该存货的账面价值4 000万元与其计税基础5 000万元之间产生了1 000万元的暂时性差异,该差异会减少企业在未来期间的应纳税所得额。

【例8-15】 甲公司2011年12月31日应收账款余额为6 000万元,该公司期末对应收账款计提了600万元的坏账准备。税法规定,不符合国务院财政、税务主管部门规定的各项资产减值准备不允许税前扣除。假定该公司期初应收账款及坏账准备的余额均为零。

该项应收账款在2011年资产负债表日的账面价值 $=6\,000-600=5\,400$ 万元,因有关的坏账准备不允许税前扣除,其计税基础为6 000万元。该计税基础与其账面价值之间产生600万元的暂时性差异,在应收账款发生实质性损失时,会减少未来期间的应纳税所得额和应交所得税。

三、常见负债计税基础与账面价值的差异分析

(一) 企业因销售商品提供售后服务等原因确认的预计负债

按照或有事项准则规定,企业对于预计提供售后服务将发生的支出在满足有关确认条件时,销售当期即应确认为费用,同时确认预计负债。如果税法规定,与销售产品相关的支出应于发生时税前扣除,因该类事项产生的预计负债在期末的计税基础为其账面价值与未来期间可税前扣除的金额之间的差额,即为零;如果税法规定,对于费用支出按照权责发生制原则确定税前扣除时点,则所形成负债的计税基础等于账面价值。

其他交易或事项中确认的预计负债,应按照税法规定的计税原则确定其计税基础。某些情况下,因有些事项确认的预计负债,税法规定其支出无论是否实际发生均不允许

税前扣除,即未来期间按照税法规定可予抵扣的金额为零,账面价值等于计税基础。

【例 8-16】 甲企业 2011 年因销售产品承诺提供 3 年的保修服务,在当年度利润表中确认了 500 万元的销售费用,同时确认为预计负债,当年度未发生任何保修支出。假定按照税法规定,与产品售后服务相关的费用在实际发生时允许税前扣除。

该项预计负债在甲企业 2011 年 12 月 31 日资产负债表中的账面价值为 500 万元。

该项预计负债的计税基础 = 账面价值 - 未来期间计算应纳税所得额时按照税法规定可予抵扣的金额 = 500 万元 - 500 万元 = 0。

(二) 预收账款

企业在收到客户预付的款项时,因不符合收入确认条件,会计上将其确认为负债。税法中对于收入的确认原则一般与会计规定相同,即会计上未确认收入时,计税时一般亦不计入应纳税所得额,即该部分经济利益在未来期间计税时可予税前扣除的金额为零,计税基础等于账面价值。

某些情况下,因不符合会计准则规定的收入确认条件,未确认为收入的预收款项,按照税法规定应计入当期应纳税所得额时,有关预收账款的计税基础为零,即因其产生时已经计算缴纳所得税,未来期间可全额于税前扣除。

【例 8-17】 A 公司于 2011 年 12 月 20 日收到一笔合同预付款,金额为 2 500 万元,作为预收账款确认。按照适用税法规定,该款项应计入取得当期应纳税所得额计算缴纳所得税。

该预收账款在 A 公司 2011 年 12 月 31 日资产负债表中的账面价值为 2 500 万元。

该预收账款的计税基础 = 账面价值 2 500 万元 - 未来期间计算应纳税所得额时按照税法规定可予抵扣的金额 2 500 万元 = 0。

该项负债的账面价值 2 500 万元与其计税基础 0 之间产生的 2 500 万元暂时性差异,会减少企业于未来期间的应纳税所得额。

(三) 应付职工薪酬

会计准则规定,企业支付给职工的各种形式的报酬以及其他相关支出均应作为企业的成本费用,在未支付之前确认为负债。税法中对于合理的职工薪酬基本允许税前扣除,但税法中明确规定了税前扣除标准的,按照会计准则规定计入成本费用支出的金额超过规定标准部分(税法规定实际发生的、合理的工资薪金允许扣除),应进行纳税调整。因超过部分在发生当期不允许税前扣除,在以后期间也不允许税前扣除,即该部分差额对未来期间计税不产生影响,所产生应付职工薪酬负债的账面价值等于计税基础。

【例 8-18】 甲企业 2011 年 12 月计入成本费用的职工工资总额为 4 000 万元,至 2011 年 12 月 31 日尚未支付。按照适用税法规定,当期计入成本费用的 4 000 万元工资支出中,可予税前扣除的合理部分为 3 000 万元。

该项应付职工薪酬负债的账面价值为 4 000 万元。

该项应付职工薪酬负债的计税基础 = 账面价值 4 000 万元 - 未来期间计算应纳税所得额时按照税法规定可予抵扣的金额 0 = 4 000 万元

该项负债的账面价值 4 000 万元与其计税基础 4 000 万元相同,不形成暂时性差异。

（四）其他负债

其他负债如企业应交的罚款和滞纳金等，在尚未支付之前按照会计规定确认为费用，同时作为负债反映。税法规定，罚款和滞纳金不得税前扣除，即该部分费用无论是在发生当期还是在以后期间均不允许税前扣除，其计税基础为账面价值减去未来期间计税时可予税前扣除的金额零之间的差额，即计税基础等于账面价值。

其他交易或事项产生的负债，其计税基础的确定应当遵从适用税法的相关规定。

【例 8-19】 A 公司 2011 年 12 月因违反当地有关环保法规的规定，接到环保部门的处罚通知，要求其支付罚款 500 万元。税法规定，企业因违反国家有关法律法规支付的罚款和滞纳金，计算应纳税所得额时不允许税前扣除。至 2011 年 12 月 31 日，该项罚款尚未支付。

A 公司应支付罚款产生的负债账面价值为 500 万元。

该项负债的计税基础 = 账面价值 500 万元 − 未来期间计算应纳税所得额时按照税法规定可予抵扣的金额 0 = 500 万元。

该项负债的账面价值 500 万元与其计税基础 500 万元相同，不形成暂时性差异。

四、递延所得税负债的确认和计量

递延所得税负债产生于应纳税暂时性差异。因应纳税暂时性差异在转回期间将增加企业的应纳税所得额和应交所得税，导致企业经济利益的流出，在其发生当期，构成企业应支付税金的义务，应作为负债确认。

除所得税会计准则中明确规定可不确认递延所得税负债的情况以外，企业对于所有的应纳税暂时性差异均应确认相关的递延所得税负债。基于谨慎性原则，为了充分反映交易或事项发生后对未来期间的计税影响，除特殊情况可不确认相关的递延所得税负债外，企业应尽可能地确认与应纳税暂时性差异相关的递延所得税负债。

确认应纳税暂时性差异产生的递延所得税负债时，交易或事项发生时影响到会计利润或应纳税所得额的，相关的所得税影响应作为利润表中所得税费用的组成部分；与直接计入所有者权益的交易或事项相关的，其所得税影响应减少所有者权益；与企业合并中取得资产、负债相关的，其所得税影响应调整购买日应确认的商誉或是计入合并当期损益的金额。

递延所得税负债的计量应当根据适用税法规定，按照预期收回该资产或清偿该负债期间的适用税率计量。即递延所得税负债应以相关应纳税暂时性差异转回期间税法规定适用的所得税税率计量。无论应纳税暂时性差异的转回期间如何，相关的递延所得税负债不要求折现。

【例 8-20】 甲公司于 2011 年 12 月底购入一台机器设备，成本为 105 000 元，预计使用年限为 6 年，预计净残值为零。会计上按直线法计提折旧，因该设备符合税法规定的税收优惠条件，计税时可采用年数总和法计提折旧，假定税法规定的使用年限及净残值均与会计相同。本例中假定该公司各会计期间均未对固定资产计提减值准备，除该项固定资产产生的会计与税收之间的差异外，不存在其他会计与税收的差异。

该公司每年因固定资产账面价值与计税基础不同应予确认的递延所得税情况如表8-2所示：

表8-2　各年末固定资产账面价值与计税基础的差异及递延所得税负债的余额　　单位:元

项　　目	2012年年末	2013年年末	2014年年末	2015年年末	2016年年末	2017年年末
实际成本	105 000	105 000	105 000	105 000	105 000	105 000
累计会计折旧	17 500	35 000	52 500	70 000	87 500	105 000
账面价值	87 500	70 000	52 500	35 000	17 500	0
累计计税折旧	30 000	55 000	75 000	90 000	100 000	105 000
计税基础	75 000	50 000	30 000	15 000	5 000	0
暂时性差异	12 500	20 000	22 500	20 000	12 500	0
适用税率(%)	25	25	25	25	25	25
递延所得税负债余额	3 125	5 000	5 625	5 000	3 125	0

该项固定资产各年度账面价值与计税基础确定如下：

(1) 2012年资产负债表日

账面价值＝实际成本－会计折旧＝105 000－17 500＝87 500元

计税基础＝实际成本－税前扣除的折旧额＝105 000－30 000＝75 000元

因资产的账面价值87 500元大于其计税基础75 000元，两者之间产生的12 500元差异会增加未来期间的应纳税所得额和应交所得税，属于应纳税暂时性差异，应确认与其相关的递延所得税负债＝12 500×25%＝3 125元，账务处理如下：

借：所得税费用　　3 125

　贷：递延所得税负债　　3 125

(2) 2013年资产负债表日

账面价值＝105 000－17 500－17 500＝70 000元

计税基础＝105 000－55 000＝50 000元

因资产的账面价值70 000元大于其计税基础50 000元，两者之间的差异为应纳税暂时性差异20 000元，应确认与其相关的递延所得税负债5 000元，但递延所得税负债的期初余额为3 125元，当期应进一步确认递延所得税负债1 875元，账务处理如下：

借：所得税费用　　1 875

　贷：递延所得税负债　　1 875

(3) 2014年资产负债表日

账面价值＝105 000－52 500＝52 500元

计税基础＝105 000－75 000＝30 000元

因资产的账面价值52 500元大于其计税基础30 000元，两者之间的差异为应纳税暂时性差异,应确认与其相关的递延所得税负债5625元,但递延所得税负债的期初余额为5 000元,当期应进一步确认递延所得税负债625元,账务处理如下:

借:所得税费用　　625

　贷:递延所得税负债　　625

(4) 2015年资产负债表日

账面价值=105 000-70 000=35 000元

计税基础=105 000-90 000=15 000元

因资产的账面价值35 000元大于计税基础15 000元,两者之间的差异为应纳税暂时性差异,应确认与其相关的递延所得税负债5 000元,但递延所得税负债的期初余额为5625元,当期应转回原已确认的递延所得税负债625元,账务处理如下:

借:递延所得税负债　　625

　贷:所得税费用　　625

(5) 2016年资产负债表日

账面价值=105 000-87 500=17 500元

计税基础=105 000-100 000=5 000元

因资产的账面价值17 500元大于计税基础5 000元,两者之间的差异为应纳税暂时性差异,应确认与其相关的递延所得税负债3 125元,但递延所得税负债的期初余额为5 000元,当期应转回递延所得税负债1 875元,账务处理如下:

借:递延所得税负债　　1 875

　贷:所得税费用　　1 875

(6) 2017年资产负债表日

该项固定资产的账面价值及计税基础均为零,两者之间不存在暂时性差异,原已确认的与该项资产相关的递延所得税负债应予全额转回,账务处理如下:

借:递延所得税负债　　3 125

　贷:所得税费用　　3 125

五、递延所得税资产的确认与计量

递延所得税资产产生于可抵扣暂时性差异。资产、负债的账面价值与其计税基础不同产生可抵扣暂时性差异的,在估计未来期间能够取得足够的应纳税所得额用以抵扣该可抵扣暂时性差异时,应当以很可能取得用来抵扣可抵扣暂时性差异的应纳税所得额为限,确认相关的递延所得税资产。确认递延所得税资产时,应关注以下问题:

(1) 递延所得税资产的确认应以未来期间很可能取得的用来抵扣可抵扣暂时性差异的应纳税所得额为限。在可抵扣暂时性差异转回的未来期间内,企业无法产生足够的应纳税所得额用以抵扣可抵扣暂时性差异,使得与可抵扣暂时性差异相关的经济利益无法实现的,则不应确认递延所得税资产;企业有明确的证据表明其于可抵扣暂时性差异转回的未来期间能够产生足够的应纳税所得额,进而抵扣可抵扣暂时性差异的,则应以很可能取得的应纳税所得额为限,确认相关的递延所得税资产。在判断企业于可抵扣暂时性差异转回的未来期间是否能够产生足够的应纳税所得额时,应考虑以下两个方面的影响:一是通过正常的生产经营活动能够实现的应纳税所得额,如企业通过销售商品、提供劳务等所实现的收入,扣除有关的成本费用等支出后的金额。该部分情况的预测应当以经企业管理层批准的最近财务预算或预测数据以及该预算或者预测期之后年份稳定的或者递减的增长率为基础。二是以前期间产生的应纳税暂时性差异在未来期间转回时将增加的应纳税所得额。考虑到可抵扣暂时性差异转回的期间内可能取得应纳税所得额的限制,因无法取得足够的应纳税所得额而未确认相关的递延所得税资产的,应在会计报表附注中进行披露。

(2) 对与子公司、联营企业、合营企业的投资相关的可抵扣暂时性差异,同时满足下列条件的,应当确认相关的递延所得税资产:一是暂时性差异在可预见的未来很可能转回;二是未来很可能获得用来抵扣可抵扣暂时性差异的应纳税所得额。对联营企业和合营企业等投资产生的可抵扣暂时性差异,主要产生于权益法下被投资单位发生亏损时,投资企业按照持股比例确认应予承担的部分相应减少长期股权投资的账面价值,但税法规定长期股权投资的成本在持有期间不发生变化,造成长期股权投资的账面价值小于其计税基础的情况。可抵扣暂时性差异还产生于对长期股权投资计提减值准备的情况。

同递延所得税负债的确认相同,有关交易或事项发生时,对税前会计利润或是应纳税所得额产生影响的,所确认的递延所得税资产应作为利润表中所得税费用的调整;有关的可抵扣暂时性差异产生于直接计入所有者权益的交易或事项的,确认的递延所得税资产也应计入所有者权益;企业合并中取得的有关资产、负债产生的可抵扣暂时性差异,其所得税影响应相应调整合并中确认的商誉或是应计入合并当期损益的金额。

同递延所得税负债的计量原则相一致,确认递延所得税资产时,应当以预期收回该资产期间的适用所得税税率为基础计算确定。无论相关的可抵扣暂时性差异转回期间如何,递延所得税资产均不要求折现。

企业在确认了递延所得税资产以后,于资产负债表日应当对递延所得税资产的账面价值进行复核。如果未来期间很可能无法取得足够的应纳税所得额用以抵扣可抵扣暂时性差异带来的利益,应当减记递延所得税资产的账面价值。减记的递延所得税资产,除原确认时记入所有者权益的,其减记金额亦应记入所有者权益外,其他情况均应增加所得税费用。

因无法取得足够的应纳税所得额抵扣可抵扣暂时性差异减记递延所得税资产账面价值的,以后期间根据新的环境和情况判断能够产生足够的应纳税所得额抵扣可抵扣暂时性差异,使得递延所得税资产包含的经济利益能够实现的,应相应恢复递延所得税资产的账面价值。

【例8-21】 甲股份有限公司为境内上市公司(以下简称"甲公司")。2011年度实现利润总额为6 000万元;所得税处理采用资产负债表债务法,公司适用的所得税税率为25%。2011年甲公司有关资产减值准备的计提及转回等资料如表8-3所示:

表8-3　甲公司有关资产减值准备的计提及转回情况表　　单位:万元

项　　目	年初余额	本年增加数	本年转回数	年末余额
长期股权投资减值准备	360	150	—	510
坏账准备	4 500		300	4 200
固定资产减值准备	900	900	0	1 800
无形资产减值准备	0	1 200	0	1 200
存货跌价准备	1 800	—	750	1 050

假定按税法规定,公司计提的各项资产减值准备均不得在应纳税所得额中扣除;甲公司除计提的资产减值准备作为暂时性差异外,无其他纳税调整事项。假定甲公司在可抵扣暂时性差异转回时有足够的应纳税所得额。

(1) 甲公司2011年12月31日递延所得税资产余额=(510+4 200+1 800+1 200+1 050)×25%=2 190万元

(2) 甲公司2011年度应交所得税=(6 000+150-300+900+1 200-750)×25%=1 800万元

2011年递延所得税资产借方发生额=2 190-(360+4 500+900+1 800)×25%=300万元

2011年所得税费用=1 800-300=1 500万元

(3) 会计分录

借:所得税费用　　1 500

　　递延所得税资产　　300

　贷:应交税费——应交所得税　　1 800

六、所得税费用的确认和计量

所得税会计的主要目的之一是为了确定当期应交所得税以及利润表中的所得税费用。在采用资产负债表债务法下,利润表中的所得税费用包括当期所得税和递延所得税两个部分。

1. 当期所得税

当期所得税是指企业按照税法规定计算确定的针对当期发生的交易和事项,应缴纳给税务部门的所得税金额,即当期应交所得税。

企业在确定当期应交所得税时,对于当期发生的交易或事项,会计处理与税收处理不同的,应在会计利润的基础上,按照适用税法的规定进行调整,计算出当期应纳税所得额,按照应纳税所得额与适用所得税税率计算确定当期应交所得税。一般情况下,应纳税所得额可在会计利润的基础上考虑会计与税收之间的差异,按照以下公式计算确定:

应纳税所得额=会计利润+按照会计准则规定计入利润表但计税时不允许税前扣除的费用±计入利润表的费用与按照税法规定可予税前抵扣的金额之间的差额±计入

利润表的收入与按照税法规定应计入应纳税所得的收入之间的差额－税法规定的不征税收入±其他需要调整的因素

2. 递延所得税

递延所得税是指按照所得税会计准则规定当期应予确认的递延所得税资产和递延所得税负债金额，即递延所得税资产及递延所得税负债当期发生额的综合结果，但不包括计入所有者权益的交易或事项的所得税影响。用公式表示即为：

递延所得税＝(递延所得税负债的期末余额－递延所得税负债的期初余额)
－(递延所得税资产的期末余额－递延所得税资产的期初余额)

计算确定了当期所得税及递延所得税以后，利润表中应予确认的所得税费用为两者之和，即：

所得税费用＝当期所得税＋递延所得税

【例8-22】 A公司2010年度利润表中利润总额为3 000万元，该公司适用的所得税税率为25%。递延所得税资产及递延所得税负债不存在期初余额。与所得税有关的情况如下：

A公司2010年发生的有关交易和事项中，会计处理与税收处理存在差别的有：

(1) 2010年1月开始计提折旧的一项固定资产，成本为1 500万元，使用年限为10年，净残值为0。会计处理按双倍余额递减法计提折旧，税收处理按直线法计提折旧。假定税法规定的使用年限及净残值与会计规定相同。

(2) 向关联企业捐赠现金500万元。假定按照税法规定，企业向关联方的捐赠不允许税前扣除。

(3) 当期取得作为交易性金融资产确认的股票投资成本为800万元，2010年12月31日的公允价值为1 200万元。税法规定，以公允价值计量的金融资产持有期间市价变动不计入应纳税所得额。

(4) 违反环保法规定应支付罚款250万元。

(5) 期末对持有的存货计提75万元的存货跌价准备。

该公司2010年资产负债表相关项目金额及其计税基础如表8-4所示：

表8-4　A公司2010年资产负债表相关项目金额及其计税基础　　单位：万元

项　目	账面价值	计税基础	差异	
			应纳税暂时性差异	可抵扣暂时性差异
存货	2 000	2 075	—	75
固定资产：	—	—	—	—
固定资产原价	1 500	1 500	—	—
减：累计折旧	300	150	—	—
减：固定资产减值准备	0	0	—	—
固定资产账面价值	1 200	1 350	—	150

（续表）

项　　目	账面价值	计税基础	差异	
			应纳税暂时性差异	可抵扣暂时性差异
交易性金融资产	1 200	800	400	—
其他应付款	250	250	—	—
总计	—	—	400	225

分析：

(1) 2010 年度当期应交所得税

应纳税所得额 = 3 000 + 150 + 500 − 400 + 250 + 75 = 3 575 万元

应交所得税 = 3 575 × 25% = 893.75 万元

(2) 2010 年度递延所得税

递延所得税资产 = 225 × 25% = 56.25 万元

递延所得税负债 = 400 × 25% = 100 万元

递延所得税 = 100 − 56.25 = 43.75 万元

(3) 利润表中应确认的所得税费用

所得税费用 = 893.75 + 43.75 = 937.50 万元，确认所得税费用的账务处理如下：

借：所得税费用　　9 375 000

　　递延所得税资产　　562 500

　贷：应交税费——应交所得税　　8 937 500

　　　递延所得税负债　　1 000 000

【例 8-23】 沿用【例 8-22】中有关资料，假定 A 公司 2011 年当期应交所得税为 1 155 万元。资产负债表中有关资产、负债的账面价值与其计税基础相关资料如表 8-5 所示，除所列项目外，其他资产、负债项目不存在会计和税收的差异。

表 8-5　A 公司 2011 年资产负债表相关项目金额及其计税基础　　单位：万元

项　　目	账面价值	计税基础	差异	
			应纳税暂时性差异	可抵扣暂时性差异
存货	4 000	4 200	—	200
固定资产：	—	—	—	—
固定资产原价	1 500	1 500	—	—
减：累计折旧	540	300	—	—
减：固定资产减值准备	50	0	—	—
固定资产账面价值	910	1 200	—	290
交易性金融资产	1 675	1 000	675	—
预计负债	250	0	—	250
总计	—	—	675	740

(1) 当期应交所得税 = 1 155 万元

(2) 递延所得税

① 期末递延所得税负债	(675 × 25%) 168.75
期初递延所得税负债	100
递延所得税负债增加	68.75
② 期末递延所得税资产	(740 × 25%) 185
期初递延所得税资产	56.25
递延所得税资产增加	128.75

递延所得税 = 68.75 − 128.75 = −60 万元(收益)

(3) 确认所得税费用

所得税费用 = 1 155 − 60 = 1 095 万元,确认所得税费用的账务处理如下:

借:所得税费用	10 950 000	
递延所得税资产	1 287 500	
贷:应交税费——应交所得税		11 550 000
递延所得税负债		687 500

第十一节　所得税会计的特殊问题

一、不确认递延所得税的特殊情况

(一) 不确认递延所得税负债的特殊情况

有些情况下,虽然资产、负债的账面价值与其计税基础不同,产生了应纳税暂时性差异,但出于各方面考虑,所得税会计准则中规定不确认相应的递延所得税负债,主要包括:

(1) 商誉的初始确认。非同一控制下的企业合并中,企业合并成本大于合并中取得的被购买方可辨认净资产公允价值份额的差额,按照会计准则规定应确认为商誉。因会计与税收的划分标准不同,会计上作为非同一控制下的企业合并但按照税法规定计税时作为免税合并的情况下,商誉的计税基础为零,其账面价值与计税基础形成应纳税暂时性差异,不确认与其相关的递延所得税负债。

【例 8-24】 A 企业以增发市场价值为 15 000 万元的自身普通股为对价购入 B 企业 100% 的净资产,对 B 企业进行吸收合并,合并前 A 企业与 B 企业不存在任何关联方关系。假定该项合并符合税法规定的免税合并条件,购买日 B 企业各项可辨认资产、负债的公允价值及其计税基础如表 8-6 所示:

表 8-6 B 企业各项可辨认资产、负债的公允价值及其计税基础 单位:万元

项 目	公允价值	计税基础	暂时性差异
固定资产	6 750	3 875	2 875
应收账款	5 250	5 250	——
存货	4 350	3 100	1 250
其他应付款	(750)	0	(750)
应付账款	(3 000)	(3 000)	0
不包括递延所得税的可辨认资产、负债的公允价值	12 600	9 225	3 375

B 企业适用的所得税税率为 25%,预期在未来期间不会发生变化,该项交易中应确认递延所得税负债及商誉的金额计算如下:

可辨认净资产公允价值 = 12 600 万元

递延所得税资产 = 750 × 25% = 187.5 万元

递延所得税负债 = 4 125 × 25% = 1 031.25 万元

考虑递延所得税后:

可辨认资产、负债的公允价值 = 11 756.25 万元

商誉 = 3 243.75 万元

企业合并成本 = 15 000 万元

因该项合并符合税法规定的免税合并条件,当事各方选择进行免税处理的情况下,购买方在免税合并中取得的被购买方的有关资产、负债应维持其原计税基础不变。被购买方原账面上未确认商誉,即商誉的计税基础为零。

借:固定资产	6 750	
应收账款	5 250	
存货类科目	4 350	
商誉	2 400	
贷:其他应付款		750
应付账款		3 000
股本、资本公积——股本溢价		15 000
借:商誉	1 031.25	
贷:递延所得税负债		1 361.25
借:递延所得税资产	187.5	
贷:商誉		187.5

商誉 = 2 400 + 1031.25 − 187.5 = 3243.75 万元

该项合并中所确认的商誉金额 3 243.75 万元与其计税基础 0 之间产生的应纳税暂时性差异,按照准则中的规定,不再进一步确认相关的所得税影响。

应予说明的是,按照会计准则规定在非同一控制下企业合并中确认了商誉,并且按照所得税法的规定商誉在初始确认时计税基础等于账面价值的,该商誉在后续计量过程中因会计准则与税法规定不同产生暂时性差异的,应当确认相关的所得税影响。

(2) 除企业合并以外的其他交易或事项中,如果该项交易或事项发生时既不影响会计利润,也不影响应纳税所得额,则所产生的资产、负债的初始确认金额与其计税基础不同,形成应纳税暂时性差异的,交易或事项发生时不确认相应的递延所得税负债。该规定主要是考虑到由于交易发生时既不影响会计利润,也不影响应纳税所得额,确认递延所得税负债的直接结果是增加有关资产的账面价值或是降低所确认负债的账面价值,使得资产、负债在初始确认时,违背历史成本原则,影响会计信息的可靠性。

(3) 与子公司、联营企业、合营企业投资等相关的应纳税暂时性差异,一般应确认相应的递延所得税负债,但同时满足以下两个条件的除外:一是投资企业能够控制暂时性差异转回的时间;二是该暂时性差异在可预见的未来很可能不会转回。满足上述条件时,投资企业可以运用自身的影响力决定暂时性差异的转回,如果不希望其转回,则在可预见的未来该项暂时性差异即不会转回,从而无须确认相应的递延所得税负债。

(二) 不确认递延所得税资产的情况

某些情况下,企业发生的某项交易或事项不属于企业合并,并且交易发生时既不影响会计利润也不影响应纳税所得额,且该项交易中产生的资产、负债的初始确认金额与其计税基础不同,产生可抵扣暂时性差异的,所得税会计准则中规定在交易或事项发生时不确认相应的递延所得税资产。

【例 8-25】 A 企业当期为开发新技术发生研究开发支出 2 000 万元,其中研究阶段支出 400 万元,开发阶段符合资本化条件前发生的支出 400 万元,符合资本化条件后至达到预定用途前发生的支出 1 200 万元。税法规定,企业为开发新技术、新产品、新工艺发生的研究开发费用,未形成无形资产计入当期损益的,按照研究开发费用的 50% 加计扣除;形成无形资产的,按照无形资产成本的 150% 摊销。假定开发形成的无形资产在当期期末已达到预定用途(尚未开始摊销)。A 企业进行内部研究开发所形成的无形资产成本为 1 200 万元,因按照税法规定可予未来期间税前扣除的金额为 1 800 万元,其计税基础为 1 800 万元。

该项无形资产并非产生于企业合并,同时在初始确认时既不影响会计利润也不影响应纳税所得额,确认其账面价值与计税基础之间产生暂时性差异的所得税影响需要调整该项资产的历史成本,准则规定该种情况下不确认相关的递延所得税。

二、计入所有者权益的交易事项产生的递延所得税的处理

某项交易或事项按照会计准则规定应计入所有者权益的,由该交易或事项产生的递延所得税资产或递延所得税负债及其变化也应计入所有者权益,不构成利润表中的所得税费用。

【例 8-26】 甲企业持有的某项可供出售金融资产,成本为 500 万元;会计期末,其公允价值为 600 万元。该企业适用的所得税税率为 25%。除该事项外,该企业不存在其他会计与税收之间的差异,且递延所得税资产和递延所得税负债不存在期初余额。

会计期末在确认 100 万元的公允价值变动时,账务处理为:

借:可供出售金融资产 1 000 000

贷:资本公积——其他资本公积 1 000 000

确认应纳税暂时性差异的所得税影响时,账务处理为:

借:资本公积——其他资本公积 250 000

贷:递延所得税负债 250 000

三、适用税率变化对已确认递延所得税资产和递延所得税负债的影响

因税收法规的变化,导致企业在某一会计期间适用的所得税税率发生变化的,企业应对已确认的递延所得税资产和递延所得税负债按照新的税率进行重新计量。递延所得税资产和递延所得税负债的金额,代表的是有关可抵扣暂时性差异或应纳税暂时性差异于未来期间转回时导致企业应交所得税金额的减少或增加的情况。在适用税率变动的情况下,应对原已确认的递延所得税资产及递延所得税负债的金额进行调整,以反映税率变化带来的影响。

除直接计入所有者权益的交易或事项产生的递延所得税资产及递延所得税负债,相关的调整金额应计入所有者权益以外,其他情况下产生的调整金额应确认为税率变化当期的所得税费用(或收益)。

四、企业亏损弥补的所得税会计处理

对于按照税法规定可以结转以后年度的未弥补亏损(可抵扣亏损)和税款抵减,应视同可抵扣暂时性差异处理。在预计可以税前弥补亏损的未来期间内很可能取得足够的应纳税所得额时,应当以很可能取得的应纳税所得额为限,确认相应的递延所得税资产,同时减少确认当期的所得税费用。

可抵扣亏损是指企业按照税法规定计算确定准予用以后年度的应纳税所得弥补的亏损。与可抵扣亏损和税款抵减相关的递延所得税资产,其确认条件与其他可抵扣暂时性差异产生的递延所得税资产相同,即在能够利用可抵扣亏损及税款抵减的期间内,企业是否能够取得足够的应纳税所得额抵扣该部分暂时性差异。因此,如企业最近期间发生亏损,仅在有足够的应纳税暂时性差异可供利用的情况下或取得其他确凿的证据表明其于未来期间能够取得足够的应纳税所得额的情况下,才能够确认可抵扣亏损和税款抵减相关的递延所得税资产。

【例8-27】 红星公司2007年的应纳税所得额为-600万元,当年适用税率为33%。经综合判断,该公司在5年内能获得足够的应纳税所得额用以抵扣递延所得税资产。假如红星公司2008年至2012年所得税税率均为25%,无其他暂时性差异。

(1) 2007年年末,企业应确认递延所得税资产:

借:递延所得税资产——补亏抵减 1 980 000(6 000 000×33%)

贷:所得税费用——递延所得税费用 1 980 000

(2) 2008年该企业的应纳税所得额为100万元,经复核,预计未来能获得用于抵扣尚可抵扣亏损的应纳税所得额。

2008 年年末账务处理:

① 税率变化对递延所得资产的调整

借:所得税费用——递延所得税费用　480 000(6 000 000×33% -6 000 000×25%)

　贷:递延所得税资产——补亏抵减　480 000

② 弥补 2007 年亏损,抵减 2007 年确认的递延所得税资产

借:所得税费用——递延所得税费用　250 000(1 000 000×25%)

　贷:递延所得税资产——补亏抵减　250 000

(3) 2009 年该企业的应纳税所得额为 -150 万元,由于受世界金融危机的影响,经复核,预计未来五年内不能获得足够的应纳税所得额用以抵扣递延所得税资产。

由于 2009 年无法获得用于抵扣尚可抵扣的亏损的应纳税所得额,按照谨慎性原则,不确认递延所得税资产,不进行账务处理,只进行备查簿登记,并将年末递延所得税的账面价值全部转销。

借:所得税费用——递延所得税资产　1 250 000(1 980 000 -480 000 -250 000)

　贷:递延所得税资产——补亏抵减　1 250 000

(4) 2010 年经济形势仍未好转,该企业的亏损继续加大,当年的应纳税所得额为 -300 万元,经复核,预计未来五年内不能获得足够的应纳税所得额用以抵扣递延所得税资产。

按照谨慎性原则,2010 年不进行所得税的账务处理。

(5) 2011 年经济形势好转,该企业实现扭亏为盈,应纳税所得额为 100 万元,经复核,预计未来 1 年内能获得用于抵扣尚可抵扣的亏损的应纳税所得额。

2011 年年末账务处理为:

① 转回 2009 年已经转销的递延所得税资产账面价值

借:递延所得税资产——补亏抵减　1 250 000

　贷:所得税费用——递延所得税费用　1 250 000

② 弥补 2007 年亏损,抵减递延所得税资产

借:所得税费用——递延所得税费用　250 000(1 000 000×25%)

　贷:递延所得税资产——补亏抵减　250 000

(6) 2012 年该企业的应纳税所得额为 600 万元,经复核,预计未来 5 年内能获得用于抵扣尚可抵扣的亏损的应纳税所得额。

① 弥补 2007 年亏损,抵减递延所得税资产

借:所得税费用——递延所得税费用　1 000 000(1 250 000 -250 000)

　贷:递延所得税资产——补亏抵减　1 000 000

注:2012 年 600 万元的应纳税所得额弥补 2007 年的亏损余额 400(600 -100 -100)万元后,还剩余 200(600 -400)万元的应纳税所得额。

至此 2007 年的亏损全部弥补,并且也享受完税法规定的弥亏期。

② 由于 2012 年预计未来能获得用于抵扣尚可抵扣的亏损的应纳税所得额,所以应确认 2009 年亏损形成的递延所得税资产

借:递延所得税资产——补亏抵减 375 000(1 500 000×25%)

贷:所得税费用——递延所得税费用 375 000

2012 年弥补完 2007 年的亏损后,剩余的 200 万元应纳税所得额可以弥补 2009 年 150 万元的亏损。

借:所得税费用——递延所得税费用 375 000

贷:递延所得税资产——补亏抵减 375 000

注:2012 年剩余的 200 万元的应纳税所得额弥补 2009 年 150 万元的亏损后,还剩余 50 万元的应纳税所得额,可以用来弥补 2010 年的亏损。

③ 计算 2010 年亏损应确认的递延所得税资产

借:递延所得税资产——补亏抵减 750 000(3 000 000×25%)

贷:所得税费用——递延所得税费用 750 000

弥补 2010 年的亏损,抵减部分递延所得税资产

借:所得税费用——递延所得税费用 125 000(500 000×25%)

贷:递延所得税资产——补亏抵减 125 000

五、合并财务报表中因抵消未实现内部销售损益产生的递延所得税

企业在编制合并财务报表时,因抵消未实现内部销售损益导致合并资产负债表中资产、负债的账面价值与其在纳入合并范围的企业按照适用税法规定确定的计税基础之间产生暂时性差异的,在合并资产负债表中应当确认递延所得税资产或递延所得税负债,同时调整合并利润表中的所得税费用,但与直接计入所有者权益的交易或事项及企业合并相关的递延所得税除外。

企业在编制合并财务报表时,按照合并报表的编制原则,应将纳入合并范围的企业之间发生的未实现内部交易损益予以抵消,因此对于所涉及的资产负债项目在合并资产负债表中列示的价值与其所属的企业个别资产负债表中的价值会不同,进而可能产生与有关资产、负债所属个别纳税主体计税基础的不同,从合并财务报表作为一个完整经济主体的角度,应当确认该暂时性差异的所得税影响。

【例 8-28】 甲公司拥有乙公司 80% 有表决权股份,能够控制乙公司的生产经营决策。2011 年 9 月甲公司以 800 万元将一批自产产品销售给乙公司,该批产品在甲公司的生产成本为 500 万元。至 2011 年 12 月 31 日,乙公司尚未对外销售该批商品。假定涉及商品未发生减值。甲、乙公司适用的所得税税率为 25%,且在未来期间预计不会发生变化。税法规定,企业的存货以历史成本作为计税基础。

甲公司在编制合并财务报表时,对于与乙公司发生的内部交易应进行以下抵消处理:

借:营业收入 8 000 000

贷:营业成本 5 000 000

存货 3 000 000

经过上述抵消处理后,该项内部交易中涉及的存货在合并资产负债表中体现的价值

为500万元,即未发生减值的情况下,为出售方的成本,但其计税基础为800万元,两者之间产生了300万元可抵扣暂时性差异,与该暂时性差异相关的递延所得税在乙公司并未确认,为此在合并财务报表中应进行以下处理:

借:递延所得税资产　　750 000

　贷:所得税费用　　750 000

实践疑难解析

1. 我公司发生的出租车票是否允许税前扣除?

【解答】职工外出办事打车费用,允许在所得税前扣除,但在报销时应注明去何地办何事等事项,以证明与生产经营有关。

2. 总分机构和母子公司在缴纳企业所得税时有什么不同?

【解答】分公司不具有法人资格,与总机构应该汇总纳税,具体的法律依据参照国税发[2008]28号、国税函[2008]747号、国税函[2009]221号文件;子公司具有法人资格,除非国家有明确规定,否则不与母公司合并纳税。

3. 我公司从财政局取得一笔奖励收入,是否应该缴纳企业所得税?

【解答】根据财税[2009]87号、财税[2011]70号文件,企业从县级以上各级人民政府财政部门及其他部门取得的应计入收入总额的财政性资金,凡同时符合以下条件的,可以作为不征税收入,在计算应纳税所得额时从收入总额中减除:企业能够提供规定资金专项用途的资金拨付文件;财政部门或其他拨付资金的政府部门对该资金有专门的资金管理办法或具体管理要求;企业对该资金以及以该资金发生的支出单独进行核算。企业取得的奖励收入如果不同时符合这三个条件,应该作为"营业外收入"并入利润总额缴纳企业所得税。

4. 我公司借给关联企业一笔借款,可不可以不要利息?

根据国税发[2009]2号文件,关联企业之间的业务往来,必须符合独立交易原则,所以借给关联方的借款必须是有息借款,对于借款取得的收入,开具发票,应该缴纳营业税及附加,并入收入总额缴纳企业所得税。

5. 向个人支付的借款利息是否允许扣除?

【解答】根据国税函[2009]777文件,企业向股东或其他与企业有关联关系的自然人借款的利息支出,应根据《企业所得税法》第四十六条及《财政部、国家税务总局关于企业关联方利息支出税前扣除标准有关税收政策问题的通知》(财税[2008]121号)规定的条件,计算企业所得税扣除额。

企业向除第一条规定以外的内部职工或其他人员借款的利息支出,其借款情况同时符合以下条件的,其利息支出在不超过按照金融企业同期同类贷款利率计算的数额的部分,根据《企业所得税法》第八条及其实施条例第二十七条规定,准予扣除:企业与个人之间的借贷是真实、合法、有效的,并且不具有非法集资目的或其他违反法律、法规的行为;企业与个人之间签订了借款合同。

对于如何寻找金融企业同期同类贷款利率，根据国家税务总局[2011]34号公告，鉴于目前我国对金融企业利率要求的具体情况，企业在按照合同要求首次支付利息并进行税前扣除时，应提供"金融企业的同期同类贷款利率情况说明"，以证明其利息支出的合理性。"金融企业的同期同类贷款利率情况说明"中，应包括在签订该借款合同当时，本省任何一家金融企业提供同期同类贷款利率情况。该金融企业应为经政府有关部门批准成立的可以从事贷款业务的企业，包括银行、财务公司、信托公司等金融机构。"同期同类贷款利率"是指在贷款期限、贷款金额、贷款担保以及企业信誉等条件基本相同的情况下，金融企业提供贷款的利率。它既可以是金融企业公布的同期同类平均利率，也可以是金融企业对某些企业提供的实际贷款利率。

6. 企业发生的亏损需要税务机关认定吗？

【解答】亏损额一般情况下，需经过税务机关认定，以后5年实际弥补时不再审批，由纳税人在办理年度所得税申报时直接进行弥补，同时将弥补亏损明细表一并报税务机关备案。

7. 外国企业在我国境内设立的办事处，能否适用小型微利企业所得税的优惠政策。

【解答】根据国税函[2008]650号文件，《企业所得税法》第二十八条规定的小型微利企业是指企业的全部生产经营活动产生的所得均负有我国企业所得税纳税义务的企业，因此，仅就来源于我国所得负有我国纳税义务的非居民企业，不适用该条规定的对符合条件的小型微利企业减按20%税率征收企业所得税的政策。

8. 我公司购买了一台旧设备，如何确定折旧年限？

【解答】参考国税函[2003]1095号文件，根据《企业所得税法》的政策精神，企业取得已经使用过的固定资产的折旧年限，专管税务机关首先应当根据固定资产的新旧磨损程度、使用情况及是否进行改良等因素合理估计新旧程度，然后与固定资产的法定折旧年限相乘确定。如果有关固定资产的新旧程度难以准确估计，主管税务机关有权采取其他合理方法。

9. 员工出差时发生的餐费发票如何报销？

【解答】如果是出差时招待客户，作为业务招待费；如果是职工个人消费，不得列入业务招待费，也不得由公司报销，企业可以根据内部管理规定，向员工支付误餐补助或差旅费津贴。企业支付给职工的各种补贴、津贴，应计入工资总额，据实在企业所得税税前扣除。

10. 我公司有一笔股权投资，投资成本1 000万元，现在转让了该股权，取得收入800万元，如何计算股权所得？

根据国家税务总局[2010]6号公告，企业对外进行权益性(简称股权)投资所发生的损失，在经确认的损失发生年度，作为企业损失在计算企业应纳税所得额时一次性扣除。根据国税函[2010]79号文件，企业转让股权收入，应于转让协议生效、且完成股权变更手续时，确认收入的实现。转让股权收入扣除为取得该股权所发生的成本后，为股权转让所得。企业在计算股权转让所得时，不得扣除被投资企业未分配利润等股东留存收益中按该项股权可能分配的金额。

因此，该公司的股权转让损失200万元允许扣除，但该损失应该进行专项申报。

改革探索

改革开放以来,我国对外资企业采取了有别于内资企业的税收政策,在实际税率、税收优惠、税前扣除等方面,都采取了“外松内紧”的政策。虽然当时内、外资企业所得税税率均为33%,但在实施中,内资企业平均实际税负为25%左右,外资企业平均实际税负为15%左右,内资企业高于外资企业近10个百分点。从实践看,这种做法对加快和扩大我国对外开放、吸引外国资本和先进技术都发挥了应有的历史作用。但随着社会主义市场经济体制的建立和完善,特别是我国加入世界贸易组织后,现行的内、外资企业所得税制度在实际执行中也暴露出一些问题。随着经济全球化的发展,如果继续采取内外有别的税制,不利于民族企业参与竞争,不利于整个民族企业发展。从这个意义上讲,对外资企业一般不给予特殊税收待遇,完全按照国内企业的标准对待,既没有歧视也没有额外的税收负担。在全球化背景下,同国际接轨就需要统一企业所得税法。

2007年3月16日,第十届全国人大五次会议表决通过了《企业所得税法》,这部法律对我国境内的企业和其他取得收入的组织缴纳企业所得税作出明确规定,有以下几方面的制度创新:

第一,引入了“居民、非居民企业”的概念。为了更好地保障我国税收管辖权的有效行使,按照国际通行的做法,《企业所得税法》选择了地域管辖权和居民管辖权的双重管辖权标准,首次引入了“居民企业”、“非居民企业”概念,对纳税人加以区分,以维护国家税收利益。明确规定,居民企业承担全面纳税义务,就其来源于我国境内外的全部所得纳税;非居民企业承担有限纳税义务,一般只就其来源于我国境内的所得纳税。

第二,确立了具有国际竞争力的税率制度。《企业所得税法》确定的企业所得税基本税率为25%。据相关数据显示,全世界159个实行企业所得税的国家(地区)平均税率为28.6%;其中,日本税率为39.5%,美国税率为39.3%,德国税率为38.9%。从我国周边18个国家(地区)来看,其平均税率也为26.7%。因此,25%的税率处于适中偏低的水平。这不仅有利于提高国内企业的竞争力,而且有助于继续吸引外商来华投资。

第三,优惠重点转向以产业优惠为主。根据国民经济和社会发展的需要,借鉴国际上的成功经验,《企业所得税法》按照“简税制、宽税基、低税率、严征管”的要求,对税收优惠政策进行适当调整,将原企业所得税以区域优惠为主的格局,转为以产业优惠为主、区域优惠为辅、兼顾社会进步的新税收优惠格局。

第四,确立了科学规范的征税客体制度。《企业所得税法》明确规定了企业的应纳税所得额,即企业每一纳税年度的收入总额,减除不征税收入、免税收入、各项扣除以及允许弥补的以前年度亏损后的余额;首次提出了不征税收入的概念,并规定了免税收入的具体范围。

第五,实行国际化的税收抵免制度。《企业所得税法》规定了境外所得的税收抵免制度,在对我国居民企业和非居民企业在我国境内设立的机构、场所来源于境外并已经缴纳了税款的所得征税时,允许从应纳税额中扣除在国外缴纳的税款数额。

第六,建立体系化和规范化的反避税制度。为了防范各种避税行为,《企业所得税法》专章规定特别纳税调整,引入“独立交易原则”,作为转让定价税制的核心原则,要求关联方之间的交易应当符合独立方在类似情况下从事类似交易时可能建立的商业和财务关系。明确纳税人提供相关资料的义务,纳税人应在关联交易发生的同时准备证明其符合独立交易原则的资料;在税务机关调查时,纳税人承担协助义务并证明其关联交易的合理性。借鉴反避税的国际立法经验,结合我国反避税实践适时补充一般反避税规则和防止资本弱化等限制性条款,强化企业所得税征管,切实维护国家税收权益。同时立法还增加了对资本弱化、避税地等具体避税行为的防范措施。

第七,五年过渡期安排有利于维护企业利益。《企业所得税法》实行后,外资企业税负将略有上升,但为了照顾部分老企业适应新的税率环境,特别规定可给予过渡性照顾:按现行税法的规定享15%和24%等低税率优惠的老企业,按照国务院规定,可在新法实施后五年内逐步过渡到25%的税率。

国际经验表明,稳定的政治局面、发展良好的经济态势、广阔的市场、丰富的劳动力资源,以及不断完善的商务配套和政府服务等,是吸引外资的主要因素,而税收优惠只是其中一个因素,仅仅是税率提高,不会影响外资进入中国的信心。

第九章

个人所得税会计

第一节　个人所得税概述

一、个人所得税的概念

个人所得税是以自然人取得的各类应税所得为征税对象而征收的一种所得税，是政府利用税收对个人收入进行调节的一种手段。个人所得税的征税对象不仅包括个人还包括具有自然人性质的企业。

二、纳税义务人

个人所得税的纳税义务人，包括中国公民、个体工商户以及在中国有所得的外籍人员（包括无国籍人员，下同）和香港、澳门、台湾同胞。上述纳税义务人依据住所和居住时间两个标准，区分为居民和非居民，分别承担不同的纳税义务。

（一）居民纳税义务人

居民纳税义务人负有无限纳税义务。其所取得的应纳税所得，无论是来源于中国境内还是中国境外任何地方，都要在中国缴纳个人所得税。

居民纳税义务人，是指在中国境内有住所或者无住所而在中国境内居住满1年的个人。所谓在中国境内有住所的个人，是指因户籍、家庭、经济利益关系，而在中国境内习惯性居住的个人。这里所说的习惯性居住，是判定纳税义务人属于居民还是非居民的一个重要依据。它是指个人因学习、工作、探亲等原因消除之后，没有理由在其他地方继续居留时，所要回到的地方。而不是指实际居住或在某一个特定时期内的居住地。

所谓在境内居住满1年，是指在一个纳税年度（即公历1月1日起至12月31日止，下同）内，在中国境内居住满365日。在计算居住天数时，对临时离境应视同在华居住，不扣减其在华居住的天数。这里所说的临时离境，是指在一个纳税年度内，一次不超过30日或者多次累计不超过90日的离境。综上可知，个人所得税的居民纳税义务人包括以下两类：在中国境内定居的中国公民和外国侨民。不包括虽具有中国国籍，但并没有在中国大陆定居，而是侨居海外的华侨和居住在香港、澳门、台湾的同胞；从公历1月1日起至12月31日止，居住在中国境内的外国人、海外侨胞和香港、澳门、台湾同胞。

现行税法中关于“中国境内”的概念，是指中国大陆地区，目前还不包括香港、澳门和台湾地区。

（二）非居民纳税义务人

非居民纳税义务人，是指不符合居民纳税义务人判定标准（条件）的纳税义务人。非居民纳税义务人承担有限纳税义务，即仅就其来源于中国境内的所得，向中国缴纳个人所得税。自2004年7月1日起，对境内居住的天数和境内实际工作期间按以下规定为准：

1. 判定纳税义务及计算在中国境内居住的天数

对在中国境内无住所的个人,需要计算确定其在中国境内居住天数,以便依照税法和协定或安排的规定判定其在华负有何种纳税义务时,均应以该个人实际在华逗留天数计算。上述个人入境、离境、往返或多次往返境内外的当日,均按1天计算其在华实际逗留天数。

2. 对个人入、离境当日及计算在中国境内实际工作期间

对在中国境内、境外机构同时担任职务或仅在境外机构任职的境内无住所个人,在按《国家税务总局关于在中国境内无住所的个人计算缴纳个人所得税若干具体问题的通知》(国税函发[1995]125号)第一条的规定计算其境内工作期间时,对其入境、离境、往返或多次往返境内外的当日,均按半天计算其在华实际工作天数。

三、所得来源的确定

判断所得来源地,是确定该项所得是否应该征收个人所得税的重要依据。对于居民纳税义务人,因为要承担无限纳税义务,有关判断其所得来源地的问题,相对来说不那么重要。但是,对于非居民纳税义务人,由于只就其来源于中国境内的所得征税,因此判断其所得来源地,就显得十分重要。

第一,工资、薪金所得,以纳税人任职、受雇的公司、企业、事业单位、机关、社会团体、部队、学校等的所在地,作为所得来源地。

第二,生产、经营所得,以生产、经营活动实现地,作为所得来源地。

第三,劳务报酬所得,以纳税人实际提供劳务的地点,作为所得来源地。

第四,不动产转让所得,以不动产坐落地为所得来源地;动产转让所得,以实现转让的地点为所得来源地。

第五,财产租赁所得,以被租赁财产的使用地,作为所得来源地。

第六,利息、股息、红利所得,以支付利息、股息、红利的企业、机构、组织的所在地,作为所得来源地。

第七,特许权使用费所得,以特许权的使用地,作为所得来源地。

根据上述原则和方法,来源于中国境内的所得有:

第一,在中国境内的公司、企业、事业单位、机关、社会团体、部队、学校等单位或经济组织中任职、受雇而取得的工资、薪金所得。

第二,在中国境内提供各种劳务而取得的劳务报酬所得。

第三,在中国境内从事生产、经营活动而取得的所得。

第四,个人出租的财产,被承租人在中国境内使用而取得的财产租赁所得。

第五,转让中国境内的房屋、建筑物、土地使用权,以及在中国境内转让其他财产而取得的财产转让所得。

第六,提供在中国境内使用的专利权、专有技术、商标权、著作权,以及其他各种特许权利而取得的特许权使用费所得。

第七,因持有中国的各种债券、股票、股权而从中国境内的公司、企业或其他经济组

织以及个人取得的利息、股息、红利所得。

第八，在中国境内参加各种竞赛活动取得名次的奖金所得；参加中国境内有关部门和单位组织的有奖活动而取得的中奖所得；购买中国境内有关部门和单位发行的彩票取得的中彩所得。

第九，在中国境内以图书、报刊方式出版、发表作品取得的稿酬所得。

第二节　应税所得项目

一、工资、薪金所得

工资、薪金所得，是指个人因任职或者受雇而取得的工资、薪金、奖金、年终加薪、劳动分红、津贴、补贴以及与任职或者受雇有关的其他所得。

一般来说，工资、薪金所得属于非独立个人劳动所得。所谓非独立个人劳动，是指个人所从事的是由他人指定、安排并接受管理的劳动，工作或服务于公司、工厂、行政、事业单位的人员（私营企业主除外）均为非独立劳动者。他们从上述单位取得的劳动报酬，是以工资、薪金的形式体现的。除工资、薪金以外，奖金、年终加薪、劳动分红、津贴、补贴也被确定为工资、薪金范畴。其中，年终加薪、劳动分红不分种类和取得情况，一律按工资、薪金所得课税。津贴、补贴等则有例外。

根据我国目前个人收入的构成情况，规定对于一些不属于工资、薪金性质的补贴、津贴或者不属于纳税人本人工资、薪金所得项目的收入，不予征税。这些项目包括：

第一，独生子女补贴；

第二，执行公务员工资制度未纳入基本工资总额的补贴、津贴差额和家属成员的副食品补贴；

第三，托儿补助费；

第四，差旅费津贴、误餐补助。其中，误餐补助是指按照财政部规定，个人因公在城区、郊区工作，不能在工作单位或返回就餐的，根据实际误餐顿数，按规定的标准领取的误餐费。单位以误餐补助名义发给职工的补助、津贴不能包括在内。

二、个体工商户的生产、经营所得

个体工商户的生产、经营所得，是指：

第一，个体工商户从事工业、手工业、建筑业、交通运输业、商业、饮食业、服务业、修理业及其他行业取得的所得。

第二，个人经政府有关部门批准，取得执照，从事办学、医疗、咨询以及其他有偿服务活动取得的所得。

第三，上述个体工商户和个人取得的与生产、经营有关的各项应税所得。

第四，个人因从事彩票代销业务而取得的所得。

第五,其他个人从事个体工商业生产、经营取得的所得。

个体工商户的上述生产、经营所得实际上可以分为两类:一类是纯生产、经营所得,它是指个人直接从事工商各业生产、经营活动而取得的生产性、经营性所得以及有关的其他所得。另一类是独立劳动所得。所谓独立劳动,是指个人所从事的是由自己自由提供的,不受他人指定、安排和具体管理的劳动。例如,私人诊所的医生、私人会计师事务所的会计师,以及独立从事教学、文艺等活动的个人均为独立劳动者,他们的收入具有不确定性。从事个体出租车运营的出租车驾驶员取得的收入,按个体工商户的生产、经营所得项目缴纳个人所得税。

个体工商户和从事生产、经营的个人,取得与生产、经营活动无关的其他各项应税所得,应分别按照其他应税项目的有关规定,计算征收个人所得税。如取得银行存款的利息所得、对外投资取得的股息所得,应按“股息、利息、红利”税目的规定单独计征个人所得税。

三、对企事业单位的承包经营、承租经营所得

对企事业单位的承包经营、承租经营所得,是指个人承包经营或承租经营以及转包、转租取得的所得。承包项目可分多种,如生产经营、采购、销售、建筑安装等各种承包。转包包括全部转包或部分转包。

四、劳务报酬所得

劳务报酬所得,是指个人独立从事各种非雇佣的各种劳务所取得的所得。内容如下:

1. 设计

指按照客户的要求,代为制定工程、工艺等各类设计业务。

2. 装潢

指接受委托,对物体进行装饰、修饰,使之美观或具有特定用途的作业。

3. 安装

指按照客户要求,对各种机器、设备的装配、安置,以及与机器、设备相连的附属设施的装设和被安装机器设备的绝缘、防腐、保温、油漆等工程作业。

4. 制图

指受托按实物或设想物体的形象,依体积、面积、距离等,用一定比例绘制成平面图、立体图、透视图等业务。

5. 化验

指受托用物理或化学的方法,检验物质的成分和性质等业务。

6. 测试

指利用仪器仪表或其他手段代客对物品的性能和质量进行检测试验的业务。

7. 医疗

指从事各种病情诊断、治疗等医护业务。

8. 法律

指受托担任辩护律师、法律顾问，撰写辩护词、起诉书等法律文书的业务。

9. 会计

指受托从事会计核算的业务。

10. 咨询

指对客户提出的政治、经济、科技、法律、会计、文化等方面的问题进行解答、说明的业务。

11. 讲学

指应邀（聘）进行讲课、作报告、介绍情况等业务。

12. 新闻

指提供新闻信息、编写新闻消息的业务。

13. 广播

指从事播音等业务。

14. 翻译

指受托从事中、外语言或文字的翻译（包括笔译和口译）的业务。

15. 审稿

指对文字作品或图形作品进行审查、核对的业务。

16. 书画

指按客户要求，或自行从事书法、绘画、题词等业务。

17. 雕刻

指代客镌刻图章、牌匾、碑、玉器、雕塑等业务。

18. 影视

指应邀或应聘在电影、电视节目中出任演员，或担任导演、音响、化妆、道具、制作、摄影等与拍摄影视节目有关的业务。

19. 录音

指用录音器械代客录制各种音响带的业务，或者应邀演讲、演唱、采访而被录音的业务。

20. 录像

指用录像器械代客录制各种图像、节目的业务，或者应邀表演、采访被录像的业务。

21. 演出

指参加戏剧、音乐、舞蹈、曲艺等文艺演出活动的业务。

22. 表演

指从事杂技、体育、武术、健美、时装、气功以及其他技巧性表演活动的业务。

23. 广告

指利用图书、报纸、杂志、广播、电视、电影、招贴、路牌、橱窗、霓虹灯、灯箱、墙面及其他载体，为介绍商品、经营服务项目、文体节目或通告、声明等事项，所作的宣传和提供相关服务的业务。

24. 展览

指举办或参加书画展、影展、盆景展、邮展、个人收藏品展、花鸟虫鱼展等各种展示活动的业务。

25. 技术服务

指利用一技之长而进行技术指导、提供技术帮助的业务。

26. 介绍服务

指介绍供求双方商谈，或者介绍产品、经营服务项目等服务的业务。

27. 经纪服务

指经纪人通过居间介绍，促成各种交易和提供劳务等服务的业务。

28. 代办服务

指代委托人办理受托范围内的各项事宜的业务。

29. 其他劳务

指上述列举28项劳务项目之外的各种劳务。

自2004年1月20日起，对商品营销活动中，企业和单位对其营销业绩突出的非雇员以培训班、研讨会、工作考察等名义组织旅游活动，通过免收差旅费、旅游费对个人实行的营销业绩奖励(包括实物、有价证券等)，应根据所发生费用的全额作为该营销人员当期的劳务收入，按照"劳务报酬所得"项目征收个人所得税，并由提供上述费用的企业和单位代扣代缴。

在实际操作过程中，还可能出现难以判定一项所得是属于工资、薪金所得，还是属于劳务报酬所得的情况。这两者的区别在于：工资、薪金所得是属于非独立个人劳务活动，即在机关、团体、学校、部队、企业、事业单位及其他组织中任职、受雇而得到的报酬；而劳务报酬所得，则是个人独立从事各种技艺、提供各项劳务取得的报酬。

五、稿酬所得

稿酬所得，是指个人因其作品以图书、报刊形式出版、发表而取得的所得。将稿酬所得独立划归一个征税项目，而对不以图书、报刊形式出版、发表的翻译、审稿、书画所得归为劳务报酬所得，主要是考虑了出版、发表作品的特殊性。第一，它是一种依靠较高智力创作的精神产品；第二，它具有普遍性；第三，它与社会主义精神文明和物质文明密切相关；第四，它的报酬相对偏低。因此，稿酬所得应当与一般劳务报酬有所区别，并给予适当优惠照顾。

六、特许权使用费所得

特许权使用费所得，是指个人提供专利权、商标权、著作权、非专利技术以及其他特许权的使用权取得的所得。提供著作权的使用权取得的所得，不包括稿酬所得。

七、利息、股息、红利所得

利息、股息、红利所得,是指个人拥有债权、股权而取得的利息、股息、红利所得。

除个人独资企业、合伙企业以外的其他企业的个人投资者,以企业资金为本人、家庭成员及其相关人员支付与企业生产经营无关的消费性支出及购买汽车、住房等财产性支出,视为企业对个人投资者的红利分配,依照“利息、股息、红利所得”项目计征个人所得税。企业的上述支出不允许在所得税前扣除。

纳税年度内个人投资者从其投资企业(个人独资企业、合伙企业除外)借款,在该纳税年度终了后既不归还又未用于企业生产经营的,其未归还的借款可视为企业对个人投资者的红利分配,依照“利息、股息、红利所得”项目计征个人所得税。

个人在个人银行结算账户的存款自 2003 年 9 月 1 日起孳生的利息,应按“利息、股息、红利所得”项目计征个人所得税,税款由办理个人银行结算账户业务的储蓄机构在结付利息时代扣代缴。

八、财产租赁所得

财产租赁所得,是指个人出租建筑物、土地使用权、机器设备、车船以及其他财产取得的所得。

个人取得的财产转租收入属于“财产租赁所得”的征税范围,由财产转租人缴纳个人所得税。在确认纳税义务人时,应以产权凭证为依据;对无产权凭证的,由主管税务机关根据实际情况确定。产权所有人死亡,在未办理产权继承手续期间,该财产出租而有租金收入的,以领取租金的个人为纳税义务人。

九、财产转让所得

财产转让所得,是指个人转让有价证券、股权、建筑物、土地使用权、机器设备、车船以及其他财产取得的所得。

在现实生活中,个人进行的财产转让主要是个人财产所有权的转让。对个人取得的各项财产转让所得,除股票转让所得外,都要征收个人所得税。具体规定为:

1. 股票转让所得

根据《中华人民共和国个人所得税法实施条例》(简称《个人所得税法实施条例》)的规定,除个人转让限售股外,对股票转让所得暂不征收个人所得税。

2. 量化资产股份转让

集体所有制企业在改制为股份合作制企业时,对职工个人以股份形式取得的拥有所有权的企业量化资产,暂缓征收个人所得税;待个人将股份转让时,就其转让收入额,减除个人取得该股份时实际支付的费用支出和合理转让费用后的余额,按“财产转让所得”项目计征个人所得税。

3. 个人出售自有住房

根据《中华人民共和国个人所得税法》的规定，个人出售自有住房取得的所得应按照“财产转让所得”项目征收个人所得税。

十、偶然所得

偶然所得，是指个人得奖、中奖、中彩以及其他偶然性质的所得。

十一、经国务院财政部门确定征税的其他所得

除上述列举的各项个人应税所得外，其他确有必要征税的个人所得，由国务院财政部门确定。

第三节　税　　率

一、工资、薪金所得

工资、薪金所得，适用七级超额累进税率，税率为3%—45%，见表9-1。

表9-1　工资、薪金所得个人所得税税率表

级　数	全月应纳税所得额	税率(%)
1	不超过1 500元的部分	3
2	超过1 500元至4 500元的部分	10
3	超过4 500元至9 000元的部分	20
4	超过9 000元至35 000元的部分	25
5	超过35 000元至55 000元的部分	30
6	超过55 000元至80 000元的部分	35
7	超过80 000元的部分	45

注：本表所称全月应纳税所得额，是指依照税法的规定，以每月收入额减除费用3 500元后的余额或者减除附加减除费用后的余额。

二、个体工商户的生产、经营所得和企事业单位的承包经营、承租经营所得

个体工商户的生产、经营所得和企事业单位的承包经营、承租经营所得，适用5%—35%的五级超额累进税率，见表9-2。

表 9-2　承包经营、承租经营所得个人所得税税率表

级　数	全年应纳税所得额	税率(%)
1	不超过 15 000 元的部分	5
2	超过 15 000 元至 30 000 元的部分	10
3	超过 30 000 元至 60 000 元的部分	20
4	超过 60 000 元至 100 000 元的部分	30
5	超过 100 000 元的部分	35

注:本表所称全年应纳税所得额,对个体工商户的生产、经营所得来源,是指以每一纳税年度的收入总额减除成本、费用以及损失后的余额。

个人独资企业和合伙企业的生产经营所得,也适用 5%—35% 的五级超额累进税率。

三、稿酬所得

稿酬所得,适用比例税率,税率为 20%,并按应纳税额减征 30%。故其实际税率为 14%。

四、劳务报酬所得

劳务报酬所得,适用比例税率,税率为 20%。对劳务报酬所得一次收入畸高的,可以实行加成征收,具体办法由国务院规定。

根据《个人所得税法实施条例》的规定,“劳务报酬所得一次收入畸高”,是指个人一次取得劳务报酬,其应纳税所得额超过 20 000 元。对应纳税所得额超过 20 000 元至 50 000 元的部分,依照税法规定计算应纳税额后,再按照应纳税额加征五成;超过 50 000 元的部分,加征十成。因此,劳务报酬所得实际上适用 20%、30%、40% 的三级超额累进税率,见表 9-3。

表 9-3　劳务报酬所得个人所得税税率表

级　数	每次应纳税所得额	税率(%)
1	不超过 20 000 元的部分	20
2	超过 20 000 元至 50 000 元的部分	30
3	超过 50 000 元的部分	40

注:本表所称每次应纳税所得额,是指每次收入额减除费用 800 元(每次收入额不超过 4 000 元时)或者减除 20% 的费用(每次收入额超过 4 000 元时)后的余额。

五、特许权使用费所得,利息、股息、红利所得,财产租赁所得,财产转让所得,偶然所得和其他所得

特许权使用费所得,利息、股息、红利所得,财产租赁所得,财产转让所得,偶然所得和其他所得,适用比例税率,税率为 20%。自 2008 年 10 月 9 日起暂免征收储蓄存款利

息的个人所得税。对个人出租住房所得减按10%的税率征收个人所得税。

承包、承租人按照承包、承租经营合同(协议)规定取得所得,其适用税率分为以下两种情况:承包、承租人对企业经营成果不拥有所有权,仅是按合同(协议)规定取得一定所得的,其所得按"工资、薪金"所得项目征税,适用5%—45%的七级超额累进税率;承包、承租人按合同(协议)的规定只向发包、出租方缴纳一定费用后,企业经营成果归其所有的,承包、承租人取得的所得,按对企事业单位的承包经营、承租经营所得项目,适用5%—35%的五级超额累进税率。

第四节 应纳税所得额的规定

由于个人所得税的应税项目不同,并且取得某项所得所需费用也不相同,因此,计算个人应纳税所得额,需按不同应税项目分项计算。以某项应税项目的收入额减去税法规定的该项费用减除标准后的余额,为该项目的应纳税所得额。

一、费用减除标准

第一,工资、薪金所得,以每月收入额减除费用3 500元后的余额,为应纳税所得额。

第二,个体工商户的生产、经营所得,以每一纳税年度的收入总额,减除成本、费用以及损失后的余额,为应纳税所得额。成本、费用,是指纳税义务人从事生产、经营所发生的各项直接支出和分配计入成本的间接费用以及销售费用、管理费用、财务费用;损失,是指纳税义务人在生产、经营过程中发生的各项营业外支出。

个人独资企业的投资者以全部生产经营所得为应纳税所得额。合伙企业的投资者按照合伙企业的全部生产经营所得和合伙协议约定的分配比例,确定应纳税所得额;合伙协议没有约定分配比例的,以全部生产经营所得和合伙人数量平均计算每个投资者的应纳税所得额。上述所称生产经营所得,包括企业分配给投资者个人的所得和企业当年留存的所得(利润)。

第三,对企事业单位的承包经营、承租经营所得,以每一纳税年度的收入总额,减除必要费用后的余额,为应纳税所得额。每一纳税年度的收入总额,是指纳税义务人按照承包经营、承租经营合同规定分得的经营利润和工资、薪金性质的所得;减除必要费用,是指按月减除3 500元。

第四,劳务报酬所得、稿酬所得、特许权使用费所得、财产租赁所得,每次收入不超过4 000元的,减除费用800元;4 000元以上的,减除20%的费用,其余额为应纳税所得额。

第五,财产转让所得,以转让财产的收入额减除财产原值和合理费用后的余额,为应纳税所得额。

财产原值,是指:有价证券,为买入价以及买入时按照规定缴纳的有关费用;建筑物,为建造费或者购进价格以及其他有关费用;土地使用权,为取得土地使用权所支付的金额、开发土地的费用以及其他有关费用;机器设备、车船,为购进价格、运输费、安装费以及其他有关费用;其他财产,参照以上方法确定。纳税义务人未提供完整、准确的财产原值凭证,不能正确计算财产原值的,由主管税务机关核定其财产原值。

合理费用,是指卖出财产时按照规定支付的有关费用。

第六,利息、股息、红利所得,偶然所得和其他所得,以每次收入额为应纳税所得额。

自2005年6月13日起,个人从上市公司取得的股息、红利所得按以下规定处理:对个人投资者从上市公司取得的股息、红利所得,自2005年6月13日起暂减按50%计入个人应纳税所得额,依照现行税法规定计征个人所得税;对证券投资基金从上市公司分配取得的股息、红利所得,扣缴义务人在代扣代缴个人所得税时,减按50%计算应纳税所得额。

二、附加减除费用适用的范围和标准

按照税法的规定,对在中国境内无住所而在中国境内取得工资、薪金所得的纳税义务人和在中国境内有住所而在中国境外取得工资、薪金所得的纳税义务人,可以根据其平均收入水平、生活水平以及汇率变化情况确定附加减除费用,附加减除费用适用的范围和标准由国务院规定。

在《个人所得税法实施条例》中,对附加减除费用适用的范围和标准作了具体规定:

1. 附加减除费用适用的范围

包括在中国境内的外商投资企业和外国企业中工作取得工资、薪金所得的外籍人员;应聘在中国境内的企业、事业单位、社会团体、国家机关中工作取得工资、薪金所得的外籍专家;在中国境内有住所而在中国境外任职或者受雇取得工资、薪金所得的个人;财政部确定的取得工资、薪金所得的其他人员。

2. 附加减除费用标准

上述适用范围内的人员每月工资、薪金所得在减除3 500元费用的基础上,再减除1 300元。华侨和香港、澳门、台湾同胞参照上述附加减除费用标准执行。

三、每次收入的确定

《个人所得税法》对纳税义务人取得的劳务报酬所得,稿酬所得,特许权使用费所得,利息、股息、红利所得,财产租赁所得,偶然所得和其他所得等七项所得,都是明确应该按次计算征税的。由于扣除费用依据每次应纳税所得额的大小,分别规定了定额和定率两种标准,因此,无论是从正确贯彻税法的立法精神、维护纳税义务人的合法权益方面来看,还是从避免税收漏洞、防止税款流失、保证国家税收收入方面来看,如何准确划分"次",都是十分重要的。《个人所得税法实施条例》对劳务报酬所得等七个项目的"次"作出了明确规定。具体是:

1. 劳务报酬所得

根据不同劳务项目的特点,分别规定为:

只有一次性收入的,以取得该项收入为一次。例如从事设计、安装、装潢、制图、化

验、测试等劳务，往往是接受客户的委托，按照客户的要求，完成一次劳务后取得收入。因此，属于只有一次性的收入，应以每次提供劳务取得的收入为一次；属于同一事项连续取得收入的，以1个月内取得的收入为一次。

2. 稿酬所得

以每次出版、发表作品取得的收入为一次。具体又可细分为：

第一，同一作品再版取得的所得，应视作另一次稿酬所得计征个人所得税。

第二，同一作品先在报刊上连载再出版，或先出版再在报刊上连载的，应视为两次稿酬所得征税。即连载作为一次，出版作为另一次。

第三，同一作品在报刊上连载取得收入的，以连载完成后取得的所有收入合并为一次，计征个人所得税。

第四，同一作品在出版和发表时，以预付稿酬或分次支付稿酬等形式取得的稿酬收入，应合并计算为一次，计征个人所得税。

第五，同一作品出版、发表后，因添加印数而追加稿酬的，应与以前出版、发表时取得的稿酬合并计算为一次，计征个人所得税。

3. 特许权使用费所得

以某项使用权的一次转让所取得的收入为一次。一个纳税义务人，可能不仅拥有一项特许权利，每项特许权的使用权也可能不止一次地向他人提供。因此，对特许权使用费所得的"次"的界定，明确为每一项使用权的每次转让所取得的收入为一次。如果该次转让取得的收入是分笔支付的，则应将各笔收入相加为一次的收入，计征个人所得税。

4. 财产租赁所得

以1个月内取得的收入为一次。

5. 利息、股息、红利所得

以支付利息、股息、红利时取得的收入为一次。

6. 偶然所得

以每次收入为一次。

7. 其他所得

以每次收入为一次。

四、应纳税所得额的其他规定

（一）捐赠

个人将其所得通过中国境内的社会团体、国家机关向教育和其他社会公益事业以及遭受严重自然灾害地区、贫困地区捐赠，捐赠额未超过纳税义务人申报的应纳税所得额30%的部分，可以从其应纳税所得额中扣除。

纳税人通过中国人口福利基金会、光华科技基金会的公益、救济性捐赠，可在应纳税所得额的30%内扣除。

按现行规定,为支持社会公益事业发展,个人通过中国金融教育发展基金会、中国国际民间组织合作促进会、中国社会工作协会孤残儿童救助基金管理委员会、中国发展研究基金会、陈嘉庚科学奖基金会、中国友好和平发展基金会、中华文学基金会、中华农业科教基金会、中国少年儿童文化艺术基金会和中国公安英烈基金会用于公益救济性捐赠,个人在申报应纳税所得额30%以内的部分,准予在计算缴纳个人所得税前扣除。

个人通过非营利的社会团体和国家机关向农村义务教育的捐赠,准予在缴纳个人所得税前的所得额中全额扣除。农村义务教育的范围,是指政府和社会力量举办的农村乡镇(不含县和县级市政府所在地的镇)、村的小学和初中以及属于这一阶段的特殊教育学校。纳税人对农村义务教育与高中在一起的学校的捐赠,也享受此项所得税前扣除的优惠。

(二)资助

个人的所得(不含偶然所得和经国务院财政部门确定征税的其他所得)用于资助非关联的科研机构和高等学校研究开发新产品、新技术、新工艺所发生的研究开发经费,经主管税务机关确定,可以全额在下月(工资、薪金所得)或下次(按次计征的所得)或当年(按年计征的所得)计征个人所得税时,从应纳税所得额中扣除,不足抵扣的,不得结转抵扣。

(三)所得范围

个人取得的应纳税所得,包括现金、实物和有价证券。所得为实物的,应当按照取得的凭证上所注明的价格计算应纳税所得额;无凭证的实物或者凭证上所注明的价格明显偏低的,由主管税务机关参照当地的市场价格核定应纳税所得额。所得为有价证券的,由主管税务机关根据票面价格和市场价格核定应纳税所得额。

第五节 应纳税额的计算

一、工资、薪金所得应纳税额的计算

工资、薪金所得应纳税额的计算公式为:

应纳税额 = 应纳税所得额 × 适用税率 − 速算扣除数

= (每月收入额 − 3 500 元或 4 800 元) × 适用税率 − 速算扣除数

这里需要说明的是,由于工资、薪金所得在计算应纳个人所得税税额时,适用的是超额累进税率,所以计算比较烦琐。运用速算扣除数计算法,可以简化计算过程。速算扣除数,是指在采用超额累进税率征税的情况下,根据超额累进税率表中划分的应纳税所得额的级距和税率,先用全额累进方法计算出税额,再减去用超额累进方法计算的应征税额以后的差额。当超额累进税率表中的级距和税率确定以后,各级速算扣除数也固定不变,成为计算应纳税额时的常数。工资、薪金所得适用的速算扣除数见表9-4。

表 9-4　工资、薪金所得适用的速算扣除数表

级数	月含税应纳税所得额	月不含税应纳税所得额	税率(%)	速算扣除数
1	不超过 1 500 元的部分	不超过 1 455 元的部分	3	0
2	超过 1 500 元至 4 500 元的部分	超过 1 455 元至 4 155 元的部分	10	105
3	超过 4 500 元至 9 000 元的部分	超过 4 155 元至 7 755 元的部分	20	555
4	超过 9 000 元至 35 000 元的部分	超过 7 755 元至 27 255 元的部分	25	1 005
5	超过 35 000 元至 55 000 元的部分	超过 27 255 元至 41 255 元的部分	30	2 755
6	超过 55 000 元至 80 000 元的部分	超过 41 255 元至 57 505 元的部分	35	5 505
7	超过 80 000 元的部分	超过 57 505 元的部分	45	13 505

注：本表所列含税级距与不含税级距，均为按照税法规定减除有关费用后的所得额；含税级距适用于由纳税人负担税款的工资、薪金所得；不含税级距适用于由他人(单位)代付税款的工资、薪金所得。

【例 9-1】 假定某纳税人 2011 年 10 月的工资为 8 200 元，该纳税人不适用附加减除费用的规定，计算其当月应纳个人所得税税额。

应纳税额 = (8 200 − 3 500) × 20% − 555 = 385 元

【例 9-2】 假定在某外商投资企业中工作的美国专家(假设为非居民纳税人)，2011 年 10 月份取得由该企业发放的工资收入 10 400 元人民币。请计算其应纳个人所得税税额。

应纳税额 = [10 400 − (3 500 + 1 300)] × 20% − 555 = 565 元

二、个体工商户的生产、经营所得应纳税额的计算

个体工商户的生产、经营所得应纳税额的计算公式为：

应纳税额 = 应纳税所得额 × 适用税率 − 速算扣除数

= (全年收入总额 − 成本、费用以及损失) × 适用税率 − 速算扣除数

(一) 对个体工商户个人所得税计算征收的有关规定

第一，自 2011 年 9 月 1 日起，个体工商户业主的费用扣除标准统一确定为 42 000 元/年，即 3 500 元/月。

第二，个体工商户向其从业人员实际支付的合理的工资、薪金支出，允许在税前据实扣除。

第三，个体工商户拨缴的工会经费，发生的职工福利费、职工教育经费支出分别在其工资薪金总额的 2%、14%、2.5% 的标准内据实扣除。

第四，个体工商户每一纳税年度发生的广告费和业务宣传费用不超过当年销售(营业)收入 15% 的部分，可据实扣除；超过部分，准予在以后纳税年度结转扣除。

第五，个体工商户每一纳税年度发生的与其生产经营业务直接相关的业务招待费支出，按照发生额的 60% 扣除，但最高不得超过当年销售(营业)收入的 5‰。

第六，个体工商户在生产、经营期间的借款利息支出，凡有合法证明的，不高于按金融机构同类、同期贷款利率计算的数额的部分，准予扣除。

第七,个体工商户或个人专营种植业、养殖业、饲养业、捕捞业,应对其所得计征个人所得税。兼营上述四业并且四业的所得单独核算的,对属于征收个人所得税的,应与其他行业的生产、经营所得合并计征个人所得税;对于上述四业的所得不能单独核算的,应就其全部所得计征个人所得税。

第八,个体工商户和从事生产、经营的个人,取得与生产、经营活动无关的各项应税所得,应分别适用各应税项目的规定计算征收个人所得税。

(二)个体工商户、承包户的生产、经营所得适用的速算扣除数

个体工商户、承包户的生产、经营所得适用的速算扣除数见表9-5。

表9-5 个体工商户、承包户的生产、经营所得适用的速算扣除数表

级数	全年应纳税所得额含税级距	全年应纳税所得额不含税级距	税率(%)	速算扣除数
1	不超过15 000元的部分	不超过14 250元的部分	5	0
2	超过15 000元至30 000元的部分	超过14 250元至27 750元的部分	10	750
3	超过30 000元至60 000元的部分	超过27 750元至51 750元的部分	20	3 750
4	超过60 000元至100 000元的部分	超过51 750元至79 750元的部分	30	9 750
5	超过100 000元的部分	超过79 750元的部分	35	14 750

注:本表所列含税级距与不含税级距,均为按照税法规定以每一纳税年度的收入总额减除成本、费用以及损失后的所得额;含税级距适用于个体工商户的生产、经营所得和由纳税人负担税款的对企事业单位的承包经营、承租经营所得;不含税级距适用于由他人(单位)代付税款的对企事业单位的承包经营、承租经营所得。

(三)个人独资企业和合伙企业应纳个人所得税的计算

对个人独资企业和合伙企业的生产经营所得,其个人所得税应纳税额的计算有以下两种办法:

1. 查账征税

第一,自2011年9月1日起,个人独资企业和合伙企业投资者的生产经营所得依法计征个人所得税时,个人独资企业和合伙企业投资者本人的费用扣除标准统一确定为42 000元/年,即3 500元/月。投资者的工资不得在税前扣除。

第二,企业从业人员的工资支出按标准在税前扣除,具体标准由各省、自治区、直辖市地方税务局参照企业所得税计税工资标准确定。

第三,投资者及其家庭发生的生活费用不允许在税前扣除。投资者及其家庭发生的生活费用与企业生产经营费用混合在一起,并且难以划分的,全部视为投资者个人及其家庭发生的生活费用,不允许在税前扣除。

第四,企业生产经营和投资者及其家庭生活共用的固定资产,难以划分的,由主管税务机关根据企业的生产经营类型、规模等具体情况,核定准予在税前扣除的折旧费用的数额或比例。

第五,企业实际发生的工会经费、职工福利费、职工教育经费分别在其计税工资总额

的2%、14%、2.5%的标准内据实扣除。

第六,企业每一纳税年度发生的广告和业务宣传费用不超过当年销售(营业)收入15%的部分,可据实扣除;超过部分,允许在以后纳税年度结转扣除。

第七,企业每一纳税年度发生的与其生产经营业务直接相关的业务招待费,按发生额的60%扣除,但最高不得超过全年销售(营业)收入的5‰。

第八,企业计提的各种准备金不得扣除。

第九,投资者兴办的两个或两个以上企业,并且企业性质全部是独资的,年度终了后,汇算清缴时,应纳税款的计算按以下方法进行:汇总其投资兴办的所有企业的经营所得作为应纳税所得额,以此确定适用税率,计算出全年经营所得的应纳税额;再根据每个企业的经营所得占所有企业经营所得的比例,分别计算出每个企业的应纳税额和应补缴税额。计算公式如下:

$$\text{应纳税所得额} = \sum \text{各个企业的经营所得}$$

$$\text{应纳税额} = \text{应纳税所得额} \times \text{税率} - \text{速算扣除数}$$

$$\text{本企业应纳税额} = \text{应纳税额} \times \text{本企业的经营所得} \div \sum \text{各企业的经营所得}$$

$$\text{本企业应补缴的税额} = \text{本企业应纳税额} - \text{本企业预缴的税额}$$

2. 核定征收

核定征收方式,包括定额征收、核定应税所得率征收以及其他合理的征收方式。

实行核定应税所得率征收方式的,应纳所得税税额的计算公式如下:

$$\text{应纳所得税税额} = \text{应纳税所得额} \times \text{适用税率}$$

$$\begin{aligned}\text{应纳税所得额} &= \text{收入总额} \times \text{应税所得率} \\ &= \text{成本费用支出额} \div (1 - \text{应税所得率}) \times \text{应税所得率}\end{aligned}$$

个人所得税应税所得率表见表9-6。

表9-6 个人所得税应税所得率表

行　业	应税所得率(%)
工业、交通运输业、商业	5—20
建筑业、房地产开发业	7—20
饮食服务业	7—25
娱乐业	20—40
其他行业	10—30

企业经营多业的,无论其经营项目是否单独核算,均应根据其主营项目确定其适用的应税所得率。

实行核定征收方式的投资者,不能享受个人所得税的优惠政策。实行查账征收方式的个人独资企业和合伙企业改为核定征税方式后,在查账征税方式下认定的年度经营亏损未弥补完的部分,不得再继续弥补。

三、对企事业单位的承包经营、承租经营所得应纳税额的计算

对企事业单位的承包经营、承租经营所得，其个人所得税应纳税额的计算公式为：

应纳税额＝应纳税所得额×适用税率－速算扣除数

＝(纳税年度收入总额－必要费用)×适用税率－速算扣除数

这里需要说明的是：对企事业单位的承包经营、承租经营所得，以每一纳税年度的收入总额，减除必要费用后的余额为应纳税所得额；在一个纳税年度中，承包经营或者承租经营期限不足1年的，以其实际经营期为纳税年度；对企事业单位的承包经营、承租经营所得适用的速算扣除数，同个体工商户的生产、经营所得适用的速算扣除数。

【例9-3】　假定2010年3月1日，某个人与事业单位签订承包合同经营招待所，承包期为3年。2010年招待所实现承包经营利润150 000元，按合同规定承包人每年应从承包经营利润中上缴承包费30 000元，计算承包人2010年应纳个人所得税税额。

年应纳税所得额＝承包经营利润－上缴费用－每月必要费用扣减合计

＝150 000－30 000－(2 000×10)＝100 000元

应纳税额＝年应纳税所得额×适用税率－速算扣除数

＝100 000×35%－6 750＝28 250元

注：由于新的扣除标准和新的税率于2011年9月1日开始实施，2010年采用的是原来的扣除标准和税率。

四、劳务报酬所得应纳税额的计算

(一) 计算公式

对劳务报酬所得，其个人所得税应纳税额的计算公式为：

1. 每次收入不足4 000元的

应纳税额＝应纳税所得额×适用税率

＝(每次收入额－800)×20%

2. 每次收入在4 000元以上的

应纳税额＝应纳税所得额×适用税率

＝每次收入额×(1－20%)×20%

3. 每次收入的应纳税所得额超过20 000元的

应纳税额＝应纳税所得额×适用税率－速算扣除数

＝每次收入额×(1－20%)×适用税率－速算扣除数

劳务报酬所得适用的速算扣除数见表9-7。

表9-7　劳务报酬所得适用的速算扣除数表

级　数	每次应纳税所得额	税率(%)	速算扣除数
1	不超过20 000元的部分	20	0
2	超过20 000—50 000元的部分	30	2 000
3	超过50 000元的部分	40	7 000

【例 9-4】 歌星刘某一次取得表演收入 50 000 元,请计算其应纳个人所得税税额。

应纳税额 = 每次收入额 × (1 − 20%) × 适用税率 − 速算扣除数

= 50 000 × (1 − 20%) × 30% − 2 000 = 10 000 元

(二) 为纳税人代付税款的计算方法

如果单位或个人为纳税人代付税款的,应当将单位或个人支付给纳税人的不含税支付额(或称纳税人取得的不含税收入额)换算为应纳税所得额,然后按规定计算应代付的个人所得税税款。计算公式为:

1. 不含税收入额未超过 3 360 元的

(1) 应纳税所得额 = (不含税收入额 − 800) ÷ (1 − 税率)

(2) 应纳税额 = 应纳税所得额 × 适用税率

2. 不含税收入额超过 3 360 元的

(1) 应纳税所得额 = [(不含税收入额 − 速算扣除数) × (1 − 20%)] ÷ [1 − 税率 × (1 − 20%)]

= [(不含税收入额 − 速算扣除数) × (1 − 20%)] ÷ 当级换算系数

(2) 应纳税额 = 应纳税所得额 × 适用税率 − 速算扣除数

上述 1 中的公式(1)和 2 中的公式(1)中的税率,是指不含税劳务报酬收入所对应的税率;1 中的公式(2)和 2 中的公式(2)中的税率,是指应纳税所得额按含税级距所对应的税率。

不含税劳务报酬收入适用税率见表 9-8。

表 9-8 不含税劳务报酬收入适用税率表

级数	不含税劳务报酬收入额	税率(%)	速算扣除数	换算系数(%)
1	未超过 3 360 元的部分	20	0	无
2	超过 3 360—21 000 元的部分	20	0	84
3	超过 21 000—49 500 元的部分	30	2 000	76
4	超过 49 500 元的部分	40	7 000	68

【例 9-5】 高级工程师王某为新安公司进行一项工程设计。按照合同规定,公司应支付王某劳务报酬 46 000 元,与其报酬相关的个人所得税由公司代付。不考虑其他税收的情况下,计算公司应代付的个人所得税税额。

代付个人所得税的应纳税所得额 = [(46 000 − 2 000) × (1 − 20%)] ÷ 76% = 46 315.79 元

应代付个人所得税 = 46 315.79 × 30% − 2 000 = 11 894.74 元

五、稿酬所得应纳税额的计算

稿酬所得应纳税额的计算公式为:

1. 每次收入不足4 000元的

$$应纳税额 = 应纳税所得额 \times 适用税率 \times (1-30\%)$$
$$= (每次收入额 - 800) \times 20\% \times (1-30\%)$$

2. 每次收入在4 000元以上的

$$应纳税额 = 应纳税所得额 \times 适用税率 \times (1-30\%)$$
$$= 每次收入额 \times (1-20\%) \times 20\% \times (1-30\%)$$

【例9-6】 某作家取得一次未扣除个人所得税的稿酬收入25 000元,计算其应缴纳的个人所得税税额。

应纳税额 = 25 000 × (1 − 20%) × 20% × (1 − 30%) = 2 800元

六、特许权使用费所得应纳税额的计算

特许权使用费所得应纳税额的计算公式为:

1. 每次收入不足4 000元的

$$应纳税额 = 应纳税所得额 \times 适用税率$$
$$= (每次收入额 - 800) \times 20\%$$

2. 每次收入在4 000元以上的

$$应纳税额 = 应纳税所得额 \times 适用税率$$
$$= 每次收入额 \times (1-20\%) \times 20\%$$

七、利息、股息、红利所得应纳税额的计算

利息、股息、红利所得应纳税额的计算公式为:

$$应纳税额 = 应纳税所得额 \times 适用税率$$
$$= 每次收入额 \times 20\%$$

八、财产租赁所得应纳税额的计算

(一) 应纳税所得额

财产租赁所得一般以个人每次取得的收入,定额或定率减除规定费用后的余额为应纳税所得额。每次收入不超过4 000元,定额减除费用800元;每次收入在4 000元以上,定率减除20%的费用。财产租赁所得以1个月内取得的收入为一次。

在确定财产租赁的应纳税所得额时,纳税人在出租财产过程中缴纳的税金和教育费附加,可持完税(缴款)凭证,从其财产租赁收入中扣除。准予扣除的项目除了规定费用和有关税、费外,还准予扣除能够提供有效、准确凭证,证明由纳税人负担的该出租财产实际开支的修缮费用。允许扣除的修缮费用,以每次800元为限。一次扣除不完的,准予在下一次继续扣除,直到扣完为止。

个人出租财产取得的财产租赁收入,在计算缴纳个人所得税时,应依次扣除以下费用:(1)财产租赁过程中缴纳的税费;(2)由纳税人负担的该出租财产实际开支的修缮费用;(3)税法规定的费用扣除标准。

财产租赁所得应纳税所得额的计算公式为：

1. 每次（月）收入不超过 4 000 元的

应纳税所得额 = 每次（月）收入额 − 准予扣除项目 − 修缮费用（800 元为限）− 800 元

2. 每次（月）收入超过 4 000 元的

应纳税所得额 = [每次（月）收入额 − 准予扣除项目 − 修缮费用（800 元为限）] × (1 − 20%)

（二）应纳税额的计算方法

财产租赁所得适用 20% 的比例税率。但对个人按市场价格出租的居民住房取得的所得，自 2001 年 1 月 1 日起暂减按 10% 的税率征收个人所得税。其应纳税额的计算公式为：

应纳税额 = 应纳税所得额 × 适用税率

【例 9-7】 王某于 2012 年 1 月将其自有的 150 平方米的房屋出租，租期 1 年。王某每月取得的租金收入 3 000 元，全年租金收入 36 000 元。计算王某全年租金收入应缴纳的个人所得税。

财产租赁收入以每月内取得的收入为一次，因此，王某每月及全年应纳税额为：

每月应纳税额 = (3 000 − 800) × 20% = 440 元

全年应纳税额 = 440 × 12 = 5 280 元

本例在计算个人所得税时未考虑其他税、费。如果对租金收入计征营业税、城市维护建设税、房产税和教育费附加等，还应将其从税前的收入中扣除后，计算应缴纳的个人所得税。

假定上例中，当年 3 月份因下水道堵塞找人修理，发生修理费用 500 元，有维修部门的正式发票，则 3 月份和全年的应纳税额为：

3 月份应纳税额 = (3 000 − 500 − 800) × 20% = 340 元

全年应纳税额 = 440 × 11 + 340 = 5 180 元

在实际征税过程中，有时会出现财产租赁所得的纳税人不明确的情况。对此，在确定财产租赁所得纳税人时，应以产权凭证为依据。无产权凭证的，由主管税务机关根据实际情况确定纳税人。如果产权所有人死亡，在未办理产权继承手续期间，该财产出租且有租金收入的，以领取租金收入的个人为纳税人。

九、财产转让所得应纳税额的计算

（一）一般情况下财产转让所得应纳税额的计算

财产转让所得应纳税额的计算公式为：

应纳税额 = 应纳税所得额 × 适用税率 = (收入总额 − 财产原值 − 合理税费) × 20%

【例 9-8】 某人建房一幢，造价 60 000 元，支付费用 20 000 元。房屋建成后，该人转让房屋，售价 120 000 元，在卖房过程中按规定支付交易费等有关费用 18 000 元。计算其应纳的个人所得税。

应纳税所得额 = 财产转让收入 - 财产原值 - 合理费用

$$= 120\,000 - (60\,000 + 20\,000) - 18\,000 = 22\,000 \text{ 元}$$

应纳税额 $= 22\,000 \times 20\% = 4\,400$ 元

（二）个人住房转让所得应纳税额的计算

对个人转让住房征收个人所得税中，出现了需要进一步明确的问题。为完善征收管理制度，加强征管，根据《个人所得税法》和《税收征收管理法》的有关规定，国税发[2006]108 号文件进一步明确了个人住房转让的征收管理规定。自 2006 年 8 月 1 日起，个人转让住房所得应纳个人所得税的计算具体规定如下：

第一，以实际成交价格为转让收入。纳税人申报的住房成交价格明显低于市场价格且无正当理由的，征收机关依法有权根据有关信息核定其转让收入，但必须保证各税种计税价格一致。

第二，纳税人可凭原购房合同、发票等有效凭证，经税务机关审核后，允许从其转让收入中减除房屋原值、转让住房过程中缴纳的税金及有关合理费用。

房屋原值具体为：商品房为购置该房屋时实际支付的房价款及缴纳的相关税费；自建住房为实际发生的建造费用及建造和取得产权时实际缴纳的相关税费。

转让住房过程中缴纳的税金，是指纳税人在转让住房时实际缴纳的营业税、城市维护建设税、教育费附加、土地增值税、印花税等税金。

合理费用，是指纳税人按照规定实际支付的住房装修费用、住房贷款利息、手续费、公证费等费用。

第三，纳税人未提供完整、准确的房屋原值凭证，不能正确计算房屋原值和应纳税额的，税务机关可根据《税收征收管理法》第三十五条的规定，对其实行核定征税，即按纳税人住房转让收入的一定比例核定应纳个人所得税税额。具体比例由省级地方税务局或者省级地方税务局授权的地市级地方税务局根据纳税人出售住房的所处区域、地理位置、建造时间、房屋类型、住房平均价格水平等因素，在住房转让收入 1%—3% 的幅度内确定。

第四，为方便出售住房的个人依法履行纳税义务，加强税收征管，主管税务机关要在房地产交易场所设置税收征收窗口，个人转让住房应缴纳的个人所得税，应与转让环节应缴纳的营业税、契税、土地增值税等税收一并办理；地方税务机关暂没有条件在房地产交易场所设置税收征收窗口的，应委托契税征收部门一并征收个人所得税等税收。

（三）个人销售无偿受赠不动产应纳税额的计算

为加强房地产交易中个人无偿赠与不动产行为的税收管理，国税发[2006]144 号文件规定个人将受赠的不动产对外销售应征收个人所得税。具体规定如下：受赠人取得赠与人无偿赠与的不动产后，再次转让该项不动产的，在缴纳个人所得税时，以财产转让收入减除受赠、转让住房过程中缴纳的税金及有关合理费用后的余额为应纳税所得额，按 20% 的适用税率计算缴纳个人所得税。在计征个人受赠不动产个人所得税时，不得核定征收，必须严格按照税法规定据实征收。

（四）自然人转让投资企业股权（份）

自然人转让投资企业股权（份）（以下简称股权转让）取得所得，按照公平交易价格

计算并确定计税依据。计税依据明显偏低且无正当理由的，主管税务机关可采用列举的方法核定。所称股权转让，不包括上市公司股份转让。

符合下列情形之一且无正当理由的，可视为计税依据明显偏低：申报的股权转让价格低于初始投资成本或低于取得该股权所支付的价款及相关税费的；申报的股权转让价格低于对应的净资产份额的；申报的股权转让价格低于相同或类似条件下同一企业同一股东或其他股东股权转让价格的；申报的股权转让价格低于相同或类似条件下同类行业的企业股权转让价格的；经主管税务机关认定的其他情形。

所称正当理由，是指以下情形：所投资企业连续三年以上（含三年）亏损；因国家政策调整的原因而低价转让股权；将股权转让给配偶、父母、子女、祖父母、外祖父母、孙子女、外孙子女、兄弟姐妹以及对转让人承担直接抚养或者赡养义务的抚养人或者赡养人；经主管税务机关认定的其他合理情形。

对申报的计税依据明显偏低且无正当理由的，可采取以下核定方法：(1)参照每股净资产或纳税人享有的股权比例所对应的净资产份额核定股权转让收入。(2)对知识产权、土地使用权、房屋、探矿权、采矿权、股权等合计占资产总额比例达50%以上的企业，净资产额须经中介机构评估核实。(3)参照相同或类似条件下同一企业同一股东或其他股东股权转让价格核定股权转让收入。(4)参照相同或类似条件下同类行业的企业股权转让价格核定股权转让收入。(5)纳税人对主管税务机关采取的上述核定方法有异议的，应当提供相关证据，主管税务机关认定属实后，可采取其他合理的核定方法。(6)纳税人再次转让所受让的股权的，股权转让的成本为前次转让的交易价格及买方负担的相关税费。

十、偶然所得应纳税额的计算

偶然所得应纳税额的计算公式为：

$$\begin{aligned}应纳税额 &= 应纳税所得额 \times 适用税率\\ &= 每次收入额 \times 20\%\end{aligned}$$

【例9-9】 张某在参加商场的有奖销售过程中，中奖所得共计价值30 000元。张某决定从中奖收入中拿出6 000元通过教育部门向某希望小学捐赠。请按照规定计算商场代扣代缴个人所得税后，张某实际可得中奖金额。

根据税法有关规定，张某的捐赠额可以全部从应纳税所得额中扣除（因为6 000÷30 000=20%，小于捐赠扣除比例30%）。

应纳税所得额=偶然所得-捐赠额=30 000-6 000=24 000元

应纳税额=应纳税所得额×适用税率=24 000×20%=4 800元

张某实际可得金额=30 000-6 000-4 800=19 200元

十一、其他所得应纳税额的计算

其他所得应纳税额的计算公式为：

$$\begin{aligned}应纳税额 &= 应纳税所得额 \times 适用税率\\ &= 每次收入额 \times 20\%\end{aligned}$$

第六节　个人所得税计算中的特殊问题

一、对个人取得全年一次性奖金等计算征收个人所得税的方法

全年一次性奖金,是指行政机关、企事业单位等扣缴义务人根据其全年经济效益和对雇员全年工作业绩的综合考核情况,向雇员发放的一次性奖金。一次性奖金也包括年终加薪、实行年薪制和绩效工资办法的单位根据考核情况兑现的年薪和绩效工资。

纳税人取得全年一次性奖金,单独作为 1 个月的工资、薪金所得计算纳税;自 2005 年 1 月 1 日起按以下计税办法,由扣缴义务人发放时代扣代缴:

第一,将雇员当月内取得的全年一次性奖金,除以 12 个月,按其商数确定适用税率和速算扣除数。

如果在发放年终一次性奖金的当月,雇员当月工资薪金所得低于税法规定的费用扣除额,应将全年一次性奖金减除"雇员当月工资薪金所得与费用扣除额的差额"后的余额,按上述办法确定全年一次性奖金的适用税率和速算扣除数。

第二,将雇员个人当月内取得的全年一次性奖金,按确定的适用税率和速算扣除数计算征税,计算公式如下:

如果雇员当月工资薪金所得高于(或等于)税法规定的费用扣除额的,适用公式为:

$$\text{应纳税额}=\text{雇员当月取得全年一次性奖金}\times\text{适用税率}-\text{速算扣除数}$$

如果雇员当月工资薪金所得低于税法规定的费用扣除额的,适用公式为:

$$\text{应纳税额}=(\text{雇员当月取得全年一次性奖金}-\text{雇员当月工资薪金所得与费用扣除额的差额})\times\text{适用税率}-\text{速算扣除数}$$

第三,在一个纳税年度内,对每一个纳税人该计税办法只允许采用一次。

雇员取得除全年一次性奖金以外的其他各种名目奖金,如半年奖、季度奖、加班奖、先进奖、考勤奖等,一律与当月工资、薪金收入合并,按税法规定缴纳个人所得税。

根据《企业所得税法》和《个人所得税法》的现行规定,企业所得税的纳税人、个人独资和合伙企业、个体工商户为个人支付的个人所得税税款,不得在计算所得税前扣除。

二、关于个人取得公务交通、通信补贴收入征税问题

个人因公务用车和通信制度改革而取得的公务用车、通信补贴收入,扣除一定标准的公务费用后,按照"工资、薪金所得"项目计征个人所得税。按月发放的,并入当月"工资、薪金"所得计征个人所得税;不按月发放的,分解到所属月份并与该月份"工资、薪金"所得合并后计征个人所得税。

公务费用扣除标准,由省级地方税务局根据纳税人公务交通、通讯费用实际发生情况调查测算,报经省级人民政府批准后确定,并报国家税务总局备案。

三、关于失业保险费(金)征税问题

城镇企业、事业单位及其职工个人按照《失业保险条例》规定的比例,实际缴付的失业保险费,均不计入职工个人当期工资、薪金收入,免予征收个人所得税;超过《失业保险条例》规定的比例缴付失业保险费的,应将其超过规定比例缴付的部分计入职工个人当期的工资、薪金收入,依法计征个人所得税。具备《失业保险条例》规定条件的失业人员,领取的失业保险金,免予征收个人所得税。

企业为员工支付各项免税之外的保险金,应在企业向保险公司缴付时(即该保险落到被保险人的保险账户)并入员工当期的工资收入,按"工资、薪金所得"项目计征个人所得税,税款由企业负责代扣代缴。

四、关于企业改组改制过程中个人取得的量化资产征税问题

对职工个人以股份形式取得的,不拥有所有权的企业量化资产仅作为分红依据,不征收个人所得税。

对职工个人以股份形式取得的拥有所有权的企业量化资产,暂缓征收个人所得税;待个人将股份转让时,就其转让收入额,减除个人取得该股份时实际支付的费用支出和合理转让费用后的余额,按"财产转让所得"项目计征个人所得税。

对职工个人以股份形式取得的企业量化资产参与企业分配而获得的股息、红利,应按"利息、股息、红利"项目征收个人所得税。

五、关于在外商投资企业、外国企业和外国驻华机构工作的中方人员取得的工资、薪金所得的征税问题

在外商投资企业、外国企业和外国驻华机构工作的中方人员取得的工资、薪金收入,凡是由雇佣单位和派遣单位分别支付的,支付单位应按税法规定代扣代缴个人所得税。同时,按税法规定,纳税义务人应以每月全部工资、薪金收入减除规定费用后的余额为应纳税所得额。为了有利于征管,对雇佣单位和派遣单位分别支付工资、薪金的,采取由支付者中的一方减除费用的方法,即只由雇佣单位在支付工资、薪金时,按税法规定减除费用,计算扣缴个人所得税;派遣单位支付的工资、薪金不再减除费用,以支付金额直接确定适用税率,计算扣缴个人所得税。

上述纳税义务人,应持两处支付单位提供的原始明细工资、薪金单(书)和完税凭证原件,选择并固定到一地税务机关申报每月工资、薪金收入,汇算清缴其工资、薪金收入的个人所得税,多退少补。具体申报期限,由各省、自治区、直辖市税务机关确定。

【例 9-10】 王某为一外商投资企业雇用的中方人员,假定 2011 年 11 月,该外商投资企业支付给王某的薪金为 7 200 元;同月,王某还收到其所在的派遣单位发给的工资 2 500 元。计算该外商投资企业、派遣单位应如何扣缴个人所得税?王某实际应缴的个人所得税为多少?

外商投资企业应为王某扣缴的个人所得税:

扣缴税额 =（每月收入额 − 3 500）× 适用税率 − 速算扣除数

=（7 200 − 3 500）× 10% − 105 = 265 元

派遣单位应为王某扣缴的个人所得税：

扣缴税额 = 每月收入额 × 适用税率 − 速算扣除数

= 2 500 × 10% − 105 = 145 元

王某实际应缴的个人所得税为：

应纳税额 =（每月收入额 − 3 500）× 适用税率 − 速算扣除数

=（7 200 + 2 500 − 3 500）× 20% − 555 = 685 元

因此，王某到某税务机关申报时，还应补缴 275 元。

六、关于两个以上的纳税人共同取得同一项所得的征税问题

两个或两个以上的纳税义务人共同取得同一项所得的（如共同写作一部著作而取得稿酬所得），可以对每个人分得的收入分别减除费用，并计算各自应纳税款。

在计算个人所得税应纳税额时，还有一个问题需要解决，即企业和个人的外币收入如何折合成人民币计算纳税的问题。根据国家税务总局 1995 年 9 月 12 日颁布的通知规定，企业和个人取得的收入和所得为美元、日元、港币的，仍统一使用中国人民银行公布的人民币对上述三种货币的基准汇价折合成人民币计算缴纳税款；企业和个人取得的收入和所得为上述三种货币以外的其他货币的，应根据美元对人民币的基准汇价和国家外汇管理局提供的纽约外汇市场美元对主要外币的汇价进行套算，按套算后的汇价作为折合汇率计算缴纳税款。套算公式为：

某种货币对人民币的汇价 = 美元对人民币的基准汇价/纽约外汇市场美元对该种货币的汇价

七、关于个人取得退职费收入征免个人所得税的问题

《个人所得税法》第四条第七款所称可以免征个人所得税的"退职费"，是指个人符合《国务院关于工人退休、退职的暂行办法》（国发[1978]104 号）规定的退职条件并按该办法规定的退职费标准所领取的退职费。

个人取得的不符合上述办法规定的退职条件和退职费标准的退职费收入，应属于与其任职、受雇活动有关的工资、薪金性质的所得，应在取得的当月按工资、薪金所得计算缴纳个人所得税。但考虑到作为雇主给予退职人员经济补偿的退职费，通常为一次性发给，且数额较大，以及退职人员有可能在一段时间内没有固定收入等实际情况，依照《个人所得税法》有关工资、薪金所得计算征税的规定，对退职人员一次取得较高退职费收入的，可视为其一次取得数月的工资、薪金收入，并以原每月工资、薪金收入总额为标准，划分为若干月份的工资、薪金收入后，计算个人所得税的应纳税所得额及税额。但按上述方法划分超过 6 个月工资、薪金收入的，应按 6 个月平均划分计算。个人退职后 6 个月内又再次任职、受雇的，对个人已缴纳个人所得税的退职费收入，不再与再次任职、受雇取得的工资、薪金所得合并计算补缴个人所得税。

八、对个人因解除劳动合同取得经济补偿金的征税方法

根据《财政部、国家税务总局关于个人与用人单位解除劳动关系取得的一次性补偿

收入征免个人所得税问题的通知》和《国家税务总局关于国有企业职工因解除劳动合同取得一次性补偿收入征免个人所得税问题的通知》精神，自 2001 年 10 月 1 日起，按以下规定处理：

第一，企业依照国家有关法律规定宣告破产，企业职工从该破产企业取得的一次性安置费收入，免征个人所得税。

第二，个人因与用人单位解除劳动关系而取得的一次性补偿收入（包括用人单位发放的经济补偿金、生活补助费和其他补助费用），其收入在当地上年职工平均工资 3 倍数额以内的部分，免征个人所得税；超过 3 倍数额部分的一次性补偿收入，可视为一次取得数月的工资、薪金收入，允许在一定期限内平均计算。方法为：以超过 3 倍数额部分的一次性补偿收入，除以个人在本企业的工作年限数（超过 12 年的按 12 年计算），以其商数作为个人的月工资、薪金收入，按照税法规定计算缴纳个人所得税。个人在解除劳动合同后又再次任职、受雇的，已纳税的一次性补偿收入不再与再次任职、受雇的工资薪金所得合并计算补缴个人所得税。

第三，个人领取一次性补偿收入时按照国家和地方政府规定的比例实际缴纳的住房公积金、医疗保险费、基本养老保险费、失业保险费，可以在计征其一次性补偿收入的个人所得税时予以扣除。

九、对办理补充养老保险退保和提供担保计算征收个人所得税的方法

单位为职工个人购买商业性补充养老保险等，在办理投保手续时应作为个人所得税的“工资、薪金所得”项目，按税法规定缴纳个人所得税；因各种原因退保，个人未取得实际收入的，已缴纳的个人所得税应予以退回。

个人为单位或他人提供担保获得报酬，应按照《个人所得税法》规定的“其他所得”项目缴纳个人所得税，税款由支付所得的单位或个人代扣代缴。

十、对个人兼职和退休人员再任职取得收入计算征收个人所得税的方法

个人兼职取得的收入应按照“劳务报酬所得”应税项目缴纳个人所得税；退休人员再任职取得的收入，在减除按《个人所得税法》规定的费用扣除标准后，按“工资、薪金所得”应税项目缴纳个人所得税。

十一、对企业为股东个人购买汽车计算征收个人所得税的方法

企业为股东购买车辆并将车辆所有权办到股东个人名下，其实质为企业对股东进行了红利性质的实物分配，应按照“利息、股息、红利所得”项目征收个人所得税。考虑到该股东个人名下的车辆同时也为企业经营使用的实际情况，允许合理减除部分所得；减除的具体数额由主管税务机关根据车辆的实际使用情况合理确定。

依据《企业所得税暂行条例》以及有关规定，上述企业为个人股东购买的车辆，不属于企业的资产，不得在企业所得税前扣除折旧。

十二、关于在中国境内无住所的个人取得工资、薪金所得的征税问题

依照《个人所得税法》及其实施条例和我国对外签订的避免双重征税协定(以下简称税收协定)的有关规定,对在中国境内无住所的个人由于在中国境内公司、企业、经济组织(以下简称中国境内企业)或外国企业在中国境内设立的机构、场所以及税收协定所称常设机构(以下简称中国境内机构)担任职务,或者由于受雇或履行合同而在中国境内从事工作,取得的工资、薪金所得应分别不同情况确定。

(1) 关于工资、薪金所得来源地的确定。

根据规定,属于来源于中国境内的工资薪金所得应为个人实际在中国境内工作期间取得的工资、薪金,即:个人实际在中国境内工作期间取得的工资、薪金,不论是由中国境内还是境外企业或个人雇主支付,均属来源于中国境内的所得;个人实际在中国境外工作期间取得的工资、薪金,不论是由中国境内还是境外企业或个人雇主支付,均属于来源于中国境外的所得。

(2) 关于在中国境内无住所而在一个纳税年度中在中国境内连续或累计居住不超过 90 日或在税收协定规定的期间中在中国境内连续或累计居住不超过 183 日的个人纳税义务的确定。

根据有关规定,在中国境内无住所而在一个纳税年度中在中国境内连续或累计工作不超过 90 日或在税收协定规定的期间中在中国境内连续或累计居住不超过 183 日的个人,由中国境外雇主支付并且不是由该雇主的中国境内机构负担的工资、薪金,免于申报缴纳个人所得税。对前述个人应仅就其实际在中国境内工作期间由中国境内企业或个人雇主支付或者由中国境内机构负担的工资、薪金所得申报纳税。凡是该中国境内企业、机构属于采取核定利润方法计征企业所得税或没有营业收入而不征收企业所得税的,在该中国境内企业、机构任职、受雇的个人实际在中国境内工作期间取得的工资、薪金,不论是否在该中国境内企业、机构会计账簿中有记载,均应视为该中国境内企业支付或由该中国境内机构负担的工资、薪金。

自 2004 年 7 月 1 日起,在中国境内无住所而在一个纳税年度中在中国境内连续或累计居住不超过 90 日或在税收协定规定的期间中在中国境内连续或累计居住不超过 183 日的个人,负有纳税义务的,应适用下述公式:

应纳税额 = (当月境内外工资、薪金应纳税所得额 × 适用税率 - 速算扣除数)
× 当月境内支付工资/当月境内外支付工资总额 × 当月境内工作天数
/当月天数

上述个人每月应纳的税款应按税法规定的期限申报缴纳。

(3) 关于在中国境内无住所而在一个纳税年度中在中国境内连续或累计居住超过 90 日或在税收协定规定的期间中在中国境内连续或累计居住超过 183 日但不满 1 年的个人纳税义务的确定。

根据有关规定,在中国境内无住所而在一个纳税年度中在中国境内连续或累计工作超过 90 日或在税收协定规定的期间中在中国境内连续或累计居住超过 183 日但不满 1 年的个人,其实际在中国境内工作期间取得的由中国境内企业或个人雇主支付和由境外

企业或个人雇主支付的工资、薪金所得，均应申报缴纳个人所得税；其在中国境外工作期间取得的工资、薪金所得，除中国境内企业或高层管理人员，不予征收个人所得税。

自 2004 年 7 月 1 日起，在中国境内无住所而在一个纳税年度中在中国境内连续或累计居住超过 90 日或在税收协定规定的期间中在中国境内连续或累计居住超过 183 日但不满 1 年的个人，负有纳税义务的，应适用下述公式：

应纳税额 =（当月境内外工资、薪金应纳税所得额 × 适用税率 - 速算扣除数）× 当月境内工作天数/当月天数

上述个人每月应纳的税款应按税法规定的期限申报缴纳。其中，取得的工资、薪金所得是由境外雇主支付并且不是由中国境内机构负担的个人，事先可预定在一个纳税年度中连续或累计居住超过 90 日或在税收协定规定的期间中连续或累计居住超过 183 日的，其每月应纳的税款应按规定期限申报纳税；对事先不能预定在一个纳税年度或税收协定规定的有关期间中连续或累计居住超过 90 日或 183 日的，可以待达到 90 日或 183 日后的次月 15 日内，就其以前月份应纳的税款一并申报缴纳。

自 2004 年 7 月 1 日起，在中国境内无住所但在境内居住满 1 年而不超过 5 年的个人，其在中国境内工作期间取得的由中国境内企业或个人雇主支付和由中国境外企业或个人雇主支付的工资、薪金，均应申报缴纳个人所得税；其在《个人所得税法实施条例》第三条所称临时离境工作期间的工资、薪金所得，仅就由中国境内企业或个人雇主支付的部分申报纳税。凡是中国境内企业、机构属于采取核定利润方法计征企业所得税或没有营业收入而不征收企业所得税的，在中国境内企业、机构任职、受雇的个人取得的工资、薪金，不论是否在中国境内企业、机构会计账簿中有记载，均应视为由其任职的中国境内企业、机构支付。

上述个人，在 1 个月既有在中国境内工作期间的工资、薪金所得，也有在临时离境期间由境内企业或个人雇主支付的工资、薪金所得的，应合并计算当月应纳税款，并按税法规定的期限申报缴纳。在中国境内无住所但在境内居住满 1 年而不超过 5 年的个人，负有纳税义务的，应适用下述公式：

应纳税额 =（当月境内外工资、薪金应纳税所得额 × 适用税率 - 速算扣除数）×（1 - 当月境外支付工资/当月境内外支付工资总额 × 当月境外工作天数/当月天数）

如果上款所述各类个人取得的是日工资、薪金或者不满 1 个月的工资、薪金，仍应以日工资、薪金乘以当月天数换算成月工资、薪金后，按照上述公式计算其应纳税额。

（4）担任中国境内企业董事或高层管理职务的个人纳税义务的确定。

担任中国境内企业董事或高层管理职务的个人[①]，其取得的由该中国境内企业支付的董事费或工资薪金，不适用前述第（2）项、第（3）项的规定，而应自其担任该中国境内企业董事或高层管理职务起，至其解除上述职务止的期间，不论其是否在中国境外履行职务，均应申报缴纳个人所得税；其取得的由中国境外支付的工资、薪金，应依照前述规定确定纳税义务。

---

① 指公司正、副（总）经理、各职能技师、总监及其他类似公司管理层的职务。

(5) 不满1个月的工资、薪金所得应纳税款的计算。

属于前述情况中的个人,凡应仅就不满1个月期间的工资、薪金所得申报纳税的,均应按全月工资、薪金所得计算实际应纳税额。其计算公式如下:

应纳税额 =(当月工资、薪金应纳税所得额 × 适用税率 - 速算扣除数)
× 当月实际在中国天数/当月天数

如果属于上述情况的个人取得的是日工资、薪金,应以日工资、薪金乘以当月天数换算成月工资、薪金后,按上述公式计算应纳税额。

第七节　税收优惠

《个人所得税法》及其实施条例以及财政部、国家税务总局的若干规定等,都对个人所得项目给予减税免税的优惠,主要有:

1. 免征个人所得税的优惠

(1) 省级人民政府、国务院部委和中国人民解放军军以上单位,以及外国组织颁发的科学、教育、技术、文化、卫生、体育、环境保护等方面的奖金。

(2) 国债和国家发行的金融债券利息。这里所说的国债利息,是指个人持有中华人民共和国财政部发行的债券而取得的利息所得;国家发行的金融债券利息,是指个人持有经国务院批准发行的金融债券而取得的利息所得。

(3) 按照国家统一规定发给的补贴、津贴。这里所说的按照国家统一规定发给的补贴、津贴,是指按照国务院规定发给的政府特殊津贴和国务院规定免纳个人所得税的补贴、津贴。

发给中国科学院资深院士和中国工程院资深院士每人每年1万元的资深院士津贴免予征收个人所得税。

(4) 福利费、抚恤金、救济金。这里所说的福利费,是指根据国家有关规定,从企业、事业单位、国家机关、社会团体提留的福利费或者工会经费中支付给个人的生活补助费;救济金,是指国家民政部门支付给个人的生活困难补助费。

思考与提示

【思考】某企业以生活补助的名义给每个职工发了1 000元的补助,是否应该缴纳个人所得税?

【提示】并不是所有的生活补助都不缴纳个人所得税,下列收入即不属于免税的福利费范围,应当并入纳税人的工资、薪金收入计征个人所得税:从超出国家规定的比例或基数计提的福利费、工会经费中支付给个人的各种补贴、补助;从福利费和工会经费中支付给本单位职工的人人有份的补贴、补助;单位为个人购买汽车、住房、电子计算机等不属于临时性生活困难补助性质的支出。企业以生活补助的名义给每个职工发的1 000元补助应并入职工的工资、薪金收入缴纳个人所得税。

(5) 保险赔款。

(6) 军人的转业费、复员费。

(7) 按照国家统一规定发给干部、职工的安家费、退职费、退休工资、离休工资、离休生活补助费。

(8) 依照我国有关法律规定应予免税的各国驻华使馆、领事馆的外交代表、领事官员和其他人员的所得。

上述"所得",是指依照《中华人民共和国外交特权与豁免条例》和《中华人民共和国领事特权与豁免条例》规定免税的所得。

(9) 中国政府参加的国际公约以及签订的协议中规定免税的所得。

(10) 关于发给见义勇为者的奖金。

对乡、镇(含乡、镇)以上人民政府或经县(含县)以上人民政府主管部门批准成立的有机构、有章程的见义勇为基金或者类似性质组织,发给见义勇为者的奖金或奖品,经主管税务机关核准,免征个人所得税。

(11) 社会保险和住房公积金。

企业和个人按照省级以上人民政府规定的比例提取并缴付的住房公积金、医疗保险金、基本养老保险金、失业保险金,不计入个人当期的工资、薪金收入,免予征收个人所得税,超过规定的比例缴付的部分计征个人所得税。

个人领取原提存的住房公积金、医疗保险金、基本养老保险金时,免予征收个人所得税。

(12) 对个人取得的教育储蓄存款利息所得以及国务院财政部门确定的其他专项储蓄存款或者储蓄性专项基金存款的利息所得。

(13) 储蓄机构内从事代扣代缴工作的办税人员取得的扣缴利息税手续费所得。

(14) 对延长离休、退休年龄的高级专家从其劳动人事关系所在单位取得的,单位按国家有关规定向职工统一发放的工资、薪金、奖金、津贴、补贴等收入,视同离休、退休工资。

从其劳动人事关系所存单位之外的其他地方取得的培训费、讲课费、顾问费、稿酬等各种收入,依法计征个人所得税。延长离休、退休年龄的高级专家,是指享受国家发放的政府特殊津贴的专家、学者及中国科学院、中国工程院院士。

(15) 个人通过扣缴单位统一向灾区的捐赠。

个人通过扣缴单位统一向灾区的捐赠,由扣缴单位凭政府机关或非营利组织开具的汇总捐赠凭据、扣缴单位记载的个人捐赠明细表等,由扣缴单位在代扣代缴税款时,依法据实扣除。

个人直接通过政府机关、非营利组织向灾区的捐赠,采取扣缴方式纳税的,捐赠人应及时向扣缴单位出示政府机关、非营利组织开具的捐赠凭据,由扣缴单位在代扣代缴税款时,依法据实扣除;个人自行申报纳税的,税务机关凭政府机关、非营利组织开具的接受捐赠凭据,依法据实扣除。

扣缴单位在向税务机关进行个人所得税全员全额扣缴申报时,应一并报送由政府机关或非营利组织开具的汇总接受捐赠凭据(复印件)、所在单位每个纳税人的捐赠总额和当期扣除的捐赠额。

（16）个人办理代扣代缴税款手续，按规定取得的扣缴手续费。

（17）个人转让自用达5年以上并且是唯一的家庭居住用房取得的所得。

（18）外籍个人以非现金形式或实报实销形式取得的住房补贴、伙食补贴、搬迁费、洗衣费。

（19）外籍个人按合理标准取得的境内、外出差补贴。

（20）外籍个人取得的探亲费、语言训练费、子女教育费等，经当地税务机关审核批准为合理的部分。可以享受免征个人所得税优惠的探亲费，仅限于外籍个人在我国的受雇地与其家庭所在地（包括配偶或父母居住地）之间搭乘交通工具，且每年不超过两次的费用。

（21）经国务院财政部门批准免税的所得。

2. 减征个人所得税的优惠

（1）残疾、孤老人员和烈属的所得。

（2）因严重自然灾害造成重大损失。

（3）其他经国务院财政部门批准减税的。

3. 非居民纳税人的减免税优惠

《个人所得税法实施条例》规定："在中国境内无住所，但是居住1年以上5年以下的个人，其来源于中国境外的所得，经主管税务机关批准，可以只就由中国境内公司、企业以及其他经济组织或者个人支付的部分缴纳个人所得税；居住超过5年的个人，从第6年起，应当就其来源于中国境内外的全部所得缴纳个人所得税。"

1995年9月16日，财政部、国家税务总局又发出通知，对执行上述规定时5年期限的计算问题作出明确规定：个人在中国境内居住满5年，是指个人在中国境内连续居住满5年，即在连续5年中的每一个纳税年度内均居住满1年。个人在中国境内居住满5年后，从第6年起的以后年度中，凡在境内居住满1年的应当就其来源于境内、境外的所得申报纳税；凡在境内居住不满1年的，则仅就该年内来源于境内的所得申报纳税。如该个人在第6年起以后的某一纳税年度内在境内居住不足90天，可以按《个人所得税法实施条例》规定确定纳税义务，并从再次居住满1年的年度起重新计算5年期限。

《个人所得税法实施条例》规定："在中国境内无住所，但是在一个纳税年度中在中国境内连续或者累计居住不超过90日的个人，其来源于中国境内的所得，由境外雇主支付并且不由该雇主在中国境内的机构、场所负担的部分，免予缴纳个人所得税。"

第八节　境外所得的税额扣除

在对纳税人的境外所得征税时，会存在其境外所得已在来源国家或者地区缴税的实际情况。基于国家之间对同一所得应避免双重征税的原则，我国在对纳税人的境外所得行使税收管辖权时，对该所得在境外已纳税额采取了分不同情况从应征税额中予以扣除的做法。

税法规定,纳税义务人从中国境外取得的所得,准予其在应纳税额中扣除已在境外缴纳的个人所得税税额。但扣除额不得超过该纳税义务人境外所得依照我国税法规定计算的应纳税额。

税法所说的已在境外缴纳的个人所得税税额,是指纳税义务人从中国境外取得的所得,依照该所得来源国家或者地区的法律应当缴纳并且实际已经缴纳的税额。

税法所说的依照我国税法规定计算的应纳税额,是指纳税义务人从中国境外取得的所得,区别不同国家或者地区和不同应税项目,依照我国税法规定的费用减除标准和适用税率计算的应纳税额;同一国家或者地区内不同应税项目,依照我国税法计算的应纳税额之和,为该国家或者地区的扣除限额。

纳税义务人在中国境外一个国家或者地区实际已经缴纳的个人所得税税额,低于依照上述规定计算出的该国家或者地区扣除限额的,应当在中国缴纳差额部分的税款;超过该国家或者地区扣除限额的,其超过部分不得在本纳税年度的应纳税额中扣除,但是可以在以后纳税年度的该国家或者地区扣除限额的余额中补扣,补扣期限最长不得超过5年。

【例9-11】 某纳税人在2010纳税年度从A、B两国取得应税收入。其中,在A国取得劳务收入20 000元,因提供一项专利技术使用权,一次取得特许权使用费收入30 000元。该两项收入在A国缴纳个人所得税7 200元。因在B国出版著作,获得稿酬收入18 000元,并在B国缴纳该项收入的个人所得税2 200元。其抵扣计算方法如下:

(1) A国所纳个人所得税的抵减

按照我国税法规定的费用减除标准和税率,计算该纳税义务人从A国取得的应税所得应纳税额,该应纳税额即为抵减限额。

劳务报酬所得应纳个人所得税 $=20\ 000\times(1-20\%)\times20\%=3\ 200$ 元

特许权使用费所得应纳个人所得税 $=30\ 000\times(1-20\%)\times20\%=4\ 800$ 元

抵减限额 $=3\ 200+4\ 800=8\ 000$ 元

根据计算结果,该纳税义务人从A国取得应税所得在A国缴纳的个人所得税税额的抵减限额为8 000元。其在A国实际缴纳个人所得税7 200元,低于抵减限额,可以全额抵扣,并需在中国补缴差额部分的税款800元。

(2) B国所纳个人所得税的抵减

按照我国税法的规定,该纳税义务人从B国取得的稿酬收入按照我国税法规定应纳的个人所得税 $=[18\ 000\times(1-20\%)\times20\%]\times(1-30\%)=2\ 016$ 元

即其抵扣限额为2016元。该纳税义务人的稿酬所得在B国实际缴纳个人所得税2 200元,超出抵减限额184元,不能在本年度扣除,但可在以后5个纳税年度的该国减除限额的余额中补减。

纳税义务人依照税法的规定申请扣除已在境外缴纳的个人所得税税额时,应当提供境外税务机关填发的完税凭证原件。为了保证正确计算扣除限额及合理扣除境外已纳税额,税法规定,在中国境内有住所,或者无住所而在境内居住满1年的个人,从中国境内和境外取得的所得,应当分别计算应纳税额。

第九节 征收管理

个人所得税的纳税办法有自行申报纳税和代扣代缴纳税两种。

一、自行申报纳税

自行申报纳税，是由纳税人自行在税法规定的纳税期限内，向税务机关申报取得的应税所得项目和数额，如实填写个人所得税纳税申报表，并按照税法规定计算应纳税额，据此缴纳个人所得税的一种方法。

（一）自行申报纳税的纳税义务人

（1）自2006年1月1日起，年所得12万元以上的；

（2）从中国境内两处或者两处以上取得工资、薪金所得的；

（3）从中国境外取得所得的；

（4）取得应税所得，没有扣缴义务人的；

（5）国务院规定的其他情形。

其中，年所得12万元以上的纳税人，无论取得的各项所得是否已足额缴纳了个人所得税，均应当按照本办法的规定，于纳税年度终了后向主管税务机关办理纳税申报；其他情形的纳税人，均应当按照自行申报纳税管理办法的规定，于取得所得后向主管税务机关办理纳税申报。同时需要注意的是，年所得12万元以上的纳税人，不包括在中国境内无住所，且在一个纳税年度中在中国境内居住不满1年的个人。从中国境外取得所得的纳税人，是指在中国境内有住所，或者无住所而在一个纳税年度中在中国境内居住满1年的个人。

（二）自行申报纳税的内容

年所得12万元以上的纳税人，在纳税年度终了后，应当填写《个人所得税纳税申报表（适用于年所得12万元以上的纳税人申报）》，并在办理纳税申报时报送主管税务机关，同时报送个人有效身份证件复印件，以及主管税务机关要求报送的其他有关资料。

（三）自行申报纳税的申报期限

第一，年所得12万元以上的纳税人，在纳税年度终了后3个月内向主管税务机关办理纳税申报。

第二，个体工商户和个人独资、合伙企业投资者取得的生产、经营所得应纳的税款，分月预缴的，纳税人在每月终了后15日内办理纳税申报；分季预缴的，纳税人在每个季度终了后15日内办理纳税申报；纳税年度终了后，纳税人在3个月内进行汇算清缴。

第三，纳税人年终一次性取得对企事业单位的承包经营、承租经营所得的，自取得所得之日起30日内办理纳税申报；在1个纳税年度内分次取得承包经营、承租经营所得的，在每次取得所得后的次月15日内申报预缴；纳税年度终了后，纳税人在3个月内汇算清缴。

第四，从中国境外取得所得的纳税人，在纳税年度终了后30日内向中国境内主管税务机关办理纳税申报。

第五，除以上规定的情形外，纳税人取得其他各项所得须申报纳税的，在取得所得的次月15日内向主管税务机关办理纳税申报。

（四）自行申报纳税的申报方式

纳税人可以采取数据电文、邮寄等方式申报，也可以直接到主管税务机关申报，或者采取符合主管税务机关规定的其他方式申报。纳税人采取邮寄方式申报的，以邮政部门挂号信函收据作为申报凭据，以寄出的邮戳日期为实际申报日期。

纳税人也可以委托有税务代理资质的中介机构或者他人代为办理纳税申报。

二、代扣代缴纳税

代扣代缴，是指按照税法规定负有扣缴税款义务的单位或者个人，在向个人支付应纳税所得时，应计算应纳税额，并从其所得中扣出并缴入国库，同时向税务机关报送扣缴个人所得税报告表。采取这种方法，有利于控制税源、防止漏税和逃税。

1. 扣缴义务人

凡支付个人应纳税所得的企业（公司）、事业单位、机关、社团组织、军队、驻华机构、个体户等单位或者个人，为个人所得税的扣缴义务人。这里所说的驻华机构，不包括外国驻华使领馆和联合国及其他依法享有外交特权和豁免的国际组织驻华机构。

2. 代扣代缴的范围

扣缴义务人向个人支付下列所得，应代扣代缴个人所得税：工资、薪金所得；对企事业单位的承包经营、承租经营所得；劳务报酬所得；稿酬所得；特许权使用费所得；利息、股息、红利所得；财产租赁所得；财产转让所得；偶然所得；经国务院财政部门确定征税的其他所得。

扣缴义务人向个人支付应纳税所得（包括现金、实物和有价证券）时，不论纳税人是否属于本单位人员，均应代扣代缴其应纳的个人所得税税款。

这里所说的支付，包括现金支付、汇拨支付、转账支付和以有价证券、实物以及其他形式的支付。

3. 代扣代缴的期限

扣缴义务人每月所扣的税款，应当在次月15日内缴入国库，并向主管税务机关报送《扣缴个人所得税报告表》，代扣代收税款凭证，包括每一个纳税人的姓名、单位、职务、收入、税款等内容的支付个人收入明细表，以及税务机关要求报送的其他有关资料。

第十节　个人所得税的账务处理

一、工资、薪金个人所得税的账务处理

企业作为个人所得税的扣缴义务人，按规定扣缴该职工应缴纳的个人所得税时，借

记“应付职工薪酬”账户，贷记“应交税费——应交个人所得税”账户。

【例 9-12】 企业为会计王某 2011 年 10 月份发放工资 5 600 元，应扣缴社会保险 400 元，其余以现金发放。

企业应代扣代缴的个人所得税 = (5 600 - 400 - 3 500) × 10% - 105 = 65 元

借：应付职工薪酬 5 600

　贷：库存现金 5 135

　　应交税费——应交个人所得税 65

　　其他应付款 400

【例 9-13】 接【例 9-12】，如果约定个人所得税由企业承担，王某税后收入为 5 599.8 元，其余条件不变。

经过计算，王某税前收入为 5672 元，企业的账务处理如下：

借：应付职工薪酬 5 599.8

　贷：库存现金 5 199.8

　　其他应付款 400

借：营业外支出 72.2

　贷：应交税费——应交个人所得税 72.2

在企业所得税上，由企业负担的个人所得税不允许扣除，必须进行纳税调增。

思考与提示

【思考】如果企业与王某约定，每月的工资是 5 672 元，这样的结果与【例 9-13】有什么不同？

【提示】这样约定后，企业计入管理费用的金额是 5 672 元，王某税后收入仍然是 5 599.8 元，但在企业所得税上就不需要进行纳税调整了。

二、承包、承租所得个人所得税的账务处理

承包、承租经营有两种情况：第一种情况，承包、承租人对企业经营成果不具有所有权，仅是按合同规定取得一定所得的，其取得所得按工资、薪金所得项目征税，账务处理方法同工资、薪金所得的账务处理方法。第二种情况，承包、承租人按合同规定只向发包、出租方缴纳一定费用后，企业经营成果归其所有的，承包、承租人取得的所得，按对企事业单位的承包经营、承租经营所得项目缴纳个人所得税。

三、劳务报酬、特许权使用费、稿酬、财产租赁费、借款利息等个人所得税的账务处理

企业支付给个人的劳务报酬、特许权使用费、稿酬、财产租赁费、借款利息等时，应代扣代缴个人所得税。企业在支付费用时，借记“生产成本”、“管理费用”、“销售费用”、“财务费用”等账户，贷记“库存现金”、“应交税费——应交个人所得税”账户。

四、向股东分配股利和转增资本的账务处理

股份公司向个人支付的股利包括现金股利和股票股利，公司在决定进行利润分配时，借记“利润分配——未分配利润”账户，贷记“应付股利”账户；实际支付股利时，借记“应付股利”账户，贷记“库存现金”、“应交税费——应交个人所得税”账户。

企业用盈余公积和未分配利润向个人股东转增资本，视同先分配利润，然后个人股东投入资本，个人股东按照股息、红利所得缴纳个人所得税，借记“其他应收款”账户，贷记“应交税费——应交个人所得税”账户。个人所得税由企业以现金收取，然后代缴。

五、个体工商户、个人独资企业、合伙企业个人所得税的账务处理

个体工商户、个人独资企业、合伙企业缴纳的个人所得税，设置“个人所得税费用”账户核算应交的个人所得税，设置“本年利润”账户核算本年的利润，设置“利润分配”账户核算企业累积的净利润。

在计算个人所得税时，首先应当根据税法规定将本年利润调整成应纳税所得额，然后再根据应纳税所得额计算应交的个人所得税，借记“个人所得税费用”账户，贷记“应交税费——应交个人所得税”账户。

实践疑难解析

1. 旅游费、培训费和考察费在会计核算和个人所得税处理上有什么不同?

【解答】职工培训费应在“应付职工薪酬——职工教育经费”中列支，不需要缴纳个人所得税。企业发生的考察费，应在“管理费用”中列支，不需要缴纳个人所得税。但如果以培训、考察为名发生的旅游费，取得的是旅游公司的发票，属于旅游费用，不允许在企业所得税中扣除，并且应该并入员工当月的工资、薪金所得，征收个人所得税。

2. 我公司给员工发放的第十三个月的工资如何计算个人所得税?

【解答】根据国税发[2009]121号文件，单位发放的“双薪”应并入发放当月与当月工资薪金所得合并计算个人所得税，也可以考虑与全年一次性奖金合并发放，并作为其一部分按一次性奖金的特殊方法计税。

3. 按照《国家税务总局关于调整个人取得全年一次性奖金等计算征收个人所得税方法问题的通知》(国税发[2005]9号)，年终奖如果发18 000元，缴纳个人所得税540元；如果发18 001元，缴纳个人所得税1 695元。在实际执行中，是否只能按照文件规定的办法执行?

【解答】计算结果正确，多缴纳的个人所得税远远大于多发的奖金数，这是税制本身所造成的，这样的例子还存在其他税种征收上。比如在土地增值税中，房地产开发企业开发的普通标准住宅，增值率未超过20%的，免征土地增值税；增值率超过20%的，应就其全部增值额征税。

4. 退休人员的退休工资免征个人所得税,再工作所得部分如何缴纳个人所得税?

根据国税函[2005]382 号文件,个人兼职取得的收入应按照“劳务报酬所得”应税项目缴纳个人所得税;退休人员再任职取得的收入,在减除按《个人所得税法》规定的费用扣除标准后,按“工资、薪金所得”应税项目缴纳个人所得税。根据国税函[2008]723 号文件,离退休人员除按规定领取离退休工资或养老金外,另从原任职单位取得的各类补贴、奖金、实物,不属于《个人所得税法》第四条规定可以免税的退休工资、离休工资、离休生活补助费。根据《个人所得税法》及其实施条例的有关规定,离退休人员从原任职单位取得的各类补贴、奖金、实物,应在减除费用扣除标准后,按“工资、薪金所得”应税项目缴纳个人所得。

5. 董事费如何缴纳个人所得税?

【解答】个人担任公司董事、监事,且不在公司任职、受雇,董事费、监事费按劳务报酬所得项目缴纳个人所得税;个人在公司(包括关联公司)任职、受雇,同时兼任董事、监事的,应将董事费、监事费与个人工资收入合并,统一按工资、薪金所得项目缴纳个人所得税。

6. 我公司赠送客户的礼品,需要扣缴个人所得税吗?

【解答】根据财税[2011]50 号文件,企业在业务宣传、广告等活动中,随机向本单位以外的个人赠送礼品,对个人取得的礼品所得,按照“其他所得”项目,全额适用 20% 的税率缴纳个人所得税。

企业在年会、座谈会、庆典以及其他活动中向本单位以外的个人赠送礼品,对个人取得的礼品所得,按照“其他所得”项目,全额适用 20% 的税率缴纳个人所得税。

7. 我公司员工张乐每月收入 10 000 元,工资在北京发放,公司代扣代缴个人所得税。另外,张乐被公司长期派驻在上海工作,并由上海公司每月补贴 4 000 元,如何缴纳个人所得税?

【解答】如果张乐与上海公司签订了劳动合同,上海公司也按照工资薪金所得扣缴个人所得税,根据国税发[2006]162 号文件,从两处或者两处以上取得工资、薪金所得的,选择并固定向其中一处单位所在地主管税务机关申报。

$$\text{应补税额} = [(\text{两处工资薪金收入之和} - 3\,500) \times \text{税率} - \text{速算扣除数}] - \text{已累计扣缴税额}$$

8. 我单位职工从社保部门报销取得的生育医疗费,是否需要并入当月工资、薪金所得总额征收个人所得税?

【解答】根据财税[2008]8 号文件,生育妇女按照县级以上人民政府根据国家有关规定制定的生育保险办法,取得的生育津贴、生育医疗费或其他属于生育保险性质的津贴、补贴,免征个人所得税。

9. 我单位支付给单位临时工(未签订劳动合同)的工伤赔偿,如何缴纳个人所得税?

【解答】税法没有明文规定工伤赔偿不征税,但工伤赔偿属于补偿性收入,补偿性收入是不征税的,例如保险赔款不征税。

10. 我公司平时将一部分废料委托个人进行加工,加工的成品由我公司收回利用,加工费由个人到国税部门开具加工费发票,凭发票与我公司结算。对该笔加工收入,我公司是否需要代扣代缴个人所得税?

【解答】公司凭发票增加企业费用,在计算计算企业所得税时扣除该项费用,不需要代扣代缴个人所得税,因为个体工商户的生产经营所得应纳个人所得税,由其个人向税务机关申报缴纳。

改革探索

我国的个人所得税于1981年开征,当年个税收入只有500万元。月均收入能够达到800元标准的中国公民少而又少,其余都是外籍在华高级职员缴纳的,征税内容包括工资薪金所得、经营所得以及其他各类规定的收入和报酬。1986年9月,针对我国国内个人收入发生很大变化的情况,国务院规定对本国公民的个人收入统一征收个人收入调节税,纳税的扣除额标准调整为400元,而外籍人士的800元扣除标准并没有改变,内外双轨的标准由此产生。1994年,内外个人所得税制度又重新统一。2005年8月,第一轮个税改革开始,其最大变化就是个税费用扣除额从每月800元调至1 600元,同时高收入者实行自行申报纳税。2008年3月,在个税第二轮改革中,个人工资、薪金所得减除费用标准由每月1 600元提高到2 000元。2011年6月30日,全国人大常委会决定,个税起征点将从现行的每月2 000元提高到3 500元,并将工薪所得9级超额累进税率缩减至7级。至此,我国已是近五年内第三次对个税免征额进行提高调整。

我国现行的课税模式属于分类所得税制,在这种税制下,归属于同一个纳税人的各类所得或各部分所得,都要按照单独的税率纳税。它的优点是征收简单,税源易控,有利于采用课源法征收,从源扣缴,减少逃漏行为;缺点是不能按纳税能力课征,对工薪阶层有欠公平。目前的改革方向是综合所得税制。即对同一纳税人的各种所得,作为一个总体对待,进行综合征收。其优点是能够量能课税,体现纳税人的实际负担水平,公平税负;缺点是征收手续较为复杂,纳税人容易进行税收规避,需要纳税人服从程度高、税收管理制度先进、财务会计制度健全。根据国际经验,要实现综合征收必须满足以下几个条件:第一,在全国范围内,普遍采用纳税人的永久税号,并且与支付方强制性的预扣税制度结合起来。第二,个人报酬完全货币化。因为种种原因,目前还存在一些实物分配和实物福利。第三,大力推进非现金结算,加强现金管理。要严格控制现金交易,偷逃税主要是发生在现金环节,很多国家对大额现金的流通都有所限制。第四,要建立联网制度,将税务系统的网络与银行及其他金融机构、企业、工商、海关等机构联网。目前,之所以不能实行综合征收,主要就是因为收入不透明,特别是高收入人群的收入不透明。今后,随着个人收入的公开和透明、金融体系的完善、信息化的普及,个人所得税的改革条件将越来越成熟。

第十章

特定目的税会计

第一节　城市维护建设税会计

一、城市维护建设税概述

城市维护建设税法，是指国家制定的用以调整城市维护建设税征收与缴纳权利及义务关系的法律规范。城市维护建设税（以下简称“城建税”）具有如下特点：

1. 税款专款专用

一般情况下，税收收入都直接纳入国家预算，由中央和地方政府根据需要，统一安排使用到国家建设和事业发展的各个方面，税法并不规定各个税种收入的具体使用范围和方向。但城建税不同，其所征税款要求保证用于城市公用事业和公共设施的维护和建设。

2. 属于一种附加税

城建税是以纳税人实际缴纳的增值税、消费税、营业税税额为计税依据，随“三税”同时征收，其本身没有特定的课税对象，其征管方法也完全比照“三税”的有关规定办理。

3. 根据城镇规模设计不同的比例税率

城建税的负担水平，不是依据纳税人获取的利润水平或经营特点而定，而是根据纳税人所在城镇的规模及其资金需要设计的。城镇规模大的，税率高一些；反之，低一些。

4. 征收范围较广

增值税、消费税、营业税是对商品和劳务的征税，在我国现行税制体系中居主体税种的地位，占全部税收收入总额的70%左右，其征税范围基本上包括我国境内所有经营行为的单位和个人。城建税以增值税、消费税、营业税税额作为税基，从这个意义上看，城建税几乎是对所有纳税人的征税，因此，它的征税范围比其他任何税种的征税范围都要广。

二、纳税义务人

城建税的纳税义务人，是指负有缴纳增值税、消费税和营业税“三税”义务的单位和个人，包括国有企业、集体企业、私营企业、股份制企业、其他企业和行政单位、事业单位、军事单位、社会团体、其他单位，以及个体工商户及其他个人。自2010年12月1日起，对外商投资企业、外国企业及外籍个人（简称外资企业）征收城建税和教育费附加。

三、税率

城建税的税率，是指纳税人应缴纳的城建税税额与纳税人实际缴纳的“三税”税额之间的比率。城建税按纳税人所在地的不同，设置了三档地区差别比例税率，即纳税人所在地为市区的，税率为7%；纳税人所在地为县城、镇的，税率为5%；纳税人所在地不在市区、县城或者镇的，税率为1%。

城建税的适用税率，应当按纳税人所在地的规定税率执行。但是，对下列两种情况，可按缴纳“三税”所在地的规定税率就地缴纳城建税：由受托方代扣代缴、代收代缴“三税”的单位和个人，其代扣代缴、代收代缴的城建税按受托方所在地适用税率执行；流动经营等无固定纳税地点的单位和个人，在经营地缴纳“三税”的，其城建税的缴纳按经营地适用税率执行。

四、计税依据

城建税的计税依据，是指纳税人实际缴纳的“三税”税额。纳税人违反“三税”有关税法而加收的滞纳金和罚款，是税务机关对纳税人违法行为的经济制裁，不作为城建税的计税依据，但纳税人在被查补“三税”和被处以罚款时，应同时对其偷漏的城建税进行补税、征收滞纳金和罚款。

城建税以“三税”税额为计税依据并同时征收，如果要免征或者减征“三税”，也就要同时免征或者减征城建税。

自1997年1月1日起，供货企业向出口企业和市县外贸企业销售出口产品时，以增值税当期销项税额抵扣进项税额后的余额，计算缴纳城建税。

但对出口产品退还增值税、消费税的，不退还已缴纳的城建税。

自2005年1月1日起，经国家税务总局正式审核批准的当期免抵的增值税税额应纳入城市维护建设税和教育费附加的计征范围，分别按规定的税(费)率征收城建税和教育费附加。

五、应纳税额的计算

城建税纳税人的应纳税额大小是由纳税人实际缴纳的“三税”税额决定的，其计算公式为：

应纳税额 = 纳税人实际缴纳的增值税、消费税、营业税税额 × 适用税率

【例10-1】 某县城一家企业2011年8月份实际缴纳增值税50 000元，缴纳消费税20 000元，缴纳营业税10 000元，计算该企业应纳的城建税税额。

应纳城建税 = (50 000 + 20 000 + 10 000) × 5% = 4 000元

由于城建税法实行纳税人所在地差别比例税率，所以在计算应纳税额时，应十分注意根据纳税人所在地来确定适用税率。

六、税收优惠

城建税原则上不单独减免，但因城建税又具附加税性质，当主税发生减免时，城建税相应发生税收减免。城建税的税收减免具体有以下几种情况：城建税按减免后实际缴纳的“三税”税额计征，即随“三税”的减免而减免；对于因减免税而需进行“三税”退库的，城建税也可同时退库；海关对进口产品代征的增值税、消费税，不征收城建税；对“三税”实行先征后返、先征后退、即征即退办法的，除另有规定外，对随“三税”附征的城建税和教育费附加，一律不予退(返)还。

七、征收管理

（一）纳税环节

城建税的纳税环节，是指《中华人民共和国城市维护建设税暂行条例》（以下简称《城市维护建设税暂行条例》）规定的纳税人应当缴纳城建税的环节。城建税的纳税环节，实际就是纳税人缴纳"三税"的环节。纳税人只要发生"三税"的纳税义务，就要在同样的环节，分别计算缴纳城建税。

（二）纳税地点

城建税以纳税人实际缴纳的增值税、消费税、营业税税额为计税依据，分别与"三税"同时缴纳。所以，纳税人缴纳"三税"的地点，就是该纳税人缴纳城建税的地点。但是，属于下列情况的，纳税地点为：(1)代扣代缴、代收代缴"三税"的单位和个人，同时也是城建税的代扣代缴、代收代缴义务人，其城建税的纳税地点在代扣代收地。(2)跨省开采的油田，下属生产单位与核算单位不在一个省内的，其生产的原油，在油井所在地缴纳增值税，其应纳税款由核算单位按照各油井的产量和规定税率，计算汇拨各油井缴纳。所以，各油井应纳的城建税，应由核算单位计算，随同增值税一并汇拨油井所在地，由油井在缴纳增值税的同时，一并缴纳城建税。(3)对管道局输油部分的收入，由取得收入的各管道局于所在地缴纳营业税。所以，其应纳城建税，也应由取得收入的各管道局于所在地缴纳营业税时一并缴纳。(4)对流动经营等无固定纳税地点的单位和个人，应随同"三税"在经营地按适用税率缴纳。

（三）纳税期限

由于城建税是由纳税人在缴纳"三税"时同时缴纳的，所以其纳税期限分别与"三税"的纳税期限一致。由于《城市维护建设税暂行条例》是在 1994 年分税制实施前制定的，1994 年后，增值税、消费税由国家税务局征收管理，而城建税由地方税务局征收管理，因此，在缴税入库的时间上不一定完全一致。

附：

教育费附加的有关规定

一、教育费附加概述

教育费附加是对缴纳增值税、消费税、营业税的单位和个人，就其实际缴纳的税额为计算依据征收的一种附加费。

教育费附加是为加快地方教育事业发展、扩大地方教育经费的资金而征收的一项专用基金。国务院于 1986 年 4 月 28 日颁布了《征收教育费附加的暂行规定》，决定从同年 7 月 1 日起开始在全国范围内征收教育费附加。

二、教育费附加的征收范围及计征依据

教育费附加对缴纳增值税、消费税、营业税的单位和个人征收，以其实际缴纳的增值税、消费税和营业税为计征依据，分别与增值税、消费税和营业税同时缴纳。

三、教育费附加计征比率

按照1994年2月7日《国务院关于教育费附加征收问题的紧急通知》的规定，现行教育费附加征收比率为3%。

四、教育费附加的计算

教育费附加的计算公式为：

应纳教育费附加＝实际缴纳的增值税、消费税、营业税×征收比率

【例10-2】 根据【例10-1】企业应缴纳的教育费附加＝(50 000＋20 000＋10 000)×3%＝2 400元

五、教育费附加的减免规定

对海关进口的产品征收的增值税、消费税，不征收教育费附加。对由于减免增值税、消费税和营业税而发生退税的，可同时退还已征收的教育费附加。但对出口产品退还增值税、消费税的，不退还已征的教育费附加。

六、城建税及教育费附加的会计处理

企业计算应缴纳的城建税及教育费附加时，借记“营业税金及附加”账户，贷记“应交税费——应交城市维护建设税”、“应交税费——应交教育费附加”账户。

根据【例10-1】、【例10-2】账务处理如下：

借：营业税金及附加　　6 400

　贷：应交税费——应交城市维护建设税　　4 000

　　　　　　——应交教育费附加　　2 400

第二节 车辆购置税会计

车辆购置税法，是指国家制定的用以调整车辆购置税征收与缴纳之间权利及义务关系的法律规范。现行车辆购置税法的基本规范，是2000年10月22日国务院令第294号颁布并于2001年1月1日起施行的《中华人民共和国车辆购置税暂行条例》。

一、车辆购置税特点

车辆购置税是以在中国境内购置规定车辆为课税对象，在特定的环节向车辆购置者征收的一种税。

车辆购置税除具有税收的共同特点外，还有其独有的特点：

1. 征收范围单一

车辆购置税,是以购置的特定车辆为课税对象,而不是对所有的财产或消费财产征税,范围窄,是一种特种财产税。

2. 征收环节单一

车辆购置税实行一次课征制,它不是在生产、经营和消费的每一环节实行道道征收,而只是在退出流通进入消费领域的特定环节征收。

3. 税率单一

车辆购置税只确定一个统一比例税率征收,税率具有不随课税对象数额变动的特点,计征简便、负担稳定,有利于依法治税。

4. 征收方法单一

车辆购置税根据纳税人购置应税车辆的计税价格实行从价计征,以价格为计税标准,课税与价值直接发生关系,价值高者多征税,价值低者少征税。

5. 征税具有特定目的

车辆购置税具有专门用途,由中央财政根据国家交通建设投资计划,统筹安排。这种特定目的的税收,可以保证国家财政支出的需要,既有利于统筹合理地安排资金,又有利于保证特定事业和建设支出的需要。

6. 价外征收,税负不发生转嫁

车辆购置税的计税依据中不包含车辆购置税税额,车辆购置税税额是附加在价格之外的,且纳税人即为负税人,税负不发生转嫁。

二、纳税义务人

车辆购置税的纳税人,是指在我国境内购置应税车辆的单位和个人。其中,购置是指购买使用行为、进口使用行为、受赠使用行为、自产自用行为、获奖使用行为以及以拍卖、抵债、走私、罚没等方式取得并使用的行为,这些行为都属于车辆购置税的应税行为。

车辆购置税的纳税人中所称单位,包括国有企业、集体企业、私营企业、股份制企业、外商投资企业、外国企业以及其他企业,事业单位、社会团体、国家机关、部队以及其他单位;所称个人,包括个体工商户及其他个人,既包括中国公民又包括外国公民。

三、征税对象与征税范围

车辆购置税以列举的车辆作为征税对象,未列举的车辆不纳税。其征税范围包括汽车、摩托车、电车、挂车、农用运输车,具体规定如下:

1. 汽车

包括各类汽车。

2. 摩托车

(1) 轻便摩托车。最高设计车速不大于50km/h,发动机气缸总排量不大于50cm^3 的两个或三个车轮的机动车。

（2）二轮摩托车。最高设计车速大于50km/h，或发动机气缸总排量大于$50cm^3$的两个车轮的机动车。

（3）三轮摩托车。最高设计车速大于50km/h，发动机气缸总排量大于$50cm^3$，空车质量不大于400kg的三个车轮的机动车。

3. 电车

（1）无轨电车。以电能为动力，由专用输电电缆供电的轮式公共车辆。

（2）有轨电车。以电能为动力，在轨道上行驶的公共车辆。

4. 挂车

（1）全挂车。无动力设备，独立承载，由牵引车辆牵引行驶的车辆。

（2）半挂车。无动力设备，与牵引车共同承载，由牵引车辆牵引行驶的车辆。

5. 农用运输车

（1）三轮农用运输车。柴油发动机，功率不大于7.4kw，载重量不大于500kg，最高车速不大于40km/h的三个车轮的机动车。

（2）四轮农用运输车。柴油发动机，功率不大于28kw，载重量不大于1 500kg，最高车速不大于50km/h的四个车轮的机动车。

为了体现税法的统一性、固定性、强制性和严肃性特征，车辆购置税征收范围的调整，由国务院决定，其他任何部门、单位和个人无权擅自扩大或缩小车辆购置税的征税范围。

四、税率与计税依据

（一）税率

车辆购置税实行统一比例税率，税率为10%。

（二）计税依据

车辆购置税以应税车辆为课税对象，考虑到我国车辆市场的供求矛盾、价格差异变化、计量单位不规范以及征收车辆购置附加费的做法，实行从价定率、价外征收的方法计算应纳税额，应税车辆的价格即计税价格就成为车辆购置税的计税依据。但是，由于应税车辆购置的来源不同，应税行为的发生不同，计税价格的组成也就不一样。车辆购置税的计税依据有以下几种情况：

1. 购买自用应税车辆计税依据的确定

纳税人购买自用应税车辆的计税依据为纳税人购买应税车辆而支付给销售方的全部价款和价外费用（不含增值税）。

购买的应税自用车辆包括购买自用的国产应税车辆和购买自用的进口应税车辆，如从国内汽车市场、汽车贸易公司购买自用的进口应税车辆。

价外费用是指销售方价外向购买方收取的基金、集资费、返还利润、补贴、违约金（延期付款利息）和手续费、包装费、储存费、优质费、运输装卸费、保管费、代收款项、代垫款项以及其他各种性质的价外收费。

2. 进口自用应税车辆计税依据的确定

纳税人进口自用应税车辆以组成计税价格为计税依据，组成计税价格的计算公式为：

组成计税价格 = 关税完税价格 + 关税 + 消费税

进口自用应税车辆是指纳税人直接从境外进口或委托代理进口自用的应税车辆，即以非贸易方式进口自用的应税车辆。而且进口自用的应税车辆的计税依据，应根据纳税人提供的、经海关审查确认的有关完税证明资料确定。

3. 其他自用应税车辆计税依据的确定

现行政策规定，纳税人自产、受赠、获奖和以其他方式取得并自用的应税车辆的计税依据，凡不能或不能准确提供车辆价格的，由主管税务机关依国家税务总局核定的、相应类型的应税车辆的最低计税价格确定。因此，纳税人自产自用、受赠使用、获奖使用和以其他方式取得并自用的应税车辆一般以国家税务总局核定的最低计税价格为计税依据。

4. 最低计税价格作为计税依据的确定

《中华人民共和国车辆购置税暂行条例》规定："纳税人购买自用或者进口自用应税车辆，申报的计税价格低于同类型应税车辆的最低计税价格，又无正当理由的，按照最低计税价格征收车辆购置税。"也就是说，纳税人购买和自用的应税车辆，首先应分别按前述计税价格、组成计税价格来确定计税依据。当申报的计税价格偏低，又无正当理由的，应以最低计税价格作为计税依据。实际工作中，通常是当纳税人申报的计税价格等于或高于最低计税价格时，按申报的价格计税；当纳税人申报的计税价格低于最低计税价格时，按最低计税价格计税。

最低计税价格由国家税务总局依据全国市场的平均销售价格制定。根据纳税人购置应税车辆的不同情况，国家税务总局对以下几种特殊情形应税车辆的最低计税价格规定如下：

对已缴纳并办理了登记注册手续的车辆，其底盘和发动机同时发生更换，其最低计税价格按同类型新车最低计税价格的70%计算。

免税、减税条件消失的车辆，其最低计税价格的确定方法为：

最低计税价格 = 同类型新车最低计税价格 × [1 - (已使用年限 ÷ 规定使用年限)] × 100%

其中，规定使用年限为：国产车辆按10年计算；进口车辆按15年计算。超过使用年限的车辆，不再征收车辆购置税。

非贸易渠道进口车辆的最低计税价格，为同类型新车最低计税价格。

五、车辆购置税应纳税额的计算

车辆购置税实行从价定率的方法计算应纳税额，计算公式为：

应纳税额 = 计税依据 × 税率

（一）购买自用应税车辆应纳税额的计算

在应纳税额的计算当中，应注意以下费用的计税规定：

购买者随购买车辆支付的工具件和零部件价款应作为购车价款的一部分,并入计税依据中征收车辆购置税;支付的车辆装饰费应作为价外费用并入计税依据中计税;代收款项应区别征税。凡使用代收单位(受托方)票据收取的款项,应视作代收单位价外收费,购买者支付的价费款,应并入计税依据中一并征税;凡使用委托方票据收取的款项,受托方只履行代收义务和收取代收手续费的款项,应按其他税收政策规定征税。

销售单位开给购买者的各种发票金额中包含增值税税款,因此,计算车辆购置税时,应换算为不含增值税的计税价格;购买者支付的控购费,是政府部门的行政性收费,不属于销售者的价外费用范围,不应并入计税价格计税。

销售单位开展优质销售活动所开票收取的有关费用,应属于经营性收入,企业在代理过程中按规定支付给有关部门的费用,企业已作为经营性支出列支核算,其收取的各项费用并在一张发票上难以划分的,应作为价外收入计算征税。

【例 10-3】 张某 2011 年 1 月份从某汽车有限公司购买一辆小汽车供自己使用,支付了含增值税税款在内的款项 234 000 元,另支付代收临时牌照费 800 元、代收保险费 1 000 元,支付购买工具件和零配件价款 4 000 元,车辆装饰费 1 300 元。所支付的款项均由该汽车有限公司开具“机动车销售统一发票”和有关票据。计算张某应纳车辆购置税。

计税依据 =(234 000 + 800 + 1 000 + 4 000 + 1 300) ÷(1 + 17%)= 206 068 元

应纳税额 = 206 068 × 10% = 20 606.8 元

（二）进口自用应税车辆应纳税额的计算

纳税人进口自用应税车辆应纳税额的计算公式为:

应纳税额 =(关税完税价格 + 关税 + 消费税)× 税率

（三）其他自用应税车辆应纳税额的计算

纳税人自产自用、受赠使用、获奖使用和以其他方式取得并自用应税车辆的,凡不能取得该型车辆的购置价格,或者低于最低计税价格的,以国家税务总局核定的最低计税价格为计税依据计算征收车辆购置税。

应纳税额 = 最低计税价格 × 税率

【例 10-4】 某客车制造厂将自产的一辆某型号的客车用于本厂后勤服务。该厂在办理车辆上牌落籍前,出具该车的发票,注明金额 70 000 元,并按此金额向主管税务机关申报纳税。经审核,国家税务总局对该车同类型车辆核定的最低计税价格为 90 000 元。计算该车应纳车辆购置税。

应纳税额 = 90 000 × 10% = 9 000 元

（四）特殊情形下自用应税车辆应纳税额的计算

1. 减税、免税条件消失车辆应纳税额的计算

对减税、免税条件消失的车辆,纳税人应按现行规定,在办理车辆过户手续前或者办理变更车辆登记注册手续前向税务机关缴纳车辆购置税。

应纳税额 = 同类型新车最低计税价格 × [1 − (已使用年限 ÷ 规定使用年限)] × 100% × 税率

2. 未按规定纳税车辆应补税额的计算

纳税人未按规定纳税的，应按现行政策规定的计税价格，区分情况分别确定征税。不能提供购车发票和有关购车证明资料的，检查地税务机关应按同类型应税车辆的最低计税价格征税；如果纳税人回落籍地后提供的购车发票金额与支付的价外费用之和高于核定的最低计税价格的，落籍地主管税务机关还应对其差额计算补税。

应纳税额 = 最低计税价格 × 税率

六、税收优惠

（一）车辆购置税减免税规定

我国车辆购置税实行法定减免，减免税范围的具体规定是：外国驻华使馆、领事馆和国际组织驻华机构及其外交人员自用车辆免税；中国人民解放军和中国人民武装警察部队列入军队武器装备订货计划的车辆免税；设有固定装置的非运输车辆免税；有国务院规定予以免税或者减税的其他情形的，按照规定免税或减税。

根据现行政策规定，上述"其他情形"的车辆，目前主要有以下几种：防汛部门和森林消防部门用于指挥、检查、调度、报汛（警）、联络的设有固定装置的指定型号的车辆；回国服务的留学人员用现汇购买的1辆自用国产小汽车；长期来华定居专家购买的1辆自用小汽车。

（二）车辆购置税的退税

纳税人已经缴纳车辆购置税但在办理车辆登记手续前，因下列原因需要办理退还车辆购置税的，由纳税人申请，征收机构审查后办理退还车辆购置税手续：公安机关车辆管理机构不予办理车辆登记注册手续的，凭公安机关车辆管理机构出具的证明办理退税手续；因质量等原因发生退回所购车辆的，凭经销商的退货证明办理退税手续。

七、征收管理

2006年1月1日我国开始试行《车辆购置税征收管理办法》，2011年进行了修订，自2012年1月1日起施行。

（一）纳税环节

车辆购置税的征税环节为使用环节，即最终消费环节。具体而言，纳税人应当在向公安机关等车辆管理机构办理车辆登记注册手续前，缴纳车辆购置税。

（二）纳税地点

纳税人购置应税车辆，应当向车辆登记注册地的主管税务机关申报纳税；购置不需办理车辆登记注册手续的应税车辆，应当向纳税人所在地主管税务机关申报纳税。车辆登记注册地是指车辆的上牌落籍地或落户地。

（三）纳税期限

纳税人购买自用的应税车辆，自购买之日起60日内申报纳税；进口自用的应税车辆,应当自进口之日起60日内申报纳税;自产、受赠、获奖和以其他方式取得并自用的应税车辆,应当自取得之日起60日内申报纳税。

这里的“购买之日”是指纳税人购车发票上注明的销售日期;“进口之日”是指纳税人报关进口的当天。

（四）车辆购置税的缴税管理

车辆购置税税款缴纳方法主要有以下几种:

1. 自报核缴

即由纳税人自行计算应纳税额、自行填报纳税申报表有关资料,向主管税务机关申报,经税务机关审核后,开具完税证明,由纳税人持完税凭证向当地金库或金库经收处缴纳税款。

2. 集中征收缴纳

它包括两种情况:一是由纳税人集中向税务机关统一申报纳税。它适用于实行集中购置应税车辆的单位缴纳和经批准实行代理制的经销商缴纳。二是由税务机关集中报缴税款。即在纳税人向实行集中征收的主管税务机关申报缴纳税款、税务机关开具完税凭证后,由税务机关填写汇总缴款书,将税款集中缴入当地金库或金库经收处。它适用于税源分散、税额较少、税务部门实行集中征收管理的地区。

3. 代征、代扣、代收

即扣缴义务人按税法规定代扣代缴、代收代缴税款,税务机关委托征收单位代征税款的征收方式。它适用于税务机关委托征收或纳税人依法受托征收税款。

八、车辆购置税账务处理

企业购买、进口、自产、受赠、获奖及以其他方式取得并自用的应税车辆应缴的车辆购置税,借记“固定资产”账户,贷记“应交税费——应交车辆购置税”账户。

根据【例10-4】的账务处理:

借:固定资产　　9 000

　贷:应交税费——应交车辆购置税　　9 000

第三节　耕地占用税会计

耕地占用税法是指国家制定的调整耕地占用税征收与缴纳之间权利及义务关系的法律规范。现行耕地占用税法的基本规范,是国务院于2007年12月1日重新颁布的《中华人民共和国耕地占用税暂行条例》。

一、耕地占用税特点

耕地占用税是对占用耕地建房或从事其他非农业建设的单位和个人,就其实际占用的耕地面积征收的一种税,它属于对特定土地资源占用课税。

耕地占用税作为一个出于特定目的、对特定的土地资源课征的税种，与其他税种相比，具有比较鲜明的特点，主要表现在：

1. 兼具资源税与特定行为税的性质

耕地占用税以占用农用耕地建房或从事其他非农用建设的行为为征税对象，以约束纳税人占用耕地的行为、促进土地资源的合理运用为课征目的，除具有资源占用税的属性外，还具有明显的特定行为税的特点。

2. 采用地区差别税率

耕地占用税采用地区差别税率，根据不同地区的具体情况，分别制定差别税额，以适应我国地域辽阔、各地区之间耕地质量差别较大、人均占有耕地面积相差悬殊的具体情况，具有因地制宜的特点。

3. 在占用耕地环节一次性课征

耕地占用税在纳税人获准占用耕地的环节征收，除对获准占用耕地后超过两年未使用者须加征耕地占用税外，此后不再征收耕地占用税。因而，耕地占用税具有一次性征收的特点。

4. 税收收入专用于耕地开发与改良

耕地占用税收入按规定应用于建立发展农业专项基金，主要用于开展宜耕土地开发和改良现有耕地之用，因此，具有"取之于地、用之于地"的补偿性特点。

二、纳税义务人

耕地占用税的纳税义务人，是占用耕地建房或从事非农业建设的单位和个人。

所称单位，包括国有企业、集体企业、私营企业、股份制企业、外商投资企业、外国企业以及其他企业和事业单位、社会团体、国家机关、军队以及其他单位；所称个人，包括个体工商户以及其他个人。

三、征税范围

耕地占用税的征税范围包括纳税人为建房或从事其他非农业建设而占用的国家所有和集体所有的耕地。

所谓"耕地"是指种植农业作物的土地，包括菜地、园地。其中，园地包括花圃、苗圃、茶园、果园、桑园和其他种植经济林木的土地。

占用鱼塘及其他农用土地建房或从事其他非农业建设，也视同占用耕地，必须依法征收耕地占用税。占用已开发从事种植、养殖的滩涂、草场、水面和林地等从事非农业建设，由省、自治区、直辖市本着有利于保护土地资源和生态平衡的原则，结合具体情况确定是否征收耕地占用税。

此外，在占用之前三年内属于上述范围的耕地或农用土地，也视为耕地。

四、应纳税额的计算

（一）计税依据

耕地占用税以纳税人占用耕地的面积为计税依据，以平方米为计量单位。

(二) 税率

考虑到我国不同地区之间客观条件的差别以及与此相关的税收调节力度和纳税人负担能力方面的差别,耕地占用税在税率设计上采用了地区差别定额税率。税率规定如下:

(1) 人均耕地不超过1亩的地区(以县级行政区域为单位,下同),每平方米为10—50元;

(2) 人均耕地超过1亩但不超过2亩的地区,每平方米为8—40元;

(3) 人均耕地超过2亩但不超过3亩的地区,每平方米为6—30元;

(4) 人均耕地超过3亩以上的地区,每平方米为5—25元。

经济特区、经济技术开发区和经济发达、人均耕地特别少的地区,适用税额可以适当提高,但最多不得超过上述规定税额的50%。

我国各省、自治区、直辖市耕地占用税平均税额如表10-1所示。

表10-1　省、自治区、直辖市耕地占用税平均税额

地　区	每平方米平均税额(元)
上海	45
北京	40
天津	35
江苏、浙江、福建、广东	30
辽宁、湖北、湖南	25
河北、安徽、江西、山东、河南、重庆、四川	22.5
广西、海南、贵州、云南、陕西	20
山西、吉林、黑龙江	17.5
内蒙古、西藏、甘肃、青海、宁夏、新疆	12.5

(三) 税额计算

耕地占用税以纳税人实际占用的耕地面积为计税依据,以每平方米土地为计税单位,按适用的定额税率计税。其计算公式为:

$$应纳税额 = 实际占用耕地面积(平方米) \times 适用定额税率$$

【例10-5】 假设某市一家企业新占用20 000平方米耕地用于工业建设,所占耕地适用的定额税率为25元/平方米。计算该企业应纳的耕地占用税。

应纳税额 = 20 000 × 25 = 500 000元

五、税收优惠

(一) 免征耕地占用税

军事设施占用耕地;学校、幼儿园、养老院、医院占用耕地。

（二）减征耕地占用税

1. 铁路线路、公路线路、飞机场跑道、停机坪、港口、航道占用耕地，减按每平方米2元的税额征收耕地占用税

根据实际需要，国务院财政、税务主管部门商国务院有关部门并报国务院批准后，可以对前款规定的情形免征或者减征耕地占用税。

2. 农村居民占用耕地新建住宅，按照当地适用税额减半征收耕地占用税

农村烈士家属、残疾军人以及革命老区、少数民族聚居区和边远贫困山区生活困难的农村居民，在规定用地标准以内新建住宅缴纳耕地占用税确有困难的，经所在地乡（镇）人民政府审核，报经县级人民政府批准后，可以免征或者减征耕地占用税。

免征或者减征耕地占用税后，纳税人改变原占地用途，不再属于免征或者减征耕地占用税情形的，应当按照当地适用税额补缴耕地占用税。

六、征收管理

耕地占用税由地方税务机关负责征收。土地管理部门在通知单位或者个人办理占用耕地手续时，应当同时通知耕地所在地同级地方税务机关。获准占用耕地的单位或者个人应当在收到土地管理部门的通知之日起30日内缴纳耕地占用税。土地管理部门凭耕地占用税完税凭证或者免税凭证和其他有关文件发放建设用地批准书。

纳税人临时占用耕地，应当依照本条例的规定缴纳耕地占用税。纳税人在批准临时占用耕地的期限内恢复所占用耕地原状的，全额退还已经缴纳的耕地占用税。

占用林地、牧草地、农田水利用地、养殖水面以及渔业水域滩涂等其他农用地建房或者从事非农业建设的，比照本条例的规定征收耕地占用税。建设直接为农业生产服务的生产设施占用前款规定的农用地的，不征收耕地占用税。

七、耕地占用税的账务处理

耕地占用税于占用耕地时一次性缴纳，由于占用耕地的目的不同，账务处理也不同。企业占用耕地用于工程建设，形成固定资产的，耕地占用税计入固定资产的成本中。其账务处理为：

计算缴纳的耕地占用税：

借：在建工程

　　贷：应交税费——应交耕地占用税

缴纳耕地占用税：

借：应交税费——应交耕地占用税

　　贷：银行存款

企业占用耕地不用于工程建设，没有形成固定资产价值的部分，如果企业处于筹建期，计入“长期待摊费用”账户，自企业开始生产经营的年度，由“长期待摊费用”账户转入“管理费用”账户。

改革探索

国家税务总局颁布了《国家税务总局关于修改〈车辆购置税征收管理办法〉的决定》（国家税务总局令第27号），并重新发布了修订后的《车辆购置税征收管理办法》，明确从2012年1月1日起，取消车辆购置税过户、转籍、变更业务，调整实地验车范围，减轻纳税人办税负担，并增加对免税条件消失车辆的监管。

新征管办法取消了车辆购置税过户、转籍、变更业务规定，车辆发生过户、转籍、变更等情况时，车主不用到税务机关办理车辆购置税过户、转籍、变更等手续。购置税过户、转籍、变更业务能起到促使免税条件消失应税车辆进行重新纳税申报的作用。取消车辆购置税过户、转籍、变更业务后，为加强对免税条件消失车辆的监管，新征管办法增加了第六条，规定"购买二手车时，购买者须向原车主索要《车辆购置税完税证明》。购买已经办理车辆购置税免税手续的二手车，购买者须到税务机关重新办理申报缴税或免税手续。"

新条款大大缩小了实地验车的范围。原征管办法规定，车辆购置税征管部门在为纳税人办理纳税申报手续时，应当对所有纳税申报车辆进行实地验车。修改后的新条款规定，车辆购置税征管部门在为纳税人办理纳税申报手续时，除设有固定装置的非运输车辆外，其他车辆不再进行实地验车。设有固定装置的非运输车辆属于减免税申报，仍有必要保留实地验车。调整车辆购置税实地验车业务，减小实地验车范围，在纳税申报环节进行有选择性的实地验车，可以减少纳税人办理车辆临时牌照的麻烦，以及解决由于实地验车所带来的交通拥堵和扰民问题，从而进一步减轻了纳税人的办税负担。

第十一章

财产行为税会计

第一节　房产税会计

房产税法是指国家制定的调整房产税征收与缴纳之间权利及义务关系的法律规范。现行房产税法的基本规范，是1986年9月15日国务院颁布的《中华人民共和国房产税暂行条例》(以下简称《房产税暂行条例》)。

一、房产税的特点

房产税具有如下特点：

1. 房产税属于财产税中的个别财产税

财产税按征收方式分类，可分为一般财产税与个别财产税。一般财产税也称综合财产税，是对纳税人拥有的财产综合课征的税收。个别财产税，也称特种财产税，是对纳税人所有的土地、房屋、资本或其他财产分别课征的税收。我国现行房产税属于个别财产税。

2. 征税范围限于城镇的经营性房屋

房产税的征税范围是在城市、县城、建制镇和工矿区，不涉及农村。另外，对某些拥有房屋但自身没有纳税能力的单位，如国家拨付行政经费、事业经费和国防经费的单位自用的房产，税法也通过免税的方式将这类房屋排除在征税范围之外。

3. 区别房屋的经营使用方式规定征税办法

拥有房屋的单位和个人，既可以自己使用房屋，又可以把房屋用于出租、出典。房产税根据纳税人经营形式不同，确定对房屋征税既可以按房产计税余值征收，又可以按租金收入征收，使其符合纳税人的经营特点，便于平衡税收负担和征收管理。

二、纳税义务人与征税范围

(一) 纳税义务人

房产税以在征税范围内的房屋产权所有人为纳税人。其中：

1. 产权属国家所有的，由经营管理单位纳税；产权属集体和个人所有的，由集体单位和个人纳税

所称单位，包括国有企业、集体企业、私营企业、股份制企业、外商投资企业、外国企业以及其他企业和事业单位、社会团体、国家机关、军队以及其他单位；所称个人，包括个体工商户以及其他个人。

2. 产权出典

产权出典的，由承典人依照房产余值缴纳房产税。所谓产权出典，是指产权所有人将房屋、生产资料等的产权，在一定期限内典当给他人使用，而取得资金的一种融资业务。这种业务大多发生于出典人急需用款，但又想保留产权回赎权的情况。承典人向出典人交付一定的典价之后，在质典期内即获抵押物品的支配权，并可转典。产权的典价一般要低于卖价。出典人在规定期间内须归还典价的本金和利息，方可赎回出典房屋等

的产权。由于在房屋出典期间,产权所有人已无权支配房屋,因此,税法规定由对房屋具有支配权的承典人为纳税人。

3. 产权所有人、承典人不在房屋所在地

产权所有人、承典人不在房屋所在地的,由房产代管人或者使用人纳税。

4. 产权未确定及租典纠纷未解决

产权未确定及租典纠纷未解决的,亦由房产代管人或者使用人纳税。所谓租典纠纷,是指产权所有人在房产出典和租赁关系上,与承典人、租赁人发生各种争议,特别是权利和义务的争议悬而未决的。此外还有一些产权归属不清的问题,也都属于租典纠纷。对租典纠纷尚未解决的房产,规定由代管人或使用人为纳税人,主要目的在于加强征收管理,保证房产税及时入库。

5. 无租使用其他单位房产

对出租房产,租赁双方签订的租赁合同约定有免收租金期限的,免收租金期间由产权所有人按照房产原值缴纳房产税。

自2009年1月1日起,外商投资企业、外国企业和组织以及外籍个人,依照《中华人民共和国房产税暂行条例》缴纳房产税。

(二) 征税对象

房产税的征税对象是房产。

思考与提示

【思考】加油罩棚征收房产税吗?

【提示】所谓房产,是指有屋面和围护结构(有墙或两边有柱),能够遮风避雨,可供人们在其中生产、学习、工作、娱乐、居住或贮藏物资的场所,加油罩棚不符合房产规定,不征房产税。

(三) 征税范围

房产税的征税范围为:城市、县城、建制镇和工矿区。

城市是指国务院批准设立的市;县城是指县人民政府所在地的地区;建制镇是指经省、自治区、直辖市人民政府批准设立的建制镇;工矿区是指工商业比较发达、人口比较集中、符合国务院规定的建制镇标准但尚未设立建制镇的大中型工矿企业所在地。开征房产税的工矿区须经省、自治区、直辖市人民政府批准。

房产税的征税范围不包括农村,这主要是为了减轻农民的负担。因为农村的房屋,除农副业生产用房外,大部分是农民居住用房。对农村房屋不纳入房产税征税范围,有利于农业发展,繁荣农村经济,有利于社会稳定。

三、计税依据与税率

(一) 计税依据

房产税的计税依据是房产的计税价值或房产的租金收入。按照房产计税价值计征的,称为从价计征;按照房产租金收入计征的,称为从租计征。

1. 从价计征

《房产税暂行条例》规定，房产税依照房产原值一次减除10%—30%后的余值计算缴纳。各地扣除比例由当地省、自治区、直辖市人民政府确定。

房产原值是指纳税人按照会计制度规定，在账簿"固定资产"科目中记载的房屋原价。因此，凡按会计制度规定在账簿中记载有房屋原价的，应以房屋原价按规定减除一定比例后作为房产余值计征房产税；没有记载房屋原价的，按照上述原则，并参照同类房屋确定房产原值，按规定计征房产税。

自2009年1月1日起，对依照房产原值计税的房产，不论是否记载在会计账簿"固定资产"科目中，均应按照房屋原价计算缴纳房产税。房屋原价应根据国家有关会计制度规定进行核算。对纳税人未按国家会计制度规定核算并记载的，应按规定予以调整或重新评估。

思考与提示

【思考】房屋原值中是否应包含所占用的土地的成本？

【提示】财税【2010】121号文件对此作了明确规定：对按照房产原值计税的房产，无论会计上如何核算，房产原值均应包含地价，包括为取得土地使用权支付的价款、开发土地发生的成本费用等。宗地容积率低于0.5的，按房产建筑面积的2倍计算土地面积并据此确定计入房产原值的地价。

思考与提示

【思考】企业房屋原值中是否包括电梯、监控设备的成本？

【提示】从2006年1月1日起，房屋附属设备和配套设施计征房产税按以下规定执行：凡以房屋为载体，不可随意移动的附属设备和配套设施，如给排水、采暖、消防、中央空调、电气及智能化楼宇设备等，无论在会计核算中是否单独记账与核算，都应计入房产原值，计征房产税。对于更换房屋附属设备和配套设施的，在将其价值计入房产原值时，可扣减原来相应设备和设施的价值；对附属设备和配套设施中易损坏、需要经常更换的零配件，更新后不再计入房产原值。属于房屋附属设备的水管、下水道、暖气管、煤气管等应从最近的探视井或三通管起，计算原值；电灯网、照明线从进线盒连接管起，计算原值。

纳税人对原有房屋进行改建、扩建的，要相应增加房屋的原值。房产余值是房产的原值减除规定比例后的剩余价值。

此外，还应注意以下问题：

第一，对投资联营的房产，在计征房产税时应予以区别对待。对于以房产投资联营、投资者参与投资利润分红、共担风险的，按房产余值作为计税依据计征房产税；对于以房产投资、收取固定收入、不承担联营风险的，实际是以联营名义取得房产租金，应根据《房产税暂行条例》的有关规定由出租方按租金收入计缴房产税。

第二，自2009年12月1日起，融资租赁的房产，由承租人自融资租赁合同约定开始日的次月起依照房产余值缴纳房产税。合同未约定开始日的，由承租人自合同签订的次月起依照房产余值缴纳房产税。

2. 从租计征

《房产税暂行条例》规定，房产出租的，以房产租金收入为房产税的计税依据。

所谓房产的租金收入，是指房屋产权所有人出租房产使用权所得的报酬，包括货币收入和实物收入。

如果是以劳务或者其他形式为报酬抵付房租收入的，应根据当地同类房产的租金水平，确定一个标准租金额从租计征。

纳税人对个人出租房屋的租金收入申报不实或申报数与同一地段同类房屋的租金收入相比明显不合理的，税务部门可以按照《税收征收管理法》的有关规定，采取科学合理的方法核定其应纳税款。具体办法由各省、自治区、直辖市地方税务机关结合当地实际情况制定。

（二）税率

我国现行房产税采用的是比例税率。由于房产税的计税依据分为从价计征和从租计征两种形式，所以房产税的税率也有两种：一种是按房产原值一次减除10%—30%后的余值计征的，税率为1.2%；另一种是按房产出租的租金收入计征的，税率为12%。从2001年1月1日起，对个人按市场价格出租的居民住房，用于居住的，可暂减按4%的税率征收房产税。

四、应纳税额的计算

房产税的计税依据有两种，与之相适应的应纳税额计算也分为两种：一是从价计征的计算；二是从租计征的计算。

（一）从价计征的计算

从价计征是按房产的原值减除一定比例后的余值计征，其计算公式为：

$$应纳税额=应税房产原值\times(1-扣除比例)\times1.2\%$$

如前所述，房产原值是“固定资产”科目中记载的房屋原价；减除一定比例是省、自治区、直辖市人民政府规定的10%—30%的减除比例；计征的适用税率为1.2%。

【例11-1】 某企业的经营用房原值为100 000元，按照当地规定允许减除30%后的余值计税，适用税率为1.2%，计算其应纳房产税税额。

应纳税额 $=100\,000\times(1-30\%)\times1.2\%=840$ 元

（二）从租计征的计算

从租计征是按房产的租金收入计征，其计算公式为：

$$应纳税额=租金收入\times12\%$$

【例 11-2】　某公司出租房屋，年租金收入为 30 000 元，适用税率为 12%，计算其应纳房产税税额。

应纳税额 = 30 000 × 12% = 3 600 元

五、税收优惠

房产税的税收优惠是根据国家政策需要和纳税人的负担能力制定的。由于房产税属地方税，因此给予地方一定的减免权限，有利于地方因地制宜处理问题。

目前，房产税的税收优惠政策主要有：

第一，国家机关、人民团体、军队自用的房产，免征房产税。

但上述免税单位的出租房产以及非自身业务使用的生产、营业用房，不属于免税范围。

第二，由国家财政部门拨付事业经费的单位，如学校、医疗卫生单位、托儿所、幼儿园、敬老院，以及文化、体育、艺术等实行全额或差额预算管理的事业单位所有的，本身业务范围内使用的房产，免征房产税。

第三，宗教寺庙、公园、名胜古迹自用的房产，免征房产税。

宗教寺庙自用的房产，是指举行宗教仪式等的房屋和宗教人员使用的生活用房屋。公园、名胜古迹自用的房产，是指供公众参观游览的房屋及其管理单位的办公用房屋。宗教寺庙、公园、名胜古迹中附设的营业单位，如影剧院、饮食部、茶社、照相馆等使用的房产及出租的房产，不属于免税范围，应照章纳税。

第四，个人所有非营业用的房产，免征房产税。

个人所有的非营业用房，主要是指居民住房，不分面积多少，一律免征房产税。对个人拥有的营业用房或者出租的房产，不属于免税房产，应照章纳税。

第五，对行使国家行政管理职能的中国人民银行总行（含国家外汇管理局）所属分支机构自用的房产，免征房产税。

经财政部批准免税的其他房产（这类免税房产，情况特殊，范围较小，是根据实际情况确定的），主要有：

（1）损坏不堪使用的房屋和危险房屋，经有关部门鉴定，在停止使用后，可免征房产税。

（2）纳税人因房屋大修导致连续停用半年以上的，在房屋大修期间免征房产税，免征税额由纳税人在申报缴纳房产税时自行计算扣除，并在申报表附表或备注栏中作相应说明。

纳税人房屋大修停用半年以上需要免征房产税的，应在房屋大修前向主管税务机关报送相关的证明材料，包括大修房屋的名称、坐落地点、产权证编号、房产原值、用途、房屋大修的原因、大修合同及大修的起止时间等信息和资料，以备税务机关查验。具体报送材料由各省、自治区、直辖市和计划单列市地方税务局确定。

（3）在基建工地为基建工地服务的各种工棚、材料棚、休息棚和办公室、食堂、茶炉房、汽车房等临时性房屋，在施工期间，一律免征房产税。但工程结束后，施工企业将这种临时性房屋交还或估价转让给基建单位的,应从基建单位接收的次月起,照章纳税。

(4) 从1988年1月1日起,对房管部门经租的居民住房,在房租调整改革之前收取租金偏低的,可暂缓征收房产税。对房管部门经租的其他非营业用房,是否给予照顾,由各省、自治区、直辖市根据当地具体情况按税收管理体制的规定办理。

第五,对高校后勤实体,免征房产税。

第六,对非营利性医疗机构、疾病控制机构和妇幼保健机构等卫生机构自用的房产,免征房产税。

第七,老年服务机构自用的房产,免征房产税。

老年服务机构是指专门为老年人提供生活照料、文化、护理、健身等多方面服务的福利性、非营利性的机构,主要包括:老年社会福利院、敬老院(养老院)、老年服务中心、老年公寓(含老年护理院、康复中心、托老所)等。

第八,自2006年1月1日起至2011年12月31日,对为高校学生提供住宿服务并按高教系统收费标准收取租金的学生公寓,免征房产税;对从原高校后勤管理部门剥离出来而成立的进行独立核算并有法人资格的高校后勤经济实体自用的房产,免征房产税。

六、征收管理

(一) 纳税义务发生时间

第一,纳税人将原有房产用于生产经营,从生产经营之月起缴纳房产税。

第二,纳税人自行新建房屋用于生产经营,从建成之次月起缴纳房产税。

第三,纳税人委托施工企业建设的房屋,从办理验收手续之次月起缴纳房产税。

第四,纳税人购置新建商品房,自房屋交付使用之次月起缴纳房产税。

第五,纳税人购置存量房,自办理房屋权属转移、变更登记手续,房地产权属登记机关签发房屋权属证书之次月起,缴纳房产税。

第六,纳税人出租、出借房产,自交付出租、出借房产之次月起缴纳房产税。

第七,房地产开发企业自用、出租、出借本企业建造的商品房,自房屋使用或交付之次月起缴纳房产税。

自2009年1月1日起,纳税人因房产的实物或权利状态发生变化而依法终止房产税纳税义务的,其应纳税款的计算应截止到房产的实物或权利状态发生变化的当月末。

(二) 纳税期限

房产税实行按年计算、分期缴纳的征收方法,具体纳税期限由省、自治区、直辖市人民政府确定。

(三) 纳税地点

房产税在房产所在地缴纳。房产不在同一地方的纳税人,应按房产的坐落地点分别向房产所在地的税务机关纳税。

七、房产税的账务处理

企业经营自用的房产，按规定计算缴纳的房产税，借记“管理费用”账户，贷记“应交税费——应交房产税”账户。

根据【例 11-1】如果企业是按季度缴纳房产税，每个季度末的账务处理：

借：管理费用　　210

　贷：应交税费——应交房产税　　210

企业出租的房产，按规定计算缴纳的房产税，借记“其他业务成本”账户，贷记“应交税费——应交房产税”账户。

根据【例 11-2】企业作以下账务处理：

借：其他业务成本　　3 600

　贷：应交税费——应交房产税　　3 600

第二节　车船税会计

车船税法是指国家制定的用以调整车船税征收与缴纳权利及义务关系的法律规范，《中华人民共和国车船税法》由中华人民共和国第十一届全国人民代表大会常务委员会第十九次会议于 2011 年 2 月 25 日通过，自 2012 年 1 月 1 日起施行。

一、纳税义务人

在中华人民共和国境内属于《车船税税目税额表》规定的车辆、船舶（以下简称车船）的所有人或者管理人，为车船税的纳税人。

二、征税范围

车辆、船舶，是指依法应当在车船登记管理部门登记的机动车辆和船舶，以及依法不需要在车船登记管理部门登记的在单位内部场所行驶或者作业的机动车辆和船舶。

三、税目与税率

车船税实行定额税率，也称固定税额，是税率的一种特殊形式。定额税率计算简便，适用于从量计征的税种。

车辆、船舶的具体适用税额由省、自治区、直辖市人民政府依照车船税法所附《车船税税目税额表》（见表 11-1）规定的税额幅度和国务院的规定确定。

省、自治区、直辖市人民政府根据车船税法所附《车船税税目税额表》确定车辆具体适用税额，应当遵循以下原则：乘用车依排气量从小到大递增税额；客车按照核定载客人数 20 人以下和 20 人（含）以上两档划分，递增税额。省、自治区、直辖市人民政府确定的车辆具体适用税额，应当报国务院备案。

表 11-1　车船税税目税额表

税目		计税单位	年基准税额	备注
乘用车〔按发动机汽缸容量(排气量)分档〕	1.0升(含)以下的	每辆	60元至360元	核定载客人数9人(含)以下
	1.0升以上至1.6升(含)的		300元至540元	
	1.6升以上至2.0升(含)的		360元至660元	
	2.0升以上至2.5升(含)的		660元至1 200元	
	2.5升以上至3.0升(含)的		1 200元至2 400元	
	3.0升以上至4.0升(含)的		2 400元至3 600元	
	4.0升以上的		3 600元至5 400元	
商用车	客车	每辆	480元至1 440元	核定载客人数9人以上,包括电车
	货车	整备质量每吨	16元至120元	包括半挂牵引车、三轮汽车和低速载货汽车等
挂车		整备质量每吨	按照货车税额的50%计算	
其他车辆	专用作业车	整备质量每吨	16元至120元	不包括拖拉机
	轮式专用机械车		16元至120元	
摩托车		每辆	36元至180元	
船舶	机动船舶	净吨位每吨	3元至6元	拖船、非机动驳船分别按照机动船舶税额的50%计算
	游艇	艇身长度每米	600元至2 000元	

(一) 乘用车

乘用车,是指在设计和技术特性上主要用于载运乘客及随身行李,核定载客人数包括驾驶员在内不超过9人的汽车。

(二) 商用车

商用车,是指除乘用车外,在设计和技术特性上用于载运乘客、货物的汽车,划分为客车和货车。

货车又分为半挂牵引车、三轮汽车和低速载货汽车。

半挂牵引车,是指装备有特殊装置用于牵引半挂车的商用车。三轮汽车,是指最高设计车速不超过每小时50公里,具有三个车轮的货车。低速载货汽车,是指以柴油机为动力,最高设计车速不超过每小时70公里,具有四个车轮的货车。

(三) 挂车

挂车,是指在其设计和技术特性上需由汽车或者拖拉机牵引,才能正常使用的一种无动力的道路车辆。

（四）其他车辆

专用作业车，是指在其设计和技术特性上用于特殊工作的车辆。

轮式专用机械车，是指有特殊结构和专门功能，装有橡胶车轮可以自行行驶，最高设计车速大于每小时20公里的轮式工程机械车。

（五）摩托车

摩托车，是指无论采用何种驱动方式，最高设计车速大于每小时50公里，或者使用内燃机，其排量大于50毫升的两轮或者三轮车辆。

（六）船舶

船舶，是指各类机动、非机动船舶以及其他水上移动装置，但是船舶上装备的救生艇筏和长度小于5米的艇筏除外。其中，机动船舶是指用机器推进的船舶；拖船是指专门用于拖（推）动运输船舶的专业作业船舶；非机动驳船，是指在船舶登记管理部门登记为驳船的非机动船舶；游艇是指具备内置机械推进动力装置，长度在90米以下，主要用于游览观光、休闲娱乐、水上体育运动等活动，并应当具有船舶检验证书和适航证书的船舶。

1. 机动船舶具体适用税额

净吨位不超过200吨的，每吨3元；净吨位超过200吨但不超过2 000吨的，每吨4元；净吨位超过2 000吨但不超过10 000吨的，每吨5元；净吨位超过10 000吨的，每吨6元。

拖船按照发动机功率每1千瓦折合净吨位0.67吨计算征收车船税。

2. 游艇具体适用税额

艇身长度不超过10米的，每米600元；艇身长度超过10米但不超过18米的，每米900元；艇身长度超过18米但不超过30米的，每米1 300元；艇身长度超过30米的，每米2 000元。

辅助动力帆艇，每米600元。

游艇所涉及的排气量、整备质量、核定载客人数、净吨位、千瓦、艇身长度，以车船登记管理部门核发的车船登记证书或者行驶证所载数据为准。

依法不需要办理登记的车船和依法应当登记而未办理登记或者不能提供车船登记证书、行驶证的车船，以车船出厂合格证明或者进口凭证标注的技术参数、数据为准；不能提供车船出厂合格证明或者进口凭证的，由主管税务机关参照国家相关标准核定，没有国家相关标准的参照同类车船核定。

四、应纳税额的计算

【例11-3】 某运输公司有排气量1.6升的乘用车4辆，每辆年税额360元；客车2辆，每辆年税额600元；货车50辆，整备质量每辆10吨，每吨年税额80元。计算该公司全年应纳车船税。

全年应纳车船税 $=360\times4+600\times2+80\times10\times50=42\ 640$ 元

五、税收优惠

下述车船可以享受税收优惠：

（1）捕捞、养殖渔船，是指在渔业船舶登记管理部门登记为捕捞船或者养殖船的船舶，免征车船税。

（2）军队、武装警察部队专用的车船，是指按照规定在军队、武装警察部队车船登记管理部门登记，并领取军队、武警牌照的车船，免征车船税。

（3）警用车船，是指公安机关、国家安全机关、监狱、劳动教养管理机关和人民法院、人民检察院领取警用牌照的车辆和执行警务的专用船舶，免征车船税。

（4）依照法律规定应当予以免税的外国驻华使领馆、国际组织驻华代表机构及其有关人员的车船。

（5）对节约能源、使用新能源的车船可以减征或者免征车船税。免征或者减半征收车船税的车船的范围，由国务院财政、税务主管部门商国务院有关部门制定，报国务院批准。

（6）对受严重自然灾害影响纳税困难以及有其他特殊原因确需减税、免税的，可以减征或者免征车船税。具体办法由国务院规定，并报全国人民代表大会常务委员会备案。对受地震、洪涝等严重自然灾害影响纳税困难以及其他特殊原因确需减免税的车船，可以在一定期限内减征或者免征车船税。具体减免期限和数额由省、自治区、直辖市人民政府确定，报国务院备案。

（7）省、自治区、直辖市人民政府根据当地实际情况，可以对公共交通车船，农村居民拥有并主要在农村地区使用的摩托车、三轮汽车和低速载货汽车定期减征或者免征车船税。

六、征收管理

（一）纳税期限

车船税纳税义务发生时间为取得车船所有权或者管理权的当月。车船所有权或者管理权的当月，应当以购买车船的发票或者其他证明文件所载日期的当月为准。

购置的新车船，购置当年的应纳税额自纳税义务发生的当月起按月计算。应纳税额为年应纳税额除以12再乘以应纳税月份数。

车船税按年申报缴纳。具体申报纳税期限由省、自治区、直辖市人民政府规定。

（二）纳税地点

车船税由地方税务机关负责征收，车船税的纳税地点为车船的登记地或者车船税扣缴义务人所在地。依法不需要办理登记的车船，车船税的纳税地点为车船的所有人或者管理人所在地。

（三）纳税申报

（1）从事机动车第三者责任强制保险业务的保险机构为机动车车船税的扣缴义务人，应当在收取保险费时依法代收车船税，并出具代收税款凭证。

机动车车船税扣缴义务人在代收车船税时，应当在机动车交通事故责任强制保险的保险单以及保费发票上注明已收税款的信息，作为代收税款凭证。扣缴义务人已代收代缴车船税的，纳税人不再向车辆登记地的主管税务机关申报缴纳车船税。

（2）纳税人没有按照规定期限缴纳车船税的，扣缴义务人在代收代缴税款时，可以一并代收代缴欠缴税款的滞纳金。扣缴义务人应当及时解缴代收代缴的税款和滞纳金，并向主管税务机关申报。扣缴义务人向税务机关解缴税款和滞纳金时，应当同时报送明细的税款和滞纳金扣缴报告。扣缴义务人解缴税款和滞纳金的具体期限，由省、自治区、直辖市地方税务机关依照法律、行政法规的规定确定。

（3）没有扣缴义务人的，纳税人应当向主管税务机关自行申报缴纳车船税。

（4）已完税或者依法减免税的车辆，纳税人应当向扣缴义务人提供登记地的主管税务机关出具的完税凭证或者减免税证明。

（5）纳税人缴纳车船税时，应当提供反映排气量、整备质量、核定载客人数、净吨位、千瓦、艇身长度等与纳税相关信息的相应凭证以及税务机关根据实际需要要求提供的其他资料。纳税人以前年度已经提供前款所列资料信息的，可以不再提供。

车船税的纳税人按照纳税地点所在的省、自治区、直辖市人民政府确定的具体适用税额缴纳车船税。

车船税按年申报，分月计算，一次性缴纳。纳税年度为公历1月1日至12月31日。

（四）其他管理规定

（1）公安、交通运输、农业、渔业等车船登记管理部门、船舶检验机构和车船税扣缴义务人的行业主管部门应当在提供车船有关信息等方面，协助税务机关加强车船税的征收管理。

（2）车辆所有人或者管理人在申请办理车辆相关登记、定期检验手续时，应当向公安机关交通管理部门提交依法纳税或者免税证明。公安机关交通管理部门核查后办理相关手续。

（3）在一个纳税年度内，已完税的车船被盗抢、报废、灭失的，纳税人可以凭有关管理机关出具的证明和完税凭证，向纳税所在地的主管税务机关申请退还自被盗抢、报废、灭失月份起至该纳税年度终了期间的税款。

已办理退税的被盗抢车船失而复得的，纳税人应当从公安机关出具相关证明的当月起计算缴纳车船税。

（4）已缴纳车船税的车船在同一纳税年度内办理转让过户的，不另纳税，也不退税。

（5）税务机关可以在车船登记管理部门、车船检验机构的办公场所集中办理车船税征收事宜。

公安机关交通管理部门在办理车辆相关登记和定期检验手续时，经核查，对没有提供依法纳税或者免税证明的，不予办理相关手续。

七、车船税的账务处理

企业按规定计算应缴纳的车船税时，借记“管理费用”账户，贷记“应交税费——应交车船税”账户。

根据【例11-3】，企业的账务处理为：

借:管理费用 42 640
　　贷:应交税费——应交车船税 42 640

缴纳车船税:

借:应交税费——应交车船税 42 640
　　贷:银行存款 42 640

第三节　印花税会计

印花税法是指国家制定的用以调整印花税征收与缴纳之间权利及义务关系的法律规范。现行印花税法的基本规范,是1988年8月6日国务院发布并于同年10月1日实施的《中华人民共和国印花税暂行条例》。

一、印花税法的特点

印花税是以经济活动和经济交往中书立、领受应税凭证的行为为征税对象征收的一种税。印花税因其采用在应税凭证上粘贴印花税票的方法缴纳税款而得名。印花税具有如下特点:

1. 征税范围广

印花税的征税对象是经济活动和经济交往中书立、领受应税凭证的行为,其征税范围十分广泛,主要表现在两个方面:一是涉及的应税行为广泛,包括书立和领受应税凭证的行为,这些行为在经济生活中是经常发生的;二是涉及的应税凭证范围广泛,包括各类经济合同、营业账簿、权利许可证照等,这些凭证在经济生活中被广泛地使用着。

2. 税负从轻

印花税税负较轻,主要表现在其税率或税额明显低于其他税种,最低比例税率为应税凭证所载金额的万分之零点五,一般都为万分之几或千分之几;定额税率是指每件应税凭证征收5元。

3. 自行贴花纳税

印花税的纳税方法完全不同于其他税种,它采取纳税人自行计算应纳税额、自行购买印花税票、自行贴花、自行在每枚税票的骑缝处盖戳注销或划销的纳税方法。

4. 多缴不退不抵

印花税条例规定,凡多贴印花税票者,不得申请退税或者抵用。这与其他税种多缴税款可以申请退税或抵缴的规定也不相同。

二、纳税义务人

印花税的纳税义务人,是在中国境内书立、使用、领受印花税法所列举的凭证并应依法履行纳税义务的单位和个人。所称单位和个人,是指国内各类企业、事业、机关、团体、部队以及中外合资企业、合作企业、外资企业、外国公司和其他经济组织及其在华机构等单位和个人。

上述单位和个人,按照书立、使用、领受应税凭证的不同,可以分别确定为立合同人、立据人、立账簿人、领受人和使用人五种。

(一) 立合同人

是指合同的当事人。所称当事人,是指对凭证有直接权利义务关系的单位和个人,但不包括合同的担保人、证人、鉴定人。各类合同的纳税人是立合同人。各类合同,包括购销、加工承揽、建设工程承包、财产租赁、货物运输、仓储保管、借款、财产保险、技术合同或者具有合同性质的凭证。

所称合同,是指根据原《中华人民共和国经济合同法》、《中华人民共和国涉外经济合同法》和其他有关合同法规订立的合同。所称具有合同性质的凭证,是指具有合同效力的协议、契约、合约、单据、确认书及其他各种名称的凭证。

当事人的代理人有代理纳税的义务,他与纳税人负有同等的税收法律义务和责任。

(二) 立据人

是指土地、房屋权属转移过程中买卖双方的当事人。产权转移书据的纳税人是立据人。

(三) 立账簿人

营业账簿的纳税人是立账簿人。所称立账簿人,是指设立并使用营业账簿的单位和个人。例如,企业单位因生产、经营需要,设立了营业账簿,该企业即为纳税人。

(四) 领受人

权利、许可证照的纳税人是领受人。领受人,是指领取或接受并持有该项凭证的单位和个人。

(五) 使用人

在国外书立、领受,但在国内使用的应税凭证,其纳税人是使用人。

(六) 各类电子应税凭证的签订人

即以电子形式签订的各类应税凭证的当事人。

值得注意的是,对应税凭证,凡由两方或两方以上当事人共同书立的,其当事人各方都是印花税的纳税人,应各就其所持凭证的计税金额履行纳税义务。

三、税目与税率

(一) 税目

印花税的税目,指印花税法明确规定的应当纳税的项目。它具体划定了印花税的征税范围,印花税共有 13 个税目。

思考与提示

【思考】企业是否签订所有的合同都要缴纳印花税?

【提示】并不是企业签订的所有合同都要缴纳印花税,一般来说,列入税目的就要征税,未列入税目的就不要征税。

1. 购销合同

包括供应、预购、采购、购销结合及协作、调剂、补偿、贸易等合同。此外,还包括出版单位与发行单位之间订立的图书、报纸、期刊和音像制品的应税凭证,例如订购单、订数单等;发电厂与电网之间、电网与电网之间(国家电网公司系统、南方电网公司系统内部各级电网互供电量除外)签订的购售电合同。但是,电网与用户之间签订的供用电合同不属于印花税列举征税的凭证,不征收印花税。

2. 加工承揽合同

包括加工、定做、修缮、修理、印刷、广告、测绘、测试等合同。

3. 建设工程勘察设计合同

包括勘察、设计合同。

4. 建筑安装工程承包合同

包括建筑、安装工程承包合同。承包合同,包括总承包合同、分包合同和转包合同。

5. 财产租赁合同

包括租赁房屋、船舶、飞机、机动车辆、机械、器具、设备等合同,还包括企业、个人出租门店、柜台等签订的合同。

6. 货物运输合同

包括民用航空、铁路运输、海上运输、公路运输和联运合同,以及作为合同使用的单据。

7. 仓储保管合同

包括仓储、保管合同,以及作为合同使用的仓单、栈单等。

8. 借款合同

思考与提示

【思考】企业与企业、企业与个人之间签订的借款合同是否缴纳印花税?

【提示】并不是所有的借款合同都缴纳印花税,只有银行及其他金融机构与借款人(不包括银行同业拆借)所签订的合同,以及只填开借据并作为合同使用、取得银行借款的借据才需要缴纳印花税。

银行及其他金融机构经营的融资租赁业务,是一种以融物方式达到融资目的的业务,实际上是分期偿还的固定资金借款,因此融资租赁合同也属于借款合同。

9. 财产保险合同

包括财产、责任、保证、信用保险合同,以及作为合同使用的单据。财产保险合同,分为企业财产保险、机动车辆保险、货物运输保险、家庭财产保险和农牧业保险五大类。"家庭财产两全保险"属于家庭财产保险性质,其合同在财产保险合同之列,应照章纳税。

10. 技术合同

包括技术开发、转让、咨询、服务等合同,以及作为合同使用的单据。技术转让合同,包括专利申请权转让、专利实施许可和非专利技术转让。技术咨询合同,是当事人就有关项目的分析、论证、预测和调查订立的技术合同。但一般的法律、会计、审计等方面的咨询不属于技术咨询,其所立合同不贴印花。技术服务合同,是当事人一方委托另一方就解决有关特定技术问题,如为改进产品结构、改良工艺流程、提高产品质量、降低产品成本、保护资源环境、实现安全操作、提高经济效益等提出实施方案,进行实施指导所订立的技术合同。它包括技术服务合同、技术培训合同和技术中介合同,但不包括以常规手段或者为生产经营目的进行一般加工、修理、修缮、广告、印刷、测绘、标准化测试,以及勘察、设计等所书立的合同。

11. 产权转移书据

包括财产所有权和版权、商标专用权、专利权、专有技术使用权等转移书据和土地使用权出让合同、土地使用权转让合同、商品房销售合同等权力转移合同。

所称产权转移书据,是指单位和个人产权的买卖、继承、赠与、交换、分割等所立的书据。"财产所有权"转移书据的征税范围,是指经政府管理机关登记注册的动产、不动产的所有权转移所立的书据,以及企业股权转让所立的书据,并包括个人无偿赠送不动产所签订的《个人无偿赠与不动产登记表》。当纳税人完税后,税务机关(或其他征收机关)应在纳税人印花税完税凭证上加盖"个人无偿赠与"印章。

12. 营业账簿

是指单位或者个人记载生产经营活动的财务会计核算账簿。营业账簿按其反映内容的不同,可分为记载资金的账簿和其他账簿。

记载资金的账簿,是指反映生产经营单位资本金数额增减变化的账簿。其他账簿,是指除上述账簿以外的有关其他生产经营活动内容的账簿,包括日记账簿和各明细分类账簿。

13. 权利、许可证照

包括政府部门发给的房屋产权证、工商营业执照、商标注册证、专利证、土地使用证。

(二) 税率

印花税的税率有两种形式,即比例税率和定额税率。

1. 比例税率

印花税的比例税率分为4个档次,分别是0.05‰、0.3‰、0.5‰、1‰。

(1) 适用0.05‰税率的是"借款合同";

(2) 适用0.3‰税率的是"购销合同"、"建筑安装工程承包合同"、"技术合同";

(3) 适用0.5‰税率的是"加工承揽合同"、"建筑工程勘察设计合同"、"货物运输合同"、"产权转移书据"、"营业账簿"税目中记载资金的账簿;

(4) 适用1‰税率的为"财产租赁合同"、"仓储保管合同"、"财产保险合同"。"股权转让书据"适用1‰税率,包括A股和B股。

2. 定额税率

在印花税的13个税目中,"权利、许可证照"和"营业账簿"税目中的其他账簿,适用定额税率,均为按件贴花,税额为5元。

印花税税目、税率表如表11-2所示。

表 11-2　印花税税目、税率表

税目	范围	税率	纳税人	说明
1. 购销合同	包括供应、预购、采购、购销结合及协作、调剂、补偿、易货等合同	按购销金额 0.3‰贴花	立合同人	
2. 加工承揽合同	包括加工、定做、修缮、修理、印刷、广告、测绘、测试等合同	按加工或承揽收入 0.5‰贴花	立合同人	
3. 建设工程勘察设计合同	包括勘察、设计合同	按收取费用 0.5‰贴花	立合同人	
4. 建筑安装工程承包合同	包括建筑、安装工程承包合同	按承包金额 0.3‰贴花	立合同人	
5. 财产租赁合同	包括租赁房屋、船舶、飞机、机动车辆、机械、器具、设备等合同	按租赁金额 1‰贴花，税额不足 1 元按 1 元贴花	立合同人	
6. 货物运输合同	包括民用航空运输、铁路运输、海上运输、内河运输、公路运输和联运合同	按运输收取的费用 0.5‰贴花	立合同人	单据作为合同使用的，按合同贴花
7. 仓储保管合同	包括仓储、保管合同	按仓储收取的保管费用 1‰贴花	立合同人	仓单或栈单作为合同使用的，按合同贴花
8. 借款合同	银行及其他金融组织和借款人（不包括银行同业拆借）所签订的借款合同	按借款金额 0.05‰贴花	立合同人	单据作为合同使用的，按合同贴花
9. 财产保险合同	包括财产、责任、保证、信用等保险合同	按收取的保险费收入 1‰贴花	立合同人	单据作为合同使用的，按合同贴花
10. 技术合同	包括技术开发、转让、咨询、服务等合同	按所记载金额 0.3‰贴花	立合同人	
11. 产权转移书据	包括财产所有权和版权、商标专用权、专利权、专有技术使用权等转移书据和土地使用权出让合同、土地使用权转让合同、商品房销售合同	按所记载金额 0.5‰贴花	立据人	

（续表）

税　目	范　围	税　率	纳税人	说　明
12. 营业账簿	生产、经营用账册	记载资金的账簿，按实收资本和资本公积的合计金额0.5‰贴花；其他账簿按件贴花5元	立账簿人	
13. 权利、许可证照	包括政府部门发给的房屋产权证、工商营业执照、商标注册证、专利证、土地使用证	按件贴花5元	领受人	

四、应纳税额的计算

（一）计税依据的一般规定

印花税的计税依据为各种应税凭证上所记载的计税金额。具体规定为：

（1）购销合同的计税依据为合同记载的购销金额。

（2）加工承揽合同的计税依据是加工或承揽收入的金额。具体规定如下：对于由受托方提供原材料的加工、定做合同，凡在合同中分别记载加工费金额和原材料金额的，应分别按"加工承揽合同"、"购销合同"计税，两项税额相加数，即为合同应贴印花；若合同中未分别记载，则应就全部金额依照加工承揽合同计税贴花。对于由委托方提供主要材料或原料，受托方只提供辅助材料的加工合同，无论加工费和辅助材料金额是否分别记载，均以辅助材料与加工费的合计数，依照加工承揽合同计税贴花。对委托方提供的主要材料或原料金额不计税贴花。

（3）建设工程勘察设计合同的计税依据为收取的费用。

（4）建筑安装工程承包合同的计税依据为承包金额。

（5）财产租赁合同的计税依据为租赁金额；经计算，税额不足1元的，按1元贴花。

（6）货物运输合同的计税依据为取得的运输费金额（即运费收入），不包括所运货物的金额、装卸费和保险费等。

（7）仓储保管合同的计税依据为收取的仓储保管费用。

（8）借款合同的计税依据为借款金额。针对实际借贷活动中不同的借款形式，税法规定了不同的计税方法：凡是一项信贷业务既签订借款合同，又一次或分次填开借据的，只以借款合同所载金额为计税依据计税贴花；凡是只填开借据并作为合同使用的，应以借据所载金额为计税依据计税贴花；借贷双方签订的流动资金周转性借款合同，一般按年（期）签订，规定最高限额，借款人在规定的期限和最高限额内随借随还。为避免加重借贷双方的负担，对这类合同只以其规定的最高限额为计税依据，在签订时贴花一次，在限额内随借随还不签订新合同的，不再另贴印花；对借款方以财产作抵押，从贷款方取得一定数量抵押贷款的合同，应按借款合同贴花；在借款方因无力偿还借款而将抵押财产转移给贷款方时，应再就双方书立的产权书据，按产权转移书据的有关规定计税贴花；对银行及其他金融组织的融资租赁业务签订的融资租赁合同，应按合同所载租金总额，暂按借款合同计税。

(9) 财产保险合同的计税依据为支付(收取)的保险费，不包括所保财产的金额。

(10) 技术合同的计税依据为合同所载的价款、报酬或使用费。为了鼓励技术研究开发，对技术开发合同，只就合同所载的报酬金额计税，研究开发经费不作为计税依据。单对合同约定按研究开发经费一定比例作为报酬的，应按一定比例的报酬金额贴花。

(11) 产权转移书据的计税依据为所载金额。

(12) 营业账簿税目中记载资金的账簿的计税依据为"实收资本"与"资本公积"两项的合计金额。实收资本包括现金、实物、无形资产和材料物资。现金按实际收到或存入纳税人开户银行的金额确定；其他账簿的计税依据为应税凭证件数；权利、许可证照的计税依据为应税凭证件数。

(二) 计税依据的特殊规定

(1) 上述凭证以"金额"、"收入"、"费用"作为计税依据的，应当全额计税，不得作任何扣除。

(2) 同一凭证，载有两个或两个以上经济事项而适用不同税目税率，如分别记载金额的，应分别计算应纳税额，相加后按合计税额贴花；如未分别记载金额的，按税率高的计税贴花。

(3) 应纳税额不足 1 角的，免纳印花税；1 角以上的，其税额尾数不满 5 分的不计，满 5 分的按 1 角计算。

(4) 有些合同，在签订时无法确定计税金额，如技术转让合同中的转让收入，是按销售收入的一定比例收取或是按实现利润分成的；财产租赁合同，只是规定了月(天)租金标准而无租赁期限的。对这类合同，可在签订时先按定额 5 元贴花，以后结算时再按实际金额计税，补贴印花。

(5) 应税合同在签订时纳税义务即已产生，应计算应纳税额并贴花。所以，不论合同是否兑现或是否按期兑现，均应贴花。

对已履行并贴花的合同，所载金额与合同履行后实际结算金额不一致的，只要双方未修改合同金额，一般不再办理完税手续。

(6) 对有经营收入的事业单位，凡属由国家财政拨付事业经费，实行差额预算管理的单位，其记载经营业务的账簿，按其他账簿定额贴花，不记载经营业务的账簿不贴花；凡属经费来源实行自收自支的单位，其营业账簿，应对记载资金的账簿和其他账簿分别计算应纳税额。

跨地区经营的分支机构使用的营业账簿，应由各分支机构于其所在地计算贴花。对上级单位核拨资金的分支机构，其记载资金的账簿按核拨的账面资金额计税贴花，其他账簿按定额贴花；对上级单位不核拨资金的分支机构，只就其他账簿按件定额贴花。为避免对同一资金重复计税贴花，上级单位记载资金的账簿，应按扣除拨给下属机构资金数额后的其余部分计税贴花。

(7) 商品购销活动中,采用以货换货方式进行商品交易签订的合同,是反映既购又销双重经济行为的合同。对此,应按合同所载的购、销合计金额计税贴花。合同未列明金额的,应按合同所载购、销数量依照国家牌价或者市场价格计算应纳税额。

(8) 施工单位将自己承包的建设项目,分包或者转包给其他施工单位所签订的分包合同或者转包合同,应按新的分包合同或转包合同所载金额计算应纳税额。这是因为印花税是一种具有行为税性质的凭证税,尽管总承包合同已依法计税贴花,但新的分包或转包合同是一种新的凭证,又发生了新的纳税义务。

(9) 对股票交易征收印花税,始于深圳和上海两地证券交易的不断发展。现行《印花税暂行条例》规定,股份制试点企业向社会公开发行的股票,因购买、继承、赠与所书立的股权转让书据,均依书立时证券市场当日实际成交价格计算的金额,由立据双方当事人分别按1‰的税率缴纳印花税。

(三) 票面金额

印花税票为有价证券,其票面金额以人民币为单位,分为1角、2角、5角、1元、2元、5元、10元、50元、100元九种。

(四) 应纳税额的计算方法

纳税人的应纳税额,根据应纳税凭证的性质,分别按比例税率或者定额税率计算,其计算公式为:

$$应纳税额 = 应税凭证计税金额(或应税凭证件数) \times 适用税率$$

【例11-4】 某企业2011年3月开业,当年发生以下有关业务事项:领受房屋产权证、工商营业执照、土地使用证各1件;与其他企业订立转移专用技术使用权书据1份,所载金额200万元;订立产品购销合同1份,所载金额400万元;订立借款合同1份,所载金额400万元;企业记载资金的账簿,"实收资本"、"资本公积"为1 000万元;其他营业账簿10本。试计算该企业当年应缴纳的印花税税额。

(1) 企业领受权利、许可证照应纳税额 = 3 × 5 = 15元

(2) 企业订立产权转移书据应纳税额 = 2 000 000 × 0.5‰ = 1 000元

(3) 企业订立购销合同应纳税额 = 4 000 000 × 0.3‰ = 1 200元

(4) 企业订立借款合同应纳税额 = 4 000 000 × 0.05‰ = 200元

(5) 企业记载资金的账簿应纳税额 = 10 000 000 × 0.5‰ = 5 000元

(6) 企业其他营业账簿应纳税额 = 10 × 5 = 50元

(7) 年企业应纳印花税税额 = 15 + 1 000 + 1 200 + 200 + 5 000 + 50 = 7 465元

五、税收优惠

(一) 对已缴纳印花税凭证的副本或者抄本免税

凭证的正式签署本已按规定缴纳了印花税,其副本或者抄本对外不发生权利义务关系,只是留存备查,对其副本或者抄本免税。但以副本或者抄本视同正本使用的,则应另贴印花。

(二) 对财产所有人将财产赠给政府、社会福利单位、学校所立的书据免税

所谓社会福利单位,是指扶养孤老伤残的社会福利单位。

对上述书据免税，旨在鼓励财产所有人这种有利于发展文化教育事业、造福社会的捐赠行为。

（三）对无息、贴息贷款合同免税

无息、贴息贷款合同，是指我国的各专业银行按照国家金融政策发放的无息贷款，以及由各专业银行发放并按有关规定由财政部门或中国人民银行给予贴息的贷款项目所签订的贷款合同。

（四）对房地产管理部门与个人签订的用于生活居住的租赁合同免税

（五）对农牧业保险合同免税

对该类合同免税，是为了支持农村保险事业的发展，减轻农牧业生产的负担。

（六）对特殊货运凭证免税

1. 军事物资运输凭证

即附有军事运输命令或使用专用的军事物资运费结算凭证。

2. 抢险救灾物资运输凭证

即附有县级以上（含县级）人民政府抢险救灾物资运输证明文件的运费结算凭证。

3. 新建铁路的工程临管线运输凭证

即为新建铁路运输施工所需物料，使用工程临管线专用的运费结算凭证。

（七）企业改制过程中有关印花税征免规定

1. 资金账簿的印花税

（1）实行公司制改造的企业在改制过程中成立的新企业（重新办理法人登记的），其新启用的资金账簿记载的资金或因企业建立资本纽带关系而增加的资金，凡原已贴花的部分可不再贴花，未贴花的部分和以后新增加的资金按规定贴花。

公司制改造包括国有企业依《中华人民共和国公司法》整体改造成国有独资有限责任公司；企业通过增资扩股或者转让部分产权，实现他人对企业的参股，将企业改造成有限责任公司或股份有限公司；企业以其部分财产和相应债务与他人组建新公司；企业将债务留在原企业，而以其优质财产与他人组建的新公司。

（2）以合并或分立方式成立的新企业，其新启用的资金账簿记载的资金，凡原已贴花的部分可不再贴花，未贴花的部分和以后新增加的资金按规定贴花。

（3）企业债权转股权新增加的资金按规定贴花；企业改制中经评估增加的资金按规定贴花；企业其他会计科目记载的资金转为实收资本或资本公积的资金按规定贴花。

2. 各类应税合同的印花税

企业改制前签订但尚未履行完的各类应税合同，改制后需要变更执行主体的，对仅改变执行主体、其余条款未作变动且改制前已贴花的，不再贴花。

3. 产权转移书据的印花税

企业因改制签订的产权转移书据免予贴花。

4. 股权分置试点改革转让的印花税

股权分置改革过程中因非流通股股东向流通股股东支付对价而发生的股权转让，暂免征收印花税。

六、征收管理

（一）纳税方法

印花税的纳税办法，根据税额大小、贴花次数以及税收征收管理的需要，分别采用以下三种纳税办法：

1. 自行贴花办法

这种办法一般适用于应税凭证较少或者贴花次数较少的纳税人。纳税人书立、领受或者使用印花税法列举的应税凭证的同时，纳税义务即已产生，应当根据应纳税凭证的性质和适用的税目税率，自行计算应纳税额，自行购买印花税票，自行一次贴足印花税票并加以注销或划销，纳税义务才算全部履行完毕。值得注意的是，纳税人购买了印花税票，支付了税款，国家就取得了财政收入。但就印花税来说，纳税人支付了税款并不等于已履行了纳税义务。纳税人必须自行贴花并注销或划销，这样才算完整地完成了纳税义务。这也就是通常所说的"三自"纳税办法。

对已贴花的凭证，修改后所载金额增加的，其增加部分应当补贴印花税票。凡多贴印花税票者，不得申请退税或者抵用。

2. 汇贴或汇缴办法

这种办法一般适用于应纳税额较大或者贴花次数频繁的纳税人。

一份凭证应纳税额超过 500 元的，应向当地税务机关申请填写缴款书或者完税证，将其中一联粘贴在凭证上或者由税务机关在凭证上加注完税标记代替贴花。这就是通常所说的"汇贴"办法。

同一种类应纳税凭证，需频繁贴花的，纳税人可以根据实际情况自行决定是否采用按期汇总缴纳印花税的方式，汇总缴纳的期限为 1 个月。采用按期汇总缴纳方式的纳税人应事先告知主管税务机关。缴纳方式一经选定，1 年内不得改变。主管税务机关接到纳税人要求按期汇总缴纳印花税的告知后，应及时登记，制定相应的管理办法，防止出现管理漏洞。对采用按期汇总缴纳方式缴纳印花税的纳税人，应加强日常监督、检查。

实行印花税按期汇总缴纳的单位，对征税凭证和免税凭证汇总时，凡分别汇总的，按本期征税凭证的汇总金额计算缴纳印花税；凡确属不能分别汇总的，应按本期全部凭证的实际汇总金额计算缴纳印花税。

凡汇总缴纳印花税的凭证，应加注税务机关指定的汇缴戳记、编号并装订成册后，将已贴印花或者缴款书的一联粘附册后，盖章注销，保存备查。

3. 委托代征办法

这种办法主要是通过税务机关的委托，经由发放或者办理应纳税凭证的单位代为征收印花税税款。

（二）纳税环节

印花税应当在书立或领受时贴花。具体是指在合同签订时、账簿启用时和证照领受时贴花。如果合同是在国外签订，并且不便在国外贴花的，应在将合同带入境时办理贴花纳税手续。

（三）纳税地点

印花税一般实行就地纳税。对于全国性商品物资订货会(包括展销会、交易会等)上所签订合同应纳的印花税,由纳税人回其所在地后及时办理贴花完税手续;对地方主办、不涉及省际关系的订货会、展销会上所签订合同的印花税,其纳税地点由各省、自治区、直辖市人民政府自行确定。

七、印花税的账务处理

企业在发生纳税义务时,凡是不需要预计应缴税款的,或者与税务机关不存在结算、清算关系的,在进行会计处理时,可以不通过"应交税费"核算。这样进行会计处理,可以简化工作量,但"应交税费"及其二级账户不能反映企业缴纳的全部税种及其金额,不便于分析企业的整体税负,因此企业缴纳的印花税,也可以通过"应交税费"进行会计上的核算。

根据【例 11-4】企业的账务处理如下:

借:管理费用	7 465	
贷:应交税费——应交印花税		7 465
借:应交税费——应交印花税	7 465	
贷:银行存款		7 465

第四节 契税会计

契税法是指国家制定的用以调整契税征收与缴纳之间权利义务关系的法律规范。现行契税法的基本规范,是 1997 年 7 月 7 日国务院发布并于同年 10 月 1 日开始施行的《中华人民共和国契税暂行条例》。

一、契税的特点

契税具有以下特点:

1. 契税属于财产转移税

它以权属发生转移的土地和房屋为征税对象,具有对财产转移课税性质。

2. 契税由财产承受人纳税

一般税种在税制中确定纳税人,都确定销售者为纳税人,即卖方纳税。对买方征税的主要目的,在于承认不动产转移生效,承受人纳税以后,便可拥有转移过来的不动产的产权或使用权,法律将会保护纳税人的合法权益。

二、征税对象

契税的征税对象是境内转移的土地、房屋权属。具体包括以下五项内容:

1. 国有土地使用权出让

国有土地使用权出让是指土地使用者向国家交付土地使用权出让费用,国家将国有土地使用权在一定年限内让与土地使用者的行为。

2. 土地使用权的转让

土地使用权的转让是指土地使用者以出售、赠与、交换或者其他方式将土地使用权转移给其他单位和个人的行为。土地使用权的转让不包括农村集体土地承包经营权的转移。

3. 房屋买卖

房屋买卖是指以货币为媒介,出卖者向购买者过渡房产所有权的交易行为。以下几种特殊情况,视同买卖房屋:

(1) 以房产抵债或实物交换房屋。经当地政府和有关部门批准,以房产抵债或实物交换房屋,均视同房屋买卖,应由产权承受人,按房屋现值缴纳契税。

(2) 以房产作投资或作股权转让。这种交易业务属房屋产权转移,应根据国家房地产管理的有关规定,办理房屋产权交易和产权变更登记手续,视同房屋买卖,由产权承受方按契税税率计算缴纳契税。

以自有房产作股投入本人独资经营的企业,免纳契税。因为以自有的房地产投入本人独资经营的企业,产权所有人和使用权使用人未发生变化,不需办理房产变更手续,也不需办理契税手续。

(3) 买房拆料或翻建新房,应照章征收契税。例如,甲某购买乙某房产,不论其目的是取得该房产的建筑材料或是翻建新房,实际构成房屋买卖。甲某应首先办理房屋产权变更手续,并按买价缴纳契税。

4. 房屋赠与

房屋赠与是指房屋产权所有人将房屋无偿转让给他人所有。其中,将自己的房屋转交给他人的法人和自然人,称为房屋赠与人;接受他人房屋的法人和自然人,称为受赠人。房屋赠与的前提必须是产权无纠纷,赠与人和受赠人双方自愿。

由于房屋是不动产,价值较大,故法律要求赠与房屋应有书面合同(契约),并到房地产管理机关或农村基层政权机关办理登记过户手续,才能生效。如果房屋赠与行为涉及涉外关系,还需经公证处证明和外事部门认证,才能生效。房屋的受赠人要按规定缴纳契税。

5. 房屋交换

房屋交换是指房屋所有者之间互相交换房屋的行为。

6. 承受国有土地使用权支付的土地出让金

对承受国有土地使用权所应支付的土地出让金,要计征契税。不得因减免土地出让金而减免契税。

三、纳税义务人与税率

(一) 纳税义务人

契税的纳税义务人是境内转移土地、房屋权属,承受的单位和个人。境内是指中华人民共和国实际税收行政管辖范围内。土地、房屋权属是指土地使用权和房屋所有权。

单位是指企业、事业单位、国家机关、军事单位和社会团体以及其他组织。个人是指个体经营者及其他个人,包括中国公民和外籍人员。

（二）税率

契税实行3%—5%的幅度税率。实行幅度税率是考虑到我国经济发展的不平衡,各地经济差别较大的实际情况。因此,各省、自治区、直辖市人民政府可以在3%—5%的幅度税率规定范围内,按照本地区的实际情况决定。

四、应纳税额的计算

（一）计税依据

契税的计税依据为不动产的价格。由于土地、房屋权属转移方式不同,定价方法不同,因而具体的计税依据视不同情况而定。

第一,国有土地使用权出让、土地使用权出售、房屋买卖,以成交价格为计税依据。成交价格是指土地、房屋权属转移合同确定的价格,包括承受者应交付的货币、实物、无形资产或者其他经济利益。

第二,土地使用权赠与、房屋赠与,由征收机关参照土地使用权出售、房屋买卖的市场价格核定。

第三,土地使用权交换、房屋交换,以所交换的土地使用权、房屋的价格差额为计税依据。也就是说,交换价格相等时,免征契税;交换价格不等时,由多交付货币、实物、无形资产或者其他经济利益的一方缴纳契税。

第四,以划拨方式取得土地使用权,经批准转让房地产时,由房地产转让者补交契税。计税依据为补交的土地使用权出让费用或者土地收益。

第五,采取分期付款方式购买房屋附属设施土地使用权、房屋所有权的,应按合同规定的总价款计征契税;承受的房屋附属设施权属如为单独计价的,按照当地确定的适用税率征收契税;如与房屋统一计价的,适用与房屋相同的契税税率。

第六,个人无偿赠与不动产行为(法定继承人除外),应对受赠人全额征收契税。在缴纳契税时,纳税人须提交经税务机关审核并签字盖章的《个人无偿赠与不动产登记表》;税务机关(或其他征收机关)应在纳税人的契税完税凭证上加盖“个人无偿赠与”印章,在《个人无偿赠与不动产登记表》中签字并将该表格留存。

第七,出让国有土地使用权,契税计税价格为承受人为取得该土地使用权而支付的全部经济利益。对通过“招、拍、挂”程序承受国有土地使用权的,应按照土地成交总价款计征契税,其中的土地前期开发成本不得扣除。

（二）应纳税额的计算方法

契税采用比例税率。当计税依据确定以后,应纳税额的计算比较简单。应纳税额的计算公式为:

$$应纳税额=计税依据\times 税率$$

【例11-5】 居民甲有两套住房，将一套出售给企业乙，成交价格为400 000元；将另一套与居民丙交换，并支付给居民丙换房差价款100 000元。计算甲、乙、丙相关行为应缴纳的契税(假定税率为3%)。

甲应缴纳契税=100 000×3%=3 000元。

乙应缴纳契税=400 000×3%=12 000元。

丙不缴纳契税。

五、税收优惠

(一) 契税优惠的一般规定

第一，国家机关、事业单位、社会团体、军事单位承受土地、房屋用于办公、教学、医疗、科研和军事设施的，免征契税。

第二，因不可抗力灭失住房而重新购买住房的，酌情减免。不可抗力是指自然灾害、战争等不能预见、不可避免，并不能克服的客观情况。

第三，土地、房屋被县级以上人民政府征用、占用后，重新承受土地、房屋权属的，由省级人民政府确定是否减免。

第四，承受荒山、荒沟、荒丘、荒滩土地使用权，并用于农、林、牧、渔业生产的，免征契税。

第五，经外交部确认，依照我国有关法律规定以及我国缔结或参加的双边和多边条约或协定，应当予以免税的外国驻华使馆、领事馆、联合国驻华机构及其外交代表、领事官员和其他外交人员承受土地、房屋权属，免征契税。

(二) 契税优惠的特殊规定

1. 企业公司制改造

非公司制企业，按照《中华人民共和国公司法》的规定，整体改建为有限责任公司(含国有独资公司)或股份有限公司，或者有限责任公司整体改建为股份有限公司的，对改建后的公司承受原企业土地、房屋权属，免征契税。

非公司制国有独资企业或国有独资有限责任公司，以其部分资产与他人组建新公司，且该国有独资企业(公司)在新设公司中所占股份超过50%的，对新设公司承受该国有独资企业(公司)的土地、房屋权属，免征契税。

2. 企业股权重组

在股权转让中，单位、个人承受企业股权，企业土地、房屋权属不发生转移，不征收契税。

国有、集体企业实施“企业股份合作制改造”，由职工买断企业产权，或向其职工转让部分产权，或通过其职工投资增资扩股，将原企业改造为股份合作制企业的，对改造后的股份合作制企业承受原企业的土地、房屋权属，免征契税。

为进一步支持国有企业改制重组，对国有控股公司投资组建新公司有关契税政策规定如下：对国有控股公司以部分资产投资组建新公司，且该国有控股公司占新公司股份85%以上的，对新公司承受该国有控股公司的土地、房屋权属免征契税。上述所称国有控股公司，是指国家出资额占有限责任公司资本总额50%以上，或国有股份占股份有限公司股本总额50%以上的国有控股公司。以出让方式承受原国有控股公司土地使用权的，不属于本规定的范围。

3．企业合并

两个或两个以上的企业，依据法律规定、合同约定，合并改建为一个企业，对其合并后的企业承受原合并各方的土地、房屋权属，免征契税。

4．企业分立

企业依照法律规定、合同约定分设为两个或两个以上投资主体相同的企业，对派生方、新设方承受原企业的土地、房屋权属，不征收契税。

六、征收管理

1．纳税义务发生时间

契税的纳税义务发生时间是纳税人签订土地、房屋权属转移合同的当天，或者纳税人取得其他具有土地、房屋权属转移合同性质凭证的当天。

2．纳税期限

纳税人应当自纳税义务发生之日起10日内，向土地、房屋所在地的契税征收机关办理纳税申报，并在契税征收机关核定的期限内缴纳税款。

3．纳税地点

契税在土地、房屋所在地的征收机关缴纳。

七、契税的账务处理

企业购买房屋、建筑物等固定资产以及获得土地使用权时按规定计算应缴纳的契税，借记“在建工程”、“固定资产”、“无形资产”等账户，贷记“应交税费——应交契税”账户。实际缴纳契税时，借记“应交税费——应交契税”账户，贷记“银行存款”账户。

根据【例11-5】乙企业的账务处理如下：

借：固定资产	12 000	
贷：应交税费——应交契税		12 000

缴纳契税时：

借：应交税费——应交契税	12 000	
贷：银行存款		12 000

实践疑难解析

1．我公司2008年购买办公楼，同时购买了地下车位，计算房产税时，房屋原价是否包括地下车位？

【解答】根据财税[2005]181号文件，凡在房产税征收范围内的具备房屋功能的地下建筑，包括与地上房屋相连的地下建筑以及完全建在地面以下的建筑、地下人防设施等，均应当依照有关规定征收房产税。具备房屋功能的地下建筑是指有屋面和维护结构,能够遮风避雨,可供人们在其中生产、经营、工作、学习、娱乐、居住或储藏物资的场所。

自用的地下建筑,按以下方式计税:

工业用途房产,以房屋原价的50%—60%作为应税房产原值。

商业和其他用途房产,以房屋原价的70%—80%作为应税房产原值。

房屋原价折算为应税房产原值的具体比例,由各省、自治区、直辖市和计划单列市财政和地方税务部门在上述幅度内自行确定。

对于与地上房屋相连的地下建筑,如房屋的地下室、地下停车场、商场的地下部分等,应将地下部分与地上房屋视为一个整体,按照地上房屋建筑的有关规定计算征收房产税。出租的地下建筑,按照出租地上房屋建筑的有关规定计算征收房产税。

2. 出租房屋收到违约金是否也要征收房产税?

【解答】违约金是与出租房屋有关的其他收入,实质上已经构成房屋租金收入的一部分,也应计征房产税。

3. 我公司把租来的房屋进行转租,是否缴纳房产税?

【解答】房产税的纳税义务人是房屋的产权所有人,房屋的产权所有人已经缴纳过房产税,转租方不再是房产税的纳税义务人。

4. 我公司是小企业,与金融机构签订的借款合同是否缴纳印花税?

【解答】根据财税[2011]105号文件,经国务院批准,为鼓励金融机构对小型、微型企业提供金融支持,促进小型、微型企业发展,自2011年11月1日起至2014年10月31日止,对金融机构与小型、微型企业签订的借款合同免征印花税。对上述小型、微型企业的认定,按照《工业和信息化部、国家统计局、国家发展和改革委员会、财政部关于印发中小企业标准规定的通知》(工信部联企业[2011]300号)的有关规定执行。

5. 房地产企业与业主签订的商品房销售合同,应当是购销合同还是产权转移书据?

【解答】根据财税[2006]162号文件,对商品房销售合同按照产权转移书据征收印花税。

6. 我公司签订了销售合同,价款117万元(含增值税17万元),该合同的印花税计税依据是否包括增值税?

【解答】购销金额是计税依据,不包括增值税。

7. 我公司按照法律规定,用资本公积转增实收资本后,是否缴纳印花税?

【解答】税法规定,对资金账簿征收印花税是按照实收资本与资本公积之和作为依据,用资本公积转增实收资本,总额没有变化,不征收印花税。

8. 我公司2008年取得一块毛地的土地使用权,缴纳了土地出让金,并于当年取得土地使用证,我公司接着进行了拆迁,但拆迁工作还没有结束,契税纳税义务的时间如何规定?计税依据中是否包括拆迁补偿费?

【解答】契税的纳税义务发生时间是纳税人签订土地、房屋权属转移合同的当天,或者纳税人取得其他具有土地、房屋权属转移合同性质凭证的当天。纳税人应当自纳税义务发生之日起10日内,向土地、房屋所在地的契税征收机关办理纳税申报,并在契税征收机关核定的期限内缴纳税款。契税的计税依据包括拆迁补偿费，如果拆迁补偿费由公司在实际拆迁时支付，这属于特殊情况，可以在实际支付时缴纳契税，法律根据是财税[2004]134号文件中的规定："出让国有土地使用权的，其契税计税价格为承受人为取得该土地使用权而支付的全部经济利益。以协议方式出让的，其契税计税价格为成交价格。成交价格包括土地出让金、土地补偿费、安置补助费、地上附着物和青苗补偿费、拆迁补偿费、市政建设配套费等承受者应支付的货币、实物、无形资产及其他经济利益。"

改革探索

2011年2月25日，中华人民共和国第十一届全国人民代表大会常务委员会第十九次会议通过《中华人民共和国车船税法》（以下简称《车船税法》），车船税成为首个从国务院条例上升为法律的税种。

车船税的出台，主要有以下四个方面的意义：一是体现了税收法定原则；二是促进税收法律体系建设；三是通过立法完善了税制，体现税负公平；四是作为第一部由条例上升的法律和第一部地方税法律，具有标志性作用。

与《车船税暂行条例》相比，《车船税法》主要有以下变化：

第一，完善征税范围。《车船税暂行条例》规定，车船税的征税范围是依法应当在车船管理部门登记的车船。不需登记的单位内部作业车船不征税。《车船税法》不再按车船是否登记来确定其是否具有纳税义务，而是将征税范围统一为本法规定的车船。

第二，改革乘用车计税依据。《车船税暂行条例》及其实施细则规定，微型、小型客车（乘用车）按辆征收。车船税作为财产税，计税依据理论上应当是评估价值，但由于乘用车数量庞大且分散于千家万户，难以进行价值评估。考虑到乘用车的排气量与其价值总体上存在着正相关关系，《车船税法》将排气量作为乘用车计税依据。

第三，调整税负结构。一方面，为支持交通运输业发展，《车船税法》对占汽车总量28%左右的货车、摩托车以及船舶（游艇除外）仍维持原条例规定的税额幅度不变；对载客9人以上的客车税额幅度略作提高；对挂车由原条例规定的与货车适用相同税额改为减按货车税额的50%征收。另一方面，为更好地发挥车船税的调节功能，体现对汽车消费和节能减排的政策导向，《车船税法》对占汽车总量72%左右的乘用车（也就是载客少于9人的汽车）的税负，按发动机排气量的大小分别作了降低、不变和提高的结构性调整。一是占现有乘用车总量87%左右、排气量为2.0升及以下的乘用车，税额幅度适当降低或维持不变；二是占现有乘用车总量10%左右、排气量为2.0升至2.5升（含）的中等排量车，税额幅度比现行税额幅度适当调高；三是占现有乘用车总量3%左右、排气量为2.5升以上的较大和大排量车，税额幅度比现行税额幅度有较大提高。此外，为了体现车船税调节功能，《车船税法》将船舶中的游艇单列出来，明确按长度征税，并将税额幅度确定为每米600元至2 000元。

第四，规范税收优惠。《车船税法》除了保留《车船税暂行条例》规定的省、自治区、直辖市人民政府可以对公共交通车船给予定期减、免税优惠外，还增加了以下三项优惠规定:一是对节约能源、使用新能源的车船可以减征或免征车船税;二是省、自治区、直辖市人民政府根据当地实际情况,可以对农村居民拥有并主要在农村地区使用的摩托车、三轮汽车和低速载货汽车定期减征或免征车船税;三是对受严重自然灾害影响、纳税困难以及有其他特殊原因确需减、免税的,可以减征或免征车船税。

第五,强化征收管理。考虑到机动车数量庞大,税源分散,仅靠税务机关自身力量征管难度较大。公安机关交通管理部门的机动车管理机构比较健全,制度和管理手段比较严密,在不过多增加工作量的情况下,由其对车船税的征收予以协助,对于提高征收绩效、防止税源流失具有重要作用。为此,《车船税法》规定,车辆所有人或者管理人在申请办理车辆相关登记、定期检验手续时,应向公安机关交通管理部门提交依法纳税或者免税证明。公安机关交通管理部门核查后予以办理相关手续。此外,船舶的流动性大,目前对船舶征税在源泉控制上效果不够理想。为此,《车船税法》规定,船检机构应当在提供船舶有关信息方面协助税务机关加强车船税的征收管理。

第十二章

资源税类会计

第一节 资源税会计

资源税法是指国家制定的用以调整资源税征收与缴纳之间权利及义务关系的法律规范。2011 年 9 月 21 日国务院第 173 次常务会议通过决定,修改《中华人民共和国资源税暂行条例》,自 2011 年 11 月 1 日起施行。

资源税是对在我国境内从事应税矿产品开采和生产盐的单位和个人课征的一种税,属于对自然资源占用课税的范畴。

一、纳税义务人

资源税的纳税义务人是指在中华人民共和国领域及管辖海域开采规定的矿产品或者生产盐(以下简称开采或者生产应税产品)的单位和个人。单位,是指企业、行政单位、事业单位、军事单位、社会团体及其他单位。个人,是指个体工商户和其他个人。

二、税目

(1) 原油,是指开采的天然原油,不包括人造石油。原油中的稠油、高凝油与稀油划分不清或不易划分的,一律按原油的数量课税。凝析油视同原油,征收资源税。

(2) 天然气,是指专门开采或者与原油同时开采的天然气。

(3) 煤炭,是指原煤,不包括洗煤、选煤及其他煤炭制品。

(4) 黑色金属矿原矿,是指纳税人开采后自用、销售的,用于直接入炉冶炼或作为主产品先入选精矿、制造人工矿,再最终入炉冶炼的金属矿石原矿。金属矿产品自用原矿,是指入选精矿、直接入炉冶炼或制造烧结矿、球团矿等所用原矿。铁矿石直接入炉用的原矿,是指粉矿、高炉原矿、高炉块矿、平炉块矿等。

(5) 有色金属矿原矿,包括铜矿石、铅锌矿石、铝土矿石、钨矿石、锡矿石、锑矿石、铝矿石、镍矿石、黄金矿石、钒矿石(含石煤钒)等。

(6) 其他非金属矿原矿,是指上列产品和井矿盐以外的非金属矿原矿。

(7) 盐。盐又分为固体盐和液体盐。固体盐,是指海盐原盐、湖盐原盐和井矿盐。液体盐(卤水),是指氯化钠含量达到一定浓度的溶液,是用于生产碱和其他产品的原料。

三、税率

资源税采取从量定额和从价定率(适用于原油、天然气)的办法计征,实施"级差调节"的原则。级差调节是指运用资源税对因资源贮存状况、开采条件、资源优劣、地理位置等客观存在的差别而产生的资源级差收入,通过实施差别税率标准进行调节,资源条件好的税额高一些,资源条件差的税额低一些。

资源税税目税率表如表 12-1 所示。

表 12-1　资源税税目税率表

税目		税率
一、原油		销售额的 5%—10%
二、天然气		销售额的 5%—10%
三、煤炭	焦煤	每吨 8—20 元
	其他煤炭	每吨 0.3—5 元
四、其他非金属矿原矿	普通非金属矿原矿	每吨或者每立方米 0.5—20 元
	贵重非金属矿原矿	每千克或者每克拉 0.5—20 元
五、黑色金属矿原矿		每吨 2—30 元
六、有色金属矿原矿	稀土矿	每吨 0.4—60 元
	其他有色金属矿原矿	每吨 0.4—30 元
七、盐	固体盐	每吨 10—60 元
	液体盐	每吨 2—10 元

四、扣缴义务人适用的税额

独立矿山、联合企业及其他收购未税矿产品的单位，按照本单位应税产品税额（率）标准，依据收购的数量（金额）代扣代缴资源税。

独立矿山指只有采矿或只有采矿和选矿，独立核算、自负盈亏的单位，其生产的原矿和精矿主要用于对外销售。

联合企业指采矿、选矿、冶炼（或加工）连续生产的企业或采矿、冶炼（或加工）连续生产的企业。其采矿单位，一般是该企业的二级或二级以下核算单位。

其他收购单位收购的未税资源税应税产品，按主管税务机关核定的应税产品税额（率）标准，依据收购的数量（金额）代扣代缴资源税。

五、应纳税额的计算

资源税的应纳税额，按照从价定率或者从量定额的办法，分别以应税产品的销售额乘以纳税人具体适用的比例税率或者以应税产品的销售数量乘以纳税人具体适用的定额税率计算。销售数量，包括纳税人开采或者生产应税产品的实际销售数量和视同销售的自用数量。纳税人不能准确提供应税产品销售数量的，以应税产品的产量或者主管税务机关确定的折算比换算成的数量为计征资源税的销售数量。

（一）课税数量

纳税人开采或者生产不同税目应税产品的，应当分别核算不同税目应税产品的销售额或者销售数量；未分别核算或者不能准确提供不同税目应税产品的销售额或者销售数量的，从高适用税率。

纳税人开采或者生产应税产品，自用于连续生产应税产品的，不缴纳资源税；自用于其他方面的,视同销售,依照规定缴纳资源税。资源税纳税人自产自用应税产品,因无法准确提供移送使用量而采取折算比换算课税数量办法的,具体规定如下:煤炭,对于连续加工前无法正确计算原煤移送使用量的,可按加工产品的综合回收率,将加工产品实际销量和自用量折算成的原煤数量作为课税数量;金属和非金属矿产品原矿,因无法准确掌握纳税人移送使用原矿数量的,可将其精矿按选矿比折算成的原矿数量作为课税数量。

纳税人以自产的液体盐加工固体盐,按固体盐税额征税,以加工的固体盐数量为课税数量。纳税人以外购的液体盐加工固体盐,其加工固体盐所耗用液体盐的已纳税额准予抵扣。

（二）销售额

（1）销售额为纳税人销售应税产品向购买方收取的全部价款和价外费用,但不包括收取的增值税销项税额。

价外费用,包括价外向购买方收取的手续费、补贴、基金、集资费、返还利润、奖励费、违约金、滞纳金、延期付款利息、赔偿金、代收款项、代垫款项、包装费、包装物租金、储备费、优质费、运输装卸费以及其他各种性质的价外收费。但下列项目不包括在内:①同时符合以下条件的代垫运输费用:承运部门的运输费用发票开具给购买方的;纳税人将该项发票转交给购买方的。②同时符合以下条件代为收取的政府性基金或者行政事业性收费:由国务院或者财政部批准设立的政府性基金;由国务院或者省级人民政府及其财政、价格主管部门批准设立的行政事业性收费。收取时开具省级以上财政部门印制的财政票据。所收款项全额上缴财政。

（2）纳税人以人民币以外的货币结算销售额的,应当折合成人民币计算。其销售额的人民币折合率可以选择销售额发生的当天或者当月 1 日的人民币汇率中间价。纳税人应在事先确定采用何种折合率计算方法,确定后 1 年内不得变更。

（3）纳税人申报的应税产品销售额明显偏低并且无正当理由的、有视同销售应税产品行为而无销售额的,除财政部、国家税务总局另有规定外,按下列顺序确定销售额:①按纳税人最近时期同类产品的平均销售价格确定;②按其他纳税人最近时期同类产品的平均销售价格确定;③按组成计税价格确定。组成计税价格的计算公式为:

$$组成计税价格 = 成本 \times (1 + 成本利润率) \div (1 - 税率)$$

公式中的成本,是指应税产品的实际生产成本。公式中的成本利润率,由省、自治区、直辖市税务机关确定。

（4）纳税人开采应税产品由其关联单位对外销售的,按其关联单位的销售额征收资源税。

（5）纳税人既有对外销售应税产品,又有将应税产品自用于除连续生产应税产品以外的其他方面的,则自用的这部分应税产品,按纳税人对外销售应税产品的平均价格计算销售额征收资源税。

（6）纳税人将其开采的应税产品直接出口的,按其离岸价格(不含增值税)计算销售额征收资源税。

【例12-1】 某矿山8月份销售稀土矿30万吨，按规定，其适用的单位税额为8元/吨。计算该矿山本月应纳资源税税额。

应纳税额 = 300 000 × 8 = 2 400 000 元

【例12-2】 某铜矿山12月销售铜矿石原矿30 000吨，移送入选精矿5 000吨，选矿比为20%。该矿山铜矿属于5等，按规定适用1.2元/吨单位税额。计算该矿山本月应纳资源税税额。

外销铜矿石原矿的应纳税额 = 30 000 × 1.2 = 36 000 元

因无法准确掌握入选精矿石的原矿数量，按选矿比计算的应纳税额 = 入选精矿 ÷ 选矿比 × 单位税额 = 5 000 ÷ 20% × 1.2 = 30 000 元

合计应纳税额 = 36 000 + 30 000 = 66 000 元

六、税收优惠

有下列情形之一的，减征或者免征资源税：

(1) 开采原油过程中用于加热、修井的原油，免税。

(2) 纳税人开采或者生产应税产品过程中，因意外事故或者自然灾害等原因遭受重大损失的，由省、自治区、直辖市人民政府酌情决定减税或者免税。

(3) 纳税人的减税、免税项目，应当单独核算销售额或者销售数量；未单独核算或者不能准确提供销售额或者销售数量的，不予减税或者免税。

七、征收管理

(一) 纳税义务发生时间

纳税人销售应税产品，纳税义务发生时间为收讫销售款或者取得索取销售款凭据的当天；自产自用应税产品，纳税义务发生时间为移送使用的当天。

纳税人采取分期收款结算方式的纳税义务发生时间，为销售合同规定的收款日期的当天。

纳税人采取预收货款结算方式的纳税义务发生时间，为发出应税产品的当天。

纳税人采取其他结算方式的纳税义务发生时间，为收讫销售款或者取得索取销售款凭据的当天。

纳税人自产自用应税产品的纳税义务发生时间，为移送使用应税产品的当天。

扣缴义务人代扣代缴资源税的纳税义务发生时间，为支付首笔货款或首次开具支付货款凭据的当天。

(二) 纳税期限

纳税人的纳税期限为1日、3日、5日、10日、15日或者1个月，由主管税务机关根据实际情况具体核定。不能按固定期限计算纳税的，可以按次计算纳税。

纳税人以1个月为一期纳税的，自期满之日起10日内申报纳税；以1日、3日、5日、10日或者15日为一期纳税的，自期满之日起5日内预缴税款，于次月1日起10日内申报纳税并结清上月税款。

（三）纳税地点

纳税人应纳的资源税，应当向应税产品的开采或者生产所在地主管税务机关缴纳。纳税人在本省、自治区、直辖市范围内开采或者生产应税产品，其纳税地点需要调整的，由省、自治区、直辖市税务机关决定。

跨省、自治区、直辖市开采或者生产资源税应税产品的纳税人，其下属生产单位与核算单位不在同一省、自治区、直辖市的，对其开采或者生产的应税产品，一律在开采地或者生产地纳税。实行从量计征的应税产品，其应纳税款一律由独立核算的单位按照每个开采地或者生产地的销售量及适用税率计算划拨；实行从价计征的应税产品，其应纳税款一律由独立核算的单位按照每个开采地或者生产地的销售量、单位销售价格及适用税率计算划拨。扣缴义务人代扣代缴的资源税，应当向收购地主管税务机关缴纳。

八、资源税账务处理

企业计算出销售的应税产品应缴纳的资源税，借记“营业税金及附加”账户，贷记“应交税费——应交资源税”账户；上缴资源税时，借记“应交税费——应交资源税”账户，贷记“银行存款”账户。

企业计算出自产自用的应税产品应缴纳的资源税，借记“生产成本”、“制造费用”等账户，贷记“应交税费——应交资源税”账户。

企业收购未税矿产品，按实际支付的收购款，借记“材料采购”等账户，贷记“银行存款”等账户；按代扣代缴的资源税，借记“材料采购”等账户，贷记“应交税费——应交资源税”账户。

企业外购液体盐加工固体盐，在购入液体盐时，按所允许抵扣的资源税，借记“应交税费——应交资源税”账户；按外购价款扣除允许抵扣资源税后的数额，借记“材料采购”等账户；按应支付的全部价款，贷记“银行存款”、“应付账款”等账户。企业加工成固体盐后，在销售时，按计算出的销售固体盐应缴纳的资源税，借记“营业税金及附加”账户，贷记“应交税费——应交资源税”账户。将销售固体盐应纳资源税扣抵液体盐已纳资源税后的差额上缴时，借记“应交税费——应交资源税”账户，贷记“银行存款”账户。

根据【例 12-1】的账务处理：

借：营业税金及附加	2 400 000	
贷：应交税费——应交资源税		2 400 000

根据【例 12-2】的账务处理：

借：营业税金及附加	36 000	
贷：应交税费——应交资源税		36 000
借：生产成本	30 000	
贷：应交税费——应交资源税		30 000

第二节　城镇土地使用税会计

城镇土地使用税法是指国家制定的调整城镇土地使用税征收与缴纳之间权利及义务关系的法律规范。现行城镇土地使用税法的基本规范,是2006年12月31日国务院修改并颁布的《中华人民共和国城镇土地使用税暂行条例》。

一、城镇土地使用税特点

城镇土地使用税是以城镇土地为征税对象,对拥有土地使用权的单位和个人征收的一种税。它具有以下特点:

1. 征税对象是国有土地

我国宪法明确规定,城镇土地的所有权归国家,单位和个人对占用的土地只有使用权而无所有权。开征城镇土地使用税,实质上是运用国家政治权力,将纳税人获取的本应属于国家的土地收益集中到国家手中。农业土地因属于集体所有,故未纳入征税范围。

2. 征税范围广

现行城镇土地使用税对在我国境内使用土地的单位和个人征收。征收范围较广的土地使用税,在筹集地方财政资金、调节土地使用和收益分配方面,发挥积极作用。

3. 实行差别幅度税额

开征城镇土地使用税的目的之一,在于调节土地的级差收入,而级差收入的产生主要取决于土地的位置。为了有利于体现国家政策,城镇土地使用税实行差别幅度税额。对不同城镇适用不同税额,对同一城镇的不同地段则根据市政建设状况和经济繁荣程度确定不等的负担水平。

二、纳税义务人

在城市、县城、建制镇、工矿区范围内使用土地的单位和个人,为城镇土地使用税的纳税人。

所称单位,包括国有企业、集体企业、私营企业、股份制企业、外商投资企业、外国企业以及其他企业和事业单位、社会团体、国家机关、军队以及其他单位;所称个人,包括个体工商户以及其他个人。

城镇土地使用税的纳税人通常包括以下几类:拥有土地使用权的单位和个人;拥有土地使用权的单位和个人不在土地所在地的,其土地的实际使用人和代管人为纳税人;土地使用权未确定或权属纠纷未解决的,其实际使用人为纳税人;土地使用权共有的,共有各方都是纳税人,由共有各方分别纳税。

思考与提示

【思考】某商业企业，购买写字楼办公，缴纳城镇土地使用税时，应税土地面积按什么计算？

【提示】几个人或几个单位共同拥有一块土地的使用权，这块土地的城镇土地使用税的纳税人应是对这块土地拥有使用权的每一个人或每一个单位。他们应以其实际使用的土地面积占总面积的比例，分别计算缴纳土地使用税。

应纳税额＝该大楼实际占用的土地面积×单位税额
×本公司建筑面积÷大楼建筑面积

三、征税范围

城镇土地使用税的征税范围，包括在城市、县城、建制镇和工矿区内的国家所有和集体所有的土地。

城市是指经国务院批准设立的市；县城是指县人民政府所在地；建制镇是指经省、自治区、直辖市人民政府批准设立的建制镇；工矿区是指工商业比较发达，人口比较集中，符合国务院规定的建制镇标准，但尚未设立建制镇的大中型工矿企业所在地，工矿区须经省、自治区、直辖市人民政府批准。

建立在城市、县城、建制镇和工矿区以外的工矿企业不需要缴纳城镇土地使用税。

自2009年1月1日起，公园、名胜古迹内的索道公司经营用地，应按规定缴纳城镇土地使用税。

四、应纳税额的计算

（一）计税依据

城镇土地使用税以纳税人实际占用的土地面积为计税依据，土地面积计量标准为每平方米。即税务机关根据纳税人实际占用的土地面积，按照规定的税额计算应纳税额，向纳税人征收土地使用税。

纳税人实际占用的土地面积按下列办法确定：由省、自治区、直辖市人民政府确定的单位组织测定土地面积的，以测定的面积为准；尚未组织测量，但纳税人持有政府部门核发的土地使用证书的，以证书确认的土地面积为准；尚未核发土地使用证书的，应由纳税人申报土地面积，据以纳税，待核发土地使用证以后再作调整。

（二）税率

城镇土地使用税采用定额税率，即采用有幅度的差别税额，按大、中、小城市和县城、建制镇、工矿区分别规定每平方米土地使用税年应纳税额。具体标准如下：大城市1.5—30元；中等城市1.2—24元；小城市0.9—18元；县城、建制镇、工矿区0.6—12元。

大、中、小城市以公安部门登记在册的非农业正式户口人数为依据，按照国务院颁布的《城市规划条例》中规定的标准划分。人口在50万以上者为大城市；人口在20万—50

万之间者为中等城市;人口在20万以下者为小城市。各省、自治区、直辖市人民政府可根据市政建设情况和经济繁荣程度在规定税额幅度内,确定所辖地区的适用税额幅度。经济落后地区,土地使用税的适用税额标准可适当降低,但降低额不得超过上述规定最低税额的30%。经济发达地区的适用税额标准可以适当提高,但须报财政部批准。

考虑到我国各地区存在着悬殊的土地级差收益,同一地区内不同地段的市政建设情况和经济繁荣程度也有较大的差别,故把土地使用税税额定为幅度税额,拉开档次,而且每个幅度税额的差距规定为20倍。这样,各地政府在划分本辖区不同地段的等级、确定适用税额时,有选择余地,便于具体划分和确定。幅度税额还可以调节不同地区、不同地段之间的土地级差收益,尽可能地平衡税负。

(三) 应纳税额的计算方法

城镇土地使用税的应纳税额可以通过纳税人实际占用的土地面积乘以该土地所在地段的适用税额求得。其计算公式为:

全年应纳税额 = 实际占用应税土地面积(平方米) × 适用税额

【例12-3】 设在某城市的一家企业使用土地面积为20 000平方米,经税务机关核定,该土地为应税土地,每平方米年税额为4元,计算其全年应纳的土地使用税税额。

年应纳土地使用税税额 = 20 000 × 4 = 80 000元

五、税收优惠

(一) 法定免缴土地使用税的优惠

第一,国家机关、人民团体、军队自用的土地,免征城镇土地使用税。这部分土地是指这些单位本身的办公用地和公务用地。

第二,由国家财政部门拨付事业经费的单位自用的土地,免征城镇土地使用税。这部分土地是指这些单位本身的业务用地,如学校的教学楼、操场、食堂等占用的土地。

第三,宗教寺庙、公园、名胜古迹自用的土地,免征城镇土地使用税。宗教寺庙自用的土地,是指举行宗教仪式等的用地和寺庙内的宗教人员生活用地;公园、名胜古迹自用的土地,是指供公共参观游览的用地及其管理单位的办公用地。

以上单位的生产、经营用地和其他用地,不属于免税范围,应按规定缴纳土地使用税,如公园、名胜古迹中附设的营业单位(如影剧院、饮食部、茶社、照相馆)使用的土地。

第四,市政街道、广场、绿化地带等公共用地。

第五,直接用于农、林、牧、渔业的生产用地,免征城镇土地使用税。这部分土地是指直接从事于种植养殖、饲养的专业用地,不包括农副产品加工场地和生活办公用地。

第六,经批准开山填海整治的土地和改造的废弃土地,从使用的月份起免缴土地使用税5年至10年,具体免税期限由各省、自治区、直辖市地方税务局在《城镇土地使用税暂行条例》规定的期限内自行确定。

第七,对非营利性医疗机构、疾病控制机构和妇幼保健机构等卫生机构自用的土地,免征城镇土地使用税。

第八,企业办的学校、医院、托儿所、幼儿园,其用地能与企业其他用地明确区分的,免征城镇土地使用税。

第九，免税单位无偿使用纳税单位的土地（如公安、海关等单位使用铁路、民航等单位的土地），免征城镇土地使用税。纳税单位无偿使用免税单位的土地，纳税单位应照章缴纳城镇土地使用税。纳税单位与免税单位共同使用、共有使用权土地上的多层建筑，对纳税单位可按其占用的建筑面积占建筑总面积的比例计征城镇土地使用税。

第十，对行使国家行政管理职能的中国人民银行总行（含国家外汇管理局）所属分支机构自用的土地，免征城镇土地使用税。

第十一，为了体现国家的产业政策，支持重点产业的发展，对石油、电力、煤炭等能源用地，民用港口、铁路等交通用地和水利设施用地，三线调整企业、盐业、采石场、邮电等一些特殊用地划分了征免税界限和给予政策性减免税照顾。

（二）省、自治区、直辖市地方税务局确定减免土地使用税的优惠

第一，个人所有的居住房屋及院落用地。

第二，房产管理部门在房租调整改革前经租的居民住房用地。

第三，免税单位职工家属的宿舍用地。

第四，民政部门举办的安置残疾人占一定比例的福利工厂用地。

第五，集体和个人开办的各类学校、医院、托儿所、幼儿园用地。

第六，房地产开发公司建造商品房的用地，原则上应按规定计征城镇土地使用税。但在商品房出售之前纳税确有困难的，其用地是否给予缓征或减征、免征照顾，可由各省、自治区、直辖市地方税务局根据从严的原则结合具体情况确定。

第七，对于各类危险品仓库、厂房所需的防火、防爆、防毒等安全防范用地，可由各省、自治区、直辖市地方税务局确定，暂免征收城镇土地使用税。

第八，企业搬迁后原场地不使用的、企业范围内荒山等尚未利用的土地，免征城镇土地使用税。免征税额由企业在申报缴纳城镇土地使用税时自行计算扣除，并在申报表附表或备注栏中作相应说明。

第九，向居民供热并向居民收取采暖费的供热企业，暂免征收城镇土地使用税。供热企业，包括专业供热企业、兼营供热企业、单位自供热及为小区居民供热的物业公司等，不包括从事热力生产但不直接向居民供热的企业。

对于免征城镇土地使用税的“生产占地”，是指上述企业为居民供热所使用的土地。对既向居民供热，又向非居民供热的企业，可按向居民供热收取的收入占其总供热收入的比例划分征免税界限；对于兼营供热的企业，可按向居民供热收取的收入占其生产经营总收入的比例划分征免税界限。

六、征收管理

（一）纳税期限

城镇土地使用税实行按年计算、分期缴纳的征收方法，具体纳税期限由省、自治区、直辖市人民政府确定。

（二）纳税义务发生时间

第一，纳税人购置新建商品房，自房屋交付使用之次月起，缴纳城镇土地使用税。

第二，纳税人购置存量房，自办理房屋权属转移、变更登记手续，房地产权属登记机关签发房屋权属证书之次月起，缴纳城镇土地使用税。

第三，纳税人出租、出借房产，自交付出租、出借房产之次月起，缴纳城镇土地使用税。

第四，以出让或转让方式有偿取得土地使用权的，应由受让方从合同约定交付土地时间的次月起，缴纳城镇土地使用税；合同未约定交付时间的，由受让方从合同签订的次月起缴纳。

第五，纳税人新征用的非耕地，自批准征用次月起，缴纳城镇土地使用税。

第六，自2009年1月1日起，纳税人因土地的权利发生变化而依法终止城镇使用税纳税义务的，其应纳税款的计算应截止到土地权利发生变化的当月末。

（三）纳税地点和征收机构

城镇土地使用税在土地所在地缴纳。

纳税人使用的土地不属于同一省、自治区、直辖市管辖的，由纳税人分别向土地所在地的税务机关缴纳土地使用税；在同一省、自治区、直辖市管辖范围内，纳税人跨地区使用的土地，其纳税地点由各省、自治区、直辖市地方税务局确定。

七、城镇土地使用税的账务处理

企业按规定计算缴纳的城镇土地使用税，借记“管理费用”账户，贷记“应交税费——应交城镇土地使用税”账户；实际缴纳时，借记“应交税费——应交城镇土地使用税”账户，贷记“银行存款”账户。

根据【例12-3】企业账务处理如下：

借：管理费用	80 000	
贷：应交税费——应交城镇土地使用税		80 000

缴纳城镇土地使用税：

借：应交税费——应交城镇土地使用税	80 000	
贷：银行存款		80 000

第三节　土地增值税会计

土地增值税法是指国家制定的用以调整土地增值税征收与缴纳之间权利及义务关系的法律规范。现行土地增值税的基本规范，是1993年12月13日国务院颁布的《中华人民共和国土地增值税暂行条例》（以下简称《土地增值税暂行条例》）。

一、土地增值税特点

土地增值税是对有偿转让国有土地使用权及地上建筑物和其他附着物产权，取得增值收入的单位和个人征收的一种税。土地增值税具有如下特点：

1. 以转让房地产的增值额为计税依据

增值额为纳税人转让房地产的收入,减除税法规定准予扣除的项目金额后的余额。土地增值税的增值额与增值税的增值额有所不同,土地增值税的增值额以征税对象的全部销售收入扣除与其相关的成本、费用、税金及其他项目金额后的余额,与会计核算中计算会计利润的方法基本相似。增值税的增值额只扣除与其销售额直接相关的进货成本价格。

2. 征税面比较广

凡在我国境内转让房地产并取得收入的单位和个人,除税法规定免税的外,均应依照《土地增值税暂行条例》的规定缴纳土地增值税。

3. 实行超率累进税率

土地增值税的税率是以转让房地产增值率的高低为依据来确认,按照累进原则设计,实行分级计税。增值率等于收入总额扣除相关项目金额后的余额,再除以扣除项目合计金额。增值率高的,税率高、多纳税;增值率低的,税率低、少纳税。

4. 实行按次征收

土地增值税在房地产发生转让的环节,实行按次征收,每发生一次转让行为,就应根据每次取得的增值额征一次税。

二、纳税义务人

土地增值税的纳税义务人为转让国有土地使用权、地上的建筑物及其附着物(以下简称转让房地产)并取得收入的单位和个人。单位包括各类企业、事业单位、国家机关和社会团体及其他组织。个人包括个体经营者和个人。

概括起来,《土地增值税暂行条例》对纳税人的规定主要有以下四个特点:

第一,不论法人与自然人。即不论是企业、事业单位、国家机关、社会团体及其他组织,还是个人,只要有偿转让房地产,都是土地增值税的纳税人。

第二,不论经济性质。即不论是全民所有制企业、集体企业、私营企业、个体经营者,还是联营企业、合资企业、合作企业、外商独资企业等,只要有偿转让房地产,都是土地增值税的纳税人。

第三,不论内资与外资企业、中国公民与外籍个人。即不论是内资企业还是外商投资企业、外国驻华机构,也不论是中国公民、港澳台同胞、海外华侨,还是外国公民,只要有偿转让房地产,都是土地增值税的纳税人。

第四,不论部门。即不论是工业、农业、商业企业,还是学校、医院、机关等,只要有偿转让房地产,都是土地增值税的纳税人。

三、征税范围

(一) 具体范围

根据《土地增值税暂行条例》及其实施细则的规定,土地增值税的征税范围包括:

1. 转让国有土地使用权

这里所说的“国有土地”,是指按国家法律规定属于国家所有的土地。

2. 地上的建筑物及其附着物连同国有土地使用权一并转让

这里所说的“地上的建筑物”,是指建于土地上的一切建筑物,包括地上、地下的各种附属设施。这里所说的“附着物”,是指附着于土地上的不能移动或一经移动即遭损坏的物品。

(二) 界定标准

准确界定土地增值税的征税范围十分重要。在实际工作中,我们可以通过以下几条标准来判定:

1. 土地增值税是对转让国有土地使用权及其地上的建筑物和附着物的行为征税

这里,转让的土地,其使用权是否为国家所有,是判定是否属于土地增值税征税范围的标准之一。

根据《中华人民共和国宪法》和《中华人民共和国土地管理法》(以下简称《土地管理法》)的规定,城市的土地属于国家所有。农村和城市郊区的土地除由法律规定属于国家所有的以外,属于集体所有。国家为了公共利益,可以依照法律规定对集体土地实行征用,依法被征用后的土地属于国家所有。对于上述法律规定属于国家所有的土地,其土地使用权在转让时,按照《土地增值税暂行条例》规定,属于土地增值税的征税范围。而农村集体所有的土地,根据《土地管理法》、《城市房地产管理法》及国家其他有关规定,是不得自行转让的,只有根据有关法律规定,由国家征用以后变为国家所有时,才能进行转让。故集体土地的自行转让是一种违法行为,应由有关部门来处理。对于目前违法将集体土地转让给其他单位和个人的情况,应在有关部门处理、补办土地征用或出让手续变为国家所有之后,再纳入土地增值税的征税范围。

2. 土地增值税是对国有土地使用权及其地上的建筑物和附着物的转让行为征税

这里,土地使用权、地上的建筑物及其附着物的产权是否发生转让是判定是否属于土地增值税征税范围的标准之二。这里有两层含义:

第一,土地增值税的征税范围不包括国有土地使用权出让所取得的收入。国有土地使用权出让,是指国家以土地所有者的身份将土地使用权在一定年限内让与土地使用者,并由土地使用者向国家支付土地使用权出让金的行为,属于土地买卖的一级市场。土地使用权出让的出让方是国家,国家凭借土地的所有权向土地使用者收取土地的租金。出让的目的是实行国有土地的有偿使用制度,合理开发、利用、经营土地,因此,土地使用权的出让不属于土地增值税的征税范围。而国有土地使用权的转让是指土地使用者通过出让等形式取得土地使用权后,将土地使用权再转让的行为,包括出售、交换和赠与,它属于土地买卖的二级市场。土地使用权转让,其地上的建筑物、其他附着物的所有权随之转让。土地使用权的转让,属于土地增值税的征税范围。

第二,土地增值税的征税范围不包括未转让土地使用权、房产产权的行为。是否发生房地产权属(指土地使用权和房产产权)的变更,是确定是否纳入征税范围的一个标准。凡土地使用权、房产产权未转让的(如房地产的出租),不征收土地增值税。

3. 土地增值税是对转让房地产并取得收入的行为征税

这里,是否取得收入,是判定是否属于土地增值税征税范围的标准之三。

土地增值税的征税范围不包括房地产的权属虽转让但未取得收入的行为。如房地产的继承,尽管房地产的权属发生了变更,但权属人并没有取得收入,因此也不征收土地增值税。

需要强调的是,无论是单独转让国有土地使用权,还是房屋产权与国有土地使用权一并转让的,只要取得收入,均属于土地增值税的征税范围,应对之征收土地增值税。

(三) 若干具体情况的判定

根据以上三条判定标准,我们就可对以下若干具体情况是否属于土地增值税的征税范围进行判定:

1. 房地产的继承、赠与

房地产的继承,是指房产的原产权所有人、依照法律规定取得土地使用权的土地使用人死亡以后,由其继承人依法承受死者房产产权和土地使用权的民事法律行为。这种行为虽然发生了房地产的权属变更,但作为房产产权、土地使用权的原所有人并没有因为权属变更而取得任何收入。因此,这种房地产的继承不属于土地增值税的征税范围。

房地产的赠与,是指房产所有人、土地使用权所有人将自己所拥有的房地产无偿地交给其他人的民事法律行为。但这里的"赠与"仅指以下情况:房产所有人、土地使用权所有人将房屋产权、土地使用权赠与直系亲属或承担直接赡养义务人的;房产所有人、土地使用权所有人通过中国境内非营利的社会团体、国家机关将房屋产权、土地使用权赠与教育、民政和其他社会福利、公益事业的。

上述社会团体,是指中国青少年发展基金会、希望工程基金会、宋庆龄基金会、减灾委员会、中国红十字会、中国残疾人联合会、全国老年基金会、老区促进会以及经民政部门批准成立的其他非营利的公益性组织。

房地产的赠与虽发生了房地产的权属变更,但作为房产所有人、土地使用权的所有人并没有因为权属的转让而取得任何收入,故不属于土地增值税的征税范围。

2. 房地产的出租

房地产的出租,是指房产的产权所有人、依照法律规定取得土地使用权的土地使用人,将房产、土地使用权租赁给承租人使用,由承租人向出租人支付租金的行为。房地产的出租,出租人虽取得了收入,但没有发生房产产权、土地使用权的转让,故不属于土地增值税的征税范围。

3. 房地产的抵押

房地产的抵押,是指房地产的产权所有人、依照法律规定取得土地使用权的土地使用人作为债务人或第三人向债权人提供不动产作为清偿债务的担保而不转移权属的法律行为。对房地产的抵押,在抵押期间不征收土地增值税。待抵押期满后,视该房地产是否转移占有而确定是否征收土地增值税。对于以房地产抵债而发生房地产权属转让的,应列入土地增值税的征税范围。

4. 房地产的交换

房地产的交换,是指一方以房地产与另一方的房地产进行交换的行为。由于这种行为既发生了房产产权、土地使用权的转移,交换双方又取得了实物形态的收入,按《土地增值税暂行条例》规定,它属于土地增值税的征税范围。但对个人之间互换自有居住用房地产的,经当地税务机关核实,可以免征土地增值税。

5. 以房地产进行投资、联营

对于以房地产进行投资、联营的,投资、联营的一方以土地(房地产)作价入股进行投资或作为联营条件,将房地产转让到所投资、联营的企业中时,暂免征收土地增值税(投资到房地产企业或者房地产企业进行投资的除外)。对投资、联营企业将上述房地产再转让的,应征收土地增值税。

6. 合作建房

对于一方出地,一方出资金,双方合作建房,建成后按比例分房自用的,暂免征收土地增值税;建成后转让的,应征收土地增值税。

7. 企业兼并转让房地产

在企业兼并中,对被兼并企业将房地产转让到兼并企业中的,暂免征收土地增值税。

8. 房地产的代建房行为

这种情况是指房地产开发公司代客户进行房地产的开发,开发完成后向客户收取代建收入的行为。对于房地产开发公司而言,虽然取得了收入,但没有发生房地产权属的转移,其收入属于劳务收入性质,故不属于土地增值税的征税范围。

9. 房地产的重新评估

这种情况是指国有企业在清产核资时对房地产进行重新评估而使其升值的情况。这种情况下,房地产虽然有增值,但其既没有发生房地产权属的转移,房产产权、土地使用权人也未取得收入,所以不属于土地增值税的征税范围。

四、税率

土地增值税实行四级超率累进税率:

(1) 增值额未超过扣除项目金额50%的部分,税率为30%;

(2) 增值额超过扣除项目金额50%、未超过扣除项目金额100%的部分,税率为40%;

(3) 增值额超过扣除项目金额100%、未超过扣除项目金额200%的部分,税率为50%;

(4) 增值额超过扣除项目金额200%的部分,税率为60%。

上述所列四级超率累进税率,每级"增值额未超过扣除项目金额"的比例,均包括本比例数。

土地增值税四级超率累进税率见表12-2。

表12-2　土地增值税四级超率累进税率

级　数	增值额与扣除项目金额的比率	税率(%)	速算扣除系数(%)
1	不超过50%的部分	30	0
2	超过50%至100%的部分	40	5
3	超过100%至200%的部分	50	15
4	超过200%的部分	60	35

五、应税收入与扣除项目

（一）应税收入的确定

纳税人转让房地产取得的应税收入，应包括转让房地产的全部价款及有关的经济收益。从收入的形式来看，包括货币收入、实物收入和其他收入。

1. 货币收入

货币收入是指纳税人转让房地产而取得的现金、银行存款、支票、银行本票、汇票等各种信用票据和国库券、金融债券、企业债券、股票等有价证券。这些类型的收入其实质都是转让方因转让土地使用权、房屋产权而向取得方收取的价款。货币收入一般比较容易确定。

2. 实物收入

实物收入是指纳税人转让房地产而取得的各种实物形态的收入。实物收入的价值不太容易确定，一般要对这些实物形态的财产进行估价。

3. 其他收入

其他收入是指纳税人转让房地产而取得的无形资产收入或具有财产价值的权利。这种类型的收入比较少见，其价值需要进行专门的评估。

（二）扣除项目的确定

计算土地增值税应纳税额，并不是直接对转让房地产所取得的收入征税，而是要对收入额减除国家规定的各项扣除项目金额后的余额计算征税（这个余额就是纳税人在转让房地产中获取的增值额）。因此，要计算增值额，首先必须确定扣除项目。税法准予纳税人从转让收入额中减除的扣除项目包括以下几项：

1. 取得土地使用权所支付的金额

取得土地使用权所支付的金额包括两方面的内容：

（1）纳税人为取得土地使用权所支付的地价款。如果是以协议、招标、拍卖等出让方式取得土地使用权的，地价款为纳税人所支付的土地出让金；如果是以行政划拨方式取得土地使用权的，地价款为按照国家有关规定补交的土地出让金；如果是以转让方式取得土地使用权的，地价款为向原土地使用权人实际支付的地价款。

（2）纳税人在取得土地使用权时按国家统一规定缴纳的有关费用。它是指纳税人在取得土地使用权过程中为办理有关手续，按国家统一规定缴纳的有关登记、过户手续费。

2. 房地产开发成本

房地产开发成本是指纳税人房地产开发项目实际发生的成本，包括土地征用及拆迁补偿费、前期工程费、建筑安装工程费、基础设施费、公共配套设施费、开发间接费用等。

（1）土地征用及拆迁补偿费。包括土地征用费、耕地占用税、劳动力安置费及有关地上、地下附着物拆迁补偿的净支出、安置动迁用房支出等。

（2）前期工程费。包括规划、设计、项目可行性研究和水文、地质、勘察、测绘、“三通一平”等支出。

(3) 建筑安装工程费。指以出包方式支付给承包单位的建筑安装工程费和以自营方式发生的建筑安装工程费。

(4) 基础设施费。包括开发小区内道路、供水、供电、供气、排污、排洪、通讯、照明、环卫、绿化等工程发生的支出。

(5) 公共配套设施费。包括不能有偿转让的开发小区内公共配套设施发生的支出。

(6) 开发间接费用。指直接组织、管理开发项目发生的费用,包括工资、职工福利费、折旧费、修理费、办公费、水电费、劳动保护费、周转房摊销等。

3. 房地产开发费用

房地产开发费用是指与房地产开发项目有关的销售费用、管理费用和财务费用。根据现行财务会计制度的规定,这三项费用作为期间费用,直接计入当期损益,不按成本核算对象进行分摊。故作为土地增值税扣除项目的房地产开发费用,不按纳税人房地产开发项目实际发生的费用进行扣除,而按《土地增值税暂行条例实施细则》的标准进行扣除。

《土地增值税暂行条例实施细则》规定,财务费用中的利息支出,凡能够按转让房地产项目计算分摊并提供金融机构证明的,允许据实扣除,但最高不能超过按商业银行同类同期贷款利率计算的金额。其他房地产开发费用,按取得土地使用权所支付的金额和房地产开发成本计算的金额之和的5%以内计算扣除。凡不能按转让房地产项目计算分摊利息支出或不能提供金融机构证明的,房地产开发费用按取得土地使用权所支付的金额和房地产开发成本计算的金额之和的10%以内计算扣除。计算扣除的具体比例,由各省、自治区、直辖市人民政府规定。

上述规定的具体含义是:(1)纳税人能够按转让房地产项目计算分摊利息支出,并能提供金融机构的贷款证明的,其允许扣除的房地产开发费用为:利息① +(取得土地使用权所支付的金额 + 房地产开发成本)×5%以内。(2)纳税人不能按转让房地产项目计算分摊利息支出,或不能提供金融机构贷款证明的,其允许扣除的房地产开发费用为:(取得土地使用权所支付的金额 + 房地产开发成本)×10%以内。

此外,财政部、国家税务总局还对扣除项目金额中利息支出的计算问题作了两点专门规定:(1)利息的上浮幅度按国家的有关规定执行,超过上浮幅度的部分不允许扣除;(2)对于超过贷款期限的利息部分和加罚的利息不允许扣除。

4. 与转让房地产有关的税金

与转让房地产有关的税金是指在转让房地产时缴纳的营业税、城市维护建设税、印花税。因转让房地产缴纳的教育费附加,也可视同税金予以扣除。

需要明确的是,房地产开发企业按照《施工、房地产开发企业财务制度》有关规定,其在转让时缴纳的印花税因列入管理费用中,故在此不允许单独再扣除。其他纳税人缴纳的印花税允许在此扣除。

5. 其他扣除项目

对从事房地产开发的纳税人可按取得土地使用权所支付的金额与房地产开发成本

---

① 利息最高不能超过按商业银行同类同期贷款利率计算的金额。

计算的金额之和,加计 20% 扣除。在此,应特别指出的是:此优惠只适用于从事房地产开发的纳税人,除此之外的其他纳税人不适用。这样规定,目的是为了抑制炒买炒卖房地产的投机行为,保护正常开发投资者的积极性。

6. 旧房及建筑物的评估价格

旧房及建筑物的评估价格是指在转让已使用的房屋及建筑物时,由政府批准设立的房地产评估机构评定的重置成本价乘以成新度折扣率后的价格。评估价格须经当地税务机关确认。

重置成本价是指对旧房及建筑物,按转让时的建材价格及人工费用计算,建造同样面积、同样层次、同样结构、同样建设标准的新房及建筑物所需花费的成本费用。成新度折扣率是指按旧房的新旧程度作一定比例的折扣。例如,一幢房屋已使用近 10 年,建造时的造价为 1 000 万元,按转让时的建材及人工费用计算,建同样的新房需花费 4 000 万元,该房有六成新,则该房的评估价格为 4 000 × 60% = 2 400 万元。

此外,转让旧房的,应按房屋及建筑物的评估价格、取得土地使用权所支付的地价款和按国家统一规定缴纳的有关费用及在转让环节缴纳的税金作为扣除项目金额,计征土地增值税。对取得土地使用权时未支付地价款或不能提供已支付地价款凭据的,在计征土地增值税时不允许扣除。

六、应纳税额的计算

(一) 增值额的确定

土地增值税纳税人转让房地产所取得的收入减除规定的扣除项目金额后的余额,为增值额。

增值额是土地增值税的本质所在。由于计算土地增值税是以增值额与扣除项目金额的比率大小按相适用的税率累进计算征收的,增值额与扣除项目金额的比率越大,适用的税率越高,缴纳的税款越多,因此,准确核算增值额是很重要的。纳税人有下列情形之一的,按照房地产评估价格计算征收:隐瞒、虚报房地产成交价格的;提供扣除项目金额不实的;转让房地产的成交价格低于房地产评估价格,又无正当理由的。

这里所说的"房地产评估价格",是指由政府批准设立的房地产评估机构根据相同地段、同类房地产进行综合评定的价格;这里所说的"隐瞒、虚报房地产成交价格",是指纳税人不报或有意低报转让土地使用权、地上建筑物及其附着物价款的行为;这里所说的"提供扣除项目金额不实的",是指纳税人在纳税申报时不据实提供扣除项目金额的行为;这里所说的"转让房地产的成交价格低于房地产评估价格,又无正当理由的",是指纳税人申报的转让房地产的实际成交价格低于房地产评估机构评定的交易价格,纳税人又不能提供凭据或无正当理由的行为。

(二) 计算公式

土地增值税按照纳税人转让房地产所取得的增值额和规定的税率计算征收,计算公式为:

$$应纳税额 = \sum(每级距的土地增值额 \times 适用税率)$$

但在实际工作中,一般可以采用速算扣除法计算。即计算土地增值税税额,可按增值额

乘以适用的税率减去扣除项目金额乘以速算扣除系数的简便方法计算,具体公式如下:

(1) 增值额未超过扣除项目金额50%:

土地增值税税额=增值额×30%

(2) 增值额超过扣除项目金额50%,未超过100%:

土地增值税税额=增值额×40%-扣除项目金额×5%

(3) 增值额超过扣除项目金额100%,未超过200%:

土地增值税税额=增值额×50%-扣除项目金额×15%

(4) 增值额超过扣除项目金额200%:

土地增值税税额=增值额×60%-扣除项目金额×35%

公式中的5%、15%、35%分别为二、三、四级超率累进税率的速算扣除系数。

【例12-4】 某纳税人转让房地产所取得的收入为500万元,其扣除项目金额为100万元,计算其应纳土地增值税的税额。

第一种方法:

第一步,先计算增值额。

增值额=500-100=400万元

第二步,再计算增值额与扣除项目金额之比。

增值额与扣除项目金额之比=400÷100=400%

由此可见,增值额超过扣除项目金额200%,分别适用30%、40%、50%和60%四档税率。

第三步,分别计算各级次土地增值税税额。

第一,增值额未超过扣除项目金额50%的部分,适用30%的税率。

这部分增值额=100×50%=50万元

这部分增值额应纳的土地增值税税额=50×30%=15万元

第二,增值额超过扣除项目金额50%,未超过扣除项目金额100%的部分,适用40%的税率。

这部分增值额=100×(100%-50%)=50万元

这部分增值额应纳的土地增值税税额=50×40%=20万元

第三,增值额超过扣除项目金额100%,未超过扣除项目金额200%的部分,适用50%的税率。

这部分的增值额=100×(200%-100%)=100万元

这部分增值额应纳的土地增值税税额=100×50%=50万元

第四,增值额超过扣除项目金额200%的部分,适用60%的税率。

这部分的增值额为:400-(100×200%)=200万元

这部分增值额应纳的土地增值税税额=200×60%=120万元

第四步,将各级的税额相加,得出总税额。

土地增值税税额=15+20+50+120=205万元

第二种方法:

第一步,先计算增值额。

增值额 =500 -100 =400 万元

第二步,再计算增值额与扣除项目金额之比。

增值额与扣除项目金额之比 =400 ÷100 =400%

由此可见,增值额超过扣除项目金额200%,其适用的简便计算公式为:

土地增值税税额 = 增值额 ×60% - 扣除项目金额 ×35%

第三步,计算土地增值税税额。

土地增值税税额 =400 ×60% -100 ×35% =205 万元

可以看出,两种计算方法所得出的结果是一样的。

七、税收优惠

(一) 建造普通标准住宅的税收优惠

纳税人建造普通标准住宅出售,增值额未超过扣除项目金额 20% 的,免征土地增值税。

这里所说的"普通标准住宅",是指按所在地一般民用住宅标准建造的居住用住宅。高级公寓、别墅、度假村等不属于普通标准住宅。普通标准住宅与其他住宅的具体划分界限,2005 年 5 月 31 日以前由各省、自治区、直辖市人民政府规定。2005 年 6 月 1 日起,普通标准住宅应同时满足以下条件:住宅小区建筑容积率在 1.0 以上;单套建筑面积在 120 平方米以下;实际成交价格低于同级别土地上住房平均交易价格 1.2 倍以下。各省、自治区、直辖市要根据实际情况,制定本地区享受优惠政策普通住房的具体标准。允许单套建筑面积和价格标准适当浮动,但向上浮动的比例不得超过上述标准的 20%。纳税人建造普通标准住宅出售,增值额未超过扣除项目金额 20% 的,免征土地增值税;增值额超过扣除项目金额 20% 的,应就其全部增值额按规定计税。

对于纳税人既建普通标准住宅又搞其他房地产开发的,应分别核算增值额。不分别核算增值额或不能准确核算增值额的,其建造的普通标准住宅不能适用这一免税规定。

(二) 国家征用收回的房地产的税收优惠

因国家建设需要依法征用、收回的房地产,免征土地增值税。

这里所说的"因国家建设需要依法征用、收回的房地产",是指因城市实施规划、国家建设的需要而被政府批准征用的房产或收回的土地使用权。因城市实施规划、国家建设的需要而搬迁,由纳税人自行转让原房地产的,比照有关规定免征土地增值税。

(三) 个人转让房地产的税收优惠

个人因工作调动或改善居住条件而转让原自用住房,经向税务机关申报核准,凡居住满 5 年或 5 年以上的,免予征收土地增值税;居住满 3 年未满 5 年的,减半征收土地增值税;居住未满 3 年的,按规定计征土地增值税。

八、征收管理

(一) 纳税地点

土地增值税的纳税人应向房地产所在地主管税务机关办理纳税申报,并在税务机关核定的期限内缴纳土地增值税。

这里所说的“房地产所在地”,是指房地产的坐落地。纳税人转让的房地产坐落在两个或两个以上地区的,应按房地产所在地分别申报纳税。

在实际工作中,纳税地点的确定又可分为以下两种情况:

纳税人是法人的,当转让的房地产坐落地与其机构所在地或经营所在地一致时,则在办理税务登记的原管辖税务机关申报纳税即可;如果转让的房地产坐落地与其机构所在地或经营所在地不一致时,则应在房地产坐落地所管辖的税务机关申报纳税。

纳税人是自然人的,当转让的房地产坐落地与其居住所在地一致时,则在住所所在地税务机关申报纳税;当转让的房地产坐落地与其居住所在地不一致时,在办理过户手续所在地的税务机关申报纳税。

(二) 纳税申报

土地增值税的纳税人应在转让房地产合同签订后的 7 日内,到房地产所在地主管税务机关办理纳税申报,并向税务机关提交房屋及建筑物产权、土地使用权证书,土地转让、房产买卖合同,房地产评估报告及其他与转让房地产有关的资料。纳税人因经常发生房地产转让而难以在每次转让后申报的,经税务机关审核同意后,可以定期进行纳税申报,具体期限由税务机关根据情况确定。

九、土地增值税的账务处理

(一) 主营房地产业务的账务处理

由于土地增值税是在转让房地产的流转环节纳税,是为了取得当期营业收入而支付的税金,在计算缴纳土地增值税时,借记“营业税金及附加”账户,贷记“应交税费——应交土地增值税”账户;实际缴纳时,借记“应交税费——应交土地增值税”账户,贷记“银行存款”账户。

纳税人在项目全部竣工前预缴土地增值税时,借记“应交税费——应交土地增值税”账户,贷记“银行存款”账户;项目全部竣工,计算实际应缴的土地增值税时,借记“营业税金及附加”账户,贷记“应交税费——应交土地增值税”账户,进行多退少补。

(二) 兼营房地产业务的账务处理

兼营房地产业务的企业转让房地产应缴纳的土地增值税,借记“其他业务成本”账户,贷记“应交税费——应交土地增值税”账户。

(三) 非房地产企业的账务处理

非房地产企业转让国有土地使用权连同地上建筑物及其附着物进行核算,借记“固定资产清理”账户,贷记“应交税费——应交土地增值税”账户。

根据【例 12-4】取得收入账户处理:

借:银行存款	5 000 000	
贷:固定资产清理		5 000 000

计算缴纳的土地增值税:

借:固定资产清理	2 050 000	

贷:应交税费——应交土地增值税 2 050 000

缴纳土地增值税:

借:应交税费——应交土地增值税 2 050 000

贷:银行存款 2 050 000

实践疑难解析

1. 我企业租用农户承包的农业生产用地,用于建设厂房是否应该缴纳城镇土地使用税?

【解答】根据财税[2006]56号文件,在城镇土地使用税征税范围内实际使用应税集体所有建设用地,但未办理土地使用权流转手续的,由实际使用集体土地的单位和个人按规定缴纳城镇土地使用税。

2. 房地产开发公司缴纳土地增值税的增值额是否是营业利润额?

【解答】计算土地增值税的增值额与营业利润是两个不同的概念,增值额在会计上并没有反映,在数量上等于收入总额减去扣除项目金额。

3. 房地产企业没收的客户违约金是否需要缴纳土地增值税?

【解答】计算土地增值税的收入,包括转让房地产项目的全部价款及有关的经济收益,因此,没收客户的违约金也要并入收入总额,一并计算土地增值税。

4. 我公司购买一块土地,进行了"三通一平"后进行转让,如何计算增值额?

【解答】根据国税函[1995]110号文件,对取得土地使用权后投入资金,将生地变为熟地转让的,计算其增值额时,允许扣除取得土地使用权时支付的地价款、缴纳的有关费用和开发土地所需成本再加计开发成本的20%,以及在转让环节缴纳的税金。这样规定,是鼓励投资者将更多的资金投向房地产开发。

5. 税法规定,转让旧房计算土地增值税时,按评估价格扣除,如果不能取得评估价格怎么扣除?

【解答】根据财税[2006]21号文件,纳税人转让旧房及建筑物,凡不能取得评估价格,但能提供购房发票的,经当地税务部门确认,按规定扣除项目的金额,可按发票所载金额并从购买年度起至转让年度止每年加计5%计算。对纳税人购房时缴纳的契税,凡能提供契税完税凭证的,准予作为"与转让房地产有关的税金"予以扣除,但不作为加计5%的基数。

对于转让旧房及建筑物,既没有评估价格,又不能提供购房发票的,地方税务机关可以根据《税收征收管理法》实行核定征收。

改革探索

中国的资源税开征于1984年。从1984年10月1日起,对原油、天然气、煤炭等先行开征资源税。从1994年1月1日起,资源税开始实行从量定额征收的办法。对开采应税矿产品和生产盐的单位,开始实行"普遍征收、级差调节"的新资源税制,征收范围扩大到所有矿种的所有矿山,不管企业是否盈利普遍征收。

近年来,随着我国经济持续、快速发展,资源产品日益增长的需求与资源有限性、稀缺性的矛盾越来越突出,一些资源产品,特别是原油、天然气等能源产品的现有资源税税额标准已明显偏低,不利于资源的合理开发和节约使用;在从量定额征税方式下,资源税税额标准不能随着产品价格的变化及时调整,不利于发挥税收对社会分配的调节作用;资源税属于地方税,由于资源税税负较低,地方所获收益不明显。

资源税改革率先于2010年6月1日在新疆进行,标志着我国资源税改革迈出了坚实的一步。这是支持新疆经济社会发展的重要举措,从一个侧面也充分表明了中央推动新疆加快经济社会发展的坚定决心。根据财税[2010]54号文件,在新疆改革的主要内容:一是原油、天然气资源税以其销售额为计税依据,实行从价计征,税率为5%;二是为了鼓励一些低品位和难采资源的开采,提高资源回采率,对稠油、高凝油和高含硫天然气和三次采油实施减征资源税的政策;三是为便于征管,对开采稠油、高凝油、高含硫天然气和三次采油的纳税人暂按综合减征率的办法落实资源税减税政策。

在新疆试点的基础上,国务院修改了《资源税暂行条例》,于2011年11月1日实施。此次《资源税暂行条例》修改除了调整税率外,重点是将资源税由从量计征更改为从价计征,利用税收来补贴需要扶持的行业,其目的是为了提高资源开采利用效率、促进节能减排。政府通过征收资源税,可以增加资源性生产企业的成本,提高开采利用效率;还可以用于环境保护以及其他的能源补贴。

政府征税必然伴随着利益的再分配。从宏观经济影响看,改革资源税有正反两方面的影响。一方面,由于改革前的从量计征的油气资源税不多,目前改为5%至10%。改革后首先将直接提高油气上游开采企业生产成本,并间接影响产业链的其他企业的生产成本,进而影响国民生产总值、进出口和就业,并对通胀造成一定压力。另一方面,税收会提高资源成本,促进油气资源的有效利用,从而抑制污染物排放和能源消耗。

此次改革调整以后,我国的资源税税率仍然相对较低。对能源开采行业征收适度的资源税,可以采用渐进提高的办法,使其对宏观经济的负面影响在可承受的范围之内,避免对经济造成冲击。提高能源利用效率和减轻社会负担常常是两难的政策选择,就政府来说,关键是效率与公平的平衡。资源税改革只要目的明确,设计相对合理,许多问题和可能的缺陷可以在推出后的实践中解决并完善。

参 考 文 献

[1] 财政部. 企业会计准则. 北京:经济科学出版社,2006.

[2] 财政部. 企业会计准则讲解. 北京:人民出版社,2010.

[3] 中国注册会计师协会. 税法. 北京:经济科学出版社,2011.

[4] 盖地. 税务会计与税务筹划. 北京:中国人民大学出版社,2010.

[5] 高金平. 最新税收政策疑难解析. 北京:中国财政经济出版社,2009.

[6] 奚卫华,司茹. 纳税调整与申报. 北京:北京大学出版社,2009.

教师反馈及教辅申请表

北京大学出版社本着"教材优先、学术为本"的出版宗旨，竭诚为广大高等院校师生服务。为更有针对性地提供服务，请您认真填写以下表格并经系主任签字盖章后寄回，我们将按照您填写的联系方式免费向您提供相应教辅资料，以及在本书内容更新后及时与您联系邮寄样书等事宜。

书名		书号	978-7-301-	作者	
您的姓名				职称职务	
校/院/系					
您所讲授的课程名称					
每学期学生人数	______人_____年级			学时	
您准备何时用此书授课					
您的联系地址					
邮政编码			联系电话（必填）		
E-mail（必填）			QQ		
您对本书的建议：				系主任签字 盖章	

我们的联系方式：

北京大学出版社经济与管理图书事业部

北京市海淀区成府路 205 号，100871

联系人：徐冰

电话： 010-62767312 / 62757146

传真： 010-62556201

电子邮件：em_pup@126.com em@pup.cn

Q Q：5520 63295

新浪微博：@北京大学出版社经管图书

网址： http://www.pup.cn